名著释悟

藏在孙子兵法里的大智慧

黄涵 编著

新世纪出版社

·广州·

图书在版编目（ＣＩＰ）数据

名著释悟：藏在孙子兵法里的大智慧.① / 黄涵编著.— 广州：新世纪出版社，2023.3

ISBN 978-7-5583-3747-5

Ⅰ.①名…　Ⅱ.①黄…　Ⅲ.①《孙子兵法》—青少年读物　Ⅳ.① E892.25-49

中国国家版本馆 CIP 数据核字（2023）第 056073 号

导　读

　　《孙子兵法》诞生于我国春秋晚期，是著名军事学家孙武的经典之作。《孙子兵法》问世以来，经时代验考，其实用价值和历史价值几乎无法估量。可以说，《孙子兵法》一直为历代军事家、兵学家和国内外战争学界所推崇敬仰。从古至今，凡经历、研究战争者，均有口皆碑地颂扬该书是不可多得的战争学与军事学瑰宝，以至有人将其推崇为兵法"圣经"。

　　读原著、解内涵，现天地人文逻辑于情理之中；辩战例、释己悟，缅古今中外历史于意料之外，应是本书的编撰要旨。为便于读懂和理解《孙子兵法》，释悟藏在《孙子兵法》里的大智慧，本书以冠古而今的中外历史、战例或生活实践中的典型案例为例证，按着有需则长、无需则短的原则，详略相间，多寡由之。对大家耳熟能详的战例、故事点到为止，并列举几例，从多层面、多角度来比较印证兵书理论；对大多数人或不知或浅知一二的战例、历史或故事等，尽量做到详尽介绍，尤其对历史背景、事件起因、发展过程以及结果做尽量完整全面的叙述。本书对所用史实或战例，采取或直叙完整过程及结局，最后作结论性感悟议论；或采取夹叙夹议形式，将史实、战例内容同评议观点融于一体；或采取个别部分加眉批或评注方式，画龙点睛、突出主题。解析一节兵法，知晓一个故事，了解一段历史，明白一个道理，当是编撰此书的期望所在。

为优化理解、感悟，对十三篇目及内涵，假以层次小节形式，并冠以提纲式标题，分层进行解析、辩证。全书采用【**兵法·原文**】【**解字·说文**】【**辩例·直观**】和【**管窥·释悟**】等形式，博采中外战例、广纳古今精华，逐层推进，力求深入浅出、触类旁通。

学习兵法，认识兵法，了解兵法，运用兵法是本书写作的一个重要目的；让兵法既服务于战争又能走出战争，更能服务于战争以外的大千世界，是本书更重要的目的。愿初衷能与广大研读者有机融汇，愿《孙子兵法》这部伟大遗产焕发活力，愿历史瑰宝为新时代做出更大的贡献。

编著者　黄　涵

目　　录

第一篇

始计篇

　　《始计篇》是《孙子兵法》（以下简称《兵法》）十三篇的开篇之作，是《兵法》的宏观战略总论和全书概括性提纲。孙子的主要战争和谋略观点，尤其是关于战略与战术的思想，在本篇中均有提纲挈领的阐述和论证。著名的"诡道十二法"以及"攻其无备，出其不意"等经典战争谋略，均出自本篇之中。

第一节　把握全局　宏观定位

【兵法·原文】

孙子曰：兵者，国之大事，死生之地，存亡之道，不可不察也。

【解字·说文】

兵者：《说文解字》：兵，械也。清代段玉裁《说文解字注》：兵，械也。"兵"本义指武器，可引申为战争、军队和士兵。本文专指战争。

地：处所，泛指所在之地。

道：路，泛指关键之处。按："地""道"互文，并非实指。

察：考察，研究。

这段话的意思是：（这里的"兵者"概指战争）战争是一个国家最重要的头等大事，关系到军民生死和国家存亡。必须要全局着眼，宏观统筹，科学定位，充分认识，认真研究，是绝对不可以不重视的问题。

【辩例·直观】

兵法开篇虽仅用寥寥 19 个字，而蕴含的意义却极其深远。孙子开宗明义、阐明观点、直指主题。他告诫人们，兵法最重要的思想和价值，就是要重视战争，研究战争。要把军队和人民的生死，国家和民族的存亡，同战争成败有机地联系起来。战争是最残酷的政治形式。凡是战争就要倾城戮地，就要流血杀人，对国家长治久安和人民安居乐业构成致命威胁。尤其是高科技发展到今天这样的水平，一场战争已经远非死几个人、毁几座城市那么简单了。古往今来，一切爱好和平的人们都反对战争、惧怕战争。但事实证明，社会发展与战争噩运总是相伴而生，相背而行。任何被动地反对战争的行为，都必将是一厢情愿，都必将以悲剧告终。即便置千古历史暂且不论，就当代伊拉克、利比亚、阿富汗等国家的惨痛教训，就应该是时人的一面镜子。翻开人类的历史，这样的正反面教材比比皆是，历历在目，难以忘怀。

兵者，国之大事

1931 年，日本军国主义悍然在东北发动了"九一八"事变。当时的东北军有数十万众，而日本关东军区区几万人的总兵力尚不足东北军的几分之一。尽管如此，辽宁省瞬间丢了，吉林省随即也丢了，黑龙江省虽经全力抵抗，也在不足一月后丢了。仅几个月，东北就完全沦陷在日本关东军的铁蹄之下。自"九一八"事变起，虽然出现了在沈阳率警察部队奋起抗击，打响抗战第一枪的黄显声将军；之后又出现了率部江桥抗战二十余日的马占山将军；在白山黑水之间，抗日力量一直没有停止对日寇的顽强抵抗。但地处一隅、国府无援、孤军奋战的抗日志士们，只能用血与火凝聚的反抗，一次次发出唤醒时代的愤怒吼声。事实证明，任何一个惧怕战争，消极对待战争的国家、集团乃至统帅，无原则的退让，畏敌如虎的妥协，等待他们的只能是失败、灭亡和永难磨灭的耻辱。

减少战争、避免战争、消灭战争，是爱好和平的人类共识。如何才能有效地防止战争，把控战争？毛泽东从中国社会客观实际出发，坚持"枪杆子里面出政权"的硬道理，走出了一条用人民民主革命战争消灭封建独裁统治的革命战争，用正义战争消灭非正义战争的革命之路。毛泽东用他的革命实践，准确地回答了这个问题。从"星星之火"，到"燎原之势"；从辗转数万里的战略转移，到三大战役的辉煌胜利；从组建穷人当家作主的"泥腿子"队伍，到昂首挺立成为新中国主人。毛泽东率领中国共产党科学分析，宏观定位，准确地把控战争节奏，调动了千千万万的民众，组建了浩浩荡荡的革命大军，汇聚成不可抗拒的历史潮流，终于赢得了战争的最后胜利，东方雄狮已经觉醒，中国人民从此真正地站起来了！胜利和成功的实践，除证明一切正义战争必将战胜一切非正义战争这个不可逆转的战争逻辑外，同时也系统地演绎论证了《孙子兵法》开篇"兵者，国之大事，死生之地，存亡之道，不可不察也"论断的重要性和科学性。

长勺之战

长勺之战发生在公元前 684 年，即鲁庄公十年春。是年，齐国出动大军进攻鲁国，鲁庄公决定应战，并开始进行战前准备。这时候曹刿站出来求见鲁庄公，提出了他对这场战争的谋划和意见，从而帮助鲁庄公赢得了这场战争的胜利。

战场上，面对齐军第一次击鼓进攻，第二次击鼓进攻，曹刿全然不睬。曹刿告诫鲁庄公和全军将士，按兵不动、稳住阵脚、养精蓄锐、以静待动。当齐军敲响第三次战鼓时，曹刿果断下令出击，结果大获全胜。战斗结束后，鲁庄公请曹刿解释是如何取得这场战争的胜利的。曹刿告诉鲁庄公，两军交战，势均力敌，取得战争胜利最重要的因素是人，是人的勇气和斗志。这是一个非常重要的观点，无论做什么事情，人的精气神至关重要。曹刿接着讲：齐军第一次击鼓，正是其将士同仇敌忾、勇气锋锐之时，此时迎战，等于是迎刃而上，必被其锋芒所害；齐军第二次击鼓，士兵们的勇气就没有第一次击鼓时那么旺盛了，虽然此时齐军仍有斗志，但较前已经大大地衰减了；等到齐军第三次击鼓，勇气已经懈怠，士气已近枯竭，将士们斗志衰减。此时，敌军士气用完了，而我军一直在以静待动、蓄势待发，将士们都憋了一股劲儿，可以说士气正旺。战争形势必然发生逆转，从敌强我弱，到敌弱我强，战争的胜负是必然的。

　　曹刿对战争形势进行认真研究科学分析，化不利因素为有利因素，创造和把握了战场的主动权，赢得了这场战争的胜利。后人将曹刿的这段精彩论证，总结成一句成语并流传于后世，就是"一鼓作气，再而衰，三而竭"。

淝水之战

　　淝水之战发生在公元 383 年，即东晋太元八年。前秦统帅苻坚统一北方后，骄横狂妄，意欲称霸全国。当时各诸侯国大都因各种原因缺乏与之竞争的能力，能与之抗衡的只有地处东南的东晋。苻坚急于争当霸主，遂不顾群臣反对，强征了九十万大军，分三路挥师南下。苻坚宣称："以吾之重旅，投鞭于江，足断其流。"

面对苻坚的强大攻势，东晋同仇敌忾。依客观规律出发，哪个国家都有矛盾存在，但一当国家间矛盾上升为主要矛盾时，国内的矛盾就必然成为次要矛盾。面对强敌，东晋宰相谢安亲自统兵，与谢石、谢玄等将领组成迎敌指挥部，率八万精兵开赴淮水一带迎敌。指挥部先令部将刘牢之率五千精兵夜渡洛涧迂回敌后，谢玄率精兵强渡洛水，突袭前秦军。前秦军前卫部队猝不及防，损兵折将，十余名将官和一万五千余众被歼。东晋军首战告捷，士气大振。于是，水路并进，直逼淝水东岸。这时，苻坚的部队已在淝水岸边严密布阵，东晋军无法渡河。谢玄想出一计，他派使者找到前秦军阳平公苻融说："你们来到这儿就是要找我们决战，可你们紧逼淝水安营扎寨，我们过不去河，只能与你们隔河相持。如果你们想要速战速决，你们就稍微向后退一点，等我们渡过河去，再与你们决战。"苻融将情况报告给苻坚，苻坚自以为兵多将广，只要能与东晋军交锋便稳操胜券。苻坚认为，前秦军可以稍微向后让一点，待东晋军渡河到一半时再发起进攻，定可完胜。于是，苻坚不顾众将反对，挥舞战旗，命令部队后撤。数十万军队后撤犹如大海退潮，加之东晋军齐呼"前秦军败了！前秦军败了！"，前秦军顿时一片大乱，人踩马踏，顷刻间溃不成军。东晋军趁势过河，对前秦军展开猛烈追杀。苻坚身中流矢单骑逃跑。"兵不厌诈"，东晋军以八万敌九十万且取得全胜。

淝水之战以其统揽全局、抢抓机遇、以少胜多为主要特征，成为古代战争史上，善于把握战争全局，善于对敌我双方形势科学定位，善于创造和把握机遇的以少胜多的典型战例。同时也深刻地告诫人们：无论是战争还是和平，都必须深刻认知"兵者，国之大事"的理论内涵，都必须面对现实，实事求是，把握战机。道理很简单，机不可失，时不再来。

【管窥·释悟】

历史和消逝的往事都已经成为昨日的记忆。无论胜负得失，历史都没有"如果"。《长勺之战》的一鼓作气，再而衰，三而竭；《淝水之战》的兵不厌诈，以少胜多，无不雄辩地说明："如果"和"假设"是不存在的。道理很简单，一当这些"如果""假设"成立，历史必将重写。历史的逻辑告诉我们：一个政党，一个集团，一个国家，有无适当的军事实力，决定其能否独立生存和延续；军事实力的强弱（包括武器、装备和军队素质）决定其能否独立于世界和民族之林；实力是话语权的前提和基础，没有实力（包括硬实力和软实力），一切将无从谈起。这就是孙子两千年前谆谆告诫人们"兵者，国之大事，死生之地，存亡之道，不可不察也"的道理所在，也是毛泽东"枪杆子里面出政权"理论的产生依据和实践基础。

第二节　民心向悖　至关成败

【兵法·原文】

故经之以五事，校之以计，而索其情：一曰道，二曰天，三曰

地，四曰将，五曰法。道者，令民与上同意也，故可与之死，可与之
生，而不畏危也。天者，阴阳、寒暑、时制也。地者，远近、险易、
广狭、死生也。

【解字·说文】

经：《说文解字》：经，织也。《文心雕龙》：经正而纬成。本文意
在衡量，具体强调分析研究。

校：《周易·噬嗑》中"何校灭耳"指一种约束犯人的刑具。《周
礼·夏官·校人》中"六厩成校"泛指栅栏。本文引申为比较、检验
之意。

计：筹划。

情：实情。

道：与路相通，泛指正当的理由。本文指政治。

民：民众、百姓。

上：方位，与"下"相对。本文指君主。"民与上"即下与上，
是指民众和国君。

同意：同心同德，意志统一。本文指心愿、愿望相通、相同。

不畏危：本文指不怕危险。危，危险。按：汉简作"民弗诡也"。
弗诡，言无疑心、二心之意。

阴阳：本义指日光向背，本文指昼夜、雨晴等天气变化。

时制：指四时季节更替。制，节。

险：险要。

易：容易、平坦。

死：与"生"相对。死地，指不生之地。本文指进退两难的作战地域。

生：与"死"相对。生地，指易攻能守之地。汉简作，"地者，高下、广狭、远近、险易、死生也"。多"高下"两字。

所以，要从敌我五个方面进行分析比较，来探讨战争胜负的情形。五个方面：一是政治，二是天时，三是地利，四是将才，五是法制。政治就是要使民众与君主同心同德，就是要使广大民众和君主的意志、目标取得一致，做到君民心意相通，君民相互理解。做到了这些，才能实现民众或军队与君主同生共死，不惧怕任何困难，而勇往直前。天时是指昼夜、晴雨、寒冷、炎热、四时季节的变化。地利是征途的远近、地势的险阻或平坦、作战地域的广阔或狭窄、地形对于攻守的有利或有害。

【辩例·直观】

两千多年前的兵法竟然从讲政治的高度专题论"道"，实在是难能可贵。这里的"道"，指的是道路、道义。也可以引申为能使君臣间、君民间、举国上下同心同德的政治路线和政策方略。而做到上令下达、下情上晓、上下和谐的关键，是相互信任、相互理解、相互支持。孙子认为：决定一场战争的胜负，除制定战略战术和必要的武器、装备外，最重要的因素往往取决于参与战争的每一分子的素质和能力。无论是统帅还是士兵，能否做到同心同德、众志成城？能否形成万众一心、同仇敌忾的局面？这应是胜负成败的关键所在。从远古到当今，大凡有作为的统治者或集团统帅、部门首长，都必须清楚认识到民心相向和相悖的利害关系。齐家治国平天下，需要的不仅仅是强大的武力，虽然这是必不可少的重要条件，但路线正确、政策清明、民心所向、内外和谐，才是社会长治久安的重要保证。

我们选摘《三国演义》中的故事片段为例证，加以说明上述道理。《三国演义》是中国四大古典名著之一；《三国演义》作品中的英雄豪杰、盗世奸雄数不胜数；《三国演义》中，成功的、失败的，各领风骚。东汉末年群雄四起，诸侯割据称霸一方。这些诸侯、奸雄大都出身显贵，他们起兵成势，独霸一方成为枭雄应该没有什么悬念，其中只有一个靠卖草鞋度日的汉宗亲后裔，后来却成为鼎力三国的蜀国皇帝，着实有很多令人反思和回味的哲理寓于其中。这个人就是汉中山靖王之后，落魄街头的刘备。沿着刘备奋斗和成功的足迹，我们可以印证一句老话："得民心者得天下"。从浪迹街头卖草鞋为生，到占据巴蜀成为"九五至尊"，刘备始终把百姓放在心上，尤其在他有了一方势力之后更显突出，这应该是他获得成功的最重要基础。

百姓至上情系战友

《三国演义》第四十一回说的就是刘备携十数万百姓出逃樊城所遭遇的一系列故事。曹操追兵紧逼不舍，刘备形势万分紧急。在生死存亡的选择面前，刘备虽然顾不上自己的妻儿，却把百姓的生死看得无比重要。因为扶老携幼，刘备率领这支逃亡的队伍，仅日行不足十里。尤其在得知妻子一死一失，幼儿阿斗不知去向，自己面临生死存亡的考验面前，刘备矢志不改，仍无怨无悔地和百姓在一起。沙场之败，虽败犹荣。刘备输掉了那场残酷无助的战争，却赢得了"能载舟亦能覆舟"的民心，这也为"刘皇叔"日后成就大业积淀了雄厚的人气。

当看到爱将赵云满身血迹，从万马军中救回幼子阿斗时，刘备并没有因重见儿子而感到欣喜，恰恰相反的是，他怒摔幼子："为你险些丧了我一员大将！"在亲子情与战友情之间，他选择了战友；在自身生死和百姓安危面前，他选择了百姓。刘备始终坚持百姓至上，情系战友，把握根本，不改初衷，所以才能有赵子龙舍生忘死、拼死效忠；才能有赵子龙几入重围、单骑救主，才能引发出刘备心疼爱将，怒摔爱子的一段故事来。现在有很多评说三国的人，说"刘备摔孩子收买人心"。其实只要设身处地进行换位思考，正确的结论是不难得到的。当然在刘备身上还存有浓烈的封建时代局限性，他也因之遭到多次严重的挫折，如"新野逃离""夷陵之败""白帝城托孤"等。尽管如此，刘备桃园结义、三顾茅庐、爱民如子的故事却被世代广泛传颂，成为一段段脍炙人口的历史绝唱。

诸葛亮七擒孟获

刘备白帝城托孤辞世后，刘禅即位。建兴三年，南蛮王孟获起十万蛮兵犯疆侵地，边关频频告急。《三国演义》第八十七回直至第九十回，叙述的都是这段故事。

公元 225 年，蜀汉丞相诸葛亮为了巩固后方，率领军队南征。正当大功告成准备撤兵的时候，南方彝族的首领孟获，纠集了被打败的散兵来袭击蜀军。诸葛亮了解得知，这个孟获将军不但作战勇敢，意志坚强，而且待人忠厚，在彝族中极得人心，就是汉族中也有不少人钦佩他，因此决定把他争取过来。孟获是位少数民族将军，虽然作战勇敢，但不善于用兵。第一次上阵，见蜀兵败退下去，就以为蜀兵不敌自己，不顾一切地追上去，结果闯进埋伏圈被擒。孟获认定要被诸葛亮处死，因此对自己说，死也要死得像个好汉，不能丢人。不料诸葛亮亲自给他松绑，好言劝他归顺。孟获不服这次失败，傲慢地加以拒绝。诸葛亮也不勉强，而是陪他观看已经布置过的军营，之后特意问他："你看这军营布置得怎么样？"孟获观看得很仔细，他发现军营里都是些老弱残兵，便直率地说："以前我不知道你们虚实，所以我被打败了，现在看了你们的军营，如果就是这样子，要赢你并不难！"诸葛亮也不作解释，笑了笑就放孟获回去。他料定孟获今晚准来偷营，当即布置好埋伏。

　　孟获回去后，果然自以为得意，决定当夜三更劫营。当天夜里，孟获挑选了五百名精兵，悄悄地摸进蜀军大营，什么阻挡也没有。孟获正暗暗高兴，以为成功在即，不料蜀军伏兵四起，孟获又被擒住，结果诸葛亮又把孟获释放了。孟获二次被擒，再也不敢鲁莽行事了，他带领所有人马退到沪水南岸，只守不攻。蜀兵到了沪水，没有船不能过去，天气又热，困难重重。诸葛亮下令造了一些木筏子和竹筏子，一面派少量士兵假装渡河，但到了河心一碰到对岸射来的箭立即退回来，随后再去渡河；一面将大军分成两路，绕到上游和下游的狭窄处，渡过河去包围孟获据守的上城。结果，孟获又被擒住。孟获虽然第三次被擒，但他仍然不服气。诸葛亮还是不杀他，一番款待后又放他回去。将士中有人对诸葛亮的这种做法不理解，认为他对孟获太仁慈宽厚了。诸葛亮向大家解释说："我军要彻底平定南方，必须重用孟获这样的人。要是他能心悦诚服地联络南人报效朝廷，就能抵得上十万大军。你们现在辛苦些，以后就不必再到这里来打仗了。"

孟获这次被擒释放后，下决心不再跟蜀兵作战。但时间一长，营里快断粮了，他派人向诸葛亮借粮，诸葛亮同意了，但要孟获亲自出来，与蜀军大将一对一比武。孟获接连打败了几名蜀将，但刚到大堆粮食旁，就被绊马索绊倒被擒。蜀将当即传达诸葛亮的命令，让孟获回去，并把粮食搬走。在这种情况下，孟获终于从心里佩服诸葛亮。为了让各部族都归顺蜀国，他把各部族首领请来，带着他们一起上阵。结果又被蜀兵引进埋伏圈，一网打尽。孟获六次被擒六次获释，如今第七次又被擒获，诸葛亮故意要再放了他。孟获忙跪下起誓：以后决不再谋反。诸葛亮见他已心悦诚服，于是便委派他掌管南蛮之地，孟获等听后深受感动。从此诸葛亮便不再为南蛮担心而专心对付魏国去了。诸葛亮率军南下平乱，罗贯中从八十七回写到九十回，用了整整四回的篇幅，详细地记述了诸葛亮七擒七纵义释孟获，感召孟获的故事。终于赢得了南方蛮地的长治久安。书中有诗盛赞："羽扇纶巾拥碧幢，七擒妙策制蛮王。至今溪洞传威德，为选高原立庙堂。"

【管窥·释悟】

古往今来，凡成大事者身上至少都应具备两个关键要素：一是综合实力，二是施政方略。水能载舟，亦能覆舟，民心向悖关乎成败。得民心者方可获得天下，应是本节兵法论证的一条真理。

第三节　五德兼备　将帅之道

【兵法·原文】

将者，智、信、仁、勇、严也。法者，曲制、官道、主用也。凡此五者，将莫不闻，知之者胜，不知者不胜。故校之以计，而索其情，曰：主孰有道？将孰有能？天地孰得？法令孰行？兵众孰强？士卒孰练？赏罚孰明？吾以此知胜负矣。将听吾计，用之必胜，留之；将不听吾计，用之必败，去之。

【解字·说文】

智：智谋，才干。

信：诚信。说话算数，意指赏罚分明。

仁：仁慈、仁德，爱护部下。

严：严格、严厉，本文指军纪严明。

曲制：军队组织编制、通信联络等制度。曲，部曲，古代军队编制的称号。制，法度，指旗帜、金鼓等制度。

官道：政府或统治集团用来管理将吏的制度。

主用：主管军中的费用，指军费、物资、武器、粮草、车马等后勤供应管理制度。

主：指君主。

孰：谁，哪一方。

孙子强调，作为一个统兵的将帅，合格的指挥员，必须具备五项德能。即：必须具有超群独到的智慧才能；必须言而有信，赏罚分明，深得部下信任；必须做到爱兵如子，上下级关系和谐融洽；必须做到决策果断，率先垂范，勇往直前；必须做到军规明晰，律条周严，执法严格（法制是指军队的组织编制和行军制度、将吏的管理制度、军需物资的管理等规定）。上述五个方面，是将帅必备的基本素质，也是称职将帅的基本条件。了解掌握了，就能打好仗、打胜仗，否则就不能取胜。作为合格的将帅还要从以下七种情况进行比较，来探索敌我双方的实力。哪一方君主政治清明？哪一方将领更有才能？哪一方占据天时地利？哪一方法令能贯彻执行？哪一方军队强大？哪一方士兵训练有素？哪一方赏罚分明？我们根据这些就可以判断谁胜谁负了。如果听信了我的计谋，用兵作战一定会胜利，我将留下；如果不听我的计谋，用兵打仗就一定会失败，我就辞去。

【辩例·直观】

孙子在这节中洋洋洒洒反复论证，其实核心意义只有五个字，可谓精华所在，内涵丰富，字字如金，享用无穷。智者，足智多谋，运筹帷幄；信者，赏罚有誉，取信于民；仁者，平易近人，爱兵如子；勇者，无私无畏，英勇善战；严者，严于律己，执法如山。智、信、仁、勇、严统称为五德，是孙子确定的选人用将标准，也是孙子军事思想的重要组成部分。孙子认为：作为一个统帅，作为一个军事指挥员，必须具备上述五德，才能受其任而不辱其职。不同时代有不同的选人用将标准，孙子的"五德"与今天的选贤任能标准比较，会有很大的局限性，这是很自然的。但两千多年前，孙子能够提出一个关于当好将帅的统一标准，实属难能可贵。

孙子要求作为将帅的人，应该具有超乎寻常的智慧和本领；应该能在瞬息万变的战场或其他具体情况下，保持头脑清醒；应该做到临危不惧、英明果敢，充分发挥指挥员在严峻形势面前，科学判断，正确决策的作用。孙子强调作为将帅的人，必须做到是非明辨，赏罚公平，言必信，行必果；不说大话、空话，做到有的放矢，一诺千钧。孙子认为，只有这样，才能在军队中，在人民之中树立起崇高的威信。《孙子兵法》提出选将任能的"五德"标准，一直为历代当政者所推崇，得到普遍的接受和效仿，虽曾有所增减，而核心的观点仍延续了孙子的用人标准。在浩如烟海的古代经典战争中，以"五德"选贤任能的实例比比皆是。

任人唯贤择优而仕

司马迁著的《史记》中，有很多符合五德标准的用人记载。如廉颇老当益壮率兵御敌、苏秦合纵抗秦等故事便是其中典例。赵惠王初年，七国之中，秦、齐各据西东。时秦国欲向东扩张，地处燕赵之地的赵国，是秦国东进的必经之地。赵国与秦国素来不睦，借道东进绝无可能。于是，秦国决定先征服赵国。赵王十分信任并重用老将廉颇，廉颇也从不辱使命。秦国派兵多次进剿，都被廉颇率军击败。在战胜无数强敌的经历中，廉颇成为与白起、王翦、李牧齐名的战国四大名将。就是在廉颇年迈之际，赵国又遇战火，赵王仍想着"廉颇老矣，尚能饭否？",结果廉颇不辱使命,又率军痛击来犯秦军,取得了多次重大胜利。若不是后来赵王中了秦王的离间计,将老将廉颇调离战场,秦国亡赵的计划就很难实施了。虽然赵国有廉颇御敌,可暂拒敌于国门之外,但面对秦国兵强马壮、实力强悍的武力威胁和战争恐吓,赵国及其他诸国终难享有长久的太平。

面对强秦严重威胁的窘困局势,有一个后来被《三字经》誉为"头悬梁,锥刺股"的勤奋成才的叫作苏秦的人,勇敢地站了出来。苏秦以智慧、果敢和谋略游说六国,成功地实现了"合纵抗秦",并成为身披六国相印的联盟统帅。六国诸侯联盟虽然短暂,但却有力地抗击了强秦,有效地迟滞了秦国的扩张步伐。赵国也在合纵中得到了迅速强大,成为战国时代实力较强的七雄之一。上述所举廉颇、苏秦等都获得了重要的成功,都被实践证明是符合"五德"标准的将帅。

历史上这样的例子还有很多:周文王、周武王用对了一个姜子牙、周公旦,实现了周国对商王朝的颠覆;汉王刘邦启用了张良、韩信和萧何,打败了骄横强大的西楚霸王;秦国重用白起、王翦和范增等文臣武将,终于征服六国,建立了大一统的封建王朝。史实告诉我们:用对一个人可以挽救一份事业,挽救一个国家。上述所列各国兴衰成败便是一个非常好的例证。由此可见,按照孙子的"五德"标准选贤任能,择优而仕,就能选对人、选对将军。如再能信任并大胆使用这个将军,对一场战斗、一次战役、一个国家安危作用犹大,生死攸关。

将相和

《史记》中"将相和"的故事，也很能说明"五德"的道理所在。秦王约赵王在河南渑（miǎn）池会谈，赵王恐惧秦王而不敢赴会。蔺相如与廉颇一起劝说赵王，并由廉颇一路护卫，蔺相如陪同现场会谈。由于蔺相如的勇敢和智慧，渑池会上，骄狂至极、不可一世的秦王惨败在蔺相如手下。蔺相如演绎了一段"完璧归赵"的千古佳话。回到赵国后，为嘉奖蔺相如，赵王拜蔺相如为上卿，并排位在廉颇之上。对蔺相如靠"耍嘴皮子"得到上卿高位并排列自己之前，廉颇心中极为不满，放话一定要与蔺相如比个高下。于是，廉颇屡屡为难蔺相如，而蔺相如每次都大度谦容，忍让的程度让门人甚至同僚都不能理解。大家纷纷质疑蔺相如，而蔺相如则不以为然。蔺相如问大家：廉颇与秦王谁更强大？大家说，廉颇虽勇，顶多就是一个大将军而已，可秦王拥兵立国，在当今七国之中，是当世不二的霸主，廉颇怎么能与秦王比呢？蔺相如笑笑说，既然如此，大家知道我连秦王都不惧，还会怕廉颇吗？我与廉颇都是赵国最重要的文武大臣，肩上担负着赵国的生死安危。如果我们两个闹起矛盾，一定会亲痛仇快，一定会危及赵国的安危。国家安危与个人脸面孰重孰轻？答案大家一定都清楚吧！蔺相如胸怀大局、不计较个人得失的高风亮节，深深地感化了廉颇。廉颇亲自到蔺相如府上负荆请罪，演绎了又一段千古佳话——《将相和》。

师德、师道与"三服"

过去做教师时曾对实习讲堂的年轻教师讲过一段话，对加深理解孙子"五德"思想亦大有裨益。针对师范院校学生初登实习讲台，都想当一名合格的人民教师的迫切愿望和反复咨询提问，回答说：若想早日或最终成为一名深受学生欢迎的人民教师，必须注重师德、师道。而师德、师道最具体的体现，莫过于能否实现学生的"三服"。所谓"三服"：一是令学生佩服。若做到让学生佩服，教者必须拥有广博的学问、渊博的知识；必须做到对学生的每次提问，都能有问必答，及时、真实，答案正确；必须具备传授知识方法科学，具有较强的可操作性和可接受性，能够做到深入浅出、举一反三，有效地引导学生研究问题、治理学业，从而使学生对你发出由衷的钦佩，产生无可置疑的"佩服"。二是令学生信服。作为师者，传道授业解惑是主要职能和任务。通过言传身带，学生在纷纭变幻的大千世界中，爱祖国、爱人民、识大局、知整体，能想事、会做事、做成事。因此，教师应始终保持饱满的"正能量"和平易近人、谦和热情的师者风度。对学生的正常要求，必须做到有求必应，并保证及时、准确、彻底；与学生的交流、沟通，必须保持理性"零距离"，让学生感到教者既是授业、做人的偶像，又是学习、生活中的朋友，无论取得成绩还是遇到困难，都愿意找教师倾述、交流和共享。教师在学生中享有广泛、厚重的榜样作用和无可置疑的信赖感，使学生对教师产生发自内心的"信服"。三是令学生敬服。《三字经》中有句名言说得好："教不严，师之惰。"由古至今，只要不是逆流而动，都强调教者必须遵循和保证"师道尊严"。若使师道有尊严，教师必须做到恪守师德、坚持操守，治学育人、严肃笃行，为人处世、一丝不苟；必须做到修身风清气正，做事雷厉风行，传道言简意赅，解决问题干净利落；必须做到与人交往诚实守信，教导学生严肃认真，有理想、有追求，言必信、行必果，让人情不自禁地对知识广博、形象清澈的严师肃然起敬，尊重有加，从而产生强烈的"敬服"。此"三服"均兼，师德可谓具备，师道可谓尊严，师者可谓优秀；"三服"拥二者，可谓比较优良；"三服"据其一者即获及格，登堂授业可暂行之。

【管窥·释悟】

引师道为例，似乎与兵法战策并不相干。其实理解和使用兵法的深刻内涵，贵在实事求是、活学活用。罗列教与学的师道体会，旨在辩证说明，将帅之道也好，教师之道也好，道理相近，道路相通。《孙子兵法》问世，本意主要是服务于战争，但随着时代的发展，人们对社会的认知需求，必然要求古为今用，必然要求科学扩大文化瑰宝的合理外延。因此，无论是选拔参与战争人才，还是选拔参与社会建设人才，都必须坚持五德兼备的原则，都必须坚持严格的选材用人标准，都必须坚持能人、强者战略，这应该是本文以此为例的期望所在。

在大千世界万事万物中，成也在人，败也在人，人是成败第一要素。干部路线、人才政策正确与否，选贤任能、唯才是举虚实真伪，决定事业兴衰成败；大政方针、施事原则是否科学，政策方略、贯彻执行能否做到实事求是，关乎事业健康发展，关乎社会长治久安。

第四节 谋权用势 因势利导

【兵法·原文】

计利以听，乃为之势，以佐其外。势者，因利而制权也。

【解字·说文】

计利：计，筹划；利，指取胜之策。筹划有利益的策略，本文指战争的决策。

以：同"已"。

听：听从，采纳。

势：有多种含义。如势力、权力，《庄子·渔父》"今子既上无君侯有司之势，而下无大臣职事之官"。如势头，曹操《让县自明本志令》"兵势强盛"。如形势，《汉书·晁错传》"起兵而不知其势"，成语"大势所趋"。再如样式、款式，以及男性生殖器等等含义。本文单指态势，用作军事术语。具体是讲根据敌我双方情况，运用智慧，造成有利于我的态势。

佐：辅佐。

因：依据。

制权：本文指采取应变的措施。制，掌握。

权：秤，秤锤，《论语·尧曰》"谨权量，审法度"；衡量，比较，《荀子·王霸》"权物而称用"；权势，权力，《管子·任法》"邻国诸侯能以其权置子立相"；权变，灵活变通，成语"权宜之计"；权且，暂且，《南齐书·刘善明传》"凡诸土木之费，且可权停"；暂代官职，陈亮《上孝宗皇帝第一书》"以京官权知，三年一易"。本文引为权变，即灵活机动的措施。

这一小节说的是：筹划能够取胜的策略已经被采纳了，还要为它营造一种态势，用以辅助作战计划的实施。这种态势就是根据取胜的策略而采取的灵活机动的应变措施。

【辩例·直观】

"利"是赢得战争胜利的重要前提、条件和终极目标，是战前必须要反复推敲研定的取胜策略；"势"是形势、态势，也可以理解为战场敌我双方的实际情况；"权"是变化，是手段，是措施，是落实作战计划、实现作战意图、完成战场的目标。孙子认为：战场上可以随机应变，可以灵活机动地运用战术，这些都是取得战争胜利的重要手段。"利""势""权"是孙子对一场战争、一次战斗，准备要进行或开展的一个事件，提前进行的提纲挈领似的设计和要求。唐朝有位著名的叫李靖的将领曾经说过："兵有三势，将轻敌，士乐战，志励青云，气等飘然，谓之气势；关山狭路，羊肠狗门，一夫守之，千人不过，谓之地势；因敌怠慢，劳役饥渴，前营为合，后军半挤，谓之困势。"李靖反复论述的"势"，就是孙子计利谋势理论的具体演绎。《孟子·公孙丑》中的"虽有智慧，不如乘势"，说得也是这个道理。战前做的所有工作，莫大于作战方略。而制定方略的重要目的之一，就是要营造一种有利于我，不利于敌的态势。孙子的这段话，开创了

"造势说理论"的先河，以至成为历代不断研究、不断创新、不断发展的重要军事命题。计利造势，营利谋势，已经成为兵家战者和各类学问家、实干家们坚守不易的重要逻辑和行为规则。可以说，制定一份科学可行的战争或行动方略，努力把这份方略运用到实践中，并不断营造和捕捉有利于我的现场态势，采用机动灵活的战术和方法，确保方案的全面实现和完成，是孙子在本篇中提出的最重要的军事思想。

田忌赛马

战国时期，在魏国做官的孙膑因受同门庞涓的嫉妒和迫害，被割去双髌。齐国使臣知道了这个消息，把孙膑解救出魏国。孙膑来到齐国后，受到了齐国上下的欢迎。大将军田忌早就听说孙膑兵法了得，就把孙膑请到家中求教。孙膑一连给田忌讲了三天三夜，田忌感到茅塞顿开大受裨益，于是把孙膑敬为上宾。当时齐国有个赛马的习俗，从国君到普通百姓都热衷于赌马。齐国赛马是要下赌注的，赌码大小不一，常因地位而定，因人而异。田忌热衷此道，但败绩累累，尤其在与国君和其他大臣的比赛中，几乎一败涂地，赌情十分不好。孙膑得知这个情况后，随田忌来到赛场了解赛马的规则和程序。原来，齐国赛马是把马匹分成三类：一类是上等马，二类是中等马，三类是下等马。三类马根据等级，披挂不同装束。参赛者分别派出三类马参赛，赢两局以上者胜。了解了这些规则后，孙膑让田忌把上等马的装束穿在二等马身上，二等马穿上三等马的装束，三等马穿上一等马的装束。比赛开始，国君的上等马遥遥领先，胜了第一局；紧接着，第二局、第三局，田忌均胜。国君很奇怪：赛马的"常败将军"怎么会突然取得胜利呢？于是他招来田忌问个究竟。当得知是因孙膑制定的赛马降幂顺序而获得的胜利，便把孙膑叫到面前，详细地问及赛马及有关军事方面的问题。面对国君提出的治国、治军、平天下等诸多问题，孙膑对答如流，国君非常满意。于是拜孙膑为军师，与大将军田忌一起统帅全国军队。由于孙膑的超群智慧和卓越的指挥才能，齐国的军事和国家实力得到快速提升。从田忌赛马到孙膑统兵，完整地演示了《孙子兵法》中关于利、势、权等关系，成为不可多得的兵法例证。赛马只是一场博彩游戏，但赛马的人物、地点和形式、赌注等常常决定和改变着赛马的性质。可以说赛马似乎是寻常小事，但小事中却处处蕴含着政治。孙膑巧用降幂组合转换数列，因势利导，谋权夺势，助田忌取得赛马胜利。"田忌赛马"虽然仅是一段小故事，但却推动了人才政策得到圆满落实的成功结局：田忌赢得了赛马，孙膑赢得了信任，齐国赢得了强盛。

赵王贪利丢五城

公元前 290 年，秦国和赵国相约要共同攻打魏国。消息传到魏国，魏国的国君非常害怕，立即召集大臣商议对策。大臣中有一位叫芒卯的很有智慧，当他得知秦、赵要联合进犯的消息后，便站出来对魏王说："大王不用过分担心，微臣自有退敌良策。"魏王连忙站起身来，请芒卯说出退敌办法。魏王听完芒卯的办法后，决定将退敌这件大事交给芒卯全权办理。芒卯领命以后，立即找到一位叫张倚的魏国人，派他出使赵国，并告诉他到魏国后，如此这般，这般如此……

张倚到了赵国，马上去见赵王。张倚对赵王说："魏王对赵王仰慕已久，早就想把魏国北面边境一带的邺城奉献给大王。如果赵国能和巴蜀之地的秦国解盟断交，魏国一定会与赵国结盟，并将邺城献给大王。"赵王听到张倚说魏王要将邺城送给赵国，抑制不住心中狂喜，他赶紧找来相国，对相国说出只要与秦国断交，就可收到魏国邺城这份大礼。相国说："赵国与秦国结盟攻打魏国，赵国会受到很大损失，而且能够获得的利益，也不会超过邺城这份厚礼。如今不战而得到邺城，是一件非常好的事情。大王不要犹豫，赶快答应魏国使者，让他速速回国禀报魏王，早日交付邺城。"赵王马上召见魏国使者张倚，要他速速回国办理邺城之事。张倚对赵王说："不用回到魏国，因为魏王已经全权委派我来处理这件事情。现在负责交割邺城的官吏已来到赵国，只要大王能够如约与秦国断交，我们马上就可以办理邺城事宜。"

于是，赵王立即下令：闭关秦域之路，宣布与秦国断交。赵国和秦国的关系进入冰点后，秦国国君很是愤怒，立即组织兵力，准备讨伐赵国。赵王闻讯后马上安排官员：先去接受邺城，再与魏国联合抗秦。赵国官员到了邺城城下，邺城守城将士不但不肯开城门，更表示坚决不献城池。赵王闻讯后大怒，派人找寻张倚，结果到处寻找，就是找不到张倚。赵王无奈，派使者直接找到魏国大臣芒卯，向他讨要邺城。芒卯回答使者说：我国与赵国结盟交好，就是为了保卫邺城。答应献出邺城的是张倚，我们并不知道这件事。芒卯拒绝了赵国讨要邺城的要求，并提出如要与魏国联合退秦，必须立即向魏国交割五座城池，否则一切免谈。

　　这时，秦国军队已经集结完毕，随时准备发兵攻打赵国。赵王深知秦军的厉害，急忙派使者赴魏国商议两国结盟抗秦之事。结果魏国国君不见，大臣芒卯又一次否定了张倚曾经的承诺。芒卯强调：为今之计，赵国必须先向魏国交割五城，然后才能联合抗秦。赵王进退维谷，更担心魏国趁机与盛怒的秦国联合进攻赵国，无奈只好献出五座城池，交好魏国以联合抵抗秦军。

【管窥·释悟】

　　孙膑利用序列变换组合，帮助齐将军田忌赢得赛马胜利，从而奠定了他在齐军中的重要地位，使之在如后的岁月中，最大限度地发挥了军事才能和战争智慧，成为千古不朽的战例佳话。赵王贪一城之利，反赔出五城，正所谓"偷鸡不成蚀把米"，成为千古笑谈。历史告诉后人：只有善于谋权用势的人，才能做到"泰山崩于前而不色变"；只有善于因势利导的人，才能把控形势发展的主动权，做到"牵一发而动全身"。敢于亮剑，敢于胜利，才能"鞭敲金镫响，高奏凯歌还"。研究残酷战争如此，解析复杂矛盾如此，适应纷繁的社会生活亦如此。

第五节　示人以弱　绵里藏针

【兵法·原文】

　　兵者，诡道也。故能而示之不能，用而示之不用，近而示之远，远而示之近。

【解字·说文】

诡道：诡，要求，《汉书·京房传》"今臣得出守郡，自诡效功"。欺诈，《汉书·苏武传》"匈奴诡言武死"。差异，差别，《淮南子·说林训》"衡虽正，必有差；尺寸虽齐，必有诡"。违背，违反，《吕氏春秋·淫辞》"言行相诡，不祥莫大焉"。本文引欺诈之意，意指运用欺诈手段骗过他人。

能：指能战。

示：显示，指装作、装出。

用：指要打。（按：文中"能""用""近""远"均指我方。）

诡道，诡诈欺骗的行为或方式。曹操在解释"诡道"时说，"兵无常形，以诡诈为道"。用兵打仗，其实就是一种带有很强欺骗性的诡诈行为。所以，能打却装作不能打，要打却装作不想打，想要向近处攻打却装作向远处攻打，要从远处攻打却又装作从近处攻打。

【辩例·直观】

古人素有"示人以弱""绵里藏针"的说法。所谓"示人以弱""绵里藏针"，就是要把真实的自我隐藏起来，不张扬，不显摆。尤其在敌人面前，无论已经多么强大，都不必刻意彰显自己的长处，甚至要故意展示自己的弱点和不足。这样做的目的很清楚，就是为了麻痹敌人，使其放松警惕，甚至因轻敌而张狂起来。"上帝让你灭亡，必先让你疯狂""后发制人"，讲的都是这个道理。两军对垒阵容齐整，但总是要各自暗藏机关；兵家胜负的关键所在，常常存于隐形之中。

求退一步后发制人

东晋谢安、谢石、谢玄等，以八万精锐，在淝水之战中打败前秦苻坚九十万大军，其中很重要的一点，就是"示弱"。首先是兵员队伍数量上的劣势公开，八万比九十万；其次是作战形式上的示弱，请求苻坚军向后撤一点以便渡河上岸与之勉强决战；再次是作战能力上的示弱，表现出与前秦苻坚军作战，无异于"以卵击石"。由于东晋军与前秦军的悬殊兵力对比，阵前乞求对方后撤一点，以便能够上岸决战，表现出来的怯懦和无奈等等，都让前秦军尤其是统帅苻坚产生误判。孤傲地认为东晋军兵少势孤，就是让他们上得岸来又能有什么作为。东晋军以弱示人，实际却是绵里藏针。果不其然，前秦军一声撤退，退得一发不可收拾，可谓一溃千里；东晋军劣势登岸，过河兵卒有进无退，必然势如猛虎，创造了"示人以弱""绵里藏针"的以少胜多的经典战例。

弱势设局强势收官

"美人计"义父子坠入"情网"：《三国演义》中"示人以弱""绵里藏针"的故事也很多。在第八回里，王允利用计谋诛杀董卓的故事就是这样的例证。汉献帝九岁登基，朝廷由董卓专权。董卓为人阴险，滥施杀戮，并有谋朝篡位的野心。满朝文武对董卓又恨又怕，敢怒不敢言。司徒王允十分担心汉室兴衰，他认为朝廷出了这样一个奸贼，不除掉他，朝廷难保。但奈于董卓势强力大，正面攻击，无人斗得过他，加之身旁还有一个义子，名叫吕布，骁勇异常，忠心保护董卓。王允观察这"父子"二人，狼狈为奸，不可一世，但有一个共同的弱点：皆是好色之徒。于是，王允决定利用美色，巧施"离间计"让他们得之猖獗，失之疯狂，互相残杀，借机除掉奸贼。

王允府中有一歌女，名叫貂蝉。这个歌女，不但色艺俱佳，而且深明大义。王允向貂蝉提出用美人计诛杀董卓的计划。貂蝉为感激王允对自己的恩德，决心牺牲自己，为民除害。但是对董卓、吕布这样的"强者"，实施"美人计"绝非易事，王允决定采取示人以弱、施之以媚、投其所好的方法，伺机施计。王允首先设计把吕布请到家中参加家宴。席间，王允让貂蝉出来敬酒，貂蝉的美貌多姿一下子就吸引了吕布。看到吕布痴情失态，王允心中暗喜，于是主动提出将自己的"女儿"貂蝉许配给吕布。眼见这一绝色美人，即将成为己有，吕布受宠若惊，喜不自胜，十分感激王允，二人决定选择吉日完婚。

第二天，王允又殷勤地请董卓到家里来吃酒。酒席筵间，王允极尽阿谀奉承之能事，并要貂蝉厅前献舞。董卓一见风流绝色的貂蝉，以为仙女下凡，垂涎欲滴，魂不守舍。王允见状，立即献媚说："太师如果喜欢，我就把这个歌女奉送给太师。"董卓正中下怀，虽假意推让一番，随即起座离席带着貂蝉兴高采烈地回府中去了。

"离间计"义父子反目成仇：吕布得知貂蝉被董卓带回府中大怒，立即找到王允当面追责。王允早已成竹在胸，立即拿出早已准备好的巧言哄骗吕布说："太师听说将军要取老夫犬女，便一定要来亲眼看看自己的儿媳妇，我怎敢违命？太师来后说：'今天便是良辰吉日！'于是决定迎回府去与将军成亲。"吕布信以为真，立即返回相府等待董卓给他办喜事。可一连过了几天都没有动静，再一打听，原来董卓已把貂蝉据为己有。吕布一时也没了主意，只好寻机找貂蝉问个明白。一日董卓上朝，忽然不见身后的吕布，心生疑虑，马上赶回府中。结果在后花园凤仪亭内，看到吕布与貂蝉抱在一起，董卓顿时大怒，顺手拿起吕布的方天画戟，用力朝吕布抛去。吕布用手一挡，没能刺中，慌忙掉头逃跑。原来，吕布趁董卓上朝，与貂蝉私自约会。貂蝉按王允之计，哭诉被骗到相府，被董卓强霸失身，早已抱定一死，只是想见将军最后一面才苟活至今的缘由。吕布听罢貂蝉哭诉，大骂董卓禽兽不如。二人正在缠绵之际，不料被董卓冲散。逃离相府的吕布百感交集：夺爱霸妻之恨，抛戟绝杀之仇，使吕布与董卓的父子之情顷刻荡然无存。吕布无计可施又无可奈何，只好来找王允商量对策。王允见时机已经成熟，邀吕布到密室商议。王允大骂董贼背信弃义骗娶爱女，禽兽不如霸占义子爱妻，实在可恨至极。吕布也咬牙切齿地说："不是看在我们是父子关系，我真想宰了他！"王允见状纠正说："将军错了，你姓吕，他姓董，算什么父子？再说，他抢占你的妻子，又用戟刺杀你，哪里还有什么父子之情？"吕布突然醒悟说："感谢司徒的提醒，不杀老贼誓不为人！"

"反间计"义子戟挑义父：王允见吕布已下决心，遂与之商议除奸之计。一切准备就绪，王允假借天子之名下旨，召董卓上朝受禅。董卓自以为得计，不可一世，耀武扬威，准备进宫受禅登基。骄狂至极、洋洋自得的董卓乘车刚刚踏进宫门，不料被吕布车旁突然一戟，直穿咽喉，当场毙命。

王允与董卓相比，无论比地位，还是比实力都是明显的弱者。看到董卓乱政，朝廷又无能为力，王允打破常规，因势利导，决定利用弱者地位和身份，反其意而行之。针对董卓、吕布贪权好色的特点，王允巧施"美人连环计"，以下人姿态，以献媚嘴脸，示人以弱，分别接近二人。在董卓、吕布眼中，王允不需装扮也是弱者。作为下人，献媚主子似乎天经地义，所以王允才能在分别接近董卓和他的义子吕布时，显得从容自如，有张有度。尽管王允并非是位演技高超的演员，且在二人面前极尽讨好献媚，董卓、吕布二人却全然不觉，完全放松警惕，均认为王允已是"自己人"。正是这位"自己人"，巧用貂蝉施展美人计、离间计、反间计，终使这对痴迷忘返的父子同室操戈，反目成仇，借吕布之手除掉了董卓，成就了一段千古传唱不朽的"以弱胜强"的计谋典例。

痛不欲生演无奈　示人以弱据荆州

《三国演义》中还有一段也很能说明这个道理：刘备借东吴孙权荆州以做权宜之地。借期已满，孙权屡派鲁肃多次过江讨要荆州，刘备总以各种借口、托词，赖着不还。孙权对此很是生气，再派鲁肃过江，并下令：无论刘备以何种理由均不接受，必须立即收回荆州！其实，当时的刘备正处于非常尴尬的境地，按理应践诺交还荆州。可是若还荆州，刘备一干人等又没有安身之处。正是还也不成，不还更显不义。值此无可奈何之际，恰逢鲁肃又来讨要荆州，而且一改往次情态，态度坚决果断，全无一点商量余地。刘备无可奈何，求计于诸葛亮。诸葛亮为刘备设计出一个"哭天抹泪装熊耍赖"的计谋。这个计谋看似窝囊，但却奏效。诸葛亮就是利用了刘皇叔这样的身价，让他以走投无路、痛不欲生的弱者形象，去演绎、麻痹"好人"鲁子敬，让这位敌手产生同情心，从而使鲁肃又一次无功而返。诸葛亮以"哭计"示弱，为刘备占据荆州养精蓄锐赢得了宝贵的时间，为日后蜀国的建立奠定了基础。

【管窥·释悟】

无论是王允设计除奸，还是刘备耍赖占据荆州，说的都是通过示人以弱，来实现自己的目的。示弱装熊原本就是一把双刃剑。战场上，有准备的示人以弱，可以麻痹敌人，逆转形势，赢得战争的胜利和成功。作为现实社会生活中的普通一员，也必须时刻提高警惕，防止别人为达某种目的，对你示之以弱、投之可怜，应谨防笑里藏刀、绵里藏针的行为。日常生活中，也有很多这样的实例。如《红楼梦》中的孙绍祖。后人以他的行径创编出一句俗语："子系中山狼，得志便猖狂。"类似孙绍祖这样的人物，现实生活中也不乏其人，当面甜言蜜语，背后包藏祸心。这些人往往采取示人以弱，用可怜、可悲的弱者形象博得人们的同情，用阿谀奉承的献媚，讨得主子的青睐，一旦羽翼丰满，则一反常态。这种人的信条和生存逻辑，总是以"我"的存在为圆心，以"我"的利益为半径，以"我"的目的为轨迹，框起自己的圈圈，这种人是需要特别引起警惕的。

第六节　审时度势　借力打力

【兵法·原文】

利而诱之，乱而取之，实而备之，强而避之，怒而挠之，卑而骄之，佚而劳之，亲而离之。

【解字·说文】

挠：挑逗，骚扰。

佚：同"逸"。

劳：疲劳。

亲：亲近，和好，指敌内部团结。

离：离间，分化。（按："利""乱""实""强""怒""卑""佚""亲"八字，均指敌人。一说，此为我对敌所施诡道，指我方以利诱，用计使敌乱，备实待虚、避强击弱、设谋致敌怒，示敌卑弱、以逸待劳、分化敌之亲近亦通。）

利而诱之：就是在敌人贪利时，要给敌人一些小利以引诱，以期更有力度地打击敌人。

乱而取之：是说对于那些已经处于混乱状态的敌人，要及时发动攻击，以期消灭他。

实而备之：如果敌人暂时还很强大，那就要加强防范以待时机。

强而避之：敌人实力强悍，暂时没有取胜的可能，那就要主动回避，进行战略性的转移。

怒而挠之：如果敌人性刚易躁，那就要经常去撩惹他激怒他，让他在你的不断骚扰中不得安宁且暴怒反常。

卑而骄之：敌人很谨慎小心，你就要想办法，可以利用多种手段，让他骄狂傲慢，目中无人，然后找机会打击他消灭他。

佚而劳之：当敌人驻扎起来准备休整养息的时候，就要想办法骚扰他，让他不得休息以至疲惫不堪。

亲而离之：如果敌人内部很团结，就要想办法离间他们，可以采用多种有效手段，挑拨他们的关系，破坏他们的团结，对他们进行最大限度的离间和分化。

这一小节用了八句话，分别对"利""乱""实""强""怒""卑""佚""亲"等八种情况或现象，施以了八个方法或八种方略，即"诱""取""备""避""挠""骄""劳""离"。针对前面八种情况，孙子用他的大智慧给出八个方略，由表及里，针对问题，各个击破，切中要害。

【辩例·直观】

战场上情势复杂且变化多端，作为指挥员必须认清形势，分析利弊，因地制宜地把握战场的节奏。战争发生前，对立双方很难确定胜败，谁也不能说自己就是有决胜的把握。就一般规律而言，只有旗鼓相当的对手间，才更容易发生战争。双方力量对比差距较大的战争悬念一般不大，可暂时搁置待论；旗鼓相当的对手间，争强好胜的人之本性，为解决他们之间的孰强孰弱，战争常常是一触即发。那么怎样才能赢得这样的战争胜利呢？孙子给出了较为具体的答案：就是趋利避害，制利造势，灵活机动地战胜敌人。兵书兵法无论内容多么丰富，无论记述得多么具体，都只能算作是一种理论、一个教条。要想获得战争胜利，必须摒弃死读书、读死书的教条主义习俗，坚持结合实际，活学活用；必须依据战争性质、战场态势、双方实力和一切可以利用的内外部条件，进行科学论证，有机把控；必须坚持以不变应万变，以万变应不变，以变应变、机动灵活的唯物辩证观点，妥善处理瞬息万变的战场形势。

智者借力而为。适时借力，适当借力，科学地利用外部条件，能起到事半功倍、四两拨千斤的成效。无论是军事战争还是商战以至日常生活中的角力，大凡势均力敌或实力欠佳的进击者，其获得的成功很多都得力于借力。古往今来，不乏借力而为的经典案例。

齐桓公好鹿

齐桓公中兴齐国，称霸中原，成为战国首霸。诸侯国中唯有楚国上不听周天子王命，下不听霸主齐国号令，并时常侵略邻国掠夺领土。齐桓公很是恼火，召集群臣商议征服楚国良策。

有几员齐国大将主张联合诸侯，组成多国兵团强力征伐以迫使齐国屈服。齐桓公拜相的管仲不同意这些将军的意见，他认为：楚国之所以敢于抗拒王命，蔑视霸主，主要是因其具有能够与之抗衡的实力。楚国地大兵强，国家富足，有争霸底气。如果我们现在与之交战，可谓势均力敌，旗鼓相当，纵然侥幸获胜，也必然耗尽国家积蓄，人亡地荒，得不偿失。齐桓公和群臣都觉得管仲言之有理，便追问其有何良策。管仲笑而不答，似乎早有良策在胸。

不久，管仲派出了很多商人到楚国购鹿，并到处扬言"齐桓公好鹿，不惜重金购买"。当时楚国多鹿，鹿原只为一种兽肉，供达官百姓餐桌食用，价格并不高。现在，齐国商人大肆购买，而且不惜重金，顷刻间，楚国上下鹿价剧增，鹿市场严重供不应求。楚国商人看到鹿市场如此红火，纷纷放下原来的生意，争先恐后地做起鹿买卖。一时间，楚国鹿价暴涨。楚成王和楚国的大臣们都觉得可笑，他们认为齐桓公为了购鹿而不惜耗费巨资，和十年前的卫懿公"好鹤亡国"没什么两样。楚国从此就可以高枕无忧，静待齐国大伤元气，一举发兵，成就千秋霸业。楚成王下令，全国上下把鹿价继续提高，以致一头鹿的价格高于几千斤粮食的价格。看到鹿市场如此赚钱，谁也不想舍弃这个赚大钱的机会。于是，做工的离开作坊，种地的抛下农具，大家都购买猎具钻进深山老林捕鹿发财。楚国的官兵看到猎户商贾靠鹿发财，一个个都急红了双眼，也停止了军队训练，把作战打仗的兵器改成猎具，偷偷地加入了捕鹿大军。仅仅一年不到，楚国官兵、百姓便钱币堆积如山，家家富得流油。谁知第二年，久旱无雨，楚地大旱，农田荒芜，无人耕作，粮米收成只有两三成。楚国人欲用钱币去购买粮食，但各诸侯国粮食市场一律对楚国关闭窗口。原来，管仲已经联合各诸侯国，禁止与楚国粮食通商，即使拿出多少钱也绝买不到粮食。至此，楚成王才明白齐桓公好鹿，原是管仲"借力打力"的计谋，后悔不已。

管仲见时机已经成熟，便建议齐桓公集结了八路诸侯大军，浩浩荡荡地开进楚国边界。此时楚国上下人饥马瘦，军无斗志，怎么能抵御诸侯大军呢？楚成王内外交困，无可奈何，只好对上朝拜周天子，对齐桓公及各诸侯国奉献金帛，割地求和，听从调遣，俯首称臣。

洛克菲勒赠地成富翁

第二次世界大战结束后，联合国要建总部大厦，但经费拮据。当时世界首富洛克菲勒出资 870 万美元，在纽约相对偏僻的地方买下一块土地，无偿赠给联合国。同时，他也把周边的土地大面积地买了下来。很多人都认为洛克菲勒疯了。但联合国大厦建成后，四周的地价不断狂涨数十倍甚至近百倍，洛克菲勒真正成了最富有的人。

总统"帮忙"促滞销

美国有一个出版商为把滞销的书卖出去，特意送给总统一本书并请求总统为其提意见。整天忙于各种事务的总统根本没有时间去看他的书，于是随口说："这本书不错！"出版商非常高兴，回去后立即打出"总统喜欢的书"的招牌，让滞销的书销售一空。不久，又有一批书滞销，他又送给总统一本。上了一回当的总统，没好气地说："这本书糟透了。"出版商听后大喜，借"总统讨厌的书"之名，又将书销售一空。出版商第三次送书给总统，总统鉴于前两次的教训，不做评论。出版商又大做文章："现有总统难下结论的书销售！"于是该书顷刻变成了畅销书。

予以小利借钱生钱

有一个农村青年想借销售化肥赚钱，可是他既没有资金，又没有关系，更无销路，是个典型的"三无"营商青年。但是，这个青年赚钱的目标已经确定，并矢志坚持。因此，他眼下重点考虑的是怎样才能借用他人之钱生钱。经过苦苦思索，他想到一个办法：只要能取得别人信任，一切就好办了。于是他低价批发了几个农药喷雾机免费送给村里有影响力的人，他对他们说自己在城里的农资公司有亲戚，可以帮着购买便宜的化肥，这些农药喷雾机就是他白送给自己的。很快全村的人都知道了，纷纷找他要免费的农药喷雾机，他承诺以后再问亲戚要一些，保证每人一个。大家都相信了他，于是纷纷给他钱请他帮忙买便宜的化肥。从此，这个人拿着村民的钱到厂家批发来化肥，再以略低于市场的价格卖给村民。因他卖的价格低于市场价格，村民都愿意让他代买。没过几年，这个人便赚了很多钱，成为富甲一方的名人。

押物拆资智赚千万

这个案例说的是南方有一家棉籽加工企业，借他人资金购进大量棉籽，又将购进的棉籽存放在出资人处作为抵押，转手净赚千万的故事。有一年，棉籽价格暴跌到历史最低点，这个企业没有资金，企业老板找到山东一家企业，承诺利用山东企业的 2 000 万元资金大量购进棉籽，并把棉籽存在山东这家公司的库房里作为抵押，并约定除偿还借款利息外，每年还支付对方库房使用费 120 万元。棉籽存在山东企业手里，山东企业不担心这笔借贷会出问题，放心大胆地将企业的 2 000 万元资金借给他使用。后来，市场形势逐渐看好，棉籽价格也一路飙升，这个无钱企业大赚了一笔巨额利润。

免费租书借力搬家

英国大英图书馆要搬家，可搬运费要几百万元，他们出了一个点子，花了几千块钱在报上登了一个广告：每个市民可以免费借 10 本书。结果，许多市民蜂拥而至，没几天，就把图书馆的书借光了。当然还书时需要到新馆址还书，一个广告节省了一大笔搬运费，聪明至极。

"不等式"终成"等式"

亚洲首富孙某某，18 岁时只身来到美国学习。他遇到的最大问题是语言障碍，于是他有了一个点子：发明一个语言翻译机。可是他没有钱也不会研发，他就让老师和师兄研发，并承诺若研发成功，每人将获得几万美金。翻译机研发成功后，他获得 300 多万美金的技术转让费，除付给他们每人几万美金，孙某某自己足足赚了300万。孙某某的研发成功，其实是利用逻辑手段采用偷换概念获得成功的。但孙某某毕竟是以合理的研发承诺为手段，巧借他人才智获得了翻译机的研发成功。在人们法律意识尚未达到明辨是非，透视专利法理尚不明晰的背景下，孙某某的成功应该是自然的。

【管窥·释悟】

管仲以"齐桓公好鹿"为名，让楚国上下盲目陶醉在捕鹿发财的美梦里，不知不觉中，纸醉金迷，民心涣散，国无利器，军无斗志，终被齐国征服。单一、盲目地追求鹿财富，陶醉于"拜金"之中，必然转移、架空自身的精气神，必然出现信仰危机，无异于掏空国家实力。管仲导演了一场精彩绝伦的借力打力，屈敌于不战的不朽战例。

其余几个小案例虽个别有以"投机取巧""偷换概念"获得成功之嫌，但这些案例的主人公也的确做到了认真思考，审时度势，从而获得成功。其实战争与和平、奋斗与生活是两组相似的对立统一体。通过战争能够赢得和平，通过奋斗也能够创造生活。当然，和平也可能酝酿着战争，生活也可能懈怠奋斗。战争终有尽头，生活永无定数。每个人、每件事都有其固定的支点。解决旧的矛盾，新的矛盾又会产生，循环往复永无休止。昨天告诉今日：只有按着科学的规范，正确地认识生活、熟悉生活，才能审时度势、借力打力、把控生活，才能真正做到他山之石可以攻玉，才能获得真正的成功。

第七节　出其不意　攻其无备

【兵法·原文】

攻其无备，出其不意。此兵家之胜，不可先传也。

【解字·说文】

兵家：军事家，此指将领。

胜：胜算，指克敌制胜的诀窍。一说，"胜""训""奥妙"亦通。

先传：事先呆板规定。传，授。

进攻没有准备或没有准备好的敌人，选择敌人疏忽大意或完全没有料到的时候突然出现。这是军事家、军事统帅和某个具体事件的指挥者战胜敌人或对手的诀窍，是不能事先传授，只能在具体的实际环境中灵活运用，机动变化。

【辩例·直观】

对一个军队的统帅或军事指挥员而言，做到攻其无备，出其不意，意义十分重大。在敌人还没有发现你，或虽然发现却没有准备好的时候，突然发起进攻，敌人就会因措手不及而遭受沉重打击。做到攻其无备，关键是出其不意。战争中，战场上的情况瞬息万变，敌我双方都在千方百计地寻找对手的破绽。发现对手漏洞，知晓敌人的动向和心理，是实现出其不意、攻其无备的重要条件。因此，战场上聪明的指挥员经常会把战场信息尤其是敌人的情况、敌人统帅的情况搞清楚。敌人的信息包括宏观信息和微观信息：所谓宏观信息是指敌人作战方略、意图、趋势，敌军的军事实力和后勤实力，对方统帅或指挥员及能与之联手有关部队及指挥员的基本情况，包括统帅或前敌指挥员的学历、经历、习惯、特长、爱好、交往等；所谓微观信息，是指一些比较具体的信息，包括敌军的具体作战部署，军队屯聚的地点、行进的路线和作息时间以及部队的生活、饮食习惯，统帅或军事指挥员身边主要助手及其智囊集团组成人员的性格特点、思维方式，指挥员与战斗员的融洽度，军队的擅长和短板等较为具体的情况。这些基本信息就是战场上最重要的情报，掌握得越多越全面，胜算的机率就会越高。战场上的信息，还分固定的信息和流动的信息。固定的信息比较容易搜集和掌控，而流动的信息则是最难收集和掌控的战场情报。因此，战斗发生之前或进行中，都是获得流动信息的较佳时段。流动信息可以来自对方，也可以创造条件为对方流动信息出现辟建平台。无论是宏观或是微观的信息，都是兵家将者克敌制胜的重要情报，只有占据了正反多方面、多渠道信息，才能具有出其不意、攻其无备的胜算。

牧野之战

　　"牧野之战"是周武王姬发趁商纣王重兵讨伐东夷，都城朝歌空虚之际，发动的一场规模空前的突袭战役。

　　公元前 1046 年 1 月 26 日（《尚书》及利簋铭文均称"甲子日"，

但年份不详。本词条采用"夏商周断代工程"的观点），周武王亲率战车三百乘，虎贲（精锐武士）三千人，以及步兵数万人，出兵东征。同年 2 月 21 日，周军抵达孟津，与庸、卢、彭、濮、蜀等部族会合，联军总数达 4.5 万人，不少方国的国君亲自赶来。史称联军共有"六师"。据军事史家推测，三百乘战车，三千名虎贲为一个"装甲师"，负责突击任务；其余四万余众分为五个"师"，在后面组成方阵，为总预备队。据载，当时天降大雨，联军冒雨继续东进，从汜地（今荥阳市汜水镇）渡河水（黄河，一说由孟津渡河）后，兼程北上，至百泉（今辉县西北）折而东行，直逼朝歌。

27 日晨，周武王庄严誓师："母鸡司晨，家中不幸。现纣王只信妇人之言，连祖宗祭祀也都废弃。不任用自己的王族兄弟，让逃亡奴隶担任要职，让他们去危害贵族，扰乱商国。今天，姬发是执行上天的惩罚！"周军上下士气大振，这就是《尚书》所记载之"牧誓"。28 日拂晓，联军进至牧野。《诗经》记载："牧野洋洋，檀车煌煌，驷骤彭彭。维师尚父，时维鹰扬。凉彼武王，肆伐大商，会朝清明。"

在商朝国都朝歌，帝辛第一批紧急军情刚刚收到，姬发率领联军就风驰电掣般杀来。朝歌城内没有足够的兵力御敌，而且也没有可用的战车，单靠寥寥可数步兵，很难和冲击力强大的战车相抗衡，更何况周军士气正旺。帝辛无可奈何，只好仓促武装大批奴隶、战俘，连同守卫国都的军队，匆忙开赴牧野迎战。据《史记》记载，帝辛出动的总兵力有七十万人，另一些文献记载是十七万。《诗经·大明》称："殷商之旅，其会如林。"

《逸周书·克殷》记载：周军先由吕尚率数百名精兵上前挑战，

震慑商军并冲乱其阵脚，然后周武王亲率主力跟进冲杀，将对方的阵形彻底打乱。商军中的奴隶和战俘全无斗志，纷纷倒戈。帝辛既然强迫这些奴隶和战俘上战场，自然会在后方以亲信部队押送，防范他们反叛或逃跑。这些少量的禁卫军，也是帝辛手中最后的底牌。然而前方的徒众在周军的强大冲击下慌不择路地往回跑，遭到了后方精兵的阻拦。奴隶们为了逃命，加上被后面人潮推动，于是倒戈相向，乱打一气。再加上身后联军的战车、甲士、步兵一层层的进攻，帝辛最后一道防线也守不住了，不得不快马加鞭，逃离战场。商军艰难抵抗持续了一天，但已无力挽回局面。帝辛见大势已去，返回朝歌，登上鹿台，"蒙衣其珠玉，自燔于火而死"。

孔明借箭，黄盖诈降

出其不意、攻其无备的战例在古代战争中更是屡见不鲜。《三国演义》第四十六回说的就是为抗击曹操大军进剿，刘备与孙权组成联盟大军。诸葛亮与孙权的水军都督周瑜，在前线联手抗敌的故事。作为前敌主要指挥员的周瑜，出于作战需要，战前要备足大量军需物资，这应是无可挑剔的理由。但因周瑜长期困惑于"既生瑜何生亮"，一直要借机除掉诸葛亮。因此，周瑜借军前急需这个冠冕堂皇的理由，要求诸葛亮务在十日内打造十万支箭。按当时的造箭能力，这个任务无论如何都是完不成的。诸葛亮清楚周瑜限期造箭的两个目的，即真要造箭准备战斗和以限期造箭为名，借刀杀人。但诸葛亮毕竟是顾全大局的智者，他清楚，当前最大敌人是曹操，决不能与"心胸狭窄"的周瑜计较和斗气。于是，他欣然承命，并许以三日为期，完成十万支造箭任务。

曹操军队大都是北方汉军，不习惯水战。因此曹操一方面让将士加紧习练水战，一方面加强警戒，严防东吴水军突袭。诸葛亮充分研究了曹操及其军队的状态和心理，利用自己识天文晓地理的专长，预测到三日后必有大雾弥漫江面，所以他才敢承诺以三日为期，才能在三日后演出了又一场千古绝唱"草船借箭"，才能继续导演出"借东风"大败曹军等连台好戏。随后发生的赤壁之战更是有力地演绎了攻其无备出其不意的典型战例。这是一场由若干个重要条件合并而成的攻其无备出其不意的完美战例。从庞统献曹操"铁索连环计"，到黄盖受刑诈降"苦肉计"；从群英会蒋干中招"反间计"，到曹操帐下水军降将蔡瑁、张允被杀的"离间计"；从诸葛亮草船借箭，到诸葛亮祭坛借东风。一部运用兵书战策、智谋相扣，以"计"为贯穿线索，导演的赤壁之战完美地展现在读者面前。

攻克虎头要塞终结世界二战

虎头要塞决战是苏、日终结第二次世界大战的最后一战，也堪称"出其不意攻其无备"取得完胜的典型战例。

虎头要塞始建于1935年，号称无人能够冲破的"东方马其诺防线"。要塞地下工事主干道长达10余公里，纵深达6公里。要塞由猛虎山、虎北山、虎东山、虎西山、虎啸山等五个阵地组成。在虎头要塞的所有地下设施顶部，完全用钢筋混凝土浇灌，最厚的地方可达3

米。1945 年 8 月 12 日至 26 日，苏联红军与日本关东军在此进行了一场极其残酷的大战。苏联红军一千多名官兵的热血洒在这片土地上，日军付出了两千多名官兵生命的代价，第二次世界大战的最后枪声在这里终止。

太平洋战争爆发后，日军战略重点转移，不断抽调东北关东军兵员和武器，致使东北的"边防"日渐空虚。在苏军进攻虎头之前，驻守虎头要塞的日本关东军第 15 国境守备队仅有兵员 1 400 名和少量装备、弹药，战斗力严重下降。1944 年 2 月以后，日军开始以师团为单位征调关东军到中国南部作战，"调走完整建制的师团达 20 个，其中大部分都是装备精良、训练有素的'精锐之师'"。日军在抽调部队的同时，大量的武器装备也被陆陆续续地运到中国南部。1945 年，驻绥芬河日军第 5 军司令官检阅其师团时，野炮部队通过时竟无炮可阅，以前武装精锐的关东军，现在成了外强中干、不堪一击的纸老虎。1944 年底，日军在中国东北的关东军已经没有一个师团受过高强度的正规训练。鉴于虎头要塞军力薄弱、防守不利的形势，苏联决定利用这个时机，出其不意，攻其无备，拿下虎头要塞，加快结束了日本关东军在东北长达 14 年的统治。1944 年 11 月 7 日，斯大林在苏联十月革命纪念日这天发表斥责日本侵略的演说。1945 年 2 月下旬，苏联通过西伯利亚铁路将欧洲的苏军运到远东。4 月 6 日，苏联正式通知日本废除《日苏中立条约》。8 月 9 日深夜零点左右，苏联远东第一方面军第 35 集团军第 57 边防总团强渡乌苏里江和松阿察河，率先向日军发起进攻。随后，伊曼方向的波隆卡、萨里斯基两地的苏军炮兵部队，开始向虎头要塞阵地发起猛烈炮击，苏空军 49 架伊尔 -4 轰炸机，在 50 架歼击机掩护下，对虎头要塞阵地进行了两个小时的轰炸。苏军第 35 集团军在炮兵部队与空军的掩护下，冒着日军的炮火，分三路强渡乌苏里江。

8 月 15 日，日军猛虎山司令部通过无线电接收机收听到了日本天皇宣布无条件投降的"玉音广播"。日军代理司令官大木正对此拒不相信，命令日军继续顽抗。8 月 19 日，苏军第 35 集团军向虎头要塞两翼阵地发起强攻。经过一天的激烈战斗，苏军占领了日军虎头要塞的各个制高点，此时的日军已无险可守，实力也消耗殆尽，只好转入地下工事负隅顽抗。8 月 21 日，苏军歼灭了日军西猛虎山步兵第三中队。8 月 26 日，苏军先后歼灭了日军虎啸山步兵 1 中队、中猛虎山守备队炮兵 2 中队。至此，虎头要塞各支撑点的日军守备队 1 387 人，除 53 人突出苏军包围逃走外，其余全部被歼灭。

虎头要塞，这个被日本关东军吹嘘为可坚持 6 个月的"东方马其诺防线"，仅 18 天就被苏军彻底摧毁。虎头决战胜利，印证了兵法关于"出其不意攻其无备"理论的实战意义，标志着第二次世界大战的终结，也宣告了中国人民历经 14 年浴血奋战最终迎来了抗战的最终胜利。

【管窥·释悟】

无论是如火如荼、硝烟弥漫的战场，还是恬静无声、安谧自如的和平环境，欲取得预期的目的和成功，必须充分了解自己的敌人或对手，必须做到从心理到行为的全方位了解。只有这样，才能让你找到机会或战机，于其不意处选定突破口，于其不备时发起进攻，夺取终极胜利。

第八节 运筹帷幄 决胜千里

【兵法·原文】

夫未战而庙算胜者，得算多也；未战而庙算不胜者，得算少也。多算胜，少算不胜，而况于无算乎！吾以此观之，胜负见矣。

【解字·说文】

庙算：古代拜将兴师，君主在庙堂举行仪式，谋划作战大计，分析战争利害得失，然后才出兵，这就叫"庙算"。本文指对战争全局的筹划。

得算：计划周密。算，计数筹码，本文指获胜的条件。

战前在庙堂研究确定作战方案，经分析测算，有利条件多的能取得胜利；战前测算取胜条件不多或取胜条件不足，胜利的机会就会很少，甚至没有机会。有利条件多的胜，条件少的不胜。何况那些没有经过庙算的呢？从这一点进行分析研究，胜负可以预见。

【辩例·直观】

作战也好，处理一个事件也好，都要进行充分的分析和研究。对战争或事件进行科学的运筹，搞清楚各种有利条件和不利因素，做到审时度势，有的放矢，对战争胜负作用攸关。成功之所以成功，是因为要做的都是他们早已计划好的事情，因此，他们的成绩总是超越别人。为了成功，一定要事前做好各种准备工作，制订好计划。进行一场战争，举办一场商谈，完成一件工作，践行一项使命，都要进行必要的前期工作。这个工作包括开展周密、具体、全面的调查收集；进行详细、慎重、正确、无误的科学分析和研判；制订切实可行的行动方案，规划战争、事件、商务、任务进程中应使用的战术和可能出现的新情况、新问题，并确立机动灵活的变通手段和解决办法。只有具备超群的庙算能力且能科学准确地制定行为准则、行为规范、行为程序和预见到未来发展趋势的人，才可能成为获得最后成功的人。

运筹帷幄西伯振兴

周王朝兴起与殷商王朝衰败有着必然的关系。殷商王朝到了帝辛即纣王为王时，政治已经极其腐败，加之连年穷兵黩武，民不聊生，国家已经处在崩溃边缘。据《尚书·微子》《史记·殷本纪》等史书记载，微子、箕子、比干在殷商败亡之前，曾有过一次认真严肃的聚会。聚会的核心内容就是讨论如何应对当前的殷商形势，自己当如何作为。这次会后不久，殷商大厦便土崩瓦解了。微子为保护家庙、宗祠，归顺了周武王；箕子"被发佯狂"甘愿被囚以待时机，殷商王朝灭亡后，周武王释放了他；比干则固执己见，想以一片虔诚死谏，劝阻帝辛荒淫暴政，结果被剖心毙命。周武王伐纣成功后，"释箕子囚，封比干之墓"，又准备赏赐箕子官职。箕子认为，佯狂被囚实为等待殷商王朝别开生面，如今若接受周武王封赐，岂不等于"诛我君而释己，嫌苟免也"（你周人诛杀了我的国君又释放了我，这不是有苟且偷生的嫌疑了吗）？于是，箕子请求到一个被《周易》名之曰"明夷"的地方，另建国家以实现自己的政治抱负。周武王批准了箕子的请求。据当代文化文学史家张碧波先生考证，箕子去的地方就是现在的朝鲜。微子、箕子和比干是孔子极为尊崇的殷商"三仁"。"三人会议"和之后的不同遭遇，标志着殷商王朝已经到了不可救药的地步，殷商灭亡已是不可逆的时代大势。

取代殷商的周王朝。周原本是渭水中游的一个古老部落，居住于今陕西中部的一些地区，依靠优越的自然环境逐渐发展起来。周到姬昌当政时，对内重用吕尚、散宜生、太颠、闳夭、南宫适等一帮贤臣，国力日强。姬昌对外宣扬德教，积极调停各方国间的争端，使诸侯纷纷依附。在此基础上，姬昌又大搞统一战线。各方国被迫供应商朝攻打东夷集团所需的大量军队和物资，又受到商王的猜忌和钳制，早已苦不堪言，大家都乐于向"西伯"靠拢。据《史记》记载：当时"天下三分，其二归周"。

姬昌及其幕僚非常重视意识形态领域的舆论宣传。商王朝曾宣称自己的王权得自"天命"。姬昌则强调"天命无常，惟德是辅"。姬昌讲商王无德，西伯有德，所以天命已经转移到姬昌身上。公元前1056年，姬昌对内称王，即周文王。同时，文王对商朝仍然小心翼翼，殷勤贡奉，示之以弱，甚至在自家祠堂祭祀商朝先王（在周原还有相关的甲骨文出土以证），以麻痹帝辛的耳目。文王曾被关在里这个地方，就是在被关禁的时候姬昌成功推衍《周易》，为后世留下了宝贵的文化遗产。正因如此，周文王对自然之道、天地之道、人伦之道以及与日俱进的变化之道了若指掌；对如何把握出兵的最佳时机，如何抓住战争胜利的节点心知肚明，以至运筹帷幄决胜千里。公元前1055年，姬昌出兵伐犬戎。翌年又讨伐侵凌邻国的密须，解除了伐商的后顾之忧。公元前1053年，姬昌出兵攻黎（今山西省长治市西南）。公元前1052年，攻邘（今沁阳市）。公元前1051年，攻取了商王宠臣崇侯虎的崇国。三场战争胜利，实现了切断商朝同西部属国联系的战略目的。为集中全力进行对商国的斗争，姬昌迁都于丰（今陕西省西安市西南角）。这样做，既可避免国都受戎狄侵扰，又能便于向东进兵。至此，姬昌伐商的宏观战略部署已经基本完成。公元前1050年，周文王姬昌不幸病逝，世子姬发继位，即周武王。武王继位后，秉承文王遗愿，继续利用商朝暂时无暇西顾的良机向东扩张。公元前1048年，牧野之战前两年，周武王曾观兵于孟津（今孟津县）。《史记》中说"不期而会孟津八百诸侯"，其实不是"不期而会"，而是武王为发动盟军联合攻商进行的一场检验性的预演。根据甲骨文所揭，此次出兵早有联络，关中和江汉间的许多方国都有参与，但诸侯恐怕并无八百之多。无论数字如何，大家共同推翻商朝统治的意愿得到了共鸣。恰在此时，帝辛的昏庸统治引发了商朝激烈的内乱：帝辛杀了叔父比干（比干剖心）；囚禁了另一个"佯狂为奴"的叔父箕子（孔子肯定的"三仁"之一，后来出走朝鲜）；另一些被牵连的贵族如微子等则审时度势，投奔了周国。武王从投奔而来的殷商贵族那里得到了不少商国的机密情报，伐纣时机业已成熟。武王决定出兵伐商，同时通知在盟各诸侯共同起兵。有一本古典文学作品《封神榜》，便是以这段史实为基础撰写传世的。

围长春，困沈阳，闪击锦州

解放战争中，辽沈战役初期，毛泽东和中央军委领导同志认真分析、研究了东北敌我双方的斗争形势，尤其是蒋介石对占据的一些中心城市和较大城市的偏爱与不舍心理。在完成了对东北几个省会城市和较大城市分割包围以后，在战场上做出了围困长春、沈阳的战略部署。几个月的围困，蒋介石误以为我军就是要首先拿下长春、沈阳，因此不断派重兵守城并不断调将增兵，甚至多次亲临孤城具体部署防务。蒋介石的这些方略和战术被我军详细掌握后，毛泽东命令林彪果断出手，实施了"围长春，困沈阳，闪击锦州"的伟大战略部署。蒋介石的数十万军队被围困在东北的几个孤城，形成了我军关门打狗、瓮中捉鳖的战略态势。辽沈战役的辉煌胜利，体现了人民解放军勇敢善战、英勇顽强的气势和军威，更重要的是毛泽东及其战友们，审时度势，利用蒋介石的"不舍"心理，围困长春、沈阳，迫使蒋介石做出错误判断，以致形成长春、沈阳、锦州虽有重兵屯集，但均为相对隔绝的几座孤城。蒋介石曾任黄埔军校校长，亦可谓饱读兵书、熟谙战策、历战无数的三军统帅，素以中正自居。然而，在毛泽东及其战友们的面前，蒋介石则时时处处以"不意"之"正军、正战"暴露于对手，结果被对手以"奇正"结合之师，抓"不备"之战机，惨遭失败。辽沈战役的胜利，既是代表正义之师的人民军队战胜国民党反动派的伟大胜利，也是毛泽东军事思想在实战中的一次重要检验，同时，也用高超的战争艺术演绎了运筹帷幄决胜千里的完美过程。辽沈战役揭开了"三大战役"和解放全中国的序幕，为新中国建立奏响了时代的号角。

【管窥·释悟】

周国姬氏父子文武两代运筹帷幄，发动牧野之战，终结了商纣帝辛的统治。但是，战役的胜利并没有完全消灭商国。在商国原领地的一部分，帝辛之子武庚在封地又建立了殷国，作为商国的延续，商国征东夷的军队也没有被完全消灭。因此，周武王死后，武庚便联合周室的管叔、蔡叔、霍叔发动"三监之乱"，最终被周公旦和周成王平定，商国的残余势力才被完全消灭。牧野之战是中国历史上通过科学"庙算"，运筹帷幄、以少胜多、快速攻击、克敌制胜的著名战例，也是中国古代车战初期的著名战例。牧野之战终止了六百年的商王朝，确立了西周王朝的建立，为西周时期礼乐文明的全面兴盛开辟了道路。牧野之战中所体现的谋略和作战艺术，也对中国古代军事思想的发展具有不可低估的意义。

辽沈战役是敲响国民党反动统治丧钟的一次里程碑式的战役，也是加速人民共和国早日建立的一次最重要战役。面对东北错综复杂的局势，毛泽东和他的战友们审时度势，运筹帷幄，果断做出"围长春，困沈阳，闪击锦州"的战略决策。在围困长春数月，指日即可拿下长春，进而攻克沈阳的关键时刻，毛泽东以政治家、军事家的博大胸怀和高瞻远瞩，置长春、沈阳于不顾，闪击锦州，构成了东北关门打狗的战争态势，完全超乎了蒋介石的所有预判，成为《孙子兵法·始计篇》中不可多得的经典战例之一。

作为十三篇之首的《始计篇》，提纲挈领地论述了战争和策划战争的重要性。对如何分析战争，如何把握战争，如何赢得战争，做了深入浅出的点题式讲解，提出了进行战争的一般性原则。本篇中，孙子对战争的性质及对国家、人民的重大影响进行了有机论证；对选将用贤、如何发现和使用人才，比较科学地制定了"五德"标准；对战前庙算、战争方略、战术原则等等，都做了尽可能详尽的规范。政治的最高、最极端表现方式，就是战争。研究战争、了解战争，就是为了更好地把控战争、减少战争、避免战争。我们不是好战者，但我们绝不能惧怕战争。因此，加深对战争、战争规律、战争要旨的研究，对我们每一个爱好和平的人们而言，都具有非常重要的现实意义和深远的历史意义。

第二篇

作战篇

如果说第一篇《始计篇》对全书起到了提纲挈领的作用，那么，从本篇开始，将把战争的各种要素逐层进行分解。《作战篇》是实战兵法的首篇，重点要解决的就是如何正确处理好战争中的作战与兵员保证、战争与后勤补给、战争与经济发展的关系。在论证上述关系的基础上，孙子提出了速胜理论，并提出实现速胜应注意解决的几个问题。

第一节　兵马未动　粮草先行

【兵法·原文】

孙子曰：凡用兵之法，驰车千驷，革车千乘，带甲十万，千里馈粮，则内外之费，宾客之用，胶漆之材，车甲之奉，日费千金，然后十万之师举矣。

【解字·说文】

驰车：驰，用劲驱赶使马快跑，《诗经·唐风·山有枢》"弗驰弗驱"；传扬，《华阳国志·后贤志》"皆辞章灿烂，驰名当世"；向往，《隋书·史祥传》"身在边隅，情驰魏阙"，后有成语"心驰神往"。本文采用第一解，就是轻捷快速的战车，古称轻车、攻车。曹操注：驰车，轻车也，驾驷马。

驷车：即一辆车四匹马驾驶。

千驷：即四千辆车。

革车：重车，指用以运载粮草辎重的运输车。杜牧注曰："革车，辎车，重车也，载器械、财物、衣装也。"

乘：《说文解字》：车轭（è）驾马上曰乘（chéng）。马必四，战车四马为一乘。

带甲：身披铠甲，此处指全副武装的将士。

馈粮：馈送，指远途运输运送供给。

内外：前后方。

宾客：指诸侯来宾或使者。

胶漆：古时兵器制作和保护兵器的材料。此处泛指军械维修所需的各种物资材料。

奉：泛指费用。

千金：《庄子·逍遥游音义》：古者金，方寸，重一斤。千金即百万。"日费千金"，《风俗通义》解：《孙子》兵书日费千金，千金，百万钱也。

举矣：开始，出动，出发。本文指十万大军出动出发。

大凡用兵作战，一般情况下，要出动战车千辆，辎重车千辆，军队十万，还要从千里之外运送粮食。前方、后方的费用，招待国宾、外交使节的开支，胶漆器材的经费，车辆铠甲的补修费用，每天要耗费上百万钱，然后，十万大军才能出动。

【辩例·直观】

无论进行一场什么性质的战争，充足无虑的后勤补给都是非常重要的。古人素以"兵马未动，粮草先行"来强调后勤补给的重要性。用通俗的语言来解释，战争打的就是给养，打的就是经济实力，打的就是金钱。所以说没有雄厚的经济基础，没有源源不断的兵员补充和后勤供应，是很难打赢战争的。孙子不厌其烦地罗列了诸如战车包括轻捷快速的战车和载重能力很强的辎重车，兵员数量，补给线路，前方后方需要的费用，用于诸侯来宾、往来使者、制作和维修武器准备的材料、人吃马喂的费用，每天的开支所需的花销等等，以此来说明，进行一场战争，绝不是一件简单的事情。孙子强调，战争与兵员数量、补给能力、装备实力、经济条件等密不可分，不具备这些能力，就不能有效地进行战争，更难说赢得战争的胜利。孙子告诫准备发动战争和不得已接受战争的人，必须清楚这些道理，认识战争的性质和本质属性，通晓战争规律和战争特点，了解战争，熟悉战争，把控战争，解决好战争中与之相关的各种问题。

诸葛装神张郃中计

时值麦收季节，诸葛亮兵至岐山，安营已毕，对诸将说：我们已经深入到魏军的领地，孙子兵法云，入敌后，应就地取材，解决我们的粮草等问题。现在魏国陇上的麦子已经成熟，我们应把它抢收过来补充给养。当时魏军统帅司马懿也做了很多保护麦收的准备，也选派部队驻扎在陇上。为实现抢收陇上麦子，补充粮草的目的，诸葛亮利用司马懿多疑的弱点，装神弄鬼，妖惑魏兵。诸葛亮设计将魏军引诱到数十里外，司马懿率兵追赶。一路上，只见诸葛亮四处出现，犹似神出鬼没，魏军非常害怕。司马懿也非常困惑，环顾左右曰："此必神兵也。"于是，司马懿率军退回城中，闭门三日不敢出城。此时，诸葛亮早让已经准备好的三万精兵，将陇上小麦收割完毕，运送到卤城打晒去了。这是诸葛亮为完成刘备遗愿，攻伐魏国，"四出岐山"发生的一段故事。作者虽用了装神弄鬼的一些写法，让读者难以置信。但却以抢收小麦这样的故事，凸显了在敌占区采用多种方法就地解决粮草补给问题的重要性。从实践的角度说明了进行一场战争，后勤补给与前方战斗之间密不可分、相辅相成的关系。

楚汉强弱易位统筹决胜成败

汉高祖刘邦与西楚霸王项羽争天下，二人的实力不甚相等，项羽无论在武装力量还是装备等方面都占有绝对优势。项羽除自己武功盖世从未遇过强劲对手外，麾下还有一大批英勇善战所向披靡的英勇斗士。此外，项羽身边还有一位叫范增的智囊高参，可谓文武兼备。那么项羽为什么最后却落得个自刎乌江的下场呢？与刘邦相比，除了其各自的性格内核、喜恶爱好、智慧能量、决策水平等自然条件外，还有一个很重要的差别，那就是在前后方有机衔接方面表现出来的差距。刘邦虽有"运筹帷幄"的张良和"决胜千里"的韩信，但这二位与项羽之文武实力相比，并无太大的差距。如果以结果论来追究二者间的不同，最大的问题应该就出在处理各种关系上。刘邦除注重处理好自己同各类人才以及人才之间的关系外，还特别注重处理前后方关系，尤其是注重后方补给与前方战事的关系统筹等问题。为此，刘邦选中了萧何为相，重点保证后勤补给。在战火纷飞的楚汉战争中，萧何没有辜负刘邦的信任，充足的战争补给和内部和谐稳定，为刘邦改变战争态势、变被动为主动、争得天下奠定了重要的物资基础和取得决胜的砝码；再来看看项羽军中，管理地方、论政理财的人才亦不算少，但从上到下，包括胸怀济世之才、文韬武略、忠心耿耿、位居"亚父"位置的范增也不能获得项羽的充分信任。可以说楚营中，即便有"萧何"，也徒有经天纬地之才而无地施展。因此，在后来发生的诸如陈下之战、垓下之战等几次关键战役中，项羽阵营前后方的严重失调，部队进退表现出的力不从心，楚军队伍越发凸显的不和谐等等，都与刘邦阵营形成强烈反差。这样的政治生态，这样的执政环境，这样的君臣关系，终酿悲剧的结局应属必然。事实证明，谁注重统筹兼顾，谁善于统筹兼顾，谁就能把控战争形势，谁就能牢牢把控战争的决胜权。

自己动手，丰衣足食

在抗日战争和解放战争中，我们同日本侵略者及蒋家王朝的斗争也彰显了这个至关重要的兵家秘笈。与日寇的斗争，我们避其锋芒，"到敌人后方去"！到敌人的薄弱环节去！像孙行者那样，钻到敌人的肚子里，捣碎他的五脏六腑，加速他走向灭亡。与蒋家王朝的斗争也是这样，我们从江西辗转陕北，来到了一个陌生、贫瘠的地方。要获得战争的全面胜利，首先要解决的是能否生存下去的问题。为克服困难，战胜敌人，毛泽东向全党发出了"自己动手，丰衣足食"的号召。王震将军亲率359旅开赴南泥湾，用镢头和汗水，开创出一片陕北的江南。自给自足得到保证，不仅使我军在陕北站住了脚跟，巩固了阵地，也为新中国的建立做出了重大贡献。

【管窥·释悟】

战争是一种暴力行为，是以暴力和最极端的手段解决政治矛盾、实现政治目的的最重要手段。恩格斯在《反杜林论》中指出："在任何地方和任何时候，都是经济条件和资源帮助'暴力'取得胜利，没有它们，暴力就不成其为暴力。"恩格斯的论断与《孙子兵法》中关于战争与经济、前方战争与后方补给关系的阐述异曲同工，都雄辩地证明，二者的依附关系生死攸关。

第二节　钝兵挫锐　怠师必败

【兵法·原文】

其用战也胜，久则钝兵挫锐，攻城则力屈，久暴师则国用不足。夫钝兵挫锐，屈力殚货，则诸侯乘其弊而起，虽有智者，不能善其后矣。故兵闻拙速，未睹巧之久也。夫兵久而国利者，未之有也。故不尽知用兵之害者，则不能尽知用兵之利也。

【解字·说文】

胜：取胜，速胜。

钝兵：军队疲惫。钝，困乏，疲惫。

挫锐：挫伤锐气。

力屈：力量耗尽、枯竭。屈，读 jué。

暴师：陈师于野，晒物日下。暴，同"曝"。

殚货：指钱财枯竭，也就是说经济枯竭。殚，《说文解字》"尽也"。货，物资钱财。

弊：疲困，危机。

后：即后事，本文指败局。

拙：笨拙。

速：速胜。

巧：巧妙。

用兵打仗就要速胜。旷日持久使军队疲惫，攻城就会使力量耗尽，长久出兵在外作战，就会使国家财力感到不足。如果军队疲惫、锐气挫伤、力量耗尽、钱财枯竭，列国诸侯就会趁此危机来犯。到那时，即使是很有才智的人，也无法处理好这个残局了。所以，在军事上只听说过笨拙的速胜，没有见过弄巧的持久作战。战争拖久了而对国家有利，这种事是没有的。因此，不能完全懂得用兵害处的人，也就完全不能懂得用兵的好处。

【辩例·直观】

速战速决是每一位统兵者都极其期盼的过程和结局。孙子指出，战争拖延的时间过长，进攻城池就会把力量耗尽；部队长期在外作战，国家财力就会日渐不足。如果到了前方将士进攻乏力，后方供给力不能支，国家经济基础出现枯竭，那么，列国诸侯就会蜂拥而至，就会发动对你的进攻。到那时，即便是再有才华的人，也很难处理这样的局面了。曾经发生过的"八国联军"蹂躏中国的惨痛教训，便是一份不可忘却的历史明鉴。孙子提出，在军事上，只有虽然蠢笨但却知道速胜的战例，没听说有持久作战能获取胜利的。我们在研读《孙子兵法》时，切不可离开那个特定的历史条件去研究问题。在孙子生活的那个年代，诸侯间爆发的战争，基本都是围绕扩张领地、攫取财富而发动的战争。战争的本质大都是侵略和扩张，没有严格的正义和非正义之分。所谓"春秋无义战"突出的就是这个道理。可以说，诸侯间的离合和斗争完全是围绕着利益展开：今日盟友、明天仇敌，司空见惯；相互蚕食、你兼他并，习以为常。正因如此，诸侯间互相刺探，互相渗透，互相监视，互寻战机。即使是苏秦合纵期间，苏秦的六国帅印也统一不了六国军心。所以，孙子强调了时代战争的速胜原理，强调了持久定会疲兵，而疲兵是不能战胜敌人的道理。速胜与持久战是一对矛盾体，速胜与持久战所依附的核心条件亦有重大差别。速胜是每一个兵家战者极力追求的战争形势，但速战速决并取得终极胜利并不是所有参战者都能做到的。面对强敌，弱势战者只能在持久战中去发现战机、创造战机、利用战机，以游击、运动形势，积小胜，成大胜。既然如此，孙子为什么一再强调"夫兵久而国利者，未之有也"呢？对孙子的这个观点，很多学者都以"局限性"一言以蔽之，并予批判吸收为结。其实不然，问题症结就在于对持久战本质属性的理解。实施持久战最大的前提就是要有"鱼"和"水"的条件关系。试想在贵族奴隶主制度下，哪个诸侯、军阀或统治者拥有人民这个资源？没有人民的拥护和支持，犹如无源之水、无本之木，不要说利用游击战、运动战实施消耗敌人的战略战术超乎想象，就是求一隅藏身之地，恐怕也是奢求。所以说，两千多年前，孙子提出的速胜理论以其雄辩的科学依据和时代逻辑，使之既有强烈的现实意义，更有深远的历史意义。

明修栈道暗度陈仓

《史记·淮阴侯列传》记录了有关韩信的这场非常精彩的战例。秦朝灭亡以后，项羽大封诸侯。刘邦被任命为汉王，受封于偏僻的汉中。同时，封章邯为雍王，司马欣为塞王，董翳为翟王。章邯等三人都是秦之降将，项羽在秦地为他们封王并让他们驻扎秦地，就是想让他们成为刘邦东进的屏障。后人也因之将三人所封称之为"三秦大地"以概指陕西全境。

刘邦素有夺取天下的抱负，受封汉王之后，自然不能甘心居于汉中一隅。于是他问计于刚刚启用的大将军韩信。韩信开门见山，建议刘邦趁三秦王就国未稳，出兵袭之，打通东进中原之路。刘邦欣然应允，遂命韩信统领十万大军，樊哙为先锋，夺取三秦。公元前206年8月，韩信率军沿汉水西进，并派兵卒抢修曾经烧毁的栈道。章邯得知韩信在抢修栈道，预料韩信军定会从栈道来袭，而且不会很快到来，于是并未特别警惕。再说韩信率军至白水突然掉头北上，星夜兼程，过大散关，渡渭水抵达雍城之西的陈仓（今陕西宝鸡东，为关中、汉中之间要地）。雍城位于陕西宝鸡城东，凤翔城南，是咸阳西方的门户，战略位置非常重要。《都市方略纪要》载：雍城"居四山之中，五水之会，陇关西阻，益门南扼，当关中之心膂，为长安之右辅……若其西上秦陇，守险阻以攻瑕捣虚；南下梁洋，席富饶而出奇制胜。可耕可屯，易战易守，规关中者，此其先资也"，实乃兵家必争之地。所以，韩信首先要占领雍城，以作为进一步攻占三秦的根据地。若得到雍城，那么费丘、栎阳、高奴等地便完全暴露在汉军面前。韩信进可攻，退可守，凭借汉中根据地，足可以与项羽展开持久战以夺中原；如果雍王章邯加强了大散关、陈仓和雍城的防守，实为"一夫当关，万夫莫开"，汉军若想夺取三秦只能是空想。鉴此，韩信采取了制造假象蒙蔽章邯，然后出敌不意突然袭击。章邯没想到韩信会采取突袭的战法，因此来不及布置防御便仓促应战。章邯刚将队伍列成队，便被樊哙率兵击溃，只好弃雍城逃往费丘，并遣使请司马欣、董翳速来救援。韩信根本不给章邯这个机会，遂指挥部队乘胜前进，一路攻城略地占领了咸阳。刘邦随后进城，并将咸阳改名为新城。这时，韩信率军在三秦大地纵横驰骋，所向无敌。雍城失守，司马欣、董翳感到已经无险可守，于是都投降了汉军。韩信袭取三秦是他被任命为大将军之后的第一场战斗。韩信成功地运用突袭和速战战术，"明修栈道，暗度陈仓"，取得了三秦战役的完胜，为刘邦与项羽争夺天下揭开序幕，为后来的汉大一统奠定了雄厚的基础。

在此战役前的当年四月，刘邦被封为汉王。刘邦在返回汉中途中，采纳谋士建议，"去辄烧绝栈道，以备诸侯盗兵袭之，亦示项羽无东意"。遂故意烧毁栈道，让项羽绝了汉军东进的可能。但是，项羽没想到，三秦王更没想到，汉军会仅隔四个月便卷土重来，突然发动攻势，令章邯猝不及防。这场战役，韩信初以明修栈道为表现形式，给章邯一个彻头彻尾的怠军、慢节奏、持久战的感觉。韩信大修栈道的这种做法，的确是需要旷久时日，也是严重违背兵法理论的作战行为，对于熟读兵书久经战火的章邯来讲，必然引来不屑一顾的嘲笑，必然引来无须警惕的懈战后果。而隐蔽进兵，突击要害，速取陈仓，则是韩信速战速决、闪电战术的生动体现。韩信军完胜，章邯军惨败，完美印证了《孙子兵法》中速战速决的军事思想，成为古战场上的一个典型战例。在韩信"明修栈道，暗度陈仓"的西进东出、奇兵突袭面前，章邯自以为有天险屏障，懈兵怠师，虽据"一夫当关，万夫莫开"之险，虽有"以逸待劳"阻击汉军的绝对优势，但钝兵挫锐，怠师必败，他的惨败是必然的。

千里奔袭智胜匈奴

《史记·卫将军骠骑列传》记载了一段关于卫青突袭匈奴的故事，也能很好地体现孙子的速战思想。西汉初年，北方的匈奴部落屡屡犯边。汉武帝元朔三四年间，匈奴大举进攻，并攻占了代郡、雁门郡、定襄郡、上郡等地，杀戮边民数千人。汉武帝命车骑将军卫青率三万骑兵，并统一指挥游击将军苏建、强弩将军李沮、骑将军公孙贺、轻车将军李蔡等部，会同将军李息、张次公两部，共十余万人，对匈奴进行大规模反击。卫青字仲卿，是西汉抗击匈奴的名将。元朔二年，卫青曾率军大败匈奴军，控制了河套地区，因而得到了汉武帝刘彻的信任。汉武帝这次又委卫青为统帅，足见对卫青的信任。元朔五年春，李息、张次公率兵从右侧进攻匈奴单于和左贤王；卫青则率主力，悄悄从高阙出发，疾行七百里，袭击右贤王。当时右贤王驻军在今内蒙古狼山之北数百里，他万万没有想到汉军会奔袭近千里来攻击他。因此，他毫无防备，是时正在和妃妾饮酒作乐。卫青骑兵突现，右贤王不知所措，匆忙间仓皇逃窜。卫青军歼灭了右贤王的主力，俘虏俾王十余人，男女五千余人，牲畜数十万头，给匈奴以沉重打击。汉武帝非常高兴，即封卫青为大将军。卫青千里奔袭取得重大胜利，进一步印证了孙子速战戒缓，力戒钝兵出击理论的正确性。同时也以匈奴单于和右贤王怠师溺娱、军无斗志形成强烈对比，给兵家战者留下强烈的历史反思和千古不朽的前车之鉴。

【管窥·释悟】

　　演绎《孙子兵法》的战例举不胜举，因此数千年来，一直为兵家所推崇。但是，作为一种军事理论，与实践总是要有机对接，做到学用结合，才能事半功倍。在抗日战争中，中国共产党领导的八路军、新四军，面对强悍的日寇侵略军，灵活机动、积极主动地消灭日寇有生力量。毛泽东审时度势，提出了《论持久战》的宏观战略，并最终和同盟军一起战胜了日本侵略者。速战与持久战看似是一对矛盾体，实则是一个问题的两个侧面。战场上形势多变，变是绝对的。在持久战中，人民是个绝对的必要条件。依靠人民这个取之不尽用之不竭的力量源泉，用速胜理论（积小胜为大胜亦为速胜）机动灵活地消耗敌人的有生力量，是我党取得最后成功的制胜法宝。在速战中用持久战术消磨敌人的锋芒、懈怠敌人的斗志；在持久战中寻找战机，创造条件，实施速战速决或积小胜为大胜的战法，是毛泽东军事思想"奇正"结合、阴阳互补的具体体现。回顾我党百年的成长史，尤其是建设一个崭新共和国的斗争史，无不雄辩地证明：只有在人民战争的汪洋大海中游刃有余的中国共产党，才能使敌人"再而衰，三而竭"直至灭亡。《论持久战》就是基于这样的创作意图和时代背景，紧贴现时和战争实际，将兵法精髓应用到现实生活之中产生的兵法理论。

　　若问鞋适否，只有脚自知。过去提示未来，未来检验是非。任何理论都要同实际相结合，都要适应具体情况并做到灵活机动、科学把握。只有这样，才能成为指导人们进行战争、走进生活，乃至开展其他一切活动的行为指南。

第三节　就地取材　因地制宜

【兵法·原文】

　　善用兵者，役不再籍，粮不三载，取用于国，因粮于敌，故军食可足也。

【解字·说文】

　　役不再籍：役，指兵役。籍，注册登记。再，重复。本文指征集兵员注册登记之事不可重复再三，力争于战争前一次完成。

　　三载：指运送粮草不可多次往返。本文中"三"是概数，泛指多次，并非实际的"三"。载，运载、运送，不做"年"讲。

　　取用于国：指武器准备取之于国内。

　　因粮于敌：指粮草类战争补给应依靠敌国解决。

　　因：凭借，依靠，也可解释为取、借。

　　善于统兵治军的统帅或指挥员，带兵作战，出国前就要征集好兵员，不能在战场上再次征集兵员；粮草等补给也不能多次运送；军需从国内带来，粮草在敌国解决。这样，军队的粮草补给就可以满足供应了。

【辩例·直观】

取用于国，因粮于敌

"取用于国，因粮于敌"是孙子关于军事后勤理论中最重要的观点之一。无论是古代战争，还是现代战争，经济基础都是决定战争胜负的最重要因素。战争说白了，就是经济实力的争夺与角逐，就是利益集团间围绕利益展开的厮杀，就是以经济实力为基础，为谋取最大政治权力而爆发的最极端行为。可以说，经济基础和经济实力是战争成败的最直接、最关键、最起决定作用的最重要因素。孙子用寥寥数笔，深刻阐述了经济实力在战争发展、进行和演变中的重要作用，同时，又提出了在战争中解决战场急需的兵员补充、各种战略物资补给的方法和途径。孙子强调，凡带兵统帅，战前必须解决好武器装备和战场补给物资等一系列问题。什么物资该怎么解决？由谁来解决？通过什么途径来解决？这一系列问题都必须做到心中有数、井井有条、按部就班、落实到位。孙子认为，进行一场战争，武器装备必须从国内自带。武器装备是进行战争的必要工具，尤其是在"冷兵器"时代，将士们使用起来必须得心应手，必须对武器装备性能深知熟用，必须能充分保证战场需求。正因如此，武器装备一定要战前准备，在国内精心选择，充分准备，以自己最青睐、最得心应手、最为先进的武器和装备迎接战争的到来。《三国演义》在讲述刘备、关羽、张飞桃园结义之后，哥三个准备一同出去闯荡世界、谋取江山。临行前三人各自铸造了一件自己最为精熟且擅长的武器。刘备选择了双股剑，关羽喜爱的是青龙偃月刀，张飞情有独钟的是丈八蛇矛。这些武器伴随他们征战一生，可见喜爱擅长的冷兵器对将士们，尤其是行将就战的武士们有多么重要。

古时兵民身份常因战争而发生变换，平时为民，战时为兵，参战将士一般都是战前选征组队。战争本身就是一个杀人机器，一旦爆发，伤亡就不可避免。有伤亡就要有及时、充足的兵员补充。然而，毕竟是在进行战争，重新从国内征调兵员，既有路途遥远、运兵不易的问题，也有因战争持久而预备役兵员匮乏的问题。战争如火如荼，很多军需物资不可能一次性满足战场的需要。尤其是粮草类的战场补给，很难说谁能不再在战场上补充军需。战场上人吃马喂月进日出，若带着庞大的辎重，必将对行军作战造成沉重的负担。战斗兵员补充的问题，军需物资补给的问题，都是战场指挥员最感头疼又必须得解决并必须解决好的问题。孙子为解决这个战场上最棘手的问题，提出了"取用于国，因粮于敌"的战争后勤观点，较好地解决了战场补给问题，为后代兵家开创了战场后勤学的理论先河。范晔所著《后汉书·袁绍传》，记载的一段经典战例很能说明战场补给与战争胜负的利害关系。

官渡谁主宰粮草决成败

公元 199 年，袁绍消灭公孙瓒后，声威大震，拥地幽、冀、青、并四州，辖境绵延今陕西省西北部、山西、河北、山东等广大地区，成为东汉末期势力最强的军阀。为实现废天子当皇帝的梦想，袁绍决定起兵讨伐"挟天子以令诸侯"的曹操。当时屯兵许县的曹操兵将不过三五万人，面对强敌袁绍大军压境，曹操亲率军兵在官渡扎营，准备迎敌。官渡在今河南省中牟东北，是官渡河的主要渡口。官渡地处许都北二百里处，渡口左右两侧因距黄河较近，沼泽芦苇遍布，官渡是唯一通向许都的要塞之地，因此也就成了袁绍必须打开的军事通道。袁绍选十万精兵，另选骑兵一万、胡骑八千，十几万人马浩浩荡荡来到官渡，沿河扎营队伍横亘数十里。曹操见袁绍势大，急调守卫原武的于禁所部回官渡驻守。为寻退敌之策，曹操也曾借"日食"日对袁绍军发动袭击，结果均无功而返，于是便坚壁不出。袁绍见曹操闭门不战，便令将士筑土山以居高射杀曹操军。曹操见状，也令军士筑起土山，与袁绍军对射。曹操军中还发明了"霹雳车"，发射石头打击对面土山上的袁绍军。袁绍看土山计不成，又采用挖地道的方式，准备转从地下进攻，结果又为曹操用沿营壁墙挖沟的方法破解。

本来袁绍认为，拿下官渡易如反掌，结果连连受挫，围城进攻三月毫无进展。袁绍为保证攻下官渡有足够的后勤补给，所以在一个叫乌巢的地方囤积了很多粮草，并选派大将淳于琼亲自守护。故袁绍军虽因曹操拒战，围困官渡口数月，但粮草供应有序，并无后顾之忧。此时曹操军，却因被围困了几个月，粮草将尽，进退两难。于是，曹操问计于他的高级谋士荀彧（yù）。荀彧告诉他：两军对垒箭在弦上，谁若撤兵定会一溃千里，一败涂地。荀彧告诫曹操：即便是粮草断炊，也要设法坚守；期间可寻找战机，尤以抢夺对方粮草为上；如果抢夺粮草不成，那就把敌人粮草烧毁，迫使袁绍军绝炊；袁军无粮必内乱，届时可乘势击之必获大胜。曹操采纳了荀彧的意见。这时有探马来报说，袁绍押粮将军韩猛正在运粮途中。曹操即令大将徐晃、史涣前往劫杀，结果大败袁军韩猛。由于路途遥远加之在袁绍统兵辖区之内，徐晃无奈，只好将粮草尽付一炬。押运粮草途中被烧，袁绍库中也存量有限，于是，袁绍急令再调粮草，并派大将淳于琼带大军一万前去接应，将粮草押运至乌巢。此时曹操军粮草已经殆尽，正在无计可施之际，袁绍军前重要谋士许攸来投曹操，并献出乌巢之计。结果曹操率兵奇袭乌巢，一举烧毁了袁绍的粮草基地，断了袁绍军补给线。袁军见乌巢火起，知是曹操军来攻，不战自乱，曹操军绝处逢生，一个个争先恐后奋勇杀敌，袁绍军大败。官渡之战曹操以少胜多，将粮草、后勤、补给线列为赢得这场战争的关键节点，并围绕这个节点，积极谋划，致力争取，起到了至关重要的作用。如果总结一下曹操取胜的经验和感悟，最重要的体会莫过于：第一是粮草给养，第二是粮草给养，第三还是粮草给养。

【管窥·释悟】

"就地取材，因地制宜"是统兵将帅和事件决策者在实践中最基本的智慧和技能。上列三国中的各个案例，都从不同角度印证了这个兵法原理。我们再举一些其他例证，进一步说明这个问题。

日本是一个受中华文明影响较大的国家，中国文化早已融入日本文化和日常生活中。在日本军界，《孙子兵法》也几乎是他们的必修课。日本人成为侵略者并占领东北以后，为巩固他们的殖民统治，除驯用了大批皇协军、汉奸，并实行疯狂、强制的同化政策外，他们为了实现长期占领的目的，派了大批的"开拓团"来东北垦荒种地。日本人非常清楚"因粮于敌"的道理，在东北的广袤荒野上开垦出大量沃土良田。这个思路和想法本来也无可厚非，本来也可支撑他们的殖民统治，但侵略者永远是侵略者！他们在人家的土地上开荒种地，他们发动侵略战争与人类道义背道而驰，他们违反了人类生存法则这个大前提，他们倒行逆施，胡作非为，伤天害理。因此，虽然他们沿袭了孙子关于战争装备与后勤补给的理论，但是，他们进行的是一场侵犯人类生存法则的非正义战争，这种性质的战争注定要以失败而告终。"开拓团""种族同化""以夷治夷"，都只能无果而终。事实证明，得道多助，失道寡助，再好的兵法理论，也拯救不了侵略者的可悲下场。

朝鲜战场上联合国军新任司令李奇微就是根据中国兵法这一理论基础，经过细心观察，发现了志愿军实施长线作战遇到的补给困难，也因此制定了"一周反击战术"，这给志愿军作战带来了极大的困难。著名的"汉城掩护战"和"铁原阻击战"，乃至"上甘岭战役"等等，都涉及战场补给对战争胜负生死攸关的问题。

民以食为天。人无饱腹气力难支，战争说穿了就是打"钱"，打

"实力"。与敌开战，能够"因粮于敌"应为最佳选择，若不能"因粮于敌"，则销毁敌人的粮草辎重和后勤补给亦不失为上策。能为我用则我用，不能为我用则亦不能为敌用，这就是战争法则。

第四节 途艰国贫 久战必慎

【兵法·原文】

国之贫于师者远输，远输则百姓贫；近师者贵卖，贵卖则百姓财竭，财竭则急于丘役。力屈财殚，中原内虚于家，百姓之费，十去其七；公家之费，破车罢马，甲胄矢弩，戟楯蔽橹，丘牛大车，十去其六。

【解字·说文】

百姓：本意是指广大人民群众，本文具体单指百官、贵族阶层，是与"暴民"相对而言，"暴民"泛指庶民。

丘役：按丘征派的赋税、徭役。丘，古代地方行政区划单位。《汉书·刑法志》："四井为邑，四邑为丘。"

中原：中，即中心。原，为原野。

虚于家：家庭空无长物。

罢：同"疲"。

甲胄：盔甲、头盔。

弩：一种用机械力原理发射箭支的弓形武器。

戟：古代兵器与戈、矛合为一体的长武器。

楯：同"盾"。

蔽橹：大盾牌。

丘牛：从丘役中征集来的牛，用作拉大车运输辎重。

国家因用兵而导致贫困的，就是因为远道运输；远道运输就会使百官和贵族氏族因此而贫困。靠近驻军的地方物价就会飙升，就会很昂贵。物价飞涨就会使百官和贵族世家财富枯竭。百官和贵族世家是统治阶层的核心，他们的穷富直接关系到国库的盈亏。国家财富枯竭，就一定要向社会增加赋税，就要加重庶民百姓的负担。长此以往，人力就会耗尽，财力就会枯竭，由此导致国家空虚、百姓贫穷。每个贵族家庭都承担着战争费用，这些费用将耗去家产的十分之七。由于战争中，战车损坏需要维修，战马疲惫需要养息，盔甲坏了需要修补，箭弩、戟楯、蔽橹以及大牛、大车等等的开支，也要耗去十分之六。

【辩例·直观】

战争既是政治行为，也是经济行为。无论从哪个角度看，战争都有一本需要认真计算的账。战争爆发地与后方的距离，战场与补给地的运途，国内政治形势与经济实力，发动或参与战争的性质，对所参与战争的可行性及其战后形势论证，对战争组成人员的实战性评估，对即将进行的战争及其战略战术的研究确定等等，都需要做严肃认真科学合理的"庙算"。只有这样，才能做到不战则已，战则必胜。

马陵之战

《史记·孙膑传》记载了孙膑与庞涓的最后一战，即马陵之战，对本小节兵法很有佐证力。"桂陵之战" 13 年后，魏国与赵国联合攻打韩国。韩国向齐国求救，齐国派田忌率军前往大梁救援。魏国大将庞涓听到这个消息，率军离开韩国匆忙赶回大梁应战。这时，齐军已越过魏国边境并继续向西推进，孙膑对田忌说："魏军一向彪悍勇猛并因此而轻视齐军，认为我们怯懦无能。会打仗的人要因势利导，按兵家法则：急行军百里去追逐胜利，会因掉队人太多使上将受挫；急行军五十里以上去追逐胜利，只有半数士兵能到达。我们可以利用这个兵家原理，以军需假象来麻痹敌军。"于是，孙膑让田忌进入魏国后，第一天先垒十万个锅灶，第二天减少五万个炉灶，第三天垒三万个就可以了，田忌依计而行。庞涓一路追杀过来，每到一地，他都要让士兵仔细查数齐军搭建的炉灶。第一天、第二天、第三天，他发现齐军正在严重减员，非常高兴。于是，他对将士们说："我早就知道齐军怯懦，刚刚进入我国境内三天，逃亡的士兵就已经超过半数，这样的军队还敢犯我魏国，岂不是白白送死？"于是，他甩掉步兵，带着精锐骑兵日夜兼程、马不停蹄地追赶齐军。孙膑利用数学中的 "追及" 原理，计算魏军的行军速度和与齐军逐渐接近的距离，知道晚上庞涓即可到达马陵道。

马陵道，顾名思义即道路非常狭窄，而且道两侧陡崖峭壁，十分凶险。孙膑挑选出擅长射箭的万余名弓箭手，埋伏在马陵道两侧。孙膑嘱咐将士：看到马陵道上点火即是战斗号令，届时立即向火点猛烈放箭。部署完毕，孙膑又命将士把马陵道路边的一棵大树扒下一大块皮，在无皮树干处写下一行大字："庞涓必死于此"。到了晚上，庞涓果真追到了马陵道上那棵写字的大树旁。庞涓站在树下，因为天黑看不清楚上面的字迹，于是就命士兵用钻木取火的方法取出火种来照明看字。火光一亮，埋伏在道路两侧的弓箭手立刻万箭齐发，魏军顿时大乱，队伍完全失控，顷刻间尸横满地，血流成河。庞涓自知在狭长的马陵道里，突出重围已经绝无可能，回想自己过去对孙膑的所作所为，无颜面对昔日同窗。于是兵败智穷，拔剑自刎。齐军乘胜追击，大败魏军，并俘虏了魏国太子申，得胜回国。

这场战斗的胜负与后勤补给关系密切。孙膑利用庞涓懂兵书识战策这个先决条件，知道他一定会注意兵员增减情况，因此，按着庞涓的思维方式，用"锅灶"人为减量法，给以错误诱导，使之一步步走向自己早已挖好的陷阱。灵活地运用炉灶这个行兵打仗必不可少的后勤道具，以数量的不断减少为诱饵，致使庞涓贪功心切放松警惕，率少数兵马肆意追杀，误入马陵道，帮助孙膑成功演绎了一场假借"途艰国贫"，逆向思维的精彩战例。

在现代战争中，也不乏这样的战例。1931年"九一八"事变，日本关东军迅速占领了东北。他们为了解决日本与东北距离较远，又有海陆阻隔，运途不畅的问题，除疯狂盘剥压榨占领区百姓的民脂民膏外，还从国内征调了一大批携家带眷的日本人，组成"开拓团"来东北开荒屯垦，以解决战争所需。第二次世界大战爆发，日军偷袭珍珠港成功后，军国主义的野心恶性膨胀，他们与德意志法西斯沆瀣一气狼狈为奸，在全世界摆开了战场。希特勒的"闪电战"兵临莫斯科城外，新生的红色苏维埃，面临"黑云压境城欲摧"的危险境地。一个"偷袭珍珠港"成功，一个"闪电战术"的成功运用，使这群灭绝人性的侵略者完全陶醉在暂时的胜利之中。他们置兵家大忌于不顾，在漫长的海陆线上与全世界人民为敌。应该说初期的战争准备还是比较充分的，但在漫长的"持久战"中，战争给养、武器供应，尤其是兵员补充等等越来越捉襟见肘，日本甚至征召组建了"老叟军"和"童子军"。年迈的教授学者、稚气未脱的少年儿童都穿上了战争的军服，来到了陌生的战场。这样的军队要想取得战争的胜利，不要说比登天还难，那是根本就没有胜算的可能。

平阳镇惨案

抗日战争时期，发生在黑龙江省平阳镇的那场惨案，也从另一角度印证了"途艰国贫，久战必慎"的道理所在，尤其在军费紧张、兵源匮乏之际，更勿饥不择食，更应谨慎从事。

平阳镇是座百年老镇，也是黑龙江省境内的一个革命老区，有着厚重的红色历史。"九一八"事变后，日本强盗的铁蹄踏进了平阳镇这片土地，在民族危难的关头，涌现出了许多为抗战抛头颅洒热血的革命先烈。东北抗日联军第四军补充二团团长苏怀田便是无数英烈之一。一九三二年六月，为突破日军封锁，解决扩充抗日队伍的经费困难，苏怀田带领全团去穆棱矿收缴白俄武装。按苏怀田团长和上级计划，准备把白俄兵工厂作为敌伪财产全部没收，然后变现购置五百套军装再去金场沟、黄泥河子一带招募兵员、整训扩编。由于前往穆棱矿路途较远，部队途经石头河子村时天已经黑了，于是决定在村里宿营。石头河子村是个远离县镇的偏僻山村，四面环山，树木茂密，村子里住有四五十户人家，团部就设在一个带有围墙的大院里。

三十年代初期，抗日队伍与土匪武装交织在东北的白山黑水之间，打着各种"救国军"旗号的武装屡见不鲜。当时有一个叫丁超的，时任护路军总司令，抗日初期曾组织过义勇抗日，后来沦为汉奸。丁超对投身革命积极抗日的苏怀田早已恨之入骨，一直想找机会除掉这个眼中钉，以献媚日本主子。当他得知苏怀田率队前往穆棱矿，夜宿石头河子村的情报后，立即命令驻扎在平阳镇的直属车子久团和驻守平阳镇原所属东北军二十六旅的王孝之团，连夜从平阳镇秘密赶到石头河子，并于第二天拂晓前，对补充二团驻地形成包围，伺机消灭苏怀田团。

这是一个满天迷雾的黑夜，在苏团没有戒备的情况下，王、车二团抢先占据了有利地形，封锁了各个交通要道，准备对苏团进行偷袭。当偷袭部队距离苏团驻地约二百米的时候，被苏团游动哨兵发现，鸣枪报警，就这样，在团部外围一场短兵相接的战斗打响了。由于苏团战士英勇抵抗，王、车二团进攻受阻，无奈之际，由一个姓路的营长出面喊话，以误会为名要求停火。正在指挥作战的苏团二营营长聂海山立即鸣枪，命令部队停止射击。当问清楚对方是丁超队伍及来此的意图后，聂营长大声命令部队："别打了，中国人不打中国人，马上停火，放他们进来！"补充二团团长苏怀田、副团长田宝贵、副政委兼三营营长杨太和等接见了对方联络参谋和姓路的营长。来人声称：都是抗日队伍，我们不知道你们是抗日救国军，刚才看到服装才知道是一场误会。又说："奉丁超总司令命令前来相约。因穆棱矿地属丁超护路军管辖，各家矿主均受护路军保护，白俄矿也在辖区内，理应受到护路军保护。现在苏团要去穆棱矿收缴白俄矿主财产，还需与丁超总司令相商为好。现在丁超总司令已经来到平阳镇，烦请各位去平阳镇商谈收剿白俄武装一事，同时，两军亦可进行联谊，共商抗日大计。"

穆棱矿的确曾归护路军管辖，矿主要求接受护路军保护也在情理之中。于是苏怀田决定亲自去平阳镇会会丁超。补充二团政委李延平、副政委兼三营营长杨太和觉察丁超有诈，当面对来人说："咱们都是抗日队伍，没收白俄资产扩军抗日还分什么丁家、苏家呢？"苏怀田也义正词严地对来人说："白俄和日本人勾结，压榨百姓，非法经营兵工厂，是抗日的一个大敌，留他必有后患，我们是奉抗日总部命令去缴械的，既然丁超有邀请，不妨就去谈一谈吧。"于是，他决定率排级以上全体军官及部分士兵去平阳镇会丁超。副政委兼三营营长杨太和见苏怀田执意前往劝阻无效，便明确表示："我宁可违抗命令，也坚决不去平阳镇！"在杨太和的坚持下，三营指战员原地待命，没有去参加与丁超的谈判，也为抗日大业保留了有生力量。

一九三二年七月十八日上午，团长苏怀田、副团长田宝贵、营长聂海山等六人刚刚走进丁超约定的平阳镇的一个小二楼时，立即被早已埋伏好的护路军缴械，并当即被五花大绑押往平阳镇公路北侧刑场。与此同时，随同苏怀田团长一起来，被骗到平阳镇八角楼待命的战士，也被全部缴械，30 位排以下指战员被残酷枪杀。丁超设定的刑场在平阳镇西大门北侧、现平阳中学西侧的一块满是卧牛石的坡地上。刑场周围警戒森严，十多挺机枪的枪口对准刑场内外，刑场正中放着预先准备好的铡刀和秫秸，行刑的刽子手凶神般地站在正中。苏怀田等六名二团干部及被包围在平阳镇"八角楼大戏院"的30位排以下干部战士，总计36人全部英勇就义。灭绝人性的丁超在苏怀田等六人就义后，残忍地铡下他们的头颅，悬挂在平阳镇街头示众多日。这就是耸人听闻、令人发指的"平阳镇惨案"。

为解决军需补给、扩军抗日，苏怀田率二团指战员长途跋涉去穆棱矿收缴白俄资产，结果情急智寡，误中奸计，酿成惨剧。正是：路远天黑，山村露宿，途艰国贫，绝地求生，抗日队伍身陷囹圄；轻信奸佞，未识诡计，虎落平阳，血染古镇，筑碑立志警钟长鸣。

【管窥·释悟】

途艰国贫，久战必慎。战争角逐实力，实力赖以人、财、物的高度集中、精良和优化。但是，战争毕竟是一头嗜血的恶魔，其成败规律绝不会以某个人的好恶和头脑冷热而改变。无论是正义之战还是非正义之战，乃至人们征服大自然，探究日常生活中的是非曲直，都逃不脱这个逻辑。任何违背战争规律和人生逻辑的国家、集团或个人，其终极下场只能是无可奈何的失败。平阳镇惨案36位抗日将士全部殉难的教训，向人们敲响警钟：解决军需困难是必要的，但必须找到正确的渠道；联师会友扩大同盟是应该的，但必须准确识别敌我；谁是我们的敌人？谁是我们的朋友？这是革命的根本问题，是决不容许有一丝一毫马虎的原则问题。

第五节　取利敌国　以战养战

【兵法·原文】

故智将务食于敌，食敌一钟，当吾二十钟；其秆一石，当吾二十石。

【解字·说文】

智将：明智的将领、指挥员。

钟：古代量器，每钟六十四斗（春秋时，齐国量器分升、豆、区、釜、钟。杜牧注：六石四斗为一钟，一石一百二十斤）。

其秆：豆秸、草料，本文泛指饲养马牛的草料。《说文解字》："萁，豆茎也。"秆，指稻麦秸。《说文解字》："秆，禾茎也。"

石：重量单位，一石一百二十斤，约合现在的六十九斤。

孙子说，作为一个明智的将领，一定要清楚这个道理。那就是战争发生后，一定要设法在敌国解决诸如粮草等军需补给问题。要知道，在敌国解决一钟粮食，相当于从本国运输二十钟；用敌国一石草料，相当于从本国运输二十石。

【辩例·直观】

本小节中，孙子不厌其烦地算起战场经济账，旨在进一步说明"取利敌国"的重要意义。唐代姚思廉所著的《二十四史·陈书·孔奂传》中，有一段记载补给与胜负关系密切的战例即"弃粮草 饱一餐 决战生死"，对加深理解本节兵书道理很有说服力。

弃粮草 饱一餐 决战生死

南朝时期，北齐派遣名将东方老、萧轨等来陈地进犯，他们率领军队在陈国的后湖、都城一带骚扰。陈国因敌军突然入境，没有做好迎战准备，尤其是军需物资很难从各地及时运来，所以，三军的给养只能在京师解决。鉴于这种不利形势，陈国高祖皇帝陈霸先沉着冷静，他任命孔奂为贞威将军、建康令，组织军队御敌。当时，由于连年兵乱，百姓流离失所，劲敌忽然来到，无处可以得到足够的军需补给。高祖皇帝对孔奂下令，限定日子与齐军作战。陈高祖命令孔奂集中所有粮食做一顿麦饭，用荷叶包裹。孔奂遵命，一夜之间，准备了数万个荷包。早上，将士们敞开肚皮痛痛快快地饱餐一顿，陈高祖下令把吃不完的都丢弃掉，随后率军投入决战，结果大败敌军。

这个故事有三个重要节点：终饱一餐，断绝粮草，限时决战。大背景：北齐派重兵来犯，陈国战备严重不足。北齐是南北朝时期高洋建立起来的政权。东方老、萧轨都是北齐的著名将领，他们率军来到了后湖这个地方，后湖在南朝都城建康（今江苏省南京附近），对陈地进行侵扰。陈高祖即陈武帝陈霸先，面对疯狂而至的敌军，进行了认真分析研究。由于连年战乱，民不聊生，国内百姓非常穷苦。打仗需要大量的武器装备和军需补给。而当时国内匮乏，征缴军需物资短期已无可能，如果拖延时日，必然不战自败。于是高祖决定因时而定，因势而定，采取了三大决策：没有长期、充足的军需粮草，那就痛快地饱餐一顿；没有让将士们留下吃剩的食物，置将士们于生存绝境，将士们面前只有一条路，那就是只有经过拼死决战才可能求生；没有时间和能力去和敌人长期周旋，那就索性速战速决。这是一次比较典型的将全军将士先置死地而后求生的战法，也是陈霸先在完全没有办法的情境下，被逼出来的绝地求生办法。

在古代战史中有很多这样的范例：项羽"破釜沉舟"，韩信"背水一战"，都是采取绝地求生战法取胜的典型战例。本文引述这段故事，主要也是试图说明战争与补给的重要关系，佐证孙子对补给军需进行认真测算的重要性和必要性，提醒人们进行战争或参与某项事件，必须高度重视，审慎计算，运筹帷幄，确保取得胜利和成功。

"蒙牛"成功的战略思维

孙子关于"取利于敌，以战养战"的军事思想同样适用于我们的经济发展和事业进步。我们可从蒙牛乳业的成长轨迹中发现这个理论在现实实践中的重要作用。蒙牛 1999 年创业，用了仅仅 4 年时间，就创下了 21 亿元销售额的辉煌业绩，被评为 2002 年中国成长企业 100 强。透过蒙牛的成功，固然有诸多原因和要点，但其借鉴兵法"取利于敌，以战养战"的做法，应是其不可或缺的成功秘笈。

一是宏观把控市场形势，从对手处获得资源。蒙牛集团总裁牛根生曾是伊利集团当时的生产经营副总裁，在伊利集团内有很好的人脉。牛根生创建的蒙牛集团的 8 大创业元老和大多数中层以上管理人员，均来自伊利集团。正是由于这些企业精英加盟蒙牛集团，牛根生加快了创业时速，一般企业需 5 ～ 6 年才能逐渐形成的人力资源，蒙牛刚起步就有了一支行业经验丰富，相互配合默契的团队，为蒙牛的快速发展抢占了先机。

二是审时度势，借对手优势发展自己。牛根生不愧是一位借势而上的企业高手。在他发表的第一个广告牌子上就庄重地写着："做内蒙古第二品牌"。在其另一产品冰淇淋的包装上，也打出了"为民族工业争气，向伊利学习！"的广告宣传词。这种故意将自己的产品身价降低，与伊利捆绑在一起的做法可谓匠心独具。蒙牛无形中便把伊利产品的知名度嫁接到自己身上，强烈的广告效应收到了事半功倍的效果。

三是逆向思维，先找市场再建工厂。蒙牛注册 5 个月后，企业已经拥有了一千多万元的流动资金。为了把这笔资金使用好，牛根生自有他独特的想法。牛根生认为：一千万资金如果用来建厂房、购设备，既不能形成规模，而且还会因无流动资金影响市场开拓，即便将来形成了一定规模，也会因市场丢失而致企业时过境迁，处于尴尬境地。于是牛根生决定，以逆向思维确定企业发展之路。即：先找市场，再建工厂。用有限的资金抢占无限的市场，用占领的市场优势，将全国的同类工厂变成蒙牛的生产车间，形成产业的"垄断"态势。

四是借助国家扶持企业发展的政策、法规，大力度地整合资源。牛根生遵循 2∶8 的整合法则，将自己的品牌优势作为 20% 的资源，其他 80% 全部整合社会资源。由于方略得当，仅仅用了 3 个月的时间，蒙牛就盘活了企业外部亿元资产，完成了企业大发展的可持续扩张，成为乳业市场上最具竞争力的企业。

【管窥·释悟】

案例证明，"取利于敌，克敌于兹"是克敌制胜事半功倍的重要手段。用敌人或竞争对手的给养装备武装自我，在持续的战争或生产建设中，在不断削弱敌人或利用对手的过程中，逐步强化自我、强大自我，从而达到机动灵活有效地打击敌人、消灭敌人、战胜对手，实现最后胜利或最大成功的目的。这是中国共产党用战争事实证明的真理，也是人们在社会实践活动中摸索到的一条真理，更是兵法理论通过无数历史、现实实践告诫人们的一条真理。

中国共产党已经走过百年的历程，她领导人民推翻三座大山的实践雄辩地证明：战争的胜负往往取决于经济实力的理论是正确的。然而，中国共产党领导的却是一支"身无分文，家无寸土"的无产阶级队伍。事实证明，正是这支"穷棒子"队伍，打败了富贵流油的国民党军队；正是这些"穷棒子"，亲手推翻了蒋家王朝。其实，穷人的队伍打败富人的队伍也没有违背"战争是在打钱"这个规律，只不过解决战争补给，扩充经济实力和军事实力的方法与渠道自有其科学逻辑而已。曾经的"到敌人后方去，把鬼子消灭光！"，从战场到地方到处传唱的"运输队长本姓蒋，工作积极该表扬！"等歌词，都不同程度地反映了我党我军重视经济实力与战争实力的关系，着重解决"取敌于国"的战场补给问题，辩证领悟和遵从了兵法的战争要笈。在这一百年的艰苦奋战中，中国共产党从小到大、从无到有，发动和领导千千万万的民众，组织起浩浩荡荡的革命大军，充分利用战场形势，正确把握前后方关系，把从敌人手中夺取武器军需，作为武装自我战胜敌人的重要渠道，"以彼之矛，击彼之盾"，终于走出了一条只有中国共产党才能救中国的正确道路。

第六节　军威以励　兵勇以利

【兵法·原文】

故杀敌者，怒也；取敌之利者，货也。车战得车十乘以上，赏其先得者，而更其旌旗，车杂而乘之，卒善而养之，是谓胜敌而益强。

【解字·说文】

怒：生气，愤怒，如《诗经·卫风·氓》"将子无怒，秋以为期"，成语"怒发冲冠"；形容气势强盛，如《庄子·逍遥游》"怒而飞，其翼如垂天之云"中的"怒"引申为旺盛，猛烈；奋起，奋发，如《庄子·人间世》"怒其臂以当车辙"。本文引以为情绪，指从精神上激起将士对敌军的愤怒。

货：物资，指物资奖励，财富犒赏，让将士收获实实在在的物资。

旌旗：古代用羽毛装饰的旗帜，是对旗帜的总称。

车杂：车辆混杂，本文是指缴获来的车辆同自己的车辆掺杂在一起。

乘：驾驶，使用。

卒：指俘虏的士兵。

要使士兵英勇杀敌，就要激发将士同仇敌忾；要想夺取敌人的财物，就要用物资奖赏。所以，在车战中，凡缴获战车十辆以上者，就要奖赏首先夺得战车的人，并更换战车上的旗帜，混合编入自己的车队中；对俘虏的士兵要优待和使用他们，这就是所谓的越是战胜敌人也就越发壮大了自己。

【辩例·直观】

孙子认为：将士上战场除了必要的武器装备外，必须具备杀敌的勇气和气势，必须把斗志鼓励起来，激发起来；要让将士们多去缴获敌军的财物，就必须把缴获的财物犒赏给大家。孙子强调：在车战中，凡是缴获敌军战车十辆以上的，就要奖励最先缴获战车的人，并要更换车上的旗帜，再将其混合编入自己的车队中；对俘虏的士兵要给予优待，经过教育疏导后，把他们编入队伍中，这就是常讲的愈能战胜敌人，愈能强大自己的道理所在。大凡统兵打仗，将士的精神状态至关重要。作为一名统帅或前敌指挥员，能不能把将士们潜在的能量激发起来，能不能把将士们的精气神调动出来，常常是取得一场战役的胜败关键。兵法讲"置之死地而后生"，也是战场上焕发斗志、激发勇气的一种重要手段。坚持奖励犒赏原则，给将士们在战场上创造能够各有所得的机会和条件；坚持利益驱动、物资刺激、适当鼓励，随时可以使将士们感受到"利益共同体"的激励，收到事半功倍的效果。人非草木，孰能无情？作为感情动物，七情六欲人皆有之。用什么样的情感去迎接战斗，以什么样的精神状态去参加战斗，其结果是不一样的。战场上有了缴获，那就要把战利品适当地奖励给作战勇敢并获取战利品较多的将士。这样做，既可以犒赏有功劳的将士，同时，对所有参战将士也是一种莫大的号召和启迪，正所谓"此处无声胜有声"；更会让大家感到统帅心中有将士，将士杀敌有利益，从而构筑一种良好的风气和氛围；实现将士们可以与之生、可以与之死的一种生死与共态势，凝聚万众一心的团队气势，形成战胜敌人，绝不被任何敌人所屈服的英雄气概。战场掌控、杀敌致胜是这个道理，治国理政、富国强兵也是这个道理。无论做什么事情，"为什么"的问题是必须首先解决好的问题。这个问题既是前提，也是根本，应该成为所有施事者取得成功的关键所在。

井陉之战

《史记·淮阴侯列传》记录了一场惊心动魄的战役，应该是演绎这段兵法的一个很好的战例。公元前 204 年，韩信与张耳统兵数万，欲东下井陉攻击赵国。赵王、成安君陈余等听说这个消息，聚兵 20 万于井陉口迎敌。谋士李左车对成安君陈余说："闻韩信夺西河，掳魏王势不可挡。我们可以在井陉这个地方与韩信决战。井陉道路狭窄，兵车只能单行，韩信军远道而来，他们的粮草辎重一定在后面。我们深挖战壕，高垒墙壁，坚守阵地，与韩信对峙在这个狭长地带，届时，韩信进不得退不得，我再出奇兵切断他的退路。野无所掠，不出十日，即可得到韩信、张耳的首级。"陈余没有采纳李左车的意见，并以"义兵不用诈谋奇计"为由拒谏。陈余认为：韩信虽然号称率部数万，其实不过数千人，对这点兵力，而且又是犯忌的长途跋涉而来，完全不必小题大做，以免为他人所耻笑。

韩信率军来到井陉，先派人了解赵国军队的情况，得知陈余没有采纳李左车的意见，非常高兴，于是开始排兵布阵。韩信深知"军威以励"的道理，所以用兵常在别人意料之外。当他了解到陈余不听劝告，死背兵书等情况后，知道陈余一定会因自己违背兵法大忌而自恃轻敌，对于实现自己以劣势兵力求胜于井陉的战略意图，产生误判。韩信深知，全军将士以一当十，智克强敌，是最大的期望值。但是，长途跋涉，资源匮乏，即便用物质奖励的办法，也一定会力不从心。于是，韩信决定通过反常规思维排兵布阵，将将士们置身于"绝境"之中，让残酷的战场和绝望的境地，激发出将士们精神上的余勇，以绝地反击、拼死一搏的斗志激励与死神抗争不屈不挠的拼搏精神。韩信坚信，"军威以励，兵勇以利"绝不仅限于物质上的刺激，精神上的极限迸发将具有更大的爆发力和冲击力。按着这个思路，韩信一反兵书惯例，用正战形式与奇战思维，结合实际调度军兵设伏，而且自己还亲率一万人马，背水安营，绝地迎敌。按兵书原理，韩信既犯长途跋涉、疲兵参战禁忌，又犯背水安营兵家大忌。公开把两条违背兵书也违背常规大忌的做法，暴露给敌人，确实让赵国统帅陈余完全放松了警惕。结果战斗开始后，业经长途跋涉粮草几尽，又遇劲敌对阵、大河拦住退路的齐军，完全置身于绝地之中。此时的齐军，退必死，进尚可活，最大的生存公约数，就是最大的利益追求，就是绝地反击、以死相搏。身处绝地的齐军将士奋勇出击，如困兽犹斗，如饿虎捕食，势不可挡。加之韩信埋伏的伏兵四起，一时间杀声震天，兵如天降，赵军顿时乱作一团，狼狈逃窜，大败亏输。战后有人问及韩信，为何违背兵书战策却取得了胜利？韩信回答：兵法必须灵活运用才能称其为兵法，再说我也是按照兵法进行的。兵法有"军威以励，兵勇以利"，还有"置之死地而后生"，我就是按这个兵法思路，结合我军和战场实际制定的这个战法。韩信将战场的利弊关系灵活辩证，把将士们求生的"利"寓于"背水一战"的绝境，让将士们绝地反击、拼死求生，从而激发出无与伦比的战斗激情。这应是《孙子兵法》关于"军威以励，兵勇以利"理论在实践中灵活运用得最为典型的战例之一。

燕昭王筑黄金台招贤强国

燕国被齐国打败后，不久国君就死去了。太子继位，就是燕昭王。面对燕国百废待兴的局面，燕昭王决心广招天下贤士，重振国威，中兴燕国，以报先王败国之辱。

燕昭王对谋士郭隗说："齐国趁我们内乱打败了我们，现在，燕国势单力孤，人才匮乏，无力复仇。所以我要求得天下贤士与我共商国是，以雪先王之耻辱，您觉得如何才能招揽到贤能人才？如何才能使燕国繁荣昌盛呢？"郭隗说："成就王业的君主都是以贤者为友，成就霸业的君主则以贤者为臣，只有亡国的君主才去结交奸佞小人。您如果能够恭敬地对待贤者，那么就能招来超过自己百倍的人才；您如果先于别人劳动，后于别人休息，先去请教别人，然后再深思默想，就能招来超过自己十倍的人才；您如果与别人一样辛勤劳动，并且能够平等地对待别人，就能招来和自己才能差不多的人才；您如果对人态度蛮横，随便发怒，任意斥责，那就只能招来奴隶那样的人。这就是自古以来的经验和教训啊！大王如果真想广泛地选贤任能，就应该亲自去拜访，让天下人知道大王亲自拜访自己的贤臣，那么，天下的贤士定然会到燕国来。"

燕昭王听了郭隗的话，问道："我应该首先去拜访谁呢？"

郭隗说："我先给您讲个故事。古代有个国君想用千金购买一匹千里马，结果一连三年也没买到。宫中有个侍者对国君说：'请让我去买千里马吧！'国君就派他去了。三个月后，这个人找到了千里马，但那匹马已经死了。于是，他就用五百金买了骨架，回来向国君报告。国君大怒：'我要买的是活马，哪能用五百金买匹死马呢？'侍者镇定地回答道：'买死马尚且能用五百金，何况活马呢？天下人都知道大王真要买千里马，千里马很快就会来的。'果然，时间不长，就有三匹千里马送上门来。如今大王想招揽人才，就请从我开始。我尚且能被任用，何况是比我更有能力的人才呢！"

燕昭王听从了郭隗的意见，筑起高台，拜郭隗为师，并筑黄金之台以待贤者。一时间，乐毅、邹衍、剧辛这些天下奇才纷纷从各国纷至沓来。

经过二十多年的养精蓄锐，燕国终于强大起来，军队和战斗力都得到了极大的加强。于是，燕昭王派乐毅为上将军，与秦、楚及三晋联合，谋划进攻齐国。经过几次大战，终于打败了齐国，齐闵王败逃到国外，燕昭王终于报了败齐之仇。

【管窥·释悟】

韩信的"背水一战"和燕昭王"筑黄金台招贤强国",说的都是如何对待"励""利"的问题。韩信把将士绝地求生作为最大的"利",让将士们"置死地而后生"。可以说,韩信将兵法"军威以励,兵勇以利"活用于生死搏杀的战场,收到了事半功倍的奇效。燕昭王为了实现燕国的中兴,高筑黄金台,招贤纳士,聚集天下英杰,也是将"励""利"作为最重要的招募手段和措施。韩信、燕昭王异曲同工,都分别收获了"励""利"的预期效果。

《孙子兵法》中"取敌之利者,货也",在施耐庵的《水浒传》中也有很好的演绎。梁山好汉因"取敌之利"而有了大碗吃酒、大块吃肉的生活,既解决了军需物资补充问题,又和谐了干群关系,同时也有力地激发了军队斗志。拿梁山好汉做法与我军类比,可能会有人说:我军有"三大纪律八项注意"。"一切缴获要归公",不能在战场上谁缴获得多,就奖励谁,要统一分配缴获物资。其实我军的奖励和配给制度,核心也是本着"奖勤罚懒,合理分配"的原则进行的。把缴获敌军物资归公然后按立功表现和实际需要进行再分配,也是一次先集中、再分配的过程,与兵书强调的分配鼓励原则"异曲同工",均获成效。抗日战争是这样,解放战争是这样,甚至在抗美援朝战争中,我军也坚持了这个做法并收到显著效果。"取用于国,因粮于敌"已经成为我军一个值得大讲特讲的传统做法,为后人所赞誉传承。

鼓舞士气、振奋斗志,说到底,就是追求一个精气神。中国共产党领导的人民军队在这方面积累了丰富的经验和做法。如在部队战斗间隙，开展的"诉苦大会"；部队中广泛开展的"我为谁来打仗"讨论活动等。这些紧紧联系战士自身实际的活动，真实感、经历感极强，能让穷苦人出身的广大指战员迅速提高觉悟，能让非无产阶级出身的官兵认识到剥削阶级的可恶本质。为谁当兵、为谁打仗的革命目标和任务进一步明确，从而激发出革命斗志，树立起誓为共产主义事业奋斗终身的远大志向。实践证明，这些"软件"活动和做法都收到了事半功倍的"硬件"效果。精气神也成了人民军队从无到有、从小到大、从弱到强，不断发展壮大的关键因素和重要保证。

物质与精神，奖励与鞭策，是一个问题的两个侧面，既相互排斥，又相互融合。善于借助敌人的优势条件来刺激、反作用于自己或自己的队伍，是改变战场态势，变被动为主动，取得最后胜利的重要手段，也是兵法和无数战例用实践和生命换取的宝贵经验和血染战例，更是物质变精神、精神变物质的哲学理念的重要飞跃。

第七节　兵贵神速　胜战之道

【兵法·原文】

战兵贵胜，不贵久。故知兵之将，生民之司命，国家安危之主也。

【解字·说文】

生民：泛指民众。

司命：星宿名，喻主宰民众的死亡。《宋史·天文志》：司命二星，在虚北……又主死亡。此喻主宰命运。

主：主宰。

因此，用兵打仗贵在神速，不宜旷日持久。所以，懂得用兵的将帅，是民众命运的掌握者，是国家安危的主宰者。

【辩例·直观】

解析军事战争、商贸战争以及日常生活中的矛盾纠葛，都有规律可循。无论是发达国家或集团，还是发展中国家或地区，面对战争或争端，都必须认真研究战争或争端的性质、因由、趋势和可预测的结果；都要找出其中规律性的东西，加以论证研究，并制定可行对策。不论是哪种情况，都应以快速解决为宜。进行一场任何形式的战争，无论是主动发起，还是被动参与，争的是政治权力，打的却是经济、金钱，因此，战争或争端持续的时间、发展的节奏、使用的手段、升级的程度以及由此产生的后果等等，都是在用金钱和经济基础比拼。战争或争端持续的时间愈短，损失的就愈少。孙子发现了这个规律和问题症结，因此提出了"兵贵神速，速战速胜"的兵家之道。

拓跋弘"闪电战术"胜柔然

在古代战场上，速战速胜的战例比比皆是。我们试以《魏书·蠕蠕传》为例。北魏建国初期，就一直与北方的柔然部落战争不断。柔然又称蠕蠕，是公元四世纪后期至六世纪中叶，在蒙古草原上继匈奴、鲜卑之后崛起的部落制汗国。柔然身居草原深处，长期的游牧生活造就了剽悍和机动灵活的民族性格。在与其他部族、方国或军事集团的斗争中，一直采取"打得赢就打，打不赢就跑"的"游击"战术，让敌手们尤其是多次发生战争的北魏献文帝拓跋弘更是恼火。公元470年，柔然部真汗又兴兵犯疆，拓跋弘决定亲率大军讨伐。当时尚书右仆射南平公目晨进谏，反对拓跋弘亲自统兵，担心国内无主恐生内乱，不如据守京城，待柔然人粮草不继自然退兵。拓跋弘手下还有一位叫张白泽的谋士提出了反对意见。他认为：柔然人屡屡犯界，日渐猖狂，不打不足以平匪患、安民心、振国威。若御驾亲征，将士定能备受鼓舞，再制定一个切实可行的作战方案，胜利是没有问题的。拓跋弘采纳了张白泽的意见，亲率大军自白城出发，北击柔然。鉴于以往与柔然的战例，拓跋弘考虑到柔然一定会继续采取打一枪换一个地方的东夺西扰战术，于是，他把部队分成几个部分，几路人马佯装要形成一个很大的包围圈。柔然人也刺探到拓跋弘的部署，按以往战例，拓跋弘的包围圈尚未完成，他们就已经"满载而归"了，因此，他们并不着急逃跑。拓跋弘看柔然已经深信自己在继续使用包围战略，并准确判断柔然人一定会在女水这个地方抢扰，于是命令各部人马向女水火速会师，自己则亲率主力精兵直捣女水。柔然人做梦也没有想到拓跋弘会对他们的行进路线如此明了，更未曾想到拓跋弘会采取闪电式进攻，因此，柔然人还未来得及准备，北魏军就已杀到面前。柔然军乱作一团，跑快的相互践踏，跑慢的尽被北魏军杀死。这场战役北魏军杀敌五万余众，俘虏万余人，缴获马匹武器及各种兵器不计其数。拓跋弘遂改女水为武川，并写了一篇《北征颂》，刻石以记纪：拓跋弘从出师至回军，总共"旬（十日）有九日，往返六千里"，可谓神速。自此战后，柔然大伤元气，势气日衰。至521年，柔然投降北魏，柔然自此灭亡。

宋辽高梁河战役

兵贵神速是趁敌人没有准备好的时候迅速出击，以快制胜。那么，迅速出击都能做到以快制胜，都能所向披靡吗？我们举北宋初年著名的宋辽"高梁河之战"为例，来解析这个问题。

早在后周时期，世宗柴荣曾经北伐契丹。柴荣采取击破一点、大军急进的作战方式，一举击溃了契丹军队，收复了后晋时期割让给契丹的幽云十六州中的瀛州和鄚州。后因柴荣军旅突发疾病，被迫退兵，失去了收复幽云十六州的机会。柴荣虽然因病退兵，没能完成收复全部疆土的夙愿，但却留下了快速出击、兵贵神速的成功战例。北宋建立后，宋太祖赵匡胤采取先南后北、先易后难的统一方略收复了大量国土。因多种缘故，北部的北汉政权和契丹的幽云十六州问题一直未予解决。宋太宗赵光义继位后，决心将宋太祖未竟的事业予以完成，遂于公元979年灭掉北汉，实现了先帝第一个遗愿。取得剿灭北汉胜利后，宋太宗认为兵贵神速，应乘胜继续出击，一举收复幽云十六州。于是，宋太宗赵光义不考虑部队刚刚进行了一场激烈的战役，还没有得到有效的休息和必要补给的实际，单纯模仿后周世宗柴荣快速出击、迅猛推进的战法，以为用得胜之师继续北进、快速出击，定能出其不意，收复幽云十六州。在赵光义的决策和督战下，宋军尽管已成疲惫之师，但还是推进到辽国重镇幽州城下。

幽州是辽国重镇，也是辽国五京之中人口最多的一座城池。由于幽州地处幽云十六州险关要隘之处，加之其举足轻重的政治、经济和文化地位，辽国对幽州也格外重视，早在宋军到来之前，便派重兵和良将驻守。宋军来到幽州城下，便组织军队大举攻城，但因城池坚固，守将英勇，久攻不下，宋辽双方在幽州城下对峙起来。辽国虽是边远小国，但幅员辽阔，物资丰富，疆域东到大小兴安岭，西到中亚。部队将士多由草原民族构成，战斗力也十分强悍。宋太宗原以为通过快速进军，即可收获兵贵神速的奇效，实现一招制敌，打败辽国、收复失地。实践证明，他的想法过于单纯，过于脱离实际，过于纸上谈兵。果不其然，辽国一面用重兵坚守幽州，一面派出了耶律休哥等优秀将领带领辽国骑兵增援幽州，并在高梁河一带布下战场，准备与宋军一决高下。

耶律休哥率领的辽军在高梁河与宋军相遇，两军随即列阵交战。此时的宋军因久困幽州不得，士气已然衰退，加之灭掉北汉后一路马不停蹄劳师远征，三军将士已经疲惫不堪。面对耶律休哥率领的辽国生力军已力不能支，何况幽州城守军又杀出城来，形成内外夹击之势，宋军立即陷于腹背受敌的被动境地。这场战斗的胜负不言而喻，宋军全线溃败，宋太宗赵光义身受重伤，在将士的护卫下逃出了战场。高梁河一役，不仅幽州城没能攻破，而且连幽云十六州也一并成为宋军今后若干年的心腹大患。宋军这次北伐的失败，也彻底改变了宋辽双方的政治、军事态势，宋由此转攻为守，长期处在被动局面不能自拔，以致加速了北宋王朝的崩溃和无奈的南迁。

【管窥·释悟】

北魏建国以来，屡受柔然部落骚扰，虽数次发兵征讨但总不能奏效。拓跋弘认真研究了柔然人出没骚扰的运动规律，从而制定了长途奔袭、隐蔽行动、突发攻击、一战完胜的战略战术，一举剿灭柔然部落，保证了北魏的边境安宁。高梁河之战以无可辩驳的战例事实证明，战场上决定胜负的因素众多，任何单纯地套搬某一战法，任何机械地将兵法当作教条，任何不求实际的决策和指挥，只能收获沉痛的教训和悲惨的失败。高梁河战役还告诉我们：宋太宗赵光义的快速进军并不等于兵贵神速，兵贵神速是需要满足若干特定条件才可能实施，才可能收到事半功倍的胜利成效，这应是此次战役留给后人最大的收益。拓跋弘奇袭柔然部落和赵光义的"高梁河战役"，讲究的都是兵贵神速，追求的都是快速出击，然而，两个战役同工异曲，成败两极。这两个战役告诉我们：快速出击不能等同于兵贵神速，兵贵神速必须强调快速出击。

兵书产生的时代，社会生产力水平还很低，社会机器低效运转，国内外交通更是极其不便。而当时诸侯林立，诸侯间发生的战争此起彼伏。无论是战争的规模，持续的时间还是战争的强度，都给相对落后的生产关系造成了极大的破坏。可以说世无宁日，民不聊生。面对频繁战争所暴露出的军需、补给以及其他方面的严重困难，孙子提出解决上述问题的策略和办法，有其特定的时代背景和条件限制。因此，深刻理解和辩证掌握《孙子兵法》的精髓，对历史和现实都具有强烈的借鉴意义和指导意义。兵贵神速是战争双方经常使用的一种战术，也是对阵双方都极力追求和尽力创造的一种战场态势。两军对垒谁都不想持久相持，谁都想速战速决，但是战场形势千差万别，变幻无序，永无定数。作为统帅或军队指挥者，必须根据实际，因地制宜、因人制宜、因事制宜。可以速胜当速胜，此可谓"兵贵"；不能速胜就要学会打持久战，在持久战中，拖垮敌人，消耗敌人，最终战胜敌人，这仍不失为"兵贵神速"。

《作战篇》从战役消耗、战场补充、战争原则等问题入手，深刻分析了战争规律及有效进行战争的方略和必须遵循的战争规则，对今天的战争及战争学研究都具有相当重要的借鉴价值。当然，对《孙子兵法》绝不能生搬硬套，更不能机械教条。我们学习和研究这部历史瑰宝，就是要做到结合实际，实事求是，辩证施用。只有这样，我们才能领会精髓，汲取营养，真正实现和达到古为今用的目的。

第三篇

谋攻篇

　　《谋攻篇》是《孙子兵法》中一篇较为经典的运用大智慧解析战争与运用大智慧指挥战争的兵书战策。本篇提出的"不战而屈人之兵""攻敌四策""致胜五知"尤其是"知彼知己，百战不殆"等战争方略，对古今中外的战争均具有较普遍的指导意义，已成为当今战争学理论研究的重要内容之一。

第一节　不战屈敌　兵家首选

【兵法·原文】

孙子曰：凡用兵之法，全国为上，破国次之；全军为上，破军次之；全旅为上，破旅次之；全卒为上，破卒次之；全伍为上，破伍次之。是故百战百胜，非善之善者也；不战而屈人之兵，善之善者也。

【解字·说文】

全国为上，破国次之：全，全部、完整。国，国都、大城市。春秋时的"国"，主要是指国家或诸侯国的都城。这句话的意思是指不需诉诸武力而使敌国降服的为上策，兴兵作战，以武力攻破敌国就显得差一些。曹操注："兴师深入长驱，距其城郭，决其内外，敌举国来服为上。以兵击破，败而得之，其次也。"

军、旅、卒、伍：都是古代军队编制。曹操、杜牧引《司马法》注："一万二千五百人为军。"《说文解字》："五百人为旅。"《周礼·地官》郑注："五人为伍，五伍为两，四两为卒。"

善：好，高明。

屈：屈服，本文指降服。

孙子说：凡是带兵的统帅或指挥员，都应懂得这些法则：能使敌国完整的降服是最好的上策，以武力将敌国击破就会显得差了一些；能使敌军全军降服是上策，击溃敌国全军就差一些；能使敌军全旅降服是上策，靠武力打垮这个旅就差一些；能使敌军全卒降服是上策，打败这个卒就差一些；能使敌军全伍降服是上策，攻克这个伍就差一些了。因此，百战百胜还不能算是最高明的统帅或指挥员，只有不用战斗就能使敌人屈服的统帅或指挥员，才是好中最好、优中最优的。

【辩例·直观】

诸侯林立，烽烟四起，杀人掠地，夺城抢国，是春秋战国时期的一个极为普遍的现象。随着东周的日益衰败，周王室早已无力控制局面。诸侯之间的战争，诸侯内部争夺权位的斗争，构成了那个时期的主要特征。动辄以武力，事极以战争，司空见惯，战争风云几乎笼罩着整个春秋战国时代。弱肉强食，遍地杀戮的局面给人民带来了无穷无尽的灾难，人民在水深火热中煎熬。应该说，哪个诸侯都想要扩大领地称霸天下，可事实上，军阀割据的局面又是谁也不能在短期内解决得了的。因此那个时期，战争已经成为常态，而且是"春秋无义战"的一种特定的常态。孙子生活在春秋时期，耳濡目染并亲身经历了一些战争。对如何进行战争，他有着比别人更加深刻的理解，谋攻就是在这样的背景下逐渐积累成熟的。孙子认为：不战而屈人之兵是为上策。孙子不厌其烦地列数兵不血刃地征服大到一个国家，小到一个军、一个旅、一个卒、一个伍的重要性和必要性。孙子强调：最讲究的战争是没有硝烟的战争，是不需使用武力就可以解决问题的征服。孙子告诫人们，战争永远是血腥的杀戮，如果都能以智慧"谋攻"，远远胜过"军攻"。对于那些政治争端已经到达极端程度的矛盾双方，如果必须以战争决定政治争端的得失，那就要首先考虑"不战而屈人之兵"。能做到这一点，于敌于己于民都是大有裨益的。对敌方来说，本来抵抗就已无取胜可能，不战就不需要大的反抗，就不必要再去做无谓的牺牲；对己方而言，用极小的代价赢得争端的满意结局，投入的成本低，获得的收益大；对百姓而言，战争的灾难以最轻微的方式出现，百姓大众免遭战争蹂躏。于敌、于己、于民众都有益处的方略，哪一方都是容易接受的。

颛顼与少昊结盟

上古时代，黄帝与炎帝逐鹿中原，获取了最后的胜利，实现了中原大一统局面。但此时，居住在山东一带的九夷集团还没有臣服。于是，黄帝把征服九夷集团的任务交给了他的孙子颛顼。颛顼来到山东半岛，看到拥具鱼盐之丰的凤夷、黄夷等九夷集团，物丰兵强，具有很强的综合实力。同时，他还了解到，九夷集团已经充分利用临海靠山等独特的地理优势，做好了迎战的准备。如果两军开战，必然会极其残酷。战争的时限，战争的胜负，战争将会升级的程度等等，都存在很大的变数。另外，颛顼本人也不是一个好战者，虽然接受了黄帝的指令来到山东，但却不想用战争形势来解决矛盾和问题。于是，在战争与和平的问题上，他与九夷集团的首领少昊进行了平等的谈判。两情相悦，强强相惜，二人歃血为盟结为兄弟，一场即将发生的血腥厮杀不战而避免。少昊死后，颛顼承继了少昊的位置，当上了九夷集团的首领。再后来，颛顼又把九夷集团的成员带到了中原封地封国，使九夷集团的成员与中原地区的人民融汇在一起，共同成为中华民族重要成员之一。如黄夷族团跟随颛顼来到中原河南，在豫东南的光州（信阳潢川）安营扎寨，后受封黄国，存国 1 400 余年，公元前 648 年被楚国所灭。当今世界的黄姓，即黄国灭国以后，国人为纪念故国，遂以国为姓而流传至今的姓氏。如此类推，九夷集团及其他迁徙到中原或他地的部族，有很多都是以国或地方特征为姓，逐渐融汇组建成伟大的中华民族。因此，颛顼与少昊由敌对到融合的故事，已成为上古至今流转不息、不战而和乃至大中华蓬勃兴起的典型战例和佳话。

黄梧海澄起义

据《清史稿·列传四十八·黄梧》记载，清朝顺治十三年发生过一段"不战而屈人之兵"的故事。顺治十三年（1656 年），清平南王尚可喜统兵万余，欲夺取明将郑成功麾下前提督黄梧、左先锋苏茂把守的揭阳。黄梧、苏茂虽经拼死抵抗，终不敌尚可喜的重兵，败阵丢城退回到郑成功军大营。战场上胜负本来是兵家常事，可郑成功却因苏茂当年曾经帮助施琅逃跑而耿耿于怀，一直寻隙报复。黄梧、苏茂这次兵败揭阳，正好给郑成功以口实。于是郑成功当即下令：立斩苏茂；给黄梧记责并处罚铠甲五百套。作为前提督的黄梧虽然留下了性命，但对郑成功官报私仇、杀伐无度的胸怀和做法极为不满；对郑成功不识时务，以卵击石式的抗清复明、组建明朝小朝廷、搞"独立王国"的做法不赞成；尤其在继续与大清抗衡争天下，不顾战乱肆虐、黎民百姓死活等原则问题上分歧较大。因此，黄梧及所属将士对未来既感到诚惶诚恐，又觉得不知所措。此时，清军在顺治皇帝亲自指挥下，正挥师福建，兵临海澄。清军一路上势如破竹，收复了大片国土。但从北方打到福建，旷日持久，粮草兵员都已经捉襟见肘，再想继续征剿难度已经很大。恰在此时，顺治皇帝了解到郑成功军内部在抗清复明问题上的不和谐情况，尤其了解到负责镇守郑军粮草补给重镇海澄的黄梧将军与郑成功积怨日深，正处在不知所措的矛盾之中。于是，顺治皇帝及时选派要员对黄梧展开工作，动员黄梧从大局出发，以将士生命和百姓安居为重，早日起义，结束抗争。黄梧自幼饱读诗书深明大义，当他了解到清军的善意劝导和面临的战场形势，开始了认真地思索。黄梧与同僚、战友共同分析研究，认识到大清王朝已如日中天，统一全国只是时间问题，再继续抵抗只能损兵折将、劳民伤财，尤其是给人民带来的灾难不堪想象，这样的战争得不偿失。他们共同认为，当务之急就是要"良禽择木而栖，贤臣择主而事"。于是，黄梧将军当机立断，与副将苏明、郑纯等人合力杀掉总兵华栋，率86名文武官员及1 700余名士兵，在海澄宣布起义。

海澄是郑成功军的后勤基地，囤积了大量的粮草辎重和武器弹药等军需物资。黄梧的起义对粮草将尽的顺治清军犹如大旱得润雨，顿时如虎添翼，大大加快了收复福建统一全国的步伐。对郑成功及其小朝廷残部而言，则如釜底抽薪，加速灭亡。无奈之际，郑成功把落脚的目光投向被荷兰强占的海岛台湾。郑成功利用海岛潮汐，偷袭登陆，赶走了荷兰人，收复了台湾。因复明抗清意图已经绝望，加之郑军内部不断有人投靠清廷，尤其是黄梧向顺治帝建议的"平海五策"，致使郑成功内外交困，精疲力竭。没过多久，郑成功就在多重打击合力下，病死台湾岛，明末的小独立王国也于不久便土崩瓦解了。黄梧起义导致清军兵不血刃收取战略要地海澄，缩短了战争的时限，减少了人民的伤亡。黄梧又向清廷推荐自己旧部施琅为收复台湾主将，并在台海实施"平海五策"，加快了收复台湾、国家统一的步伐，功不可没。顺治帝高度评价黄梧起义，敕封黄梧为海澄公、太子太保、世袭公爵十二世并追封黄梧上三世爵位，上三世夫人也被敕封为一品诰命夫人。之后又拨官银在黄梧故乡修建黄梧宗祠。后来宗祠被郑成功之子郑经焚毁，康熙帝又续拨官银重修黄梧宗祠，可见清廷对黄梧的厚爱。

黄梧起义是识时务、顾大局、促和平、顺民生的正义之举，青史留名。黄梧起义也从另一角度印证了清顺治帝运用"不战而屈人之兵"兵法理论在实践中取得的重大胜利。

北平和平解放

解放战争中，毛泽东和他的战友们，率领人民解放军攻城拔地，打败了国民党反动派。其中有很多战役都是以兵不血刃，不战屈敌，获得重大的胜利的。最为典型的当属北平和平解放。

解放战争时期，北平国民党军统帅是傅作义将军。就实力而言，傅作义部虽不能算是精兵强将，但其几十万军队，如果真的开战，胜负姑且不论，整个北平城恐怕得毁掉几回。北平是元、明、清三朝古都，有着大批古典建筑和难以计数的历史文化遗产，堪称中华民族的瑰宝。北平是人民的北平，怎么能眼看着让她毁于战火呢！毛泽东和中央领导同志及平津战役前委，经过反复研究，确定了和平解放北平的方案。在解放军强大军事和政治攻势压力下，在中共北平地下党组织的积极配合下，傅作义将军权衡利弊，决然做出深明大义的重要举措，率领数十万将士起义，将北平这个中华民族的瑰宝完好无损地交还到人们手中。北平的和平解放，为新中国的建立积累了难得的"不战而屈人之兵"的战例和经验。之后，多省、多地、多城市、多位国民党军将领纷纷起义投诚，大大缩短了解放战争的进程，同时也使双方官兵和战区百姓免受战火涂炭。中国人民解放军"不战而屈人之兵"的这一辉煌战例，已经载入世界战争史册，必将成为全世界爱好和平的人民世代尊崇的瑰宝，被广为传颂。

【管窥·释悟】

"不战而屈人之兵"是兵家、战者的最高境界和始终要追求的最佳战争模式。把"不战而屈人之兵"作为重要方略，也是日常生活中解决矛盾、处理问题的首选。儒家讲究"和为贵"，道家推崇"无为而治"，强调的也都是尽量放弃暴力手段。以柔克刚是中国人民的传统长项，但这并不意味着任何时刻都不付诸武力。《义勇军进行曲》唱得好："中华民族到了最危险的时候，每个人被迫着发出最后的吼声。"中国人的"仁政"和"温良恭俭让"是对正确的人、正确的事，在正确的时间、地点对正确的对象实施的善举。著名纪实电影《上甘岭》插曲《我的祖国》唱得再明确不过："朋友来了有好酒，若是那豺狼来了，迎接它的有猎枪。"

第二节 攻敌四策 伐谋为上

【兵法·原文】

故上兵伐谋，其次伐交，其次伐兵，其下攻城。攻城之法，为不得已。修橹轒辒，具器械，三月而后成，距闉，又三月而后已。将不胜其忿而蚁附之，杀士卒三分之一而城不拔者，此攻之灾也。

【解字·说文】

上兵：最好的用兵方法。

伐谋：打破敌人的作战计划。伐，讨伐，攻打。谋，计划、方案、谋略。

伐交：瓦解敌人的联盟，破坏敌人的外交。交，交合，统指敌人的各种联合、交好。

兵：指敌军。

修：制造。

橹：大盾。

轒辒（fén wēn）：攻城用的四轮车，用桃木制成，外蒙生牛皮，每车可藏兵数十人，一般用以运土填塞城壕。具：曹操注："具，备也。"准备之意。

成：完成。

距闉（yīn）：距：鸡爪，《左传·昭公二十五年》"季、郈（hòu）

之鸡斗，季氏介其鸡，郈氏为之金距"（季，季平子。郈，郈昭伯。均为人名）；到，《史记·苏秦列传》"不至四五日而距国都矣"；距离，《国语·周语上》"距今九日"；同"拒"。本文引申为堆，堆积。

闉：瓮城，城门外护门小城，《诗经·郑风·出其东门》"出其闉阇，有女如荼"。同"堙"，堵塞之意，《淮南子·兵略》"猎者逐禽……而相为斥，闉要遮者，同所利也"；亦同"堙"，作攻城用的小土山讲。本文即为用以攻城的高出城墙的土山。

已：完成、结束。

不胜：不能忍受，控制不住。

蚁附之：形容众多士兵像蚂蚁一样搭梯子爬墙攻城。

拔：攻取，夺取，占领敌军的军事据点或城堡。

所以，最好的用兵方法是打破敌人的作战计划，其次是在外交上瓦解敌军的联盟，再次是用军事力量征服敌人，下策是攻打敌人的城池。攻城的办法，是因为不得已。制造大盾和攻城用的四轮大车，准备攻城器械，至少需要三个月的时间才能完工；堆筑攻城用的土山，又至少需要花费三个月才能完成。将领克制不住自己的愤怒，驱使士兵像蚂蚁一样爬梯攻城，往往士兵伤亡了三分之一，而城却攻不下来，这就是强行攻城造成的灾害。

【辩例·直观】

自古以来，两军对垒各逞豪气，追求的都是利益。战场上统帅指挥若定，将士冲锋陷阵，拼的是斩敌多寡。孙子透过战场现象，强调战争规则。孙子认为：发生一场战争，无论是主动进攻，还是被动应战，都需要进行一次或多次研究透彻、分析到位、规划周严的"庙会"，制定一个符合利益需求、适应战场形势变化的作战方案。

战争是政治角逐，是利益驱动导致的国家间、集团间或两种不同利益追求势力间的武力对决。就形式而言，战争又是一种现象，它是以追求利益最大化为目标的一种争夺和角逐，是解决政治争端最极端、最疯狂、最终极的暴力形式。搞清楚战争的性质、特点、外延和规律，对每一位兵家战者都是大有裨益的。大凡战争，无论是主动发起还是被动应战，无论是正义战争还是非正义战争，只要是战前知道战争的发生，就都会积极做好战前准备，就都要制定一套或多套作战方案。孙子敏锐地发现了这个作战规律和逻辑，明确提出了"上兵伐谋"的论断。实战告诉人们，伤其十指，不如断其一指；断其一指，不如断其一臂。以此类推，终极目标无外乎消耗敌人的有生力量而已。怎么样才能做到利益最大化，这是兵家战者必须要考虑清楚的问题。把"伐谋"作为获取利益最大化的最佳选项提出，应是孙子对战争学的一个重大贡献。鉴此，两军开战均应以获取对方"谋"，并有效地破坏其"谋"，使其虽有"谋"而不能实现"谋"为首选，彻底颠覆敌方的作战计划，陷敌于行动无章、进退无序、群龙无首的被动状态。

饮恨乌江评项羽

项羽的故事在多部历史典籍中都有记载。其中以《汉书》最为翔实。《汉书》是我国史学界第一部纪传体断代史，也是第一部专记一代政权兴衰的王朝历史。《汉书》由汉代班固编撰，全书一百卷。《汉书》也是毛泽东非常喜欢读的一本书，可谓爱不释手，批注海量。其中《汉书·项籍传》是毛泽东尤其喜欢读的一篇。

项籍即项羽，公元前232—前202年人，秦末农民起义军领袖，楚汉相争中的楚国统帅。秦二世元年（前209年），陈胜、吴广率农民起义，项羽同项梁杀会稽郡守殷通响应。次年率八千子弟兵渡过长江向中原进军，在漳河用"破釜沉舟"绝地求生的计谋大胜秦军，致使曾有剿杀陈胜、吴广农民起义，不可一世的秦军统帅章邯投降。秦军主力被彻底消灭，项羽也因此成为当时最有实力的反秦起义军领袖。为争夺天下，项羽与另一位起义军领袖刘邦之间爆发了一场旷日持久的战争，这就是历史上的楚汉战争。当时项羽已拥兵四十万，而刘邦却只有十万人马，二者力量对比悬殊，几乎无法形成对峙局面。然而，项羽最终还是被刘邦彻底打败了，落得个饮恨乌江的下场。项羽为什么会失败？是怎么失败的？

一是妄自尊大，违诺乏谋。项羽与刘邦两支起义军入关之前曾约定：先入关者为王。结果，项羽晚刘邦入关。刘邦入关后，他采纳了张良等人的劝谏，不占王宫，不夺美女，不称王号，以待项羽到来。这么做，对素有酒色之好的刘邦来说，着实有些难为，但在江山、美女的选择上，刘邦保持了清醒的头脑。项羽则不然：比刘邦晚入关，不顾曾经的承诺，自立西楚霸王；火烧阿房宫，霸占皇宫美色，尽揽胜利成果为己有；封刘邦为汉王，章邯等三位秦朝降将为"三秦王"，并各赐土地。如果说项羽在陈胜、吴广起义军被秦军剿灭之后，率领八千子弟兵破釜沉舟，浴血奋战，成为杰出的起义军领袖，是当之无愧的话，那么，在入关之后，尤其是坐上了西楚霸王宝座以后，在地位、名号、钱财、美女等等面前，丧失了作为三军统帅应有的警惕，丧失了治国、齐家、平天下的谋略。因此，在与汉王刘邦长达八年的楚汉战争中，只能落得个别姬乌江，无颜江东，饮剑成仁的下场，这应该是他的必然结局。

二是刚愎自负，优柔寡断。透视项羽的兴衰、得失和最终失败，并非完全源于刘邦的智慧和强大。很重要的原因，应该出现在项羽自身。无论是《汉书·项籍传》，还是《史记·项羽本纪》，都共同反映出项羽本身的致命弱点：武功盖世，但却有勇乏谋；谋士众多，却听不进别人正确意见；徇情重义，却刚愎自信一意孤行；计划多变，缺乏全局观念而反复无常。项羽麾下有四十万众，可谓实力不菲，兵强马壮。但是，他不去研究如何调兵遣将、排兵布阵消灭刘邦，反倒主动邀请只有十万人马的沛公刘邦赴鸿门宴坐下来谈判。本来项羽的部下范增已经设计好"席间杀之"以除后患的计划，席前，项羽也已经同意范增等人的意见。可事到临头，项羽却被刘邦装出来的"软弱、讨好"假象所蒙蔽，临时改变主意，放走了刘邦。在鸿门宴上放走了刘邦，无异于放虎归山。刘邦回到军营养精蓄锐，招贤纳士，实力日增，终于成为项羽真正的劲敌。

三是沽名钓誉，纵敌为虐。这应该是项羽最为致命的一个弱点。刘邦与项羽在鸿门签订了一个"鸿沟协定"，约定双方以鸿沟为界，互不犯境。这本来仅是一纸文书，具体条款均有待在实践中酌情落实。可是项羽却不是这样，他认为君子一言，驷马难追。既然签订了协定，就要坚决遵守。于是，他把这个书面协定当成君子协定认真恪守，对鸿沟附近完全放松警惕，完全听不进任何忠言进谏。而刘邦早就磨刀霍霍，他已经把项羽以及项羽的战略构架研究了个透彻。刘邦抓住项羽盲目信守"鸿沟协定"这个"死穴"和他在战略布局及用人上的一些瑕疵，"明修栈道暗度陈仓"出奇兵，一举拿下"三秦"，奠定了与项羽一争天下的格局。项羽军与刘邦军在荥阳对峙，处于优势的项羽军已经切断了汉军刘邦的粮道，汉军已经处在即将断炊的危险境地。刘邦无奈，派人前往楚营准备献几个城池以求休战。这个本来就十分荒诞的请求，明眼人几乎都能看出是刘邦的缓兵之计。然而，骄横跋扈、利令智昏的项羽却应允了刘邦，结果纵敌为虐，终于在陈下损兵折将，在垓下尝尽了教训。楚汉战争中，刘邦初以劣势兵力与项羽相持，乃至终于获得最终胜利，很重要的一个原因，就是刘邦坚持了"上兵伐谋"的策略。在知彼知己中，刘邦以己之谋，伐人之谋，终得完胜。

当然在学界和坊间还有很多关于刘邦、项羽人品、人格的评论。诸如在赞誉项羽把情感信义尤其是名誉，看得比生命还重要的同时，对刘邦的人品、人格大加贬斥。很多人都唾弃刘邦：言而无信，反复无常，口蜜腹剑，阴险狡诈，甚至有人直接骂他为"流氓、无赖"。尽管如此，历史和社会发展又很难违背"胜王败寇"的逻辑。因此，在权力和利益的角逐中，"上兵伐谋"就显得更为重要了，这也应是孙子提出"上兵伐谋"的社会实践和理论基础吧。毛泽东在《七律·人民解放军占领南京》史诗中，以"宜将剩勇追穷寇，不可沽名学霸王"为诗眼，特别强调"不可沽名"，应该与楚汉之争的故事不无关系。淮海战役之前的国共谈判，国民党代表也提出了"划江而治"的请求。毛泽东主席敏锐地察觉到这是国民党的缓兵之计，明确指示中共代表：规定谈判时限，规定过江时间！毛泽东的果断决策"打过长江去，解放全中国！"与《汉书》中"鸿沟协定"的前车之戒，应有很大借鉴，应该当作"古为今用"的经典战例范本，供有识之士研读。

兔死狗烹说韩信

谈到楚汉之争，必然要涉及若干个重要人物，其中被称为"汉初三杰"的韩信，尤其值得一谈。在艰苦卓绝的楚汉战争中，韩信决胜千里，用兵如神，为刘邦取得汉家天下立下了不二的功绩。因此，韩信也获得了刘邦的多次封赐。从"齐王"到"楚王"再到"淮阴侯"，韩信经历了从有国有兵的齐王，到有国无兵的楚王，再到无国无兵的淮阴侯几个重要的权力变更和地位转折。从功高盖主的"三齐王"（与天王齐，与地王齐，与君王齐）、"五不死将军"（见天不死，见地不死，见君不死，遇绳不死，遇刀剑不死。"三齐王""五不死"均据野史传奇），到终休于吕后"竹剑毙命"。韩信的经历印证了，他在烽火硝烟的战场上无愧于"上兵伐谋"的常胜将军，然而，在政治斗争风起云涌，阳谋阴谋交织的"权谋"斗争中，韩信的幼稚与无知则显然不合时宜，被淘汰的命运不可避免。在刘邦为其摆设的"庆功宴"上，刘邦以戏言聊政事地问韩信：战场上我能统领多少军兵？这本是刘邦的一句试探之言，而韩信则不假思索地回答：十万而已。当刘邦再问韩信能统兵多少时，韩信顺口即答：多多益善。虽然韩信发觉刘邦不悦又改口说：大王统兵虽十万，但十万均为统兵将帅，大王是将将者。韩信虽想极力婉转，然骄狂之态已脱口而出难以挽回。类似的故事还有很多。如刘邦与项羽两军对峙，按战前计划，刘邦与韩信及另一支队伍分三路夹击项羽。刘邦率军接敌，且因孤军深入形势极其不利，急需韩信等如约率军合击楚兵。值此严峻之际，韩信却借口讨封"代齐王"，迫使刘邦不得不封韩信为齐王。如此等等往事，都露骨地反映出韩信政治上的不成熟和"权谋"乏术，这也为韩信最后的结局积淀了不可逆转的悲剧因素。相比之下，另一位"汉初三杰"张良的经历和结局就大不相同了。张良作为刘邦最重要的外脑智囊，在楚汉战争中，素以"运筹帷幄之中，决胜千里之外"而深得刘邦信赖。刘邦取得政权后，若论功行赏张良亦属当仁不让之人。张良作为一个成熟的智者，深知"上兵伐谋"的道理，因此，他看淡官场、仕途，独求隐遁山林，受封留侯虽无大富大贵，却得颐养天年。韩信则不然，直到被囚待毙之时，方理解"狡兔死，走狗烹，飞鸟尽，良弓藏，敌国破，谋臣亡"的深刻内涵。但一切都为时已晚，一切都只能成为留给后人的教训和借鉴。于是，韩信只能仰天长叹："天下已定，我固当烹。"

【管窥·释悟】

在如火如荼、枪林弹雨的战争中讲究的是"上兵伐谋"，在没有硝烟的战场或社会生活中，同样需要"上兵伐谋"。道理很简单，狭路相逢勇者胜，两军相争智者胜。战争或事业胜负的决定权，永远掌握在有备伐谋中。我们推崇亮剑精神，绝不仅仅是因为狭路相逢。即便是"狭路相逢",施勇也必须讲究计谋和策略。任何逞匹夫之勇者,无论当时有多么强大,施威时有多么勇敢,若不讲策略,不求方略,一味恃勇蛮干,其结局不会比项羽和韩信更好。

第三节　机动灵活　谋攻智取

【兵法·原文】

故善用兵者,屈人之兵而非战也,拔人之城而非攻也,毁人之国而非久也,必以全争于天下。故兵不顿而利可全,此谋攻之法也。

【解字·说文】

非久:并非需要多久,指时间跨度不会很久。非,不是。

全:完全,指获得全胜的计谋。

顿:通钝,指疲惫,挫折。

这段话的意思是说:善于用兵的人,征服敌军不单是靠军队硬打,夺取敌人的城池不单是靠将士们的强攻,毁灭敌人的国家不单是靠持久的攻城。一定要用全胜的计谋取胜于天下。所以,军队不致疲惫受挫却能获得胜利圆满,这就是用谋略获取胜利的法则。

【辩例·直观】

古人兴兵打仗要么是去攻城拔寨,要么就是在守疆固土。不管是为侵略扩张发动的战争，还是为保家卫国进行的战争，战争都是血腥的、残酷的，都要死人，都会给人民带来无穷无尽的灾难。孙子非常痛恨战争，所以他要研究战争，研究战争规律，研究出一个既可以解决敌对双方的政治矛盾，又可以尽量减少或避免杀戮的兵法。因此，孙子提出"故兵不顿而利可全"，是"善用兵者"应遵循的"谋攻之法"。

张良八问谏阻刘邦

谏阻"复六国"是《史记·留侯世家》中记载的一段故事，说的是张良力谏刘邦废止恢复六国封号，不动干戈地避免了一场危在旦夕的兵乱，维护了国家安定。

公元前204年，西楚霸王项羽以优势兵力，把汉王刘邦包围在荥阳。荥阳城被围困得水泄不通，刘邦非常害怕。他找到当年起事时，曾经献计巧夺县郡的资深谋士郦食其，问计该如何削弱楚国的力量，化解荥阳之围。郦食其说：以前商汤讨伐夏桀，封夏的后人于杞。武王讨伐商纣，封商的后人于宋。现在秦失德弃义，侵伐诸侯各国，诛灭齐、楚、燕、韩、赵、魏六国的后代，使他们没有安身之地。陛下如果重新启用六国的后代，给他们封号印玺，那么，六国的君臣就会对陛下感恩戴德，甘愿作为臣仆。德行恩义即已推行，陛下就可以南面称霸，到那时，项羽也会前来朝见你，这不是很好的办法么？汉王说：很好，马上刻印玺，先生可以带着印玺去做这件事。郦食其还未动身，张良从外面回来拜见汉王。汉王把郦食其的计谋又说了一遍，问张良有什么意见。张良说：陛下如果按这个计谋行事，后果将不堪设想。张良力谏这条计谋的危害和不可行的道理，连问刘邦八个问题：**第一**，以前商汤讨伐夏桀而封他的后代于杞地的原因，是因为商汤估量自己能置夏桀于死地。现在陛下能置项羽于死地吗？**第二**，周武王征讨殷纣而封他的后代于宋国的原因，是因为自己能砍下殷纣的头。现在陛下能砍下项羽的头吗？**第三**，周武王进入殷商的都城，曾在商容居住的里门表彰他的德行，从监狱中释放出箕子，加高比干的坟墓。现在陛下能够加高圣人的坟墓，在贤者居住的里门表彰他的德行，在智者的门前凭轼示敬吗？**第四**，周武王把殷纣储积在巨桥的粮食、储积在鹿台的钱财拿出来发放给贫穷的人民。现在陛下能够散发府库里的钱粮以赏赐给贫穷人民吗？**第五**，讨伐殷商的战争结束后，周武王废弃战车改为乘车，倒放着干戈，用虎皮盖上，以告示天下不再使用兵器，现在陛下能够放弃战事改修文治，不再使用兵器吗？**第六**，周武王把战马解甲休养在华山的南坡，以示不再骑马打仗。现在陛下能够休养战马不再有使用它们的地方吗？**第七**，周武王把供军事运输用的牛放在桃林的北边，以示不再运输军需囤积。现在陛下能够放开牛不再用以运输军需囤积吗？**第八**，天下的游客谋臣，离开他们的父母妻子，弃掉他们的祖宗坟墓，抛开他们的故旧朋友，而跟随陛下南征北战，是因为他们日夜都指望着得到一点封地。现在陛下恢复六国，封韩、魏、燕、赵、齐、楚的后代，天下的游客谋臣各自回去服侍他们的主上，伴随他们的父母妻子，回到他们的故旧朋友祖宗坟墓所在的家乡，陛下将与谁一起夺取天下呢？

刘邦对上述八个问题均表示做不到。张良接着说：汉王既然知道做不到，那么这八个方面的问题，就是汉王不能封六国后代的原因和理由。况且如今只有楚国强大无敌，假使复立的六国后代又被楚国折服并与追随，陛下如何能使他们臣服呢？如果真的采用门客的计谋，陛下的大事也就完了。陛下恢复六国封号，并放他们回到领地，且不说他们感谢你，对解楚国兵围之困有什么用处？就是现在已经投奔到陛下的六国将士臣民，也会因六国封号恢复而返回故国，因为他们祖宗的灵位还都在故国。到时候非但不能解围，我们自己也会因众叛亲离而土崩瓦解。刘邦听了张良的话，惊讶得停止进食，吐出口中的食物，骂道："（郦食其）这个笨蛋书呆子，几乎坏了老子的大事！"说罢，刘邦立即命令属下赶快销毁准备授给六国后代的印信，放弃了分封六国后代的计划。

其实，除却张良提出的八问外，郦食其的建议中最致命的一个要害是运用了偷换概念的逻辑手段。郦食其提出启用六国遗老，前提是秦夺去了他们的国家和人民，如今重新启用这些遗老遗少，尔等定会对秦更加仇视，转而心悦诚服地臣侍汉国。而如今汉国面对的并非秦国，而是武装到牙齿虎视眈眈的楚国。启用六国如是为了抵御秦国尚说得过去，然启用包括楚国在内的六国，再来反对楚国，岂不是滑天下之大稽？道理很简单，此六国非彼六国，此楚国亦非彼楚国，更非彼秦国。郦食其是对刘邦有过大功的人，在汉军中也的确屡有计谋建树，但是郦食其居功恃傲，也不乏出了很多馊主意，这个启用六国遗老遗少的计谋，就是一个不折不扣的乱军亡国主意。难怪郦食其最后终因倚老卖老、肆意张狂终被齐王田广烹掉。对这段历史故事，一位伟人于 1973 年曾赋诗感慨："君不见高阳酒徒起草中，长揖山东隆准公。入门不拜逞雄辩，两女辍洗来趋风。东下齐城七十二，指挥楚汉如旋蓬。不料韩信不听话，十万大军下历城。齐王火冒三千丈，抓了酒徒付鼎烹。"这首诗，前面半截引用了李白的《梁甫吟》，大致把郦食其的死勾画清楚了。回头看看，刘邦手底下的谋士，大部分下场都还是不错的，唯有这个郦食其，惨遭烹杀，活活被煮死了，真的好惨。从表象上看，郦食其是被齐王田广杀害的。如果细致地分析，让郦食其送命的，至少有三大因素：韩信的妒忌，田广的凶狠和郦食其的疏狂。

有的时候，战争因素潜在于某种现象之中，如果张良不能及时出现并提出有效规避的办法，则战争就会发生，悲剧将不可避免。反之，张良用雄辩的道理说服了刘邦，刘邦采纳了张良的意见，被肢解、被分裂、被消灭的惨剧就得到了有效遏制。之后张良又献计给刘邦，巧使献荥阳城解围的办法，汉军终于逃脱出重围。本文强调"故兵不顿而利可全"，其深刻内涵就在于此。

封赐雍齿平定内乱

故事引自《史记·留侯世家》，说的是刘邦当上皇帝以后，陆续封赏了二十多个有功劳的人。一天，刘邦看见有很多将领围坐在一起谈论着什么。于是问张良：他们在议论什么？张良回答说：这些人在商量谋反的事情呢。刘邦很吃惊，连忙问张良为什么？张良又回答说：陛下当年也是布衣，率领这些人打下了天下。如今亲近萧何、曹参的人都获得了封赏，得罪过萧何、曹参的人，尽管立下了很多功劳，但他们觉得心中没底。这些人担心官职没有那么多，土地也不够分，到时候不仅封地、官职没得到，还会因为过去自己也曾有过错，被陛下猜疑以致被杀害。刘邦赶紧问张良该怎么办？张良问刘邦：你过去最憎恨而且大家都知道你最憎恨的人有没有？刘邦说有一个叫雍齿的，非常可恶，我几次都想杀他。张良说：很好，陛下马上下旨，封赐雍齿以昭示群臣。群臣看到连雍齿这样陛下憎恶的人都能得到封赐，大家再也不担心陛下不封赐了。于是，刘邦设宴封雍齿为什方侯，并督促萧何、曹参赶快进行封赐。一场因胜利后分封果实险些酿成的内乱，就这样被聪明智慧的留侯张良化解了。

【管窥·释悟】

用最低的成本换取最大的利益，是"故兵不顿而利可全"最深刻的内涵。进行一场战争，治理一个国家，平息一种矛盾，最佳的办法，就应该是"谋攻之法"。然"法"既是规则，又是法度，对谋攻之人具有很高的操作要求。"他山之石，可以攻玉"，并非他山之石都可以为玉。因此，追求谋攻之法必须苛求谋攻之人。同时，法又是计谋、主意、办法的托名。计谋也好，主意也好，办法也罢，法都因其"中性"的特殊属性，而不苛求于用法之人的善恶美丑。所以，欲用之法，必须经过科学分析，必须进行研究评估，必须同预期实际目的有机结合，才能成为可以操作的谋攻之法。

第四节 审时度势 量力而行

【兵法·原文】

故用兵之法，十则围之，五则攻之，倍则分之，敌则能战之，少则能逃之，不若则能避之。故小敌之坚，大敌之擒也。

【解字·说文】

十则围之：兵力十倍于敌就从四面包围他，迫使敌人屈服。曹操注："以十敌一，则围之。"

倍则分之：兵力是敌人的一倍，就设法将敌人分散开，以形成局部更大的优势。

敌：即实力相当、势均力敌之意。《尔雅·释诂》："敌，匹也。"《战国策·秦策五》："四国之兵敌。"曹操注："己与敌人众等。"

少则能逃之：兵力比敌人少就主动退却躲避，避其锋芒，不与争斗。少，即比敌人兵力少。

不若：不如，本文指兵力不如敌人。

小敌之坚：本文指坚守顽抗。小敌，比较弱小的敌人。坚，坚强，坚定，强悍。

大敌之擒：本文指被强大的敌人擒获。大敌，实力雄厚的劲敌。擒，擒获，捉拿。

这段话的意思是：因此，用兵的方略是，有十倍于敌的兵力就采取包围敌人的战法，有五倍于敌的兵力就采取进攻的战法，只有一倍于敌的兵力就采取分散敌人的战法，自己兵力与敌人实力相当就要想办法去战胜敌人，兵力少于敌人就要采取退却的战法，兵力和各种条件都不如敌人就要避免与敌人作战。所以，如果弱小的军队只知道死守硬拼，就会成为敌人的俘虏。

【辩例·直观】

战场千差万别，情况瞬息万变。针对不同的敌人、不同的情况，因人施策、因情施策、因事施策，是兵家必须要认真研究和重视的事情。孙子从兵力对比的角度，道出他对待战场不同情况的作战方略。当然，孙子的十倍、五倍等等虽为实数出现，但也只能是一种概数泛指。因此战场上必须审时度势，量力而行，针对不同情况和变化，灵活机动，视情而定。

围魏救赵

《史记·孙子吴起列传》记载了一场军事家孙膑等导演的著名战役。公元前 354 年，魏惠王令庞涓带兵伐赵。邯郸被围，赵成侯非常惊恐，急派使者赴齐求援，并以中山之邑为礼，请求齐国发兵救援。当时，齐国内部对救赵意见也不统一。以相国邹忌为首的一部分人认为，救赵是引火烧身，不同意救赵。以大夫段干朋为首的一部分人认为，魏若灭赵，唇亡齿寒，对齐国有很大威胁，应该救赵。齐威王决定发兵救赵，并派田忌为将，孙膑为军师。孙膑与庞涓原在一起学习兵法，后庞涓出山当了魏国将军。孙膑为庞涓所逼潜逃到齐国，受到齐威王信任，被拜为军师。时齐国出动的兵力与魏国出动的兵力大致相当，如果直接与魏军接战，胜算只能各占五成。孙膑认为：魏国伐赵必会动用举国精兵，而国内必然只能由一小部分将士和大部分战斗能力不强的人担任守卫。我们齐国出动的兵力与魏国的军队实力相当，没有什么大的优势，如果奔袭到魏国，情况就不同了。虽然仍是与魏国出兵大致相等的兵力，但进军的目标和攻击的对象变了，同样的数量、同样的兵力，我们的军队就会有几倍于敌的明显优势。把魏国围困起来，进可以攻破魏国，即便不能攻占魏国，也可以迫使庞涓回师救急。我们还可以在庞涓回师的路上设下埋伏，等庞涓军队进入我们的伏击地点，一举出击必获全胜。齐威王和田忌都非常同意孙膑的意见，于是依计而行。果不其然，当齐国的军队包围了魏国首都之后，魏惠王紧急命令庞涓马上回师救驾。结果庞涓率军不但没能攻破赵国，还在回师途中被齐军围点打援，丢盔弃甲，损兵折将，落得个狼狈不堪的下场。

"围魏救赵"是孙膑成功践行量敌用兵、灵活作战的典型战例。孙膑以大致相同的兵力大胜庞涓，道理主要有以下三点：一是孙膑利用数学降幂排列组合原理取得完胜。与"田忌赛马"那件事的道理一样，用同样的条件，同样的实力，在不同的兵力组合与调配中，变换成相对优势，从而取得胜利。二是庞涓急于破赵求胜心切。急功好利必然使魏国有限兵力出现顾此失彼、兵力失衡的局面，为孙膑采用集中优势兵力痛击魏军送来绝佳机会。三是齐军"弃重就轻"出乎意料的长途奔袭，庞涓始料不及，成就了"围魏救赵"又"围点打援"的经典战例。

火烧杭州解困天京

太平天国时期，洪秀全率领的农民起义军在胜利面前，不断发生内讧，形势一改节节胜利的升平景象。鉴于太平天国的危机，公元1860年，清军派和春率数十万大军进攻太平天国都城天京（今江苏南京），将天京围了个水泄不通。面对清兵大举进攻，忠王李秀成向洪秀全献上计策，请求天王拨给他两万人马，趁夜突围，偷袭清军囤粮基地杭州，以转移清军进攻压力。翼王石达开立即支持李秀成的建议，并表示也带一支队伍杀出城去协同忠王作战。洪秀全几经考虑，最后同意了忠王李秀成和翼王石达开的意见。二人各率本部精选人马连夜突围出城。清军看到只有两支为数不多的人马出城，遂不以为然，未加大力追赶。李秀成、石达开冲出重围后，立即兵分两路。李秀成直奔杭州，石达开兵打湖州以策应李秀成攻取杭州。杭州城是清军粮草基地，城内有一万余重兵把守。李秀成率军连续进攻，因城厚兵强一直未能得手。攻城进行了三天三夜，李秀成焦急万分。正在忠王无计可施之际，突然天降大雨。清军连日守城也已十分辛苦，今见大雨倾盆，估计李秀成也会稍事休整，于是便放松了警惕，休息的休息，睡觉的睡觉。李秀成趁着暴雨夜，搭上云梯，率军冲进城中，一举拿下杭州。为吸引围困天京的清军，李秀成下令放火烧掉城中粮草。在熊熊大火冲天而起后，李秀成会同湖州得胜归来的翼王石达开，立即杀回天京。清军首领和春见杭州粮草被烧，心急如焚，立即回师救援，撤离天京。结果被杀出城外的洪秀全与李秀成、石达开内外夹击，死伤数万，狼狈逃窜，天京之围因之而解。太平天国也因这场胜利，相对缓解了一些内部矛盾，延缓了最后失败的时间。

【管窥·释悟】

"围魏救赵"推演了"火烧杭州解天京之围"，以至后来又被兵家演绎出"围点打援"等多种典型战例。实践告诉我们：相对的平衡与绝对的不平衡，在一定条件下可以相互转化；优势与劣势的对立统一，在条件允许的情况下也可以相互转化。一位成熟的军事家、实业家，必须懂得和熟练掌握这些军事以及非军事逻辑，深刻理解"小敌之坚，大敌之擒"的兵法内涵，做到审时度势，量力而行。事实证明：复杂的问题简单化处理，压力较大的事情先易后难，困难成堆时首先去想办法，险峻之地，危难时刻，要忘我搏击，绝地求生，这是孙子透过兵法告诉我们的一个人生哲理。

第五节　辅周国强　辅隙国弱

【兵法·原文】

夫将者，国之辅也。辅周则国必强，辅隙则国必弱。

【解字·说文】

国：指国君。

辅：辅助。《左传·僖公五年》："辅车相依，唇亡齿寒。"孔颖达疏："盖辅车一处，分为二名耳。辅为外表，车是内骨，故云相依也。"后来引申为辅助、辅佐。

辅周：辅佐周到。

辅隙：辅佐漏洞、缺陷。辅，辅佐。隙，漏洞，缺陷。

这段话的意思是：将帅是国君的助手，辅佐周密，国家就一定会强盛；辅佐得有缺陷，国家就一定会衰微。

【辩例·直观】

刘邦设坛拜将

《史记·淮阴侯列传》记载了刘邦设坛拜将的一段故事，拜请的将军就是淮阴侯韩信。

韩信，淮阴人，早年家境贫寒，为人品行也不被看好，所以，虽然他熟读兵书，足智多谋，胸有大志，且能忍"胯下之辱"，却一直没能得到重用。秦末大乱之际，他初投项梁麾下，项梁死后，他又转归项羽。项羽仅给了他一个郎中的官职，虽然多次给项羽出谋划策，但一直未被采纳过。汉王刘邦入蜀后，韩信逃离楚军，改投汉军。到汉军以后，韩信仍未受到重用。虽然期间得到重臣滕公和相国萧何的推荐，刘邦也仅仅给他个治栗都尉这样的小官。在汉王军中，萧何与韩信有过多次交谈，知道韩信是位难得的将才。韩信在汉军营中待了一段时间，见刘邦并未重用他，于是在一个漆黑的夜晚，又从汉军大营出走。得知韩信出走，萧何立即星夜追赶，这就是后来入戏的那段

《萧何月下追韩信》。萧何用了两天时间追到韩信，经苦口婆心、信誓旦旦地解释、挽留和承诺，终于使韩信留了下来。回营后，萧何在刘邦面前极力举荐，终使刘邦同意拜韩信为大将军。在萧何的建议下，刘邦专门设立了拜将台，准备了很隆重的仪式，当着文武百官拜韩信为大将军。韩信没有辜负萧何的举荐和刘邦的重托，率领汉军经过多年南征北战，终于打败了曾经不可一世的项羽，帮助刘邦建立了汉朝天下，刘邦也因之成为大汉的开国皇帝。

类似的故事还有很多。如齐桓公不计"一箭之仇"、死生之恨，大胆使用管仲，使齐国成为春秋时期第一位霸主。再如《史记》中对孙武、孙膑的记载，也反映出国君重用一位将军的正确与否，决定着国家的发展和巩固，决定着国家的前途和命运。吴国阖庐重用了一个孙武，使吴国成为西服强楚、北威齐晋，令诸侯瞩目的大国。齐国重用了孙膑，孙膑不辱使命，为齐国的强大做出了重要贡献。春秋战国时期，素有"得谋士者得天下"，所以各诸侯国都有养士之风，尊士之俗。作为一国之君，要想赢得天下人尊重，必须向世人彰显自己的德性，著名的"战国四君子"也是应这个时代潮流而涌现出的杰出人才。

《汉书·高帝纪》对刘邦的描写，《三国志》对刘备的记述，都很具体、生动、精彩、理性。史书对二人的描写都采取了力求接近生活、接近真实，甚至有很多白描的写法。刘邦贵为皇帝，史称汉高祖，《史记》记述了他很多"高、大、上"的丰功伟绩。但史书并没有将这位开国皇帝完全神话，其中也不乏对刘邦、刘备的出身、爱好（这里主要是指刘邦对酒、色，刘备以哭代语等近于"好色之徒"

"无赖之辈"的行为描写）以及一些正常人都应有的特征和不足进行速写，使刘邦、刘备均能以一个大家都能接受的形象出现在历史画卷中。刘邦也好，刘备也好，二人武功文采都属一般。然而，他们却都成就了帝业。究其成功的秘笈，二人有一个共同点，那就是他们超乎寻常的识人、用人路线和相对科学的"干部政策"。刘邦说过："夫运筹帷幄之中，决胜千里之外，吾不如子房；镇国家，抚百姓，给饷馈，不绝粮道，吾不如萧何；连百万之众，战必胜，攻必取，我不如韩信。三者皆人杰，吾能用之，此吾所以取天下者也。"这是刘邦的骄傲，也是刘邦的自信。

刘玄德三顾茅庐

《三国演义》中有一个非常著名的故事叫"刘玄德三顾茅庐"。故事说的就是后来成为蜀国皇帝的刘备。刘备乃汉室宗亲，在那个汉家天下土崩瓦解之际，一心想要匡扶汉室。在与关羽、张飞桃园结义后，招贤纳士，积蓄力量，成为刘备当时工作的重中之重。经名人指点，"得卧龙、凤雏一人即可得天下"。为实现匡扶汉室的远大目标，刘备必须找到此二人之一。为请得诸葛亮出山，刘备三次亲临卧龙岗诸葛亮居处，用真诚终于请出诸葛亮。诸葛亮果然不辱使命，一篇《隆中策》框划出魏、蜀、吴未来三分天下的政治局面。一部《出师表》记录了诸葛亮帮助刘备建大业于成都，匡扶中原，六出祁山，鞠躬尽瘁，死而后已的悲歌壮举。刘备为求得一统天下，不拘小节，谦恭以待，终于请得诸葛孔明出山；诸葛亮用鞠躬尽瘁的一生，回报了刘玄德的三顾茅庐之情。礼贤下士，选贤任能，既是主政者能力、修养和执事水平的鲜明体现，更是主政者胸怀、度量和远见卓识的雄辩证明。正因如此，在刘备身边才能够聚集起诸葛亮、庞统等治国良臣睿士，以及关羽、张飞、赵云、马超、黄忠等五虎上将和一大批能征善战的盖世英杰。

【管窥·释悟】

毛泽东有一句话极为精辟，他说："政治路线确定以后，干部就是决定因素。"用对一个人，常常可以起到搞活一种事业、振兴一支军队、中兴一个国家的重要作用。相反，如果用错了一个人也将会带来难以想象的后果。罗贯中的《三国演义》中有一段记载，说的是诸葛亮用错了一个将军，导致挺进中原大业前功尽弃。诸葛亮为完成先主刘备一统中华大业的嘱托，多次出兵祁山都很不顺畅。这次出祁山，一路上逢山开道，遇水搭桥，过关斩将，势如破竹，形势看好。本来挺进中原已经预期可见，偏偏把一个只会纸上谈兵的马谡委以了重任。结果马谡不听劝阻，骄狂自信，痛失街亭，导致诸葛亮恢复中原的宏大愿望变成泡影。诸葛亮虽然有经天纬地的才干，鞠躬尽瘁的敬业精神，但却因用错了一个人而遗恨终生。

赢得一场战争，成就一番事业，创建一个国家或集团，识别人才，使用人才，是关乎成败的两个关键点。对一个领袖、一个统帅、一个将军、一个指挥员或握有一定权力的责任人而言，识才、用人更是关乎路线方针、事业成败的头等大事，这应是古人留给我们最重要、最宝贵的政治和文化启迪。

第六节　乱军引胜　三军大忌

【兵法·原文】

故君之所以患于军者三：不知军之不可以进而谓之进，不知军之不可以退而谓之退，是谓縻军；不知三军之事而同三军之政者，则军士惑矣；不知三军之权而同三军之任，则军士疑矣。三军既惑且疑，则诸侯之难至矣，是谓乱军引胜。

【解字·说文】

患：担忧，忧虑，《论语·学而》"不患人之不己知，患不知人也"；忧患，灾祸，《韩非子·内储说下》"苟（如果）成其私利，不顾国患"；本文引为害，危害，贻害。汉简作"所以患军"。

谓：使、叫、告诉、命令之意。

縻军：即指束缚军队。縻（mí），系牛的绳子，刘禹锡《因论·叹牛》"叟（老头）揽（拉着）縻（绳子）而对"；牵制，束缚。《孙子兵法·谋攻》"不知军之不可以退而谓之退，是谓縻军"。本文为束缚、牵制。

同：共。本文是指参与、干预、干涉。

政：政权，权力，行政。本文指盲目施政干扰军务。

权：权谋、权变。

任：指挥、统帅。指君主直接干预军队的指挥。

乱军：扰乱军队，把自己军心搞乱。

引胜：导致敌人胜利。引，导致、招致之意。

所以说国君贻害军队的情况有三种：不了解军队不能前进却硬要军队前进，不了解军队不能后退而硬要军队后退，这叫牵制军队；不懂得军中事务而干预军队的管理事务，就会使将士产生困惑；不懂得军队的权宜机变而干涉军队的指挥，就会使将士产生疑虑。军队既困惑又有疑虑，那么，诸侯趁机进攻的灾难就要到了，这就叫作自己扰乱了自己的军队，从而导致了敌人的胜利。

【辩例·直观】

在这个层次中，兵书着重阐述了国君与将帅、国君与军队之间的关系。孙子用反证法论证了国家的最高统治者，不懂装懂，不明白装明白，指挥不了战争愣要指挥战争的严重后果。给自以为是、盛气凌人的主观主义、官僚主义国君们演示了一堂生动的兵法理论教育课。孙子告诫一些当政者，切不可手臂伸得过长。要学会管自己能管又能管好的事情；切不可去管那些已经交由专人负责，又伸手去管且管不好的事情。所谓"用人不疑，疑人不用"，讲的就是这个道理。

蒋介石在与中国共产党领导的军队作战时，屡屡败绩。究其原因，他在很大程度上都犯了孙子强调的兵家大忌。他总是以黄埔军校校长自居，喜欢别人叫他"校长"。因此，他总以为自己是"先生"，诸事都比将帅们强。战争未发生，"纸上谈兵、夸夸其谈"不绝于口；战争发生后，一道道"中正手谕"前踪后循，一个个电报接连不断，一次次亲临战场指挥机关或空域指手画脚"训示"频繁。结果，正所谓不来指挥尚知一二，一来指挥犹如"郑人买履""邯郸学步"，将帅们鞋不会穿，路不会走，何谈打仗？这样的统帅指挥这样的将士，如果不失败那几乎是不可能的。有一部叫《特赦1959》的电视剧，剧中假诸多被俘战犯之口，从不同人物、不同战场、不同经历、不同侧面，多角度、多方位、多层次、多形态地反映了其与中国共产党领导的红军、八路军、新四军、解放军的斗争场面，用亲身经历和体会，道出了两党两军在各自统帅指挥下，经历的长期、复杂、艰苦的战斗历程，回答了之所以胜利、之所以失败的道理所在和蒋介石把一个好端端的民国引向灭亡的问题症结。类似的教训也曾在我们党内发生过：建党初期的右倾机会主义，土地革命战争时期的"左"倾盲动主义都几度因盲目指挥，导致"乱军引胜"，教训也是极其深痛的。

周幽王烽火戏诸侯

《史记·卷四·周本纪第四》记载了一段国君以军情国事为游戏博爱妃一笑而丧地失国的故事。"四十六年，宣王崩，子幽王宫涅（shēng）立。"这就是周幽王。周幽王得一爱妃名褒姒（bāo sì）。此女天生丽质，深得周幽王宠爱。但褒姒虽美却不笑，周幽王很是着急。"幽王为烽燧大鼓，有寇至则举烽火。诸侯悉至，至而无寇，褒姒乃大笑。幽王说之，为数举烽火，其后不信，诸侯益亦不至。"

这段话的意思是说，周幽王知道褒姒喜欢这样的场面，于是他屡屡点烽火聚会诸侯。数次以后，诸侯非常不满，对周幽王把战争的重要信号和战争指挥权交付给爱妃当作游戏玩耍，很是气愤，逐渐失去信任，再看到烽火点燃只当作还是游戏，故而也不率兵过去。

周幽王不仅如此，为讨褒姒欢心，他还不按朝规，废除了王后申氏和太子宜臼，册封褒姒为后，封褒姒生的儿子伯服为太子，并下令废去王后父亲申侯的爵位。此外，"幽王以虢（guó）石父为卿用事，国人皆怨之。石父为人佞巧，善谀好利，王用之。幽王又废申后、去太子也。申侯怒，乃与缯西夷犬戎共攻幽王。王举烽火征兵，兵莫至。遂杀幽王骊山之下，虏褒姒，尽取周之财而去。"

公元前 771 年，敌人真的来了。周幽王命令点燃烽火，召集诸侯。诸侯以为又是周幽王与褒姒游戏，谁也不派兵前往，结果幽王被杀于骊山，褒姒被掳，周朝的财富也尽被拿走。诸侯们和申侯一起，拥立曾被幽王废掉的申后所生太子宜臼为平王。平王将都城东迁至洛邑（今河南洛阳），以躲避西戎的侵袭，这就是东周。从此周王朝每况愈下，演变成东周列国诸侯割据、军阀混战、民不聊生的混乱局面。有一本书叫作《东周列国志》，记述的就是迁都洛阳以后，诸侯方国纷争四起、连年混战、民不聊生的一段黑暗而漫长的故事。春秋战国的大幕也由此拉开。

狼来了

这虽是当代一个民俗故事，但对人们却很有启发。故事说的是从前有一个放羊娃，一个人在山上放羊感到很寂寞，于是他想出来一个办法。有一天，他突然站在山上大喊："狼来了！狼来了！快来救救我！"山下的人们听到呼救声，纷纷跑了过来。放羊娃看到大家携锄举镐急匆匆气喘吁吁地跑到山上的样子，感到特别开心。于是，在以后的日子里，每当他感到寂寞时便大呼"狼来了！"。后来狼果真来了，虽然放羊娃竭尽全力地呼喊"狼来了！狼来了！！狼来了！！！"但是没有人再相信他，悲剧在放羊娃的自编自导中成为现实。

【管窥·释悟】

无论是作为一个统兵将帅，还是一个国君，即或是一个只能管辖几只羊的放羊娃，切不可自以为是，公私不分，感情用事，我行我素；切不可不懂装懂，装腔作势，盲目指挥，乱军引胜；切不可倚高恣肆，狂妄骄奢，损人害己，祸国殃民。

第七节　致胜五知　兵家要笈

【兵法·原文】

故知胜有五：知可以战与不可以战者胜，识众寡之用者胜，上下同欲者胜，以虞待不虞者胜，将能而君不御者胜。此五者，知胜之道也。

【解字·说文】

知：识。

上下同欲：君民将士意愿相同，目标一致，同仇敌忾，众志成城。欲，意愿。

虞：备，准备。

御：驾驭，控制，操纵。本文指牵制。

这段话是说，预知战争胜负的情况有五种：知道可以打和不可以打的，能够获得胜利；清楚兵多兵少又知道怎样运用的，能够获得胜利；全军上下万众一心，同仇敌忾的可以获得胜利；以自己有准备的军队去打击没有准备的军队，能够获得胜利；将帅有指挥才能而国君又不加干预的军队，能够获得胜利。这五条，是预知胜利的办法和要点。

【辩例·直观】

"知胜有五，知胜之道"是获得战争胜利的五个重要条件。在军事斗争中，只有同时具备这五个条件，才能获得完全性胜利，才可获得最后的成功。

春秋始霸齐桓公

自周平王迁国都于东方洛邑以后，史上即将以镐为国都的周称之为西周，迁都洛邑（洛阳）的称之为东周。东周存在时间为前770年至前249年，它的前半段时间因与鲁国的史书《春秋》纪事时间大体相符，所以后人就将这段历史称之为"春秋时期"。进入春秋时期后，周朝的王室已经日渐衰微，大小诸侯已经不再听从天子的命令，也不再定期向天子纳贡、朝觐、述职。到了中期以后，天子实际拥有的土地、人口几乎和弱小的诸侯国相差无几，政治和经济都要依附于强大的诸侯，天子的威信每况愈下。周平王时，相继任用郑武公和他的儿子郑庄公为卿。平王死后，桓王即位欲解除郑庄公卿士职务，另用虢公为卿士，于是周郑开始交恶。前707年，为消灭郑庄公，周桓王调集了周、蔡、卫、陈四国之师，以为集四国兵力足可伐郑并取得完胜。然而，桓王虽有优势兵力，却无"上下同欲者"从，诸国联军形同一团散沙，根本攥不成拳头。而郑庄公早已成竹在胸，以精锐部队直击桓王，致使桓王受伤，全师败绩。此后，周天子的威信更是一落千丈，仅存虚名而已。这一时期，诸侯国的兴衰也在剧烈地发生着重要变化。春秋初期，诸侯国约有一百四十多个，经过一个阶段的交锋较量，一些较弱小的诸侯国被蚕食吞并，一些诸侯国逐渐强大，形成了"春秋五霸"的局面。"五霸"是指齐桓公、晋文公、秦穆公、宋襄公和楚庄王。"五霸"之所以成为五霸，很重要的一条原因，就是他们拥有了孙子强调的五个条件，虽然进行的是"春秋无义战"，但争斗和战争总是要有胜负之分的。由于他们知晓通向胜利必备的条件，具备作为统帅应有的素质，因此他们循序渐进，先后接替成为春秋霸主。

齐桓公是春秋时期最早称霸的诸侯。所谓"始霸"，就是因为其实力雄厚、势力强大而最早成为诸侯盟主，并得到周天子的承认。齐国成为始霸，必然具备孙子所说的"知胜有五"。然而这"五个条件"的具备，必须还要有其自身的强大作依托。早在春秋前期，齐国就已"东至于海，西至于河，南至于穆棱，北至于无棣"，同时因其"负山面海，坐收鱼盐之利"，所以国势较强。尤其是齐桓公即位后，重用管仲为相，推行了三项重要举措：一是"案田而税"。就是把田地按土质好坏、产量多寡，分为若干等级，按此等级征收不同的租税。这样做，既在"井田制"基础上，实行了土地实利私有，刺激了私家开荒种地的积极性，同时，也有效地扩大了税源，实现了社会稳定。二是"作内政而寄军令"。就是把居民的组织与军队的编制结合起来，齐国有 15 个乡，共组成三个军，农闲训练，平日为民，战时是兵，有力地加强了齐国的军事实力。三是士农工商分居。这样做就是使"士之子恒为士""农之子恒为农""工之子恒为工""商之子恒为商"，做到职业世代相传，既保证了社会生产秩序，也避免了人们因谋职业、讨生计而造成的失业、无业等社会动荡和不稳定。管仲的改革有力地促进了齐国政治经济的繁荣发展，国防力量也得到了有效加强。公元前 664 年山戎伐燕，齐桓公率军北伐，打败了山戎，保卫了燕国。公元前 661 年，狄人侵邢，齐桓公率军解围。公元前 660 年，狄人犯卫，卫懿公被杀，齐桓公率军救卫，并把卫的剩余人口迁到楚丘，使卫国人得以存活。《左传·僖公元年》记载了当时的情景："邢迁如归，卫国忘亡。"齐桓公的军事实力和救困解围的义举得到了广大诸侯国的认可和拥护。公元前 651 年，齐桓公在蔡丘大会诸侯，天子也派代表参加。大会订立盟约，齐桓公成为霸主，得以"挟天子以令诸侯"。

【管窥·释悟】

在古往今来的战争中，厮杀争夺求的都是一个"胜"字。有战争就要有胜负，每一方参战者都是将胜利的实现值作为最大的期望值而为之奋斗。但是战争毕竟是战争，它绝不单纯以人们的殷切期望来决定战争胜负结果。那么应该怎样做才能赢得战争的胜利权呢？孙子在兵法中用致胜五笈较好地回答了这个问题。兵书概括的这五种可以获得胜利的条件，对指导战争并最终获得胜利，具有十分重要的指导意义。所谓"知胜"，就是强调要依据自己的客观条件和可以获得胜利的诸多因素，来判断即将进行的战斗并取得胜利的结果。

孙子认为，战争能否获胜，结果应该有预知，这也是对将帅是否称职、是否优秀的一个检验标准。齐桓公之所以能够成为春秋始霸，与他坎坷的经历和超人的智慧是分不开的。坎坷的经历让他积累了丰富的人生经验，超人的智慧使他时刻保持难能可贵的自知之明。正因如此，在纷繁复杂的春秋乱世，他知道即将进行或将要进行的博弈是否可行；知道自己拥有的政治、军事和经济实力并清楚该如何使用；知道举国上下何时能够做到万众一心、同仇敌忾；知道敌人的软肋并能准确把握攻击的时刻；知道自己信任的就是最胜任的，放手发挥被信任人的最大才华和潜能。所有这些，就是齐桓公成功的"知胜之道"。

中国进入全面抗战以来，日本侵略者穷凶极恶，很短时间内就占领了中国的大部分国土，国民党军队在主战场上节节败退，共产党军队虽然取得了很多胜利，但毕竟只是局部，尚不能起到扭转全局的作用。面对严峻形势，毛泽东于1938年发表了著名的政治、军事论著《论持久战》，为黑云压境的中国抗战指明了一条胜利之路。毛泽东在他的伟大著作中，不仅预见到日本侵略者必败的结局，还明确地将抗日战争必须要经历的过程概括为三个阶段：即战略防御阶段、战略相持阶段和战略反攻阶段。抗日战争胜利实现，证明毛泽东《论持久战》的科学、正确，证明《论持久战》具有无可辩驳的实践性、操作性和前瞻性，是指导抗日战争取得最后胜利最伟大的兵法理论。毛泽东《论持久战》能够产生如此巨大的影响和作用，是将马列主义基本原理同中国革命具体实践相结合的重要成果；是鉴于抗日战争严峻形势追寻胜利之路的艰苦研究和伟大探索；是运用兵法理论，尤其是对知胜战争思想进行科学论证、推导，把古典军事理论同现实战争融会贯通的完美结晶。

第八节　知彼知己　百战不殆

【兵法·原文】

故曰：知彼知己者，百战不殆；不知彼而知己，一胜一负；不知彼，不知己，每战必殆。

【解字·说文】

殆：危险，失败。如本文"知彼知己，百战不殆"。"殆"还有三种引申解释：近于。《荀子·王制》"若是，则大事殆乎弛（松弛），小事殆乎遂（同'坠'，坠失）"；副词，大概，恐怕。《史记·赵世家》"吾尝（曾）见一子（小孩）于路，殆（大概）君之子也"；同"怠"，懒惰。《商君书·农战》"农者殆则土地荒"。

一胜一负：杜佑注，"胜负各半"。本文意指无胜利把握。

每战必殆：每次战斗都得失败，没有任何胜利希望。

这段话是说：既了解敌人，又了解自己，每次战斗都不会失败；不了解敌人但了解自己，胜利和失败的概率就会各占一半；既不了解敌人，也不了解自己，每次战斗都会失败。

【辩例·直观】

"知彼知己，百战不殆"，是孙子贯穿兵法始终的一条主线，也是孙子最重要的军事思想。从公元前403年韩、赵、魏三家分晋（三晋之说即由此起），到前221年秦统一六国，史称战国时期，也是东周的后半段时期（前249年，周被秦灭）。春秋时期的一百多个诸侯国，到了战国初期所剩已不过二十几个，其中主要以秦、楚、齐、魏、赵、韩、燕等七国实力最为强悍。也就是因为以七国为代表的诸侯国之间战争不断、风云迭起，所以当时人们称这七国为战国，西汉以后便将这段历史固定称为战国。从春秋到战国，战争连绵，烽火不息。直到秦始皇征服诸国一统天下。为什么秦始皇能够完成统一大业？秦始皇的成功秘笈究竟在哪里？中国人民解放战争进入收尾阶段，解放军攻城略地势如破竹。然而就在这凯歌频传红旗飘飘的形势下，解放军却在一个小小的金门岛遭遇了严重挫折。痛定思痛，症结在哪里？教训又在哪里？

秦始皇征服六国一统天下

战国时期的连年混战给社会和人民带来了无穷无尽的灾难，结束诸侯割据局面，实现天下大一统，是当时最为迫切的形势和现实需要。就其时代而言，用和平手段实现统一已经没有任何可能，解决统一的唯一办法只能使用武力。因此，战国期间，战火几乎没有一天停息过。在战国时期，主要战争大都发生在七国间。七国互为劲敌，互相消耗，互不相让，各自鼎立。

经过多年苦战，国家的军事和经济实力成为最终取胜的砝码。战国前期，为发展国家实力，七国在进行战争的同时，都在进行不同形式的改革，都收到了不同程度的成效。就七国改革比较而言，秦国的商鞅变法相对成效更高，已经基本完成了专制主义的中央集权政治制度建设。《荀子·强国》记载：秦人的官吏"出于其门，入于公门，出于公门，归于其家，无有私事也。不比周，不朋党"。"公心"意识促进了事业心、责任感的明显增强，有效提高了工作效率，政权也相对巩固，政治形势、经济形势和社会秩序都得到了极大的改善。政治稳定保证了经济的快速发展。秦国比较彻底地废除了"井田制"，结束了领主制式的农奴制度。建立土地私有制度，在一定程度上解放了生产力，促进了生产关系的健康、协调发展，较好地解决了社会上的诸多矛盾。秦国的军事实力、经济实力都得到了明显提高。相比秦国，另外六国的改革就显得各有弊端了。六国也都在积极推进改革，促进发展，但他们的改革都显得很不彻底。改革不算成功的主要标志是："井田制"并未消除，土地所有制问题并未得到解决，生产力与生产关系的不适应制约了社会发展；仍然是贵族掌权，仍然是领主制或领主制的变形制度，仍然是落后的政治制度和黑暗的社会现实；继续持续着统治集团内部无情残酷的权力之争，并以常态形势削弱着国力。正是在这样的时代背景下，秦国才有了一统天下的条件和可能。

政治、经济上的优势，也集中体现在秦国的军事上。

　　主要标志表现在以下几个方面：第一，《荀子·议兵》曰："齐之技击不可以遇魏氏之武卒，魏氏之武卒不可以遇秦之锐士。"可见秦国将士军事技能之高，综合素质之强。第二，当时秦国疆域，西到今甘肃、四川，南到湖北、湖南，东到河南中部、河北南部，北到山西和陕西北部，这样大的疆土比其他六国疆域总和还要大。第三，秦国军队统帅是被誉为战国四大将军的白起、王翦，他们之所以特别能争战，特别有智慧，并不完全因为二人真的比其他六国将帅素质高多少，最关键的要点是统兵国君不疑，用谋国君深信，将在外，君命不扰。这与其他六国相比，就不是简单的差距所能表达的问题了。比如赵国的老将廉颇，虽然忠心耿耿、战绩超凡，也难逃佞臣算计、国君昏庸偏信。其他各国与之大同小异，忠臣乏效忠之君，将军无用武之地。期间，虽曾出现过一位叫苏秦的纵横家推行了"连横抗秦"的"纵横"政策，但终因政治、经济与社会发展的不协调而终以失败告终。正是基于这样的时代背景，所以秦国的白起、王翦才能显示出英雄本色，才能率领秦国军队沙场争杀所向无敌。第四，秦王嬴政前246年即位，前238年亲政，先后镇压了嫪毐的叛乱，免除了吕不韦的相国干政，整顿了国内的政治秩序。秦王的这些重要举措，为统一六国建立了繁荣、巩固的后方，为前方将士奋勇杀敌提供了坚实的政治和经济保证。

　　正因如此，秦国具备了战胜六国统一天下的政治条件、军事条件和经济条件，客观上与孙子的"知彼知己"取胜条件和标准高度吻合。以秦为战国终结者，以秦的强大来结束战国混战局面，以秦来建立大一统帝国，应是战争的必然，时代的必然，历史的必然！

金门岛登岛战斗

新中国成立建立前后发生了两场大的海战，一次是发生在新中国成立前，即 1949 年 7 月的"金门岛登岛战斗"；一次是发生在新中国成立后的 1950 年 3 月到 5 月，"解放海南岛战役"。两次海战的双方都是我人民解放军对阵国民党军队，然而，两场战役地点、形式不同，过程、结局不同，经验和教训更值得我们认真研究。本篇暂以这场登岛战斗为例，以反证"知彼知己，百战不殆"这把"双刃剑"在实战中的重要意义。

1949 年 4 月下旬，人民解放军渡过长江解放南京，国民党军兵败如山倒。人民解放军迅速夺取了闽北、闽南一些重要城市，准备继续发动几次渡海战役，加速闽全境解放。解放军第三野战军（三野）第十兵团，于 1949 年 7 月上旬入闽。第十兵团先后胜利地发动了福州战役、平潭岛战役、漳州战役。10 月 15 日，解放军又渡海发动厦门战役，击败守岛国民党军，成功解放厦门。取得厦门胜利后，按上级要求，第十兵团叶飞司令员将第 32 军的船只分发给第 28 军，准备集中渡海船只进攻金门。鉴于船只数量不足，缺乏海战经验，且无海、空军掩护作战，计划迟迟未予实施，进攻金门岛的日期一再延后。1949 年 6 月以前，国民党军并未在金门重兵设防。8 月起，随着福建战事的发展，国民党军开始逐渐增强金门防御。8 月初，国民党军第二十二兵团率领所部进驻金门地区。

担任解放军渡海进攻金门的是第十兵团二十八军。当时拟定的作战计划是：由三个团九千余人组成第一梯队，于 25 日凌晨 1 点 30 分开始登陆金门战斗。第一梯队登陆后，船队返回再运送第二梯队登岛作战。兵团指挥部认为：刚刚取得广州尤其是厦门解放的胜利之师，再出动两万余名将士登陆金门岛，预计三天后拿下金门，没有太大困难。部队未曾参战就已洋溢着胜利的喜悦，第十兵团指战员普遍认为解放金门岛只是个过程。正在夺岛指战员盲目陶醉在胜利收复厦门的喜悦之际，国民党当局却没有丝毫懈怠。蒋介石严令金门守军，调整军力，加强守备，确保万无一失。总指挥汤恩伯格外小心谨慎，他估计解放军一定会在垄口至古宁头之间的平坦沙岸登陆大金门，于是在沿岸布地雷近万枚，又在西半岛增筑防御工事，建成两百余座地堡专门对抗解放军登陆。为加强金门防御，国民党当局又秘密急调号称对付解放军的王牌——胡琏的十二兵团进驻金门防御。国民党军的这些调动和加强，完全出乎第十兵团尤其是二十八军指挥员的预料，这也是酿成最后悲剧最为重要的原因之一。

10 月 24 日晚九时，解放军第一梯队三个团共九千余人分别在澳头、大嶝、莲河乘船出发，25 日凌晨一时半抵达垄口、后沙、古宁头一带。为了掩护登陆，解放军岸炮从大、小嶝炮击金门北岸官澳、西园、观音亭山和古宁头等地。因隔岸炮击火力有限，最先在垄口登陆的解放军二四四团遭到国民党军战车疯狂攻击而死伤惨重。尽管如此，但英雄的解放军指战员不畏艰险，奋勇向前。二五一团在古宁头突破登陆，二五三团在湖尾登陆，登岛部队均先后突破国民党守军防线，建立起滩头阵地，完成对金门岛实施攻击的准备。

如果登岛第二梯队能按计划渡海登岛，解放金门岛战役就有可能圆满收官。但事与愿违，正在解放军第一梯队大举进攻形势看好，第二梯队已经整装待船渡海之际，接应第二梯队的运兵船却不见了踪影。原来，国民党军用预设在金门岛海滩的障碍物勾挂住离岛船只，致使抢滩船只不能及时返航，结果遭遇大海退潮，船只全部陷在沙滩并先后被蒋军炸毁。

登岛第二梯队无渡海船只不能登岛增援，抢滩部队的退路又被退潮裸露的滩头无情截断，登岛部队陷入危险境地之中。10 月 26 日午夜时分，登岛部队指战员浴血奋战，弹尽粮绝，顽强突围到海边的一千三百余人，被困在古宁头以北断崖下的沙滩地带。27 日清晨，国民党军发起猛攻，解放军将士虽然拼死抵抗，终因后援无续，寡不敌众，九千将士全军覆没。

【管窥·释悟】

渡海作战，了解大海的性格和特点极其重要。从天灾角度讲，登岛失利就是失利在大海的潮汐作用下。乘潮登岛，返回退潮，以致渡海船只全部被炸毁，致使后援部队无渡海船只不能登岛，登岛部队在岛上成了有进无退的"孤军"。这次登岛战斗的失利除了天灾外，还有指挥员自恃得胜之师、凯旋之旅，缺乏科学调查研究，缺乏知胜预案，丧失战场把控。尤其是置国民党军精锐胡琏十二兵团秘密调防金门于完全不知，竟然把胡琏精兵当作原驻岛守备的杂牌军二十二兵团来打，与历史上"长平之战"的赵括，战场上只知王龁，不识白起，只会"纸上谈兵"不懂兵戎相见的悲剧大相径庭。"不知彼"亦"不知己"酿成的惨痛教训是极其深刻的，应该成为我们一部泣血而成的反面教材。金门岛登岛战斗再次验证了毛泽东同志"战略上藐视敌人，战术上重视敌人"的科学论断，再次验证了兵法关于"知己知彼百战百胜"理论深远的历史意义和广泛的现实意义。

同样是海战，发生在建国后，即 1950 年 3 月至 5 月的解放海南岛战役，结果就不一样了。同样是我人民解放军对国民党军队，同样是木帆船对蒋军的坚船利炮，同样是越过海峡登岛战斗，但结果却截然不同。避开其他诸如同心同德、万众一心，将士勇敢、奋勇杀敌以及自然条件等各种因素外，发动战役的科学性、可行性调研论证；战役谋略，包括战略、战术的制定和运用；知彼知己的程度和对战役的认知度等等，都成了发动这场渡海战役胜利的关键。正因如此，这场名扬中外、功垂史册的渡海战役，以我军的完全胜利和蒋军的彻底失败而独立于世界兵法之林。

在现代战争中，运用或反映孙子军事思想的战例不胜枚举。大到国家集团之间的战争，小到两支军队或两个自然人之间发生的矛盾冲突，无论是大规模的战争或小范围的矛盾冲突，胜败的逻辑永远都是为准备充分的一方所把持。希特勒运用"闪电战术"兵临莫斯科城下，使苏联瞬间陷入几近灭国的危险境地之中。虽然经过艰苦卓绝的斗争，苏联红军在斯大林领导下，最终攻破柏林，消灭了不可一世的希特勒，取得了第二次世界大战的决定性胜利。但是，希特勒能在极短的时间内，组织起能够发动"闪电战"的战争力量，充分说明战前对苏联形势的了解和研判，是在"知彼知己"的前提下发动的这场侵略战争。战例说明，非正义战争即使是取得了局部或一个阶段的胜利，但终将被正义战胜。但同时，我们还应该看到，正义战争也好，非正义战争也好，"知彼知己"和"不知彼不知己"对战争胜负的决定性作用。可以说，战争谋略的科学水平和谋略的可行性，是直接决定战争胜负的关键。

《谋攻篇》主要讲述了谋略与军事斗争的关系，重点强调了战争中谋略的重要性，提出了"知彼知己，百战不殆"的战略思想，开军事理论之先河。在谋略与作战的关系上，孙子认为最好的策略是运用智慧迫使敌人屈服，必须用战争手段来解决问题，也要坚持因情施策、因事施策，机动灵活地制定作战方案和战略战术，并要坚持"伐谋为上"。孙子在本篇中，主张一定要以优势兵力和有备之师来投入战争，强调不打无准备、无胜算、无效率的战争。孙子的这些军事思想至今仍以其不朽的重要价值，对军事学、战争学、谋略学界以及各阶层人士产生着重要的影响。

目　　录

图书在版编目（ＣＩＰ）数据

名著释悟：藏在孙子兵法里的大智慧.② / 黄涵编著.— 广州：新世纪出版社，2023.3

ISBN 978-7-5583-3747-5

Ⅰ.①名⋯ Ⅱ.①黄⋯ Ⅲ.①《孙子兵法》—青少年读物 Ⅳ.① E892.25-49

中国国家版本馆 CIP 数据核字（2023）第 056078 号

捉谣记

还原历史上
的十大谣言真相

著——周源

SPM 南方传媒
新世纪出版社
·广州·

《军形篇》围绕"形"展开，着重研究战场上敌我双方形势、形势变换和如何做到易攻易守等原则问题。本篇中提出了"度""量""数""称""胜"等"五事"，对指导古今中外的战争和矛盾冲突，具有重要的历史价值和现实意义。

第一节　胜可以知　而不可为

【兵法·原文】

孙子曰：昔之善战者，先为不可胜，以待敌之可胜。不可胜在己，可胜在敌。故善战者，能为不可胜，不能使敌之必可胜。故曰：胜可知，而不可为。

【解字·说文】

昔：古时候，过去。

为：造就，创造，造成。

不可胜：不造成或出现被敌方战胜的条件，即处于不败之地。

待：对待，等待，本文引申为"寻找，捕捉"的意思。

敌之可胜：本文指不能让敌人一定具有可能被我战胜的时机或条件。

胜可知：胜利可以预见。

不可为：不能强行求得，本文指不能超越客观条件去乞求。

孙子说：古时善于用兵打仗的人，总是先创造条件，使敌人无法战胜自己，然后捕捉敌人可能被我战胜的时机。做到不可战胜，关键在于自己能否掌握主动权；敌人能否被战胜，在于敌人是否给我们以可乘之机。所以，善于打仗的人，能够创造不被敌人战胜的条件，而却不能使敌人一定被我战胜。因此，可以说，胜利可以预见，而不能超越客观条件去奢求。

【辩例·直观】

　　战场上，无论兵力强弱都期望能够获得最后的胜利。但胜利的取得，绝不是仅凭美好的愿望就可以实现的。一个成熟的统帅或前敌指挥员，必须具有审时度势运筹帷幄的能力。创造条件，利用条件，战胜敌人而不被敌人所战胜。

昆阳之战

　　"昆阳之战"记载于《汉书·王莽传》。"昆阳之战"最突出的特点就是选择战机，就是用战场现实，来证明善战者正确选择战机克敌制胜，于国于军的重要性。

　　公元28年，更始帝刘玄统荆州诸军，围攻王莽部将岑彭所占领的宛城。汉将王凤、刘秀等将领则乘势攻下并占据了昆阳。昆阳失守使王莽大吃一惊，急令司空王邑、司徒王寻迅速向各州府征兵，征讨刚刚即位的汉帝刘玄。王邑、王寻在洛阳等地紧急征召了42万兵员，又征召了63名号称"明兵法"的方士，作为随军谋士，同时还将巨人巨无霸任命为"垒尉"。为张扬军威，他们还弄来了一些虎豹之类的猛兽随军恐吓。对外号称百万大军，浩浩荡荡地发兵洛阳，直奔昆阳。

　　昆阳地处险要，南通宛城，北通洛阳，是兵家必争的战略要地。当时，刘玄率荆州诸军尚未攻下宛城。王邑、王寻认为：昆阳乃是宛城北边的门户，地理位置十分重要，必先夺之为上。再说自己兵多将广，人强马壮，拿下一个昆阳不算难事，待拿下昆阳再去解宛城之围也不为迟。王邑、王寻率兵来到昆阳后，有谋士进言，劝他们先去解宛城之围。宛城保住，昆阳就是一座孤城，届时将不攻自破。王邑、王寻不以为然，坚持说："我们如今统百万之众，遇城而不能下，非所以示威也。必当先屠此城，喋血而进，前歌后舞岂不快哉！"于是用42万大军将昆阳包围了数十层，列军营数百座，军鼓之声数十里相闻。王邑、王寻统领的新军刚发兵洛阳时，王凤帐下偏将刘秀就探得消息。于是王凤一面亲率城内万余人部署守城事宜，一面派出刘秀和王威将军李轶等13人，分路出城请求救援。刘秀等出城时，新军对昆阳的包围尚未完成，因此，刘秀等人得以冲出重围。刘秀等出城不久，新军就完成了对昆阳的包围并展开进攻。王邑、王寻派一部分兵力挖地道，一部分兵力以冲车撞城墙，同时组织弓弩手万箭齐发，昆阳城内落矢如雨，守城汉军只好背着门板坚持守城。王凤见新军兵多势众且攻势猛烈，也曾想到出城投降，但王邑不准。王邑认为，破城在即，无需接受汉军投降。王凤无奈，只好咬牙率领万余人马，拼死抵抗。

守卫宛城的王莽部将岑彭，盼援军望眼欲穿，可援军屡等不到，粮草却已用尽，无奈只好举旗降汉。此时，刘秀也从外地招来万余援兵回到了昆阳城外。按说刘秀请来的救兵与城内的王凤正好形成内外夹击之势，但刘秀与王凤兵力总数不过两万多人，与42万围城新军难成对垒，破解新军简直如登天入地之难。面对敌众我寡的艰难局面，如何选择战机克敌制胜，便成了刘秀军当务之急。经反复观察了解，刘秀终于发现并瞄准了王邑、王寻的弱点软肋。刘秀发现：王邑、王寻二人自恃骄狂、刚愎自信，并非真懂军事之将。虽有42万兵众，因其兵员复杂、来源不一，往往各自为政，尚未形成真正战斗力。了解这些情况后，刘秀先给城内王凤写了一封"宛城兵到"的信件，故意为新军截获。新军将士看到这封信件，以为宛城失守，不知来了多少援兵，很是惶恐不安。刘秀随即亲率千余人马距新军四五里处列阵，命李轶率其余万余人潜伏在后。王寻见刘秀带的援兵不过千余人，为显骄狂，便也仅派出数千骑新军出战。两军阵前，刘秀一马当先冲入敌阵，千余将士也个个奋勇当先，与新军展开肉搏。新军没料到汉军会如此拼命厮杀，顷刻间就被汉军杀得落花流水，争相逃窜。刘秀又从汉军中精选出三千精干将士组成敢死队，从城西泗水渡河猛扑敌军指挥部。刘秀认为，王邑、王寻的指挥部设在城西，若攻破指挥部，新军定会群龙无首，乱作一团，到那时新军人数众多的优势反倒会变成负担，汉军即可以精锐之师打败新军。此时二王也发现了泗水渡河的汉军，但当他们了解到仅有三千人马渡河时，又觉得此举实在可笑至极。于是，他们派出万余卫队前去迎敌，并特意下令，其他各部不准出击支援，意在表现自己的仗义、胆识和骄横。刘秀的敢死队渡河以后，前有敌兵，后无退路，只有拼死杀敌才可能有生还希望。因此登陆将士犹如下山猛虎，锐不可当。新军又是新兵，哪见得这样阵势，万余新兵顷刻间溃不成军，王寻也在混战中被杀死。之后，李轶率万余将士随后杀来，王凤也率城内万余人冲杀出来，形成夹击之势。新军群龙无首，指挥系统全线瘫痪，将士们只管各自逃命，谁还有心迎敌。几十万兵马前逃后踏，加之那天突降暴雨，河水猛涨，可怜42万新军尸横四野，顺水漂浮，王邑仅带了几个卫士得以逃命。

济南战役

1948 年 9 月 16 日，华东野战军对国民党军重兵守备的济南进行了大规模攻坚战，历时 8 天，全歼济南守敌，济南宣告解放，这就是著名的济南战役。

济南是山东省的省会，是津浦铁路（天津至浦口）和胶济铁路（青岛至济南）的交会点，是连结华东、华北地区的战略要地，也是国民党山东省政府、第 2 绥靖区所在地。济南北靠黄河，南倚泰山，地形险要，易守难攻。它是许世友所部控制胶济铁路，以及津浦路兖州至济南段后，国民党军部队在山东省腹地的最后一个坚固设防的城市。在济南战役之前，山东兵团横扫胶济路、津浦线后，济南已经成为山东境内的一座孤岛。按敌我兵力对比，14 万解放军攻坚国民党军 11 万守敌，优势并不明显。中央军委和毛泽东主席认真分析形势，遵循"胜可知而不可为"的兵法原理，决定发动济南战役。9 月 16 日，济南战役正式打响。19 日晚，国民党军整编第 96 军军长吴化文在解放军争取下，率整编第 84 师等部 3 个旅约 2 万人起义。解放军趁势前进，占领商埠以西阵地。至 22 日午，完全占领商埠，各路攻城部队直逼济南城下。

国民党军认为解放军至少需经三五天的准备才能攻城，因此，将 3 个旅集中内城，以 4 个旅安置外城，积极加修工事，准备顽抗。为了不给国民党军以喘息的机会，许世友决定立即对外城发起攻击。至 23 日，除个别据点外，解放军攻占济南外城。退守内城的国民党军妄图依托济南高厚城墙和坚固工事，做垂死抵抗。济南内城高 8 至 12 米，底宽 10 至 11 米，顶宽 8 至 9 米，并有上中下三层火力点。解放军为迅速彻底歼灭济南守军，决定即刻对内城发起总攻。战斗至当日 21 时，全歼国民党守军，济南宣告解放。济南战役解放军以伤亡 2.6 万人为代价，共歼国民党军 105 290 人（其中俘敌 61 870 人，起义 2 万余人，毙伤 23 420 人），俘虏国民党军第 2 绥靖区司令官王耀武等高级将领 23 名，缴获各种炮 800 余门，坦克、装甲车 20 辆，汽车 238 辆，获得辉煌胜利。

济南战役是人民解放军在解放战争中攻克 10 万重兵据守的大城市的第一例经典战役。济南战役开创了大城市攻坚战的成功先河，从根本上动摇了敌人据守大城市进行顽抗的信心。济南战役是人民解放军从农村包围城市到攻克大城市作战方针实现转变的标志性战役，历史地位和作用极为特殊和重大。中共中央在贺电中指出，济南的攻克，"证明人民解放军强大的攻击能力，已经是国民党军队无法抵御的了，任何一个国民党城市都无法抵御人民解放军的攻击了"。华东军区司令员陈毅，在战后赋诗一首赠送许世友，对山东兵团的伟大战绩表示了由衷的称赞："鲁南大捷催战鼓，许是英雄猛如虎。今日西进战胶济，泉城活捉王耀武。"

【管窥·释悟】

昆阳之战是中国古战史上以少胜多、以弱胜强的典型战例。刘秀以其超强的军事智慧和果敢的战斗作风，以区区两万之众，挑战四十二万新军，并赢得了最终胜利；济南战役中，敌我双方并未出现较大的实力差距，我军攻城部队是在并不占有明显兵力优势的前提下取得了决定性胜利。两个战例雄辩地证明：决定战争胜负的最重要因素，绝不单纯是军队的人员数量和装备，参战指挥员及其将士们的觉悟和素质，尤其是指挥员能否科学地"选择战机"，应是"克敌制胜"的关键所在。总结昆阳之战和济南战役，不难得出：成也在人，败也在人。实践告诫我们，必须注重人的因素，必须强调人的因素第一！古往今来，无论是烽火硝烟的战场，还是恬静平和的社会生活，只有能够把控战争规律，顺应社会逻辑；能够把控战争节奏，调节生活旋律；能够把控战争全局，科学规划宏观微观的人，才可能赢得最终的成功。

第二节　守则不足　攻则有余

【兵法·原文】

不可胜者，守也；可胜者，攻也。守则不足，攻则有余。善守者，藏于九地之下；善攻者，动于九天之上，故能自保而全胜也。

【解字·说文】

守则不足，攻则有余：采取防守，是由于兵力不足（劣势）；采取攻势，是由于兵力有余（优势）。汉简作"守则有余，攻则不足"。《汉书·赵充国传》有"攻不足者守有余"。《潜夫论·救边》有"攻常不备，而守常有余"。

九地之下：古人用以形容极深的地下。九，虚数，概指多、众之意。藏于九地之下，比喻将军队藏匿于极深的地下，使敌人找不到，摸不准，无法知道虚实真伪。

九天之上：形容极高极高的天上。动于九天之上，比喻军队进攻时，进展快速、敏捷，犹如从天而降，使敌人猝不及防。

这段话的意思是说：当自己的力量不足以战胜敌人时，就要采取积极的严密防守；当自己的力量可以战胜敌人时，就要采取积极的进攻。采取防守，是因为自己的兵力不足，不足以战胜敌人；采取进攻，是因为自己的兵力有余，能够战胜敌人。善于防守的军队，能够把自己的兵力隐藏在深不可测的地方，让敌人无处寻找；善于进攻的军队，能够在发动进攻时就好像兵从天降，让敌人猝不及防。所以，善防善攻的军队，既能够保全自己不受损伤而又能消灭敌人，获得完全的胜利。

【辩例·直观】

卧薪尝胆

《史记·卷四一·世家·第十一》以及《国语·卷二十·越语上》《国语·卷二十一·越语下》都完整地记录了越王勾践卧薪尝胆的故事。

勾践是夏禹的后裔，父亲允常在位期间，经常与毗邻吴国发生战争，吴越两国因此结下仇恨。允常死后，勾践即位，就是越王。越王即位后，吴王阖闾计划乘允常去世，政权新旧交接之际，发兵讨伐越国。结果，讨伐未果受箭伤而死。此后，吴越仇恨愈深。阖闾去世后，夫差即位为吴王。吴王继位后，日夜操练兵马准备复仇。勾践知道后，觉得与其等待夫差前来复仇，不如主动出击。于是勾践不顾范蠡等人反复劝谏，决定出兵讨吴。两国在夫椒这个地方交兵，战斗进行得极其惨烈，结果，越王勾践大败，率五千残兵逃到会稽山上。夫差乘胜追击，把勾践团团包围在会稽山上。越王对范蠡说："悔不该当初未听忠言劝阻，现在一切都晚了，我该怎么办呢？"范蠡回答说："现在只有低声下气以厚礼相送，如果人家不答应，就只好把自身作为抵押，去侍奉吴王。"勾践采纳了范蠡的意见，派文种前去吴军求降。文种见到吴王后跪地前行，磕头说："君王的亡国臣子勾践派陪臣文种，大胆地告诉您，臣下勾践请求做您的臣仆，妻子甘愿做您的侍妾。"吴王正准备答应，伍子胥对吴王说："上天把越国赐给吴国，不要答应他。"文种回国后把结果告诉勾践，勾践准备杀死妻妾，销毁宝器，然后与吴国决一死战。文种制止勾践说："吴国太宰伯嚭贪婪，可以用美女、宝物贿赂他，让他帮助说服吴王。"于是，越王勾践就准备美女、宝物，派文种秘密送给伯嚭。伯嚭接受后，果然带领文种来见吴王。文种对吴王说："希望大王赦免勾践的罪过，勾践会把他全部宝物都献给吴国。如果大王不答应，勾践就会销毁全部宝物，杀尽他的妻妾儿女，率领现有的五千人马与吴军死战，那时即便吴军能胜，也要付出巨大代价。"伯嚭趁机劝吴王说："越王已经降服甘为臣子，如果能赦免他，这对国家是有好处的。"伍子胥力谏吴王绝不能放过勾践，并指出放走勾践无异于放虎归山。吴王没有采纳伍子胥的意见，坚持赦免勾践，罢兵回国。

勾践返回越国后，克勤克俭，艰苦劳作。为警示自己不忘国耻，图谋中兴，勾践把苦胆挂在居室，无论是坐卧，都能看到。每当吃饭时，勾践都要先尝一尝苦胆，提醒自己切莫忘会稽之辱。勾践亲自下田耕作，妻妾亲自纺织，饮食不吃肉，着装无华衣，礼贤下士，接济贫民，赢得了越国人民的广泛拥戴。勾践卧薪尝胆七年后，曾想举兵报仇，在谋士们的劝阻下，才暂时放弃。又过了两年，吴王出兵伐齐获胜，文种去吴国借粮。伍子胥坚决反对借粮给越国，结果吴王还是把粮食借给了越国。勾践和文种、范蠡等文臣武将，深知伍子胥在吴国的重要作用，于是继续用重金贿赂伯嚭，离间吴王与伍子胥的关系。吴王对伍子胥渐渐失去信任，终于赐剑令伍子胥自杀。又过了三年，勾践问范蠡，伍子胥已死，是否可以伐吴？范蠡回答道："还不可以。"到了第二年春天，吴王北上黄池与诸侯会盟，吴国的精兵都随吴王北上，国内只剩下一些老弱残兵与太子留守都城。勾践又问范蠡可否发兵，范蠡说"可以了！"于是，勾践派出越国最精锐部队讨伐吴国，吴国守城军队被打败。此后的四年，越国与吴国战争不止，加之期间吴国不断同晋国、齐国激战，精锐部队损失惨重，越国终于战胜了吴国。

勾践灭吴的故事告诉我们：一个成熟的政治家、军事家，知己之兴衰，知敌之存亡，是至关重要的。

飞虎山和黄草岭阻击战

在抗美援朝战争中，发生过无数次惊心动魄的战斗、战役。中国志愿军以弱击强，终于赢得最后胜利。就志愿军而言，成功的秘诀除了指战员坚定的信仰和坚韧不拔的毅力外，中央军委和志愿军司令部的正确指挥作用攸关。我们试以为实现第二次战役战略目标而进行的"飞虎山阻击战"和"黄草岭阻击战"为例，来说明这个道理。

西线的飞虎山和东线的黄草岭是两座很小的山头，但位置却极其险要，都处在志愿军和"联合国军"进退的必经路口。占领并卡死这两个山头，就能有效地打乱东西两线敌军部署，掩护志愿军有序顺利进入设伏阵地，实现第二次战役的作战意图。正因如此，彭德怀决定：38军在西线卡住飞虎山，42军在东线守住黄草岭，大部队佯装溃败，诱敌深入，实现第二次战役"口袋"歼敌的战略目标。如果说第一次战役是以"遭遇战"为形式，以突然性攻击为特点，实现首战必胜，使志愿军初步站稳脚跟，那么，第二次战役则是以"诱敌深入"为形式，以"关门打狗""瓮中捉鳖"为策略，实现最大限度围歼敌人，意在彻底扭转朝鲜战局。

这两次战役的成功实施并取得相应的战略效果，凸显了志愿军指战员英勇无畏、不怕牺牲的革命英雄主义气概，更是标志着处在决策位置的中央军委和志愿军指挥员们，运筹帷幄决策千里的战争谋略。从死守山头的战术阻击，到诱敌深入的战略布局，毛泽东、彭德怀把"守则不足，攻则有余"的兵法精髓活引活用，使骄狂不可一世的"联合国军"统帅麦克阿瑟，在中国兵法的汪洋大海中迷失方向，虽有盖世的武器装备，却回天乏力。志愿军实现了"藏于九地之下""动于九天之上""故能自保而全胜"的战略目标。

【管窥·释悟】

孙子认为：当自己的力量不如敌人时，可以采取守势，可以示人以弱，可以"藏于九地之下"；当自己的力量强大起来，足以战胜敌人时，就要展雷霆万钧之力，"动于九天之上"。这里强调的优、劣，还存在一个实力认定问题。对于实力认定，必须遵循科学的方法。战争实践告诉我们，兵员数量和装备上的优势只能算是形式上的优势，只有军队数量与队伍整体综合素质尤其是与军队斗志的有机结合，才能焕发出队伍的战斗力，才能显示出真正的优势。越王勾践的"卧薪尝胆"终得复国是遵循这个道理，志愿军飞虎山、黄草岭阻击战的胜利实施，同样也是遵循这个道理，即便是日常生活也要遵循这个逻辑。劣势时可及时示弱，并能完全得到对方的接受和认可，优势时亦可示人以弱。示弱、示强，须选择适当时机。示弱是为了自强，待必须示强时，必须做到不示则已，一示必强，一示必胜。这就是"藏于九地之下""动于九天之上"的深刻内涵所在。

第三节　修道保法　胜败之政

【兵法·原文】

见胜不过众人之所知，非善之善者也；战胜而天下曰善，非善之善者也。故举秋毫不为多力，见日月不为明目，闻雷霆不为聪耳。古之所谓善战者，胜于易胜者也。故善战者之胜也，无智名，无勇功。故其战胜不忒。不忒者，其所措必胜，胜已败者也。故善战者，立于不败之地，而不失敌之败也。是故胜兵先胜而后求战，败兵先战而后求胜。善用兵者，修道而保法，故能为胜败之政。

【解字·说文】

见、知：两字同义，认识，指对战争规律的认识。

秋毫：兽类新长出的毫毛，本文喻极轻微。

易胜者：容易战胜之敌，即已经暴露出弱点的敌人。

忒：差错、疑误。不忒，无疑误，本文指确有把握。

措：筹措，处置，本文指作战措施。

先胜：先造成不可胜的条件。

求：汉简无此字。

修道而保法：修明政治，确保法令制度的执行。道，本文指政治条件。法，法令、制度。

胜败之政：本文指胜败的决定权。政，主、权力，即胜败之主，胜败的权力。

预见胜利，不超过一般人的见识，不算是最高明的；通过战斗取得胜利，就是天下人都说好，也不算是最高明的。这就像能举起毫毛不能算力气大，能看见日月不能算眼睛明亮，能听到霹雷不能算耳灵一样。古时候所说的善于打仗的人，总是取胜于容易战胜的敌人。所以，善于打仗的人所获得的胜利，显不出有什么惊人的智谋，也显不出有什么勇武战功。这是因为他的取胜是无疑的。之所以无疑，是由于他所采取的措施建立在有确实把握的基础之上，他所战胜的敌人又处在已经失败的地位上。所以，善于打仗的人，自己既能立于不败之地，而又不放过任何让敌人失败的机会。因此，打胜仗的军队，总是先创造取胜的条件，而后才同敌人作战；打败仗的军队，总是先同敌人开战，而后期望在作战中侥幸取胜。善于指挥战争的人，能够修明政治，确保法令制度的执行，所以他能够掌握战争胜利的主动权。

【辩例·直观】

战争胜负的决定权往往取决于把持战争的决策者，取决于决策者对战争规律的掌控，取决于决策者对战略、战术的科学运用，取决于决策者进行的战争和事业是否符合最广大人民群众的利益与要求。我们试以几个典型战例来解读孙子的这段精彩论述。

帝辛亡国和箕子朝鲜

帝辛亡国：面对虎视眈眈的后起之秀——周国，商纣王已经感觉到了周对自己构成的严重威胁，也已决定兵伐周国。然而这一拟定中的军事行动，却因东夷集团的反叛而化为泡影。为了平息东夷的反叛，纣王调动大量部队倾全力进攻东夷，结果造成西线兵力极大空虚。与此同时，商朝统治集团内部的矛盾呈现白热化，纣王继续饰过拒谏，肆意胡为。据说纣王有用玉石砌成的王宫，王宫里有盛满酒、挂满肉的"酒池肉林"，有十多丈高的鹿台。纣王经常与臣下和爱妃妲己在此通宵达旦狂欢作乐。更有甚者，纣王还制定了许多酷刑，"炮烙"就是其中较为残酷的一种刑罚。所谓"炮烙"，就是在一根大铜柱子上涂满油，周围燃起大火，让受刑人赤足在涂油的铜柱上行走，没走几步，受刑人便会从柱子上滑落下来，掉进火海之中被活活烧死。帝辛和妲己把这种酷刑权当游戏，每当有人落入火海被活活烧死，都会让他们开心畅饮，乐此不疲。看不惯帝辛和妲己的荒淫与暴行，宰相比干冒死进谏长达几天几夜，结果被帝辛以"听说像比干这样聪明睿智的人心有七窍"，而当众剖心。帝辛的无道恶行，引起朝野的愤慨。"三仁"之一的箕子，装疯扮傻还是被帝辛囚禁起来；王室重臣，"三仁"中的另一位智者微子，因无法忍受而投奔了周国。朝中大臣人人自危，国内百姓民不聊生，殷商天下已经岌岌可危。看到时机逐渐成熟，武王征求军师太公吕尚的意见："商朝的仁者和智者都已经离开纣王了，现在可以起兵讨伐了吗？"吕尚答道："时难得而易失。"武王遂决定抓住这一有利时机，乘虚蹈隙，大举伐纣。商军中的奴隶和战俘心向武王，早已无心恋战，纷纷起义，阵前倒戈，并协同周师作战。武王乘势猛烈冲杀敌军，商军几十万之众顷刻间土崩瓦解。周军乘胜进击，占领朝歌，商朝灭亡。

箕子朝鲜：箕子是商代帝王帝辛即纣王的叔父，与比干、微子并称为商纣王时期的"三贤"，也是孔子在《论语·微子》中称赞的"三仁"。纣王当政时期，沉溺后宫，忠奸不辨，滥杀无辜，荒淫无道，让身居三公之首的箕子感到由衷恐惧和失望。为保全身家性命，箕子只好装疯卖傻。即便如此，纣王还是将他囚禁起来，直到武王伐纣成功后，才释放了被囚的箕子。箕子是位既有治国韬略，又有坚定信仰的人。周朝初立，百废待兴，武王非常需要像箕子这样的优秀人才。然而，箕子虽获武王恩释，但却坚拒武王封敕。据《尚书大传》记载：箕子请求武王批准他带领五千人去朝鲜半岛，武王恩准，并将朝鲜半岛封给了箕子。箕子感武王封地之恩，遂献《洪范》之作，向武王讲述定国安邦之道。这段故事在《史记·宋微子世家》中也有记载。当代著名文化和文学史家张碧波先生在《朝鲜·箕子·箕子朝鲜》等诸多论著中，也都明晰地论证了箕子及箕子朝鲜的历史由来和殷商灭亡的症结所在。我们引述这段故事，旨在说明，无论是顺势当政，还是逆境艰行，必须审时度势，把握自我，才能实现梦想和追求，才能到达胜利的彼岸。

商鞅变法

《史记·商君列传》中记载了一段秦改革图强，使之不断强大并最终实现全国统一的故事。公元前361年周显王八年，秦孝公即位。当政后的秦孝公深感秦国外受强邻的欺压，内有贵族的专横，日子很不好过。于是决心奋发图强，改变国家落后面貌。为了寻求改革的贤才，他下了一道命令：不管是本国人，还是外国人，谁有好办法使秦国富强起来，就封他做大官，赏给他土地。不久，一个叫卫鞅（即商鞅）的年轻人应征从魏国来到秦国，托人介绍，见到了秦孝公。商鞅把他的一套富国强兵的道理和办法给秦孝公讲了一遍，秦孝公觉得十分有理，于是下定决心准备变法，改革旧的制度，推行商鞅提出的新法令。这个消息一传开，贵族大臣们就一起反对。但是秦孝公坚决站在商鞅一方，支持变法。周显王十三年（公元前356年），商鞅的新法令公布。主要内容有：

一、加强社会治安。按新法令规定，实行连坐法：就是把老百姓组织起来，五家编为"一伍"，十家编为"一什"，互相担保，互相监视；一家犯罪，九家都要检举，否则十家一起判罪；检举坏人和杀敌一样有赏，窝藏坏人和投降敌人一样处罚；外出必须携带凭证，没有证件不准留宿。

二、支持发展生产。新法令规定：庶民百姓拥有土地使用权，必须在各自土地上努力生产；凡粮食布帛贡献多的，可以免除一家劳役；凡懒惰和弃农经商的，连同妻子、儿女一起充为官奴；凡一家有两个儿子及以上的，成人后就要分家各自交税，否则一人要交两份税。

三、奖励杀敌立功。新法令规定：官爵大小以在军事上立功多少为标准；功劳大的封官爵就高，车辆、衣服、田地、住宅、奴婢的赏赐，也都以功劳大小而定；军事上没有功劳的，即便有钱，也不能过豪华的生活，就是贵族也只能享受平民的待遇。

新法令实施后，由于严重地触犯了贵族奴隶主的利益，因此，刚开始推行，就遇到很大的阻力。道理很简单，无论什么类型的贵族宗室，只要不依规去参加战斗，打仗立功，就不能做官受爵，只能享受平民待遇，并且还要失去过去的许多特权；推行连坐法，贵族们也在连坐之内，为所欲为已经成为不可能。因此，贵族们都疯狂地攻击新法令。秦孝公坚决支持商鞅变法，力除阻力，保证变法顺利实施，客观上为加速社会从奴隶制向封建制转变，奠定了夯实的基础。几年后，经过商鞅变法，秦国逐渐强盛起来。由于新法令规定了增产多的可以免除一家的劳役，老百姓都积极开荒种地织布，一心务农，生产力得到极大解放，生产关系进一步和谐发展，人民的生活有了很大改善；由于新法令规定了将士杀敌立功可以升官晋级，客观上改变了传统的奴隶制分配制度，所以将士们英勇作战的积极性被有效地调动起来，战场形势逐渐把握主动。秦孝公看到商鞅制定的新法令成效显著，就提升他为大良造（当时的一种官名），并派他带兵去攻打魏国。这时的魏国早不似当年的强盛，已经没有足够的力量与秦国抗衡。因此，开战不久，都城安邑就被秦军攻占了。无可奈何，魏国只得向秦国求和，商鞅凯旋而归。接着，商鞅在国内又进一步推行新法令，主要内容有：把国都从雍城（今陕西省凤翔县）迁到东边的咸阳，以便于向中原发展；把全国分成 31 个县，由中央直接委派县令县丞去进行治理，奖勤罚懒，对不称职的县官一律治罪；全面废除"井田"制度，积极鼓励百姓开荒，谁开归谁并允许自由买卖土地；统一度量衡等。这些新法都是发展生产的有力措施，对于巩固和发展新兴地主阶级的势力起了很大的作用。新法令推行十年以后，秦国变成当时最富强的国家。周王派人给秦孝公带来礼物，封他为"方伯"（一方诸侯的领袖），中原各国都纷纷前来祝贺，从此秦国在诸侯中占据了十分重要的地位。秦孝公重用商鞅变法，实行富国安民的图强之道，终于使秦国在短短的十年时间，迅速从一个偏远的荒蛮方国，发展成为一个国富民强的大诸侯国，在诸侯国中拥有一席重要之地。而这些"修道保法"之策也为以后秦统一中原的霸业打下了坚实的基础。

【管窥·释悟】

为了歼灭已经失去人心和支持的商朝，周文王和周武王进行了长期而又谨慎的准备，乘商朝杀比干、囚箕子、贬微子，内部分崩离析、乱象蓬生之时，抓住有利时机，发起猛烈攻击，彻底歼灭敌人，取得了胜利。箕子出走朝鲜，避难半岛，创建朝鲜国。秦国通过变法使国力大增，并最终实现统一国家、全国大一统的局面。这几段历史故事说明：真正成大事者，能够在时机不成熟之时隐忍等待，积极谋势造势，蓄势待发。在时机到来之时，果断下定决心，迅速出击，不为其他外界因素干扰。正因如此，周武王才能在文王养精蓄锐的基础上，战胜纣王取代商朝，实现建立自己王朝天下的梦想。箕子韬晦求生，不但保全了身家性命，还开创了朝鲜半岛建国的纪元，成为朝鲜史记中光辉的一页（当然，关于箕子朝鲜问题，学界一直存在分歧和争论，但箕子成功避难和顺利出走的史实，却无可辩驳）。秦国通过"商鞅变法"的成功改革，一跃而成为大一统的统治者。无论是武王伐纣，还是箕子朝鲜，或是商鞅变法，本节强调的都是要遵从于"修道保法"这一要点，这也是《军形篇》中的一个核心论题。对此观点领悟的程度，往往决定所从事或进行的事业成败，切不可忽略怠惰。

第四节　据形量力　以镒称铢

【兵法·原文】

兵法：一曰度，二曰量，三曰数，四曰称，五曰胜。地生度，度生量，量生数，数生称，称生胜。故胜兵若以镒称铢，败兵若以铢称镒。胜者之战民也，若决积水于千仞之谿者，形也。

【解字·说文】

度：量词，土地幅员，本文指国土面积的大小。贾林注："度，土地也。"

量：容量，本文指物产资源多少。

数：数目，本文指兵员数量多少。

称：衡量轻重的量具，本文指双方兵力的对比衡量。

以镒称铢：比喻力量相差悬殊。镒（yì），重量单位，一镒二十两（一说二十四两）。铢，重量单位，二十四铢为一两。本文指以优势对劣势，即后来演变为集中优势兵力，打击弱势之敌。

胜者之战民也：汉简作"称胜者战民也"。称胜，通过衡量对比，在实力上居于优势地位。战民，本文指统帅指挥军队作战。民，借指军队。春秋时，民众平时生产为民，战时征集去作战为兵。

千仞：形容很高。仞，古代长度单位，七尺（一说八尺）为一仞。

谿（xī）：同"溪"，山涧，溪水。

形：形状，形态，形势，本文专指军事实力。《势篇》："强弱，形也。"

兵法强调的相互关联方面：一是"度"，二是"量"，三是"数"，四是"称"，五是"胜"。战场上敌对双方都有土地，于是就产生了土地面积大小的"度"；由于双方土地大小的"度"不同，于是又产生了双方物产方面的资源不同的"量"；双方物产资源不同的"量"，就产生了双方兵员多寡不同的"数"；双方兵员多少不同的"数"，就产生了双方实力强弱不同的"称"；双方实力强弱不同的"称"，就构成了战争成败的物资基础。所以，胜利之师好像用镒称铢那样占有绝对优势（集中优势兵力）；而失败的军队就像用铢去量镒一样，总是处于绝对劣势地位（以弱击强，以劣势对优势）。胜利者在指挥军队战斗时，就像从万丈高的山顶掘开山涧的积水一样，势不可当，这是一种实力强大的表现。

【辩例·直观】

孙子强调的"五事"，即"度""量""数""称""胜"，是战争爆发前统帅或指挥员必须要进行谋划的具体内容，也是作为统帅或指挥员必须要做好的功课。两军对垒，两强夺魁，必须要在战前进行科学的调研和论证，对双方实力进行认真的比对。如果没有实力上的绝对优势、不能知胜，要想取得预期胜利，几乎是不可能的。因此，孙子认为：战争之前要认真地对敌我双方进行科学的分析研究。以双方兵力、装备、给养、指战员素质，尤其是统帅或前敌指挥员的素质及其社会关系和可借助外援的能力等等硬软实力，进行综合评估；对战争或事件发生后的进程和结果有一个科学的预见；通过"度""量""数""称""胜"等"五事"比较，把握好成功系数。历史已经无数次验证了孙子"五事"理论的实用性和可行性。但是，作为一种理论，如何放置在社会实践中，并做到同实践的有机结合，对理论的正确和可行性应是一个重要的检验。作为兵家统帅或具有决策权力者而言，没有已经"庙算"到战争或事件不会成功却偏要铤而走险者，除非他正在承受外力强加给他的战争或某种突如其来的压力。实践证明，无论是主动发起，还是被动接受，胜利和成功的天平永远向有准备的优势方面或相对优势方面倾斜。

诺曼底登陆

诺曼底登陆战役是在以美英为代表的盟军，与德意志法西斯军队间发生的一场具有决战性质的战争对决。第二次世界大战爆发后，德意志法西斯在统帅希特勒的直接指挥下，迅速兵临苏联首都莫斯科城下，继而攻占法国巴黎及其他几个欧洲盟国。盟国军队败绩累累，面临"黑云压境城欲摧"的严峻局面。诺曼底登陆战役就是在这样严重的背景下发动的一次战役，也是第二次世界大战中最大规模、最为典型的一次战役。

1944 年 6 月 6 日 6 时 30 分，以英美两国军队为主力的盟军先头部队总计十七万六千人，从英国跨越英吉利海峡，抢滩登陆诺曼底，并迅速攻占了犹他、奥马哈、金滩、朱诺、宝剑等五处海滩。之后，二百八十八万盟国大军犹如潮水般涌入法国，大军一路势如破竹，成功开辟了欧洲大陆的第二战场，为实现第二次世界大战的决定性胜利奠定了重要的基础。诺曼底登陆战役的胜利，是盟军统帅们精细研究、周密策划，集中绝对优势兵力成功发动的一次典型战例。参战的盟军主要由美国、英国、加拿大、法国、波兰、挪威、荷兰等国组成。是时，纳粹德国在统帅希特勒率领下，组建了一支经过严格训练、装备精良的精锐部队，向盟军各国发起了"闪电战术"。占领波兰、兵临苏联首都莫斯科，并迅速地将战火扩大到加拿大、挪威和法国。1941年，苏联统帅斯大林就曾要求英美等国积极开辟第二战场，以减轻德军进犯的压力。当时美国尚未对德国宣战，英国梦想旁观苏德鏖战坐收渔利。直至法国首都巴黎被德军占领，美英及各盟国才逐渐意识到形势严峻。为扭转战局，从德军目前形成的严重战争威胁中走出来，盟军决定发动一场规模浩大的战役以开辟第二战场。为取得决定性胜利，面对德军的138万兵力，美国、英国、加拿大、波兰、荷兰、挪威等国组建了一支拥有36个陆军师、5 300艘军舰、5 000余艘运输船、13 700架作战飞机，总兵力达288万之众的盟国大军，形成兵力上的绝对优势。为成功发动这场战役，盟军在以艾森豪威尔和伦德施泰特为首的盟军统帅策划下，以制造假象、声东击西的战术，经过艰苦卓绝的惨烈战斗，赢得了诺曼底登陆战役的胜利，成功开辟了欧洲第二战场，为第二次世界大战最后胜利奠定了重要基础。诺曼底登陆战役的胜利，也体现了发动战争的统帅们，在知己知彼、运筹帷幄、集中优势兵力的前提下，扭转战局、取得全面胜利的兵家思想。这一著名的国外战例，也从另一侧面印证了"据形量力，以镒称铢"等中国兵法，在世界军事舞台上同样具有广泛、深刻的普遍意义。

列子甘居清贫免祸患

自古以来，凡有大智慧的人，都深谙捭阖之理、铢镒之道，善于审时度势，对周围发生的事情有自己清醒的判断，能认知祸福相依、阴阳转换的逻辑规律和道理。正因如此，智者才能不计小利，规避风险，虑及长远，康泰自安。战国时期著名的思想家列子，就是这样的大智大慧之人。

列子生活在战国时代，淡泊名利，一生安于贫寒。列子隐居在郑地40年，潜心著述《列子》21篇，计十多万字。我们熟谙能诵的"愚公移山""纪昌学射"等寓言故事便都出自《列子》之中。

据载有一次，一位他国使者来到郑国拜访列子。使者发现自己仰慕多年的列子，一家人面黄肌瘦，竟然过着食不果腹的清苦贫困生活，对此他很是惊诧。于是，他对郑国上卿子阳说："列子这样有学问的贤达人士居住在你的国度里，竟然过着如此清贫的生活，一定是你们不喜欢贤达之士吧？"子阳听了使者的话很是尴尬，便派官吏给列子送去很多粮食和物品。列子面对这些丰厚的礼物，坚辞不受，送礼官吏只好原物带回。

官吏走后，妻子对列子的做法很是不解，对列子说："人家成为贤达之士都能光耀宗族，福祉家人。而我们却一直跟着你吃苦受穷，过着吃了上顿没下顿的生活。现在有人想到我们，并送来大量食物，你却坚辞不受，难道我们就该跟着你过穷苦日子吗？"列子回答说："郑国上卿子阳并未亲自了解我们的生活，如今他听到外国使者发的唠叨，便派官吏来家，并送来大量食物，并非要解决我们的燃眉之急，实在是沽名钓誉而已。试想，仅仅是因为别人的议论便送食物给我们，那么将来若听到他人不利于我的议论，或欲加罪于我时，他也一定会凭借道听途说定罪量刑，这就是我不能接受他们礼物的原因所在。"果然，后来因不满子阳所为，百姓群起杀了子阳。在清理子阳余孽时，又诛杀了很多曾经受贿于子阳的人。列子从未接受过子阳和他人的礼物馈赠，因此，列子无祸自安，不愧为大智大慧之人。

【管窥·释悟】

盟军诺曼底成功登陆也好，列子身处饥寒交迫却能坚持底线思维也好，他们的共同特点就是都能正确处理"以铢称镒"和"以镒称铢"的关系，都能正确权衡利弊处理得失。例案无论古今都实属难能可贵，尤其值得称道的是列子的故事。有关列子的故事虽已过去两千多年，但甘心清贫和固守底线的思维方式，仍对当今身处市场经济条件下的人们，具有极其重要的提示和广泛而深刻的现实意义。

孙子的军事思想，在各类不同国度、不同地域、不同时限、不同对象间发生的战争和矛盾冲突中，均具有重要的历史经典意义和普遍的现实指导意义，已经成为古今中外兵家学者认真研究的重要军事理论课题和不可多得的生活参考。

第五篇

兵势篇

本篇从"分数""形名""奇正""虚实"入手，着重论述将帅如何发挥军事指挥能力，创造有利的作战态势，出奇制胜地战胜敌人等军事理论问题。本篇共分五个层次。

第一节 众寡虚实 把握关键

【兵法·原文】

孙子曰：凡治众如治寡，分数是也；斗众如斗寡，形名是也；三军之众，可使必受敌而无败者，奇正是也；兵之所加，如以碬投卵者，虚实是也。

【解字·说文】

治：治理，管理。

分数：指军队的组织编制。曹操注："部曲为分，什伍为数。"分，分门别类。数，人数，数量。

斗众：指挥众多的军队作战。

形名：本文指指挥号令。曹操注："旌旗曰形，金鼓曰名。"

必：同"毕"，同音假借，意为皆、完全。按：汉简"必"作"毕"。

奇正：古代兵法术语，指奇兵与正兵。一般以常法为正，以变法为奇。奇，变化无端、出敌不意的作战方法。正，正规的和一般的作战方法。它包括正确使用兵力和灵活变换战术两个方面。具体地说，在兵力使用上，守备、钳制的为正兵；机动、突击的为奇兵。在作战方式上，正面攻、明攻为正；迂回、侧击、偷袭为奇。在作战原则上，按一般原则作战为正，采取特殊战法为奇。在战略上，堂堂正正进军为正，突然袭击为奇。

如以碫投卵：碫（duàn），磨刀石。《说文解字》："碫，厉石也。"卵，鸡蛋。以碫投卵，即用石头投向鸡蛋。比喻实力强的军队进攻实力弱的军队犹如用石头砸鸡蛋一样容易。

虚实：本文指兵力的集中和分散。古代兵法中，衡量军队的军事实力：有实力为强，无实力为虚；有备为实，无备为虚；休整良好的为实，疲惫懈怠的为虚。这里说的是以强击弱、以实击虚的意思。

孙子说：管理人数众多的部队，如同管理人数少的部队一样，关键是组织编制问题；指挥人数多的军队作战就像指挥人数少的军队作战一样，关键是指挥作战用的工具和通讯联络问题；三军将士四面受敌而不会失败，关键是正确运用奇正变化的问题；向敌军发起进攻，如同用石头砸鸡蛋一样容易，关键是以实击虚的问题。

【辩例·直观】

如何发挥好统帅或前敌指挥员的指挥才能，正确分析形势，科学使用人才，合理调度兵力，是本节兵法的重点。兵书以"分数""形名""奇正""虚实"为问题切入点，论证了战场上"势"和"节"、"择人"和"任势"之间的重要关系。所谓"分数"，强调的是军队的组织编制。"分"即部队的分门别类，"数"即兵员数量。所谓"形名"，强调的是指挥军队所用的工具和通讯联络信号。"形"即目视可见之物体，如队伍中的令旗、旌旗；"名"即指耳朵可以听到的，如开战或收兵所用的金、鼓、号角之类的工具。所谓"奇正"，强调的是军队作战的方法。一般来讲，常规战法为正，特殊战法为奇。"正"即指正规的、一般的、普遍的作战方法，"奇"即指打破一般规律、超出一般常规、富于变化、出敌不意的作战方法。"奇正"涵盖了作战指挥学说的一般规律和特殊规律，既包括正规及一般的战术规律，也包括特殊及机动灵活的战术规律。具体展开讲：战略上公开宣战，两军对垒，摆兵布阵，大张旗鼓的进军和战斗为正；战略上无声无息，突然对敌方发动攻击，使敌人猝不及防的为奇。战术上循规蹈矩，攻坚和守卫都采取正面攻守的套式，坚持攻坚战、阵地战的为正；战术无定规，来无影去无踪，打得赢就打，打不赢就跑，坚持游击战、运动战的为奇。所谓"虚实"，强调的是兵力的调动方法，即集中和分散的方法。孙子强调的"虚实"，主要是指敌我对阵如何掌握双方实力，如何做到以强击弱、以实击虚的问题。上述四个要点，较完整地反映了孙子摆兵布阵科学用兵思想。理解并能够把握孙子的作战理念，掌控好这四个作战环节，就能够做到复杂的问题简单化；就能够做到指挥万马千军，从容不迫，有条不紊；就能够做到艺术地导演战争、编排战争，玩战争于股掌之中；就能够做到虚虚实实、真真假假，以变应变、以虚击实，机动灵活地战胜敌人。

三湾改编

1927 年，毛泽东领导的秋收起义部队转移途经萍乡芦溪时，遭遇了反动军队的伏击，总指挥卢德铭牺牲，部队损失惨重。起义部队突围来到江西省永新县三湾村时，队员已不足千人。起义失败，转移途中又遭伏击，连续的挫折，使部队思想极其混乱，组织纪律严重涣散，加之部队大都由旧军人和农民组成，旧军队兵痞作风和狭隘的小农意识等陋习十分严重，逃兵现象几近不可控制，部队已经处在崩溃的边缘。面对如此严峻的形势，毛泽东果断决定，对部队实施彻底整编，以利部队"奇""正"结合，健康发展。毛泽东带领起义军前敌委员会做出的这个决定，就是著名的三湾改编。

根据起义部队的实际，借鉴"治众如治寡，分数是也；斗众如斗寡，形名是也"的兵法原则，1927 年 9 月 29 日至 10 月 3 日，在毛泽东的直接领导和具体组织下，对不足千人的起义部队进行改编。改编主要有三项大的内容：第一，将原工农革命军第一军第一师缩编为一个团；第二，确定"党指挥枪"的原则，设立党代表制度，党支部建在连上；第三，实行官兵平等的民主制度，连队建立士兵委员会，酝酿实行了"三大纪律六项注意"，为"三大纪律八项注意"和军队革命化、规模化建设奠定了重要基础。

三湾改编精干了部队建制，使这支濒临崩溃的部队"分数"得到了科学的调整。部队从兵员建制到职能设立都做了科学的规范，形成了编制务实、职责清晰、目标明确、合力突出、特别能战斗的队伍。三湾改编制定了官兵平等的民主制度，创立了"党指挥枪"这个军队建设最重要的原则。尤其是毛泽东辩证运用孙子"形名"原理，把指挥军队、传递信息、协调动作等等极其重要的联络和纽带，用"党支部建在连队上"的科学举措，实现化复杂为简单、化兵法为现实、化传统为神奇。把党的思想、决定甚至是命令，以最快的速度、最有效的方法，与最普通士兵直接接轨并迅速形成合力。从"分数"到"形名"的三湾改编，既有效遏制了部队"分数"（编制）不一、"形名"梗阻（信息阻滞）、思想混乱局面的蔓延，又成功克服了各种非无产阶级思想对部队的侵袭，同时也在客观上增强了部队的整体战斗能力，强化了战士们遵制守纪、提高政治和军事素质的自觉性，为建设一支特别能战斗的人民军队奠定了坚实的基础。

古田会议

1929 年 12 月，毛泽东率部来到福建上杭县古田村。12 月 28 日至 29 日，在古田村召开了中国工农红军第四军第九次代表大会，这就是具有里程碑意义的"古田会议"。

"古田会议"是中共党史上一次非常重要的会议。会议认真总结了南昌起义以来建军、建党的经验和教训，确立了人民军队建设的基本原则为"党指挥枪"。会议重申了党对红军的绝对领导，规定了红军的性质、宗旨和任务等事关党的事业兴衰成败的根本性问题。会议通过了由毛泽东亲自起草的古田会议决议，其中第一部分就是著名的《关于纠正党内的错误思想》。毛泽东的这篇重要的历史文献，作为党和人民军队建设的重要纲领，至今仍被认真尊崇，已经成为中国共产党、中国人民解放军统一思想、规范行动的理论警戒和行动准则。

把"党指挥枪"作为人民军队的基本原则，起源于"南昌起义"，奠基于"三湾改编"，定型于"古田会议"。在秋收起义队伍面临崩溃、革命形势极其严峻的时刻，毛泽东结合中国实际，以"治众如治寡"

的智慧，对部队进行重新组合改编，有效地解决了部队的编制、体制和组织机构等事关部队如何存在、如何发展的问题。将支部建在连队上，就是把党的思想、决策和行动指挥落实在最基层，让党的声音直接到达最基层的士兵，确保了党的指挥直接、准确、及时。面对强敌，毛泽东灵活运用古今经典战策，把"奇正"军事理论同眼前的具体实际相结合，集中有限的战斗力量，打击敌人薄弱部位，出敌不意，攻坚制胜，终于探索出一条适合人民军队生存发展的正确道路。如果说"三湾改编"从政治上、组织上保证了党对军队的绝对领导，是中国共产党建设人民军队最早的一次成功探索和实践，标志着毛泽东建设人民军队思想体系的形成，那么古田会议在中国共产党和人民军队发展史上则具有更加重要的历史地位。可以说：古田会议决议是对中国共产党独立领导武装斗争以来无数经验、教训的科学总结，真正解决了党和军队建设的根本问题。

毛泽东是中国共产党最杰出的领袖，每当党和人民军队遇到艰难险阻，甚至是命悬一线的危急时刻，都是毛泽东和他的战友们高瞻远瞩、调整航行、走出困境，将革命引向胜利。毛泽东的伟大，是他坚持把马列主义的基本原理同中国革命具体实践相结合的结果；是他和他的战友们在中国革命实践中，不断积累、不断总结、不断升华，形成了能够有机地指导中国革命的毛泽东思想体系的结果。当然，这也与毛泽东博览群书，以渊博的知识为底蕴，熟谙各家兵法战策，通晓古今中外典型战例不无关系。知识的力量是无穷的，用正确思想指导下的知识更会在实践中发挥不可替代的指导作用。

【管窥·释悟】

百业千科，审时度势，强化战力，提高素质。毛泽东把古老的兵书战策理论同现实生活中具体事物有机结合，形成较为完整、系统的毛泽东军事思想。"党指挥枪，决不容许枪指挥党"，是毛泽东军事思想的核心；把支部建在连队上，是毛泽东一改以往军队建设传统体制和习俗的伟大创举。毛泽东的建军思想同样也反映出强烈的"奇正"结合理论，突出了与实际接轨的实事求是特色，为人民军队建设构筑了坚实的理论基础和实践楷模，是毛泽东对组建革命军队的最重大贡献。

第二节　奇正相生　因势利导

【兵法·原文】

凡战者，以正合，以奇胜。故善出奇者，无穷如天地，不竭如江海。终而复始，日月是也。死而复生，四时是也。声不过五，五声之变，不可胜听也；色不过五，五色之变，不可胜观也；味不过五，五味之变，不可胜尝也；战势不过奇正，奇正之变，不可胜穷也。奇正相生，如循环之无端，孰能穷之哉！

【解字·说文】

以正合，以奇胜：以正兵交战，以奇兵制胜。合，会合，交战。

江海：汉简作"河海"。

五声：五音，古代五音为宫、商、角、徵（zhǐ）、羽，相当于今天的"1、2、3、5、6"五音，加上后来的变徵（4）、变宫（7），就和今天的简谱七个音阶相当了。

胜：尽。

五色：古以青（蓝）、赤（红）、黄、白、黑五种颜色为正色，其他混合而成的颜色为间色。

五味：指甜、酸、苦、辣、咸五种味道。

战势：指作战方式与兵力部署。

相生：相互变化。

如循环之无端：比喻事物变化无穷，就像顺着圆环旋转那样，永远没有尽头。循，顺着。无端，无始无终。按：汉简作，如环之无端，无循字。

一般作战，总是用正兵迎敌，以奇兵取胜。所以，善于出奇制胜的将帅，其战法就像春天那样变化无穷，像江河那样奔流不息。终而复始，就像日月运行一样；死而复生，就像四季交替一样。声音不过五个音阶，然而五音的配合变化就听不尽；颜色不过五种色素，然而五种颜色的配合变化就看不完；味道不过五种，然而五种味道的调配变化就尝不尽；作战运筹不过是"奇正"两种，然而"奇正"的变化，却是不可穷尽的。"奇正"的相互变化，就像顺着圆环旋转一样，无始无终，谁能够穷尽它呢？

【辩例·直观】

"奇正"是《孙子兵法》中关于《兵势篇》的重点论题，是古代普遍认可的军事理论。"奇"与"正"是战场上的两种作战思维、两种作战形态的浓缩和概括。战场上，形势瞬息万变，以变应变，以变应不变，以不变应万变司空见惯。如何顺应战场态势，如何将"奇正"理论科学地运用到具体实战中去，是决定一场战役、一次战斗、一个争端成败的关键。

井陉之战

公元前 205 年，项羽在彭城与刘邦交战并取得了这场战斗的胜利。看到汉军打了败仗，很多原已投靠刘邦的诸侯纷纷选择了或背离或中立的立场。一时间，汉军陷入孤立、被动的严重局面。为迅速扭转败局，改变面临的不利形势，张良提出了"正面坚守，侧翼发展，敌后袭扰"的建议。这个建议得到了刘邦的赞成并予采纳。当时的形势是：黄河以北有代、（今山西北部）、赵（今河北南部）、燕（今河北北部）三个割据势力。三个诸侯国虽各自保持中立且互不救援和结盟，但随着形势发展变化，三国的政治立场一定会像墙头之草随风摇摆。刘邦要战胜项羽，并取得灭楚的最后胜利，必须首先征服三国。韩信向刘邦提出了开辟北方战场，逐次消灭魏、代、燕，再东击田齐，南绝楚军粮道，对楚军实施侧翼迂回，最后同刘邦大军会师荥阳的作战计划。于是，刘邦命韩信统兵，灭掉了魏王豹，平定了魏国。之后，又击败了代国。公元前 204 年九月，韩信率三万将士越过太行山，向东挺进，准备对赵国发动进攻。赵国国君歇和赵军主帅陈余闻讯后，急调 20 万大军集结于井陉口准备迎敌。

井陉口（今河北获鹿西 10 里的土木关）是太行山有名的八大隘口之一。井陉口，顾名思义，犹如井陉。因其以西有一条长约几十公里的狭窄驿道，完全不利于大部队行进，狭路两侧皆是峭壁陡崖，一夫当关，易守难攻，是极其险要的军事要地。赵军主帅陈余将 20 万大军布防于此，除去兵力上的绝对优势，就其居高临下的有利地形，也应稳操胜券。陈余手下有一位叫李左车的，很有战略眼光。他向陈余提出对战役的分析和作战意见。李左车说："韩信军不久前刚刚取得战胜魏国、代国的胜利，现又翻过太行山，越过黄河，士气旺盛，锐不可当，必须避其锋芒。汉军千里跋涉，兵员和补给都有客观短板，加之井陉口道路狭长，崎岖路窄，车马不能并行，其后勤补给一定滞后不济。"李左车要求亲率三万人马，从小道出击，夺取汉军辎重，切断汉军粮道和退路。然后，陈余率赵军主力深沟高垒，坚壁不出，以静待动。汉军前进不能，后退不得，过不了多久，不战自乱，届时陈余统领大军，与李左车前后夹击，汉军一定大败。陈余对李左车的意见很反感，他认为：义兵不用诈谋奇计。韩信区区三万人马，加之长途跋涉，已成疲惫之师，正面迎敌都有以众凌弱之嫌，再用奇计诈谋完全没有必要。韩信了解到陈余的刚愎自用和迂腐教条，尤其是拒绝采纳李左车的正确意见后，决定以"奇正"变换的战略和战术打赢这场战役。这就是流传战争史册千古不朽的著名战例"井陉之战"。

在"井陉之战"中，韩信机动灵活地运用孙子的"奇正"理论：他一面组织军队开进到距井陉口 30 里的地方，正面列队，摆阵备战；一面又挑选出两千名轻骑，让他们每人手持一面汉军红色战旗，迂回到赵军大营侧翼的抱犊山（今河北井陉县北）潜伏下来；一面再派出一万人为前锋，趁着夜色越过井陉口，到绵蔓水（今河北井陉县内）东岸，背靠河水安营布阵。对兵法倒背如流的陈余对潜伏在赵军侧翼的两千轻骑全无察觉，只看到万余汉军背水列阵更觉可笑至极。他认为韩信徒有虚名，竟连"右倍山陵，前左水泽"安营布阵这种兵家禁忌要领都不懂，竟选"死地"安营列阵，纯粹是作死，遂不以为然。

第二天，韩信亲率大军扬旗击鼓，从正面向赵军阵地发起进攻。两军对垒众寡不一，韩信厮杀了一会儿，便佯败退兵，并嘱兵士扔掉旗鼓仪仗和部分辎重，向绵蔓水屯兵布阵处后撤。韩信率部队退到绵蔓水，迅速与事先背水列阵的部队合兵一处。再说陈余看到韩信望风而逃，又跑到那个背水而立的阵前，以为是韩信慌不择路，于是指挥大军蜂拥而至，大有一举定胜败之势。面对气势汹汹兵众如流的赵军，汉军将士处在前有敌兵追杀，后有大河阻断的绝境，"置死地而后生"，以死相搏或有活路，汉军将士绝地反击，个个奋勇，人人争先，与赵军展开生死肉搏。一边是傲慢轻敌，满心思"重锤击卵"以为胜利唾手可得的陈余及 20 万骄兵；一边是精心筹划，周密部署的汉军。按着"兵士甚陷则不惧，无所往则固，深入则拘，不得已则斗"的战场规律，韩信及其统领的三万绝地求生虎狼之师，胜败是不言而喻的。

韩信以正对敌，以奇胜敌，演绎了"奇正相生"循环往复、变化无穷的兵家理论，为后世战争和战争学问研究提供了宝贵的战例。

"背水一战"也成为后世兵家经典。

徐晃"背水一战"

兵法奥妙无穷，贵在科学理解、有机践行。项羽的"破釜沉舟"功成一战，韩信的"背水一战"创造了以少胜多的辉煌战例。但是历史上也不乏机械地使用"置死地而后生"经验，成为置死地而不能自拔的负面战例。三国时期，魏将徐晃也曾重演了一场"背水一战"。同是"背水一战"，战绩却胜败两重。我们先转引《三国演义》片段来窥视一下此战的大致情况：

"徐晃、王平引军至汉水，晃令前军渡水列阵。平曰：'军若渡水，倘要急退，如之奈何？'晃曰：'昔韩信背水为阵，所谓置死地而后生也。'平曰：'不然。昔者韩信料敌人无谋而用此计；今将军能料赵云、黄忠之意否？'晃曰：'汝可引步军拒敌，看我引马军破之。'遂令搭起浮桥，随即过河来战蜀兵。"（见《三国演义》第七十一回"占对山黄忠逸待劳 据汉水赵云寡胜众"）

"却说徐晃引军渡汉水，王平苦谏不听，渡过汉水扎营。黄忠、赵云告玄德曰：'某等各引本部兵去迎曹兵。'玄德应允。二人引兵而行。忠谓云曰：'今徐晃恃勇而来，且休与敌；待日暮兵疲，你我分兵两路击之可也。'云然之，各引一军据住寨栅。徐晃引兵从辰时搦战，直至申时，蜀兵不动。晃尽教弓弩手向前，望蜀营射去。黄忠谓赵云曰：'徐晃令弓弩射者，其军必将退也：可乘时击之。'言未已，忽报曹兵后队果然退动。于是蜀营鼓声大震：黄忠领兵左出，赵云领兵右出。两下夹攻，徐晃大败，军士逼入汉水，死者无数。"（见《三国演义》第七十二回"诸葛亮智取汉中　曹阿瞒兵败斜谷"）

这段故事说的是曹操被蜀将赵云战败以后，决心雪耻。于是他派出大将徐晃为先锋，王平为副将，驱兵至汉水欲与蜀军决战。徐晃率部来到汉水河边，命将士渡河安营列阵。王平见状立即劝阻，对徐晃说："军若渡水，倘要急退，如之奈何？"徐晃不以为然地对王平说："昔韩信背水为阵，所谓'置死地而后生也'。"遂不听王平劝阻，渡河背水安营列阵。徐晃觉得，能让将士置死地而后生，从而激发出舍生忘死的斗志，是统帅求之不得的愿望。将士以死相拼定会取得最后胜利。但是徐晃错了，错就错在他机械地照搬传统兵法战例，完全不考虑战场对手的情况，这样的统帅不打败仗几乎是不可能的。事实正是如此，徐晃背水列阵，意欲与蜀军决战。然而，蜀军将领赵云、黄忠根本就不给徐晃决战的机会和场面。面对徐晃近于疯狂的挑战，蜀军按兵不动。从早到晚叫阵，弄得徐晃军人困马乏，正要回营休息明日再战，赵云、黄忠率军从两侧杀出，左右夹攻，魏军大败，死伤无数。采用比较法来研究两个"背水一战"，不难看出，虽然两战例战略意图相近，排兵布阵方法相同，结局却生死之别，症结究竟在哪里？

韩信的"背水一战"是在陈余不听李左车的正确意见，以兵书倒背如流为资本，以兵多将广军队人数占有绝对优势、胜券在握的理由为切入点；以违背兵法常规摆兵布阵的假象和置轻骑埋伏敌侧，伺机夺城造势以及旗鼓丢弃佯败诱敌为立足点；以屡战屡胜的战绩在将士中形成的崇高威信和"置死地而后生"的人性求生本能为突破点；以知己知彼，充分发挥主观能动性，有计划地制造和利用赵军的错误，巧妙地掌握将士们绝望时刻所能迸发出来的拼命心态为致胜点。韩信在战略上宏观把握胜局，在战术上机动灵活，推动了胜局的加速形成，终成"背水一战"的成功战例。

徐晃的"背水一战"则不然。首先，徐晃对魏军与蜀军对阵的战略形势缺乏宏观了解，对已经三分天下的大势缺乏正确认识；其次，徐晃对战争对手的实力缺乏科学评估，尤其对统兵的赵云、黄忠缺乏必要的了解；再次，徐晃对战场进程缺乏科学分析和正确判断，缺乏把控战场节奏的能力；第四，也是最该强调的，即二者实施"背水一战"的背景、环境、条件尤其是将士的心态具有本质的区别。韩信布阵的背景是孤军深入，环境是敌占区，条件是背水布阵退路断绝，心态是只能拼死搏杀，绝处求生，所以将士们以一当十，发虎狼之威是必然的；徐晃布阵的背景是急于雪战败之辱，亢奋的决战情绪充塞全军之中，环境是辖区内的战场，条件是前虽有赵云、黄忠，而后面则既有来回往返的渡河浮桥，又有曹操大军隔河压阵，将士们虽然屯兵河边，但身后并非绝境，都有求生之路，心态是打得赢就打，打不赢可撤，以死相拼的绝地求生勇气和精神无法激发，所以置死地而必死地是不二的结局。

【管窥·释悟】

机械、教条甚至迷信地照搬兵书战策，脱离实际地套用成功战例战法，都是兵家战者大忌，都是人们面对战争与和平，面对日常生活中的矛盾与纠纷时，必须引起高度重视的问题。韩信和徐晃两个同是

"背水一战"，目的相近而结论相悖。战例和历史故事告诉我们：结合实际、因地制宜，战略战术、机动灵活，权衡利弊、逻辑辩证，虚实有度、奇正互通，这些应是统兵将帅和解决问题的决策者必备的素质和能力。

第三节　势如彍弩　节如发机

【兵法·原文】

激水之疾，至于漂石者，势也；鸷鸟之疾，至于毁折者，节也。故善战者，其势险，其节短。势如彍弩，节如发机。

【解字·说文】

激：阻遏水流，使其腾涌或飞溅，本文意指水流湍急，形成激流。汉简无此字。

疾：快，急速。

鸷（zhì）鸟：凶猛的鸟，如鹰、雕等。《说文解字》："鸷，击杀鸟也。"

毁折：扑杀，本文指擒杀鸟雀。

节：节奏，此处指动作爆发得迅速、猛烈。

彍（guō）弩：彍满弩，把弩拉满弦，本文指张满待发之弩。彍，《说文解字》："弩满也。"弩，《说文解字》："弩，弓有臂者。"即用机械力射箭的大弓。

发机：扣发弩机。机，指弩上发箭的扳机。

湍急的流水疾速地奔泻，以致冲得石头漂起移动，这是迅猛的水势造成的；鸷鸟急速猛扑，以至捕杀小鸟，这是节奏迅猛造成的。所以善于指挥作战的人，他造成的态势是险峻的，他的节奏是短促的。这种态势就像拉满弦的弓一样，迅猛的节奏犹如扣发弩机一样。

【辩例·直观】

孙子以激水漂石、鸷鸟捕兽、势如彉弩、节如发机为喻，强调了统帅用兵如何发挥主观能动性；如何借势、造势，形成强大的军事力量并转化成强大的战场优势；如何正确处理"势"与"节"的关系，做到"势险"与"节短"的有机结合。所谓造势，就是要充分发挥战场指挥员的聪明才智，最大限度地发挥其战场上的主观能动性；就是将有限的军事力量科学组合调动起来，积蓄成相对强大的军事力量并施以灵活运用；就是最大限度地迸发出最强冲击力，实现打击敌人、战胜敌人的终极目标。造势力求势强、势险，凝聚成足以压制对手、打击对手、取胜对手的优势。同时，孙子要求形成的"势"必须正确科学地使用，那就是必须达到快速、突然，发动力求节短、迅疾。所谓"节短"，就是要求战场攻击犹如"鸷鸟之击"，也就是要在相对最近处，选择最有利点发起最猛烈的突然攻击。"势险"与"节短"相辅相成，互为辩证。"势险"是"节短"的基础和前提，是军事实力的有效集中和科学组合；"节短"是"势险"最有效的发挥，是将已经集中起来的优势，最有效地爆发出去，稳准狠地打击敌人。

柏举之战

《春秋左传正义·卷四十六》及《战国策·卷十四》中，均记载了一段著名战例"柏举之战"。柏举之战发生在公元前506年（周敬王十四年），是由吴王阖闾率领三万吴国军队，在柏举（今湖北省麻城市境内，亦有说在湖北省汉川北）一举击败楚军20万主力，继而占领楚国都城郢都的著名战役。

吴国是春秋时期长江流域下游的一个国家。吴君寿梦即位后吴国开始崛起，是南方大国，也是春秋以来吞并诸侯国最多的一个强国。翻开吴国的历史，人们会发现，吴国也是经历过一段段曲折经历，才逐步找到成功道路的。自公元前516年（周敬王四年）起，吴国一直处在内政腐败、外交乏力，而且与周边国家屡屡发生战争，矛盾不断、国力日衰的境地中。直至吴国国君阖闾得到孙武为军师、伍子胥为主帅以来，国家才得以中兴，军事实力才得到迅速提升。吴国在孙武、伍子胥二人率领下，连续灭掉已经归附楚国的诸侯方国徐国、钟吾国。坐拥取得的战绩和逐渐增强的国力，阖闾准备向强敌楚国发动进攻。阖闾的这个想法没有得到孙武和伍子胥的赞成。孙武认为：刚刚经历了剿灭两个方国的战斗，吴国将士马乏人疲，军中辎重粮草也需要重新筹备，这些客观问题都需要一段时间方能解决。因此，目前应以恢复国力、养精蓄锐为主，伐楚之战应暂缓以待战机。伍子胥也向吴王进谏：鞍马劳顿，不宜远征。

孙武和伍子胥向吴王献计：可以派出一支军队佯装大举进攻，不断骚扰激怒楚军，引得楚军全军出动。楚军出战，我军退却；楚军回城，我再挑战。就用这样的战术与楚军周旋几年，楚军必然将士疲惫，军心不稳，斗志懈怠，再加上连年折腾，辎重不济，国力衰减。届时，我们已充分了解楚军的实力和作战规律，通过几年的接触和小规模的战斗，积累了大量的战场经验，征战杀敌的战斗热情会空前高涨，将士们斗志昂扬蓄势待发，再寻找战机定能完胜。吴王采纳了孙武和伍子胥的意见，不间断地对楚国进行了长达六年之久的骚扰战术。先后袭击了楚国的夷（今安徽涡阳县附近）、潜（今安徽霍山县东北）、六（安徽省六安市北）等地，致使楚军连年疲于应战，国力、军力大量消耗，军队斗志近于衰竭。

公元前507年（周敬王十三年），蔡国国君蔡昭侯、唐国国君唐成公为报楚国勒索和被拘禁三年之仇，背离楚国并与晋国、吴国结盟，遂使楚国失去防御敌国最重要的屏障。公元前506年（周敬王十四年）春，应蔡国之请，晋、齐、鲁、蔡、卫、陈、郑、许、曹、莒、邾、顿、胡、滕、薛、杞、小邾等18国诸侯，在召陵（今河南郾城县东）会盟，计议共伐楚国。同年四月，晋国又指使蔡国出兵攻灭楚国的附庸国沈国，因此激怒了楚国，楚王遂发兵围困了蔡国。以救蔡国为名，全力进攻楚国的时机已经成熟，吴国阖闾决定抓住这一时机，发兵对楚国实施全面进攻。

公元前506年（周敬王十四年）冬，吴王阖闾亲自挂帅，以孙武为军师、伍子胥为大将，阖闾的胞弟夫概为先锋，举水陆之师三万人马，乘坐战船，由淮河溯水而上，直驱楚境。楚军统帅见吴军来解围，只得放弃攻蔡，回师防御本土。吴军与蔡军及唐军组成三国联军，继续顺淮水逆流而上。联军来到淮汭（今河南潢川境内黄国辖区）时，孙武决定让军队弃船登陆。伍子胥很觉奇怪，孙武告诉他：用兵作战，最贵出其不意、兵贵神速、奇兵致胜。吴军擅长水战楚军也是尽知的，敌人已经知道的特长就不是特长了。更何况楚军已知我溯水而上，所费时日尽在掌握，必定精心备战，以逸待劳。届时我们虽然赶到楚地，面对严阵以待的楚军，我们的优势早已时过境迁，几年来的蓄势待发，都将因时机贻误而断送。孙武强调，欲取得战争的胜利，必须善于将已经积蓄的优势、实力，有机、适时、机动、灵活地释放，这个节点必须严格掌握。于是，孙武挑选了 3 500 名精锐将士组成快速进攻部队，从陆路穿越楚国北部的大隧、直辕、冥阨等三个险隘（三地均在河南信阳市以南，河南、湖北两省交界处），直驱汉水深入到楚国的腹地，完成向楚军核心部位发动突然袭击的战前准备。

事实正如孙武所料，吴军奇兵突然出现在汉水东岸，楚昭王不知吴军意图，亦不知突然出现的吴军究竟有多少兵力，因此十分惊恐。于是，楚昭王急派令尹子常、左司马沈尹戌、大夫史皇等，集全国兵力，匆忙赶到汉水西岸，欲以优势兵力一举击退吴军。吴军见楚军举倾国之兵列队迎战，遂又老调重弹，与楚军玩起退退进进的游击战术。忽而进攻，忽而退却，搞得楚军人困马乏，气急败坏，斗志懈怠。公元前 506 年 11 月 18 日，吴军停止后退，与拥兵 20 余万的楚军在柏举对阵开战。吴军先锋夫概率五千前锋部队攻入敌阵。楚军虽众，但经吴军长期骚扰，部队斗志已经折腾殆尽，因此吴军发起进攻，楚军一战即溃。楚军主将史皇战死，子常弃军逃亡郑国。没有主帅的楚军犹如无头苍蝇，四下溃逃。吴军乘胜追击，楚军顷刻间伤亡过半。阖闾率孙武、伍子胥及三万大军于 11 月 29 日攻入楚国都城郢都，柏举之战遂以吴军完胜而结束战斗。

【管窥·释悟】

柏举之战是春秋末期一次规模宏大、影响深远的大战。吴国以三万兵力对楚国二十万兵力，对比悬殊，最终却取得胜利，给后人留下许多有益的思考。吴军取得这场战役的完胜，有几点重要启示值得我们认真领悟：一是知彼知己，把握战争节奏。在双方实力悬殊，战场不成对等的形势下，吴军采取"疲敌""扰敌"的战术，将敌人拖疲拖垮；以敌进我退、敌驻我扰的"游击"战术，打乱敌军的战略部署，涣散敌军斗志，让敌军从"一鼓作气"到"再而衰"，直到"三而竭"，实现战场上的实力转换。被动变主动，劣势变优势，吴军为决战取胜夯实了物资和精神基础。二是坚持机动灵活的战略战术。吴军在与楚军的战斗中，打破常规、奇正结合，用骚扰激怒敌人，用佯败麻痹敌人，用运动消耗敌人，用养精蓄锐壮大自己。这个战略战术，吴军整整坚持了六年。六年中，吴军以超常的信心和耐力，以机动灵活的战法，不断了解敌人、熟悉敌人，为最终战胜楚军积累经验、积蓄斗志。三是做到了"势如彍弩，节如发机"，蓄势待发，一战毙敌。六年来，吴军牢牢把握战争主动权，严格把控战场节奏。多年"马拉松"式的运动、游击战，不断地骚扰、迂回、诱击，长时间地研究、积累和捕捉，最佳战机终于现身于吴军面前。在机遇面前，孙武及吴军统帅毫不犹豫、果断出手，以迅雷不及掩耳之势，取得柏举之战的辉煌胜利。

柏举之战是一场著名的古代战例，但它的深远意义绝不仅止于一场战争的胜负。其中最重要的，是能予人以深刻的启迪，完全适用于人类所从事的各项事业。大到一场血肉横飞的战争，小到一场商战或一次论辩，可以说，如何蓄势、造势，如何适时、科学地选择施势的地点、机遇和力度，如何做到出其不意、奇兵制胜，应是我们释悟本节兵法的最大要点。

第四节　以利动之　以卒待之

【兵法·原文】

纷纷纭纭，斗乱而不可乱；浑浑沌沌，形圆而不可败。乱生于治，怯生于勇，弱生于强。治乱，数也；勇怯，势也；强弱，形也。故善动敌者，形之，敌必从之；予之，敌必取之。以利动之，以卒待之。

【解字·说文】

纷纷纭纭：杂乱而众多的样子，本文指旌旗满目，一片杂乱之状。

斗乱：在混乱中作战。

浑浑沌沌：混乱、迷蒙不清的样子，形容战场形势胶着迷蒙混淆，不易看清战场的真面目。

形圆：本文指布阵严整，周围都能应付自如。

乱生于治：乱从严整中产生。治，严整。按此下三句，言"治乱""勇怯""强弱"可以转化，是朴素的辩证法思想。

数：即前"分数"之数，本文指军队的组织编制。

形之：本文指以假象欺骗敌人。形，用作动词，示形，示之以形。

卒：兵士，本文指重兵。

战旗纷乱，士卒如云，要在混乱中作战而使军队不乱；战场迷茫，烟尘弥漫，要布阵严整，四面八方都能应付自如，不致被敌人打败。有时，混乱会从严整中产生，怯懦可以从勇敢中产生，软弱则从坚强中产生。严整与混乱，是由组织好坏决定的；勇敢与怯懦，是由态势的优劣造成的；强大与弱小，是实力对比的表现。所以，善于调动敌人的人，用假象迷惑敌人，敌人一定会听从调遣；以利引诱敌人，敌人必定会来夺取；用小利调动敌人，用重兵埋伏来等待（消灭）敌人。

【辩例·直观】

"施敌以小利，诱敌以深入，毙敌于一役"说的是要在纷繁变幻的战争中，保持清醒的战略头脑，做到有目的地了解敌人、有条件地掌握敌人、有计划地调动敌人、有节奏地消灭敌人。孙子从辩证的角度对战场进行客观分析，从混乱与严整、勇敢与怯懦、强大与弱小等对比关系中总结出"以利动之，以卒待之"的战术标准，强调这是一个国君、一个将帅或者一个具体战役、战斗或解决一个问题的指挥员、负责人，必须具备的最基本素质；强调必须善于在虚虚实实、真真假假的迷茫形势中，明辨真伪，保持定力。"利"在人生百态中，始终是把"双刃剑"。把握"利"的变换规律，认清"利"的特殊作用，才能更好地掌握战争或解决事端的主动权。下面，我们选取几例将虚名、伪道义看成是自己莫大追求和信仰，为保这虚无缥缈的所谓"君子之道""礼义廉耻"，而惨遭失败甚至丧命的负面例证，来进一步说明"以利动之，以卒待之"的深刻含义。

宋公子城与华豹之战

《左传·昭公二十一年》记载了一个故事，讲的是宋公子城与华豹的一场遭遇战。

据史书记载：宋公子城与华豹两个敌对的将领在赭丘相遇，两人都乘坐着战车。自从有了车战，弓箭便成为战斗的主要武器。因此两个敌对的将领对阵，弓弩箭矢也就很自然地成为他们攻击对方的最致命武器。华豹动作敏捷，先向公子城射出一箭，结果匆忙间箭道跑偏，没有射中公子城。华豹赶忙再次张弓搭箭，准备再射。正在此时，公子城大叫道："君子不更射，更射者鄙！"意思是说，作为君子，必须是你射我一箭，我射你一箭。你已经射我一箭了，应该轮到我射你了。如果一箭不中，不等人家回射你就再发一箭，是很卑鄙的事情，这样做是会被人瞧不起的。这本是公子城动作太慢的无奈之举，然而华豹却十分在意这个"君子"的战场礼仪，结果等来的却是被公子城一箭毙命，成为一段悲剧。

子路结缨而死

　　子路结缨而死的故事记载于《史记·仲尼弟子列传》。子路，名仲由，卞邑人，比孔子小九岁。子路生性质朴，喜好勇猛武力，心地刚强直率，头戴雄鸡样式的帽子，身佩叫作猳豚的长剑。孔子设施礼教，逐渐诱导子路，子路后来改穿儒服，送上拜师的礼物，通过孔子的门人请求做了弟子。孔子评价子路："根据片言只语就可以判决诉讼案件的，大概只有仲由吧！"孔子又说："穿着用乱麻作絮的旧袍同穿着狐貉皮大衣的人站在一起而不以为耻的，大概也只有仲由吧！"当有人问起子路的学问时，孔子评价道："仲由的学问嘛，已到了登堂的地步，但还没达入室的境界。"

　　卫灵公有位宠爱的姬妾叫作南子。卫灵公的太子蒯聩得罪了南子，因为惧怕被诛杀而逃奔宋国。卫灵公去世后，夫人南子想立公子郢为国君。但公子郢不肯，说："流亡人太子的儿子辄在此，应立辄为君。"于是，卫人拥立辄为国君，这位国君就是卫出公。卫出公在位十二年，他的父亲蒯聩居住外地，却不能进入卫国都城。于是，蒯聩与孔悝发动叛乱袭击进攻卫出公。卫出公无奈逃奔鲁国，从而蒯聩进入国都即位，成为卫庄公。此时，子路正担任卫国大夫孔悝的采邑之宰。孔悝发动叛乱时，子路正在国外办事，闻讯后飞驰前往卫国。子路遇到子羔出卫都城门，子羔对子路说："卫出公已经离去了，城门也已关闭，你可以返回，不要白白遭受那里的祸害。"有使者进入卫都城中，城门打开，子路跟随而进入。子路赶到蒯聩处，蒯聩和孔悝已登上孔宅内的高台。子路向蒯聩索要孔悝并声言要杀死他，蒯聩拒绝了子路的要求。于是，子路就准备焚烧蒯聩的高台。蒯聩很愤怒，就命令石乞、盂黡下台去打子路，结果打断了子路系帽的带子，子路的帽子落在了地上。子路说："君子死了但帽子不能脱掉（君子死，冠不免）。"于是弯腰拾帽结好帽带，就这样子路被乱刀杀死。

这段故事不惜冗长的叙述，以展示子路的品格、行为及搏斗中因帽子被打落而惨遭杀害的终极结果，目的就在于要展示给世人一个简单而深刻的道理。从子路的能力、性格、操守以及结局等多方面、多角度研究，子路的悲剧是很耐咀嚼的。仪表形象与战场规则，生死搏杀与人格尊严，死守教条与实事求是，多种矛盾体集聚一身，把子路弄得即简单又多元。因为子路是孔子弟子，又位居孔门十哲之一，名列七十二贤。尤其是子路因早年家境贫寒、生活艰苦，却非常孝顺的经历，使他在《二十四孝》故事中，成为"亲负米"故事的主人公。子路还是孔子所有弟子中年龄最大的一个，也是追随孔子时间最长的人。子路对孔子的教诲，言听计从，即便是理解有误，也无暇质疑。

正因如此，面对子路的悲剧，学界和坊间向来有褒有贬，评论不一。为人格、礼教和尊严献身？为虚荣、教条和愚昧丧命？各执一词互不相容。其实道理很简单：存在决定意识，物质转化精神，虽然二者能够相互作用，但客观存在应该还是第一位的。信仰和迷信，恪于职守和盲目愚忠，具有原则性的区别。人不能没有信仰，但必须把控好信仰的原则，一旦失控，很容易蜕变为迷信；人不可以没有信仰，但一当把信仰同迷信混淆，就会酿成子路类的悲剧。这应该是"子路结缨"留给后人最为难能可贵的一种警示吧。

泓水之战

《左传》中记载了一段宋楚间发生的战争，更能说明"利""卒"的道理。僖公二十一年至二十三年，春秋时期的宋国和楚国为争夺霸权而展开了多年的战争。公元前 638 年，宋国与楚国在泓水（今河南柘城县北 30 里处）爆发了一场被后世兵家称为"教科书"式的战争，这就是泓水之战。

公元前 643 年（周襄王九年），始霸主齐桓公逝世，各国诸侯突然间失去了能左右天下的权威诸侯。齐国因内乱而中衰，晋、秦此时也都有各自的难言之隐，暂时还都无力问鼎中原。齐桓公在世时曾极力打压的楚国，如今渐显强势，不断向中原渗透，意欲夺取霸主地位。楚国地处长江流域，素来被中原各诸侯国视为"蛮夷之邦"。如今楚国虎视中原，各诸侯国都感到巨大压力。此时，一贯以"仁义"标榜自己的宋襄公觉得是自己站出来的时候了。宋国是公爵国。在当时，诸侯阶级是以公、侯、伯、子、男定位，宋国相对他国应具有明显的地位优势。宋襄公正是这样想的，他以为宋国爵位高，地位尊显，尤其是在齐国因君位继承而引发内乱，宋国曾出兵协助齐孝公取得君位，有平定齐乱之功，如今出面领导诸侯国抗楚，一定能一呼百应。现实远非宋襄公所料，楚成王借齐国中衰、中原无霸主的机会，已将楚国势力不断向中原扩张。

公元前 639 年（周襄王十三年）春，宋、齐、楚三国聚会于齐，在宋襄公的强烈要求下，三国同意于当年秋在宋国召开诸侯大会。同年秋，宋襄公以盟主身份约楚成王及陈国、蔡国、郑国、许国、曹国、齐国、鲁国之君在孟（今河南睢县西北）会盟，齐国和鲁国借故未到。宋襄公不顾公子目夷的建议，以"仁义之君"的心理和形象，轻车简从赴会以争取诸侯国的信任，结果在会场上遭到楚成王的突袭而被擒。楚成王挟持宋襄公进攻宋国的都城商丘（今河南省商丘市西南）。宋军在太宰子鱼的率领下进行了顽强的抵抗，抑制了楚军的攻势，使楚军围困几个月久攻不下。后来，在鲁僖公的调停下，楚成王才同意将宋襄公释放回国。宋襄公回国后，耿耿于怀被楚成王擒获之辱，加之欲称霸的野心不断膨胀，遂不顾公子目夷和公孙固等大臣的劝说，于公元前638年（周襄王十四年）夏，联合卫国、许国、滕国进攻楚国的附属国郑国。楚成王闻讯后，率军队攻宋以救郑国，宋襄公无奈，只好回师迎战。当时，宋军已在泓水北岸完成摆兵布阵。从战略态势讲，宋军已经占据了战场先机，处在有利地形，严阵以待，完全能够以逸待劳。此时，楚军尚在泓水南岸，与宋军隔河相对。已担任司马的子鱼对宋襄公说："楚军兵多将广，我们的实力与之不相对等，应该在他们还没有全部渡过河时发动进攻，可以保证胜利。"宋襄公绝然反对："不行！"楚国的军队已经渡过河，但还没有摆好阵势，子鱼又建议说："楚军虽已过河，但队伍尚未形成战斗队形，此时发动攻击还是有胜利希望的。"宋襄公更加坚决地拒绝："不行！"等到楚军完全摆好了阵势，宋襄公才下令进攻，结果宋军大败，宋襄公大腿还受了伤，身边的卫士都战死了。宋国人都谴责宋襄公贻误战机，导致惨败。宋襄公却不以为然，他说："有道德的人在战斗中，只要敌人已经负伤，就不要再去伤害他，也不要去俘虏已经头发斑白（不杀二毛）的敌人。古时候打仗、指挥战斗，是不凭借地势险要取胜的。仁义之师'不推人于险，不迫人于阨（同"厄"）。'就这样，宋襄公输掉了这场本不该打，即便打，抓住战机仍有胜算可能的战争，成为"以利待之"的反面教材，为后世兵家所警戒。

【管窥·释悟】

上述三个战例有一个相似点，那就是毛泽东曾经在评价泓水之战时说过的一句话："蠢猪式的仁义"。第一个故事中华豹为避免自己成为"更射者鄙"，而甘愿坐失战机，静等公子城箭来毙命。第二个故事中子路的武功是很高的，非常人可比。战场上因不慎被打掉了帽盔，这本来不是什么要紧的事，战斗仍可继续。而子路不然，他觉得作为武士，尊严是至高无上的，不戴头盔，衣冠不整是不能进行战斗的。因此，他决定无视战斗正在进行的残酷现实，无视敌人正高举着杀人的屠刀，放弃了激烈的厮杀，而俯首拾帽，结果被敌人杀死。第三个故事更为典型，宋襄公置良好战机于不顾，为标榜自己所谓的"仁义之师"，而丧失战争的主动权，惨败溃输，重伤败阵，几个月后不治身亡，从而过早地结束了宋国的"霸主梦"。上述战例都把"蠢猪式的仁义"和教条式的道德规范当作至高无上的信条，把不择时间、地点、场合、形势而盲目追奉的所谓"礼仪""道德""尊严"当作不可改变的人生规则和最大追求，凡事皆以"大平正方"处之，其悲剧结局应该是必然的。

对比之下，发生于公元383年的那场"淝水之战"，就更显得反证有力了。面对前秦八十万大军压境，东晋统帅审时度势，绵里藏针，沉着应战，他们不顾忌一时的脸面和短暂的尊严，请求前秦军后撤几华里以外，以便东晋军渡过淝水与前秦军对阵决战。苻坚悍然下令：部队后撤一里以待与东晋军决战！两军阵前，不战自退是自古以来的战场禁戒，结果前秦军退兵如大海退潮，一溃千里不可收拾，八十万大军几近全军覆没。

华豹之死，子路被杀，宋襄公兵败泓水以及淝水之战的成败，都是围绕着一个"利"字展开。以淝水之战为例：前秦军把"速战、决战"作为最大利益，不顾战场形势和唾手可得的胜利，苦心追求和满足敌人的不正当请求，等到的必然是失败。东晋军掌握了前秦军急于求战的心理，施以"利益"，同意决战。但前提是前秦军必须后撤，以待东晋军登陆战斗。上述三例，同样都是"利益"互换，却换来不同的战争结果，道理很简单，那就是谁正确适时地掌握了兵书所讲的"兵者，诡道也"，谁能将"利益"正确适时地使用，谁就能"以利动之，以卒待之"，谁就能牢牢把握胜利的主动权。

第五节　统兵作战　择人任势

【兵法·原文】

故善战者，求之于势，不责于人，故能择人而任势。任势者，其战人也，如转木石。木石之性，安则静，危则动，方则止，圆则行。故善战人之势，如转圆石于千仞之山者，势也。

【解字·说文】

责：求，苛求。《说文解字》："责，求也。"

择：选择。

任：任用，驾驭掌握之意。

战人：同"战民"。本文指指挥士卒作战。

性：汉简作"生"，古通。

安：安稳，本文指地势平坦。

危：高而险，本文指高峻陡坡。

势：本文指在"形"的基础上造成有利的态势。

因此，善于指挥军队作战的人，总是设法求得有利的态势，而不对部属苛求责任，因而他能选择人才去利用有利的态势。善于利用态势的人，他指挥军队打仗，就像滚动木头、石头一样。木头、石头的特性放在平坦安稳处就静止不动，放在高峻陡坡上就会滚动；方的容易静止，圆的容易滚动。所以，善于指挥军队打仗的人所造成的态势，就像推动圆石从万丈高山上滚下来一样，这就是势不可当的态势。

【辩例·释悟】

透视和剖析一场战争，胜败因素可能有很多，但最重要的还应是人的因素。用对一个人，盘活一盘棋；用错一个人，可能就会招致满盘皆输的结局。正所谓"千军易得一将难求"，说的就是这个道理。

长平之战

"长平之战"在《资治通鉴·周纪》中有较为详尽的记载。这场战争发生在战国时期，秦国国君秦昭王任用了一位叫范雎的人为相。范雎向秦王提出"远交近攻"的策略，把一统中国的计划分步实施。第一步，先重点攻取距秦国较近的韩国、赵国、魏国、燕国，对相距较远的齐国、楚国暂时搁置；第二步，待征服此四国或四国形势基本平定后，再举兵征服齐国和楚国，完成中国大一统。"远交近攻"的策略不仅巩固了秦国不断取得的土地，而且有效地破坏了中原和东方诸国的"合纵联盟"，加快了秦国统一的进程。

就当时的背景而言，秦国是战国时期的一个诸侯国，地处中国西部，属较边缘化的诸侯国。秦国要发展，必须冲出巴山，走出蜀水，必须参与并赢得中原争霸的战争胜利。到秦昭王时，秦国全面加快了兼并其他六国的步伐，尤其是连续几场大战役的胜利，更加夯实了秦国一统华夏的实力。战场上的不断胜利使秦国的实力和影响力与日俱增，但是，一统中国的道路并不是那么顺畅平坦。周赧王 45 年（公元前 270 年），秦派军队越过韩国进攻赵国，结果被赵国大将赵奢在阏与（今山西和顺西北）击败。痛定思痛，秦昭王决定继续范雎"远交近攻"策略，改变作战战略。周赧王 53 年（公元前 262 年），秦国攻打并占领了韩国野王（今河南泌阳），把上党郡与韩国本土完全截断。韩国国君极为恐慌，派使臣到赵国，以上党郡的十七座城市为礼物，请求赵国出兵救韩。赵国国君孝成王与平原君赵豹（"战国四君子"之一）商议，平原君不同意收受韩国的土地。认为韩国将土地献给赵国，是一种转嫁危机的做法，是将战争灾难嫁祸给赵国，绝不可接受这份礼物。孝成王又召见赵胜和赵禹商议，二人都劝说孝成王接受韩国的礼物。他们认为，发动百万大军，经年累月的征战，也很难获得十七座城池这样的胜利，如今，人家送上门来的好事，怎么能够视而不见、拒之不受呢！孝成王采纳了这两个人的意见。赵国接受了韩国的上党郡，引起秦国的极大愤怒，决定出兵伐赵。这就揭开了长平之战的序幕。

公元前 261 年，秦昭王先是派兵攻占了韩国的缑氏（今河南偃师市南）和纶市（今河南登封市西南），以威慑韩国。之后，又于次年初，派左庶长王龁率军攻占了上党。四月初，王龁率军向长平的赵国军队发起进攻。赵国君孝成王命令廉颇迎战，几战下来，廉颇胜算不多。于是，廉颇筑起围墙，坚壁不战，以期用持久战法拖垮秦军。秦军屡屡挑战、攻城，连连受挫，一时间也只能是无可奈何。然而，孝成王对廉颇的战法很不理解，多次派人督促出战。秦昭王得知孝成王不满廉颇固守城池的战法后，非常高兴。他同范雎商议采取离间计谋将廉颇调离主帅岗位。范雎派人携带重金到赵国贿赂要人，并到处散布谣言：廉颇老矣，很容易对付，秦国目前最怕的是赵奢的儿子赵括。谣言传到了赵国孝成王耳朵里，他觉得敌人害怕的人，就是自己要重用的人。于是，孝成王不顾蔺相如和赵括母亲的反对，派赵括接替了廉颇，使赵括成为赵军统帅。

赵括曾对孝成王讲，秦军主帅王龁不是我的对手，如今他率军来犯，我一定能战胜他。于是赵括认真研究王龁的特点、特长和战法，按着研究王龁得到的资料、数据，量身定做了一套专门对付王龁的作战方案。秦昭王得知这些情况后，马上暗地里将白起任命为秦军统帅，并严密封锁白起统兵的信息。赵括不知秦军已经换将，还用制定的对付王龁的战略战术摆兵布阵。为进一步麻痹赵括，白起命令军队首战佯败，引赵军兵临城下。同时白起派出一支两万五千人的队伍突袭赵军后方，截断赵军退路；又命一支五千人的骑兵直接插入赵军与其营垒之间，将赵军主力分割成两支孤立的部队，同时切断赵军的粮道。白起又命精兵向赵军多次发起进攻，使赵军战不能胜，进退两难。无奈之际，赵军只好就地围墙垒灶，由进攻转为防御。周赧王五十五年（公元前 260 年）农历九月，赵军已经被围断粮 46 天，赵军士兵饿、战而死者不计其数。赵括虽赤膊上阵率军突围达数次之多，但仍毫无建树，结果终被乱箭射死。赵国 45 万大军全军覆没，赵国从此一蹶不振。

【管窥·释悟】

长平之战，以赵军 45 万大军全军覆没的重大代价，泣血而成了春秋战国时代一场规模最大、争战最惨烈、持续时间最长久的战争。长平之战已经过去两千五百余年，一次残酷而持久的战争留给后人许多思考的空间：如果赵国国君孝成王听从赵豹的建议，不接受韩国进献的上党郡十七座城池，不被韩国转嫁危机；如果孝成王在秦国大兵压境时，不怀疑廉颇固守城池的战略，把兵坚守；如果孝成王不轻信谣言，临阵换将撤掉老将廉颇；如果孝成王采纳蔺相如和赵括母亲的反对意见，不启用赵括；如果赵括不是仅靠纸上谈兵的将军的话，那么一切结论都将改写。但是，现实无情，历史更是无情！正如滚滚东去的江水，"逝者如斯夫，不舍昼夜"。"长平之战"告诫后人：决定战争胜负不在你有多少兵力，多少将军；不在你占据多么有利的地形和客观条件；最重要的是谁能把这些有利的条件充分利用好、使用好，真正转换为战场上的胜势。

"长平之战"留给我们最大的启迪，就是必须要审时度势，重视人才。正如毛泽东讲的那样，"干部就是决定的因素"。国家兴亡、民族强弱、集团盛衰、事业成败，乃至社会矛盾、生活困惑的存在与解决，都离不开人的重要作用，人的因素第一。"兵熊熊一个，将熊熊一窝"。尤其在不断发展、不断更新、不断衍变的历史新形势下，与时俱进的最有力抓手，就是认识人才，使用人才。这应是本篇兵法对人们尤其是处在统帅或领导岗位的人们的殷切期冀吧。

第六篇

虚实篇

　　本篇以虚实为介入手段，重点论述"致人而不致于人""避实而就虚""因敌而制胜"等作战指导思想。《虚实篇》着重强调先发制人、以逸待劳和避实击虚的作战原则。本篇旨在要求统兵将帅、指挥员及兵家学者，理会并熟练掌握"兵无常势，水无常形"的用兵规律，主动灵活地运用兵法战策，夺取战争的胜利。

第一节　待敌者佚　趋战者劳

【兵法·原文】

孙子曰：凡先处战地而待敌者佚，后处战地而趋战者劳。故善战者，致人而不致于人。能使敌人自至者，利之也；能使敌人不得至者，害之也。故敌佚能劳之，饱能饥之，安能动之。

【解字·说文】

处：占据。《御览》作"据"。

佚：散失。如佚书，佚名。《公羊传·成公二年》"倾公（人名）用是（因此）佚而不反（同'返'）"；放荡。《商君书·说民》"礼乐，淫佚之征（召，引到）也"；同"逸"，安逸，安闲。《孙子兵法·军争篇》"以近待远，以佚待劳"；同"迭"（dié），交替地，轮流地《汉书·扬雄传》"为人简易佚荡"。本文同"逸"，从容、安逸之意。

致人：调动敌人。

致于人：被敌人调动。致，招致，引来。

利之：以利引诱敌人。

害之：牵制敌人。害，妨害。

孙子说：凡是先占据战场阵地而等待敌人的，就从容安逸；后到达战场阵地而仓促应战的就被动疲劳。所以，善于打仗的人，能调动敌人而不被敌人所调动。能使敌人自己来的，是以利引诱了它；致使敌人不能前来的，是因对其牵制妨碍了它。所以，敌人安逸就要使它疲劳，敌人饱足就要使它饥饿，敌人安守就要设法调动它。

【辩例·直观】

既为战争就有胜负得失，就有优势劣势之分，就有对战场上变幻莫测形势的把控。孙子认为：要想取得战争的最后胜利，真正做到"致人而不致于人"，最关键的是把握战争的主动权。两军对垒，"先处战地而待敌者佚，后处战地而趋战者劳"。就是说，战场上谁先做好了充分的准备，谁就能有计划地调动敌人。换言之，就是谁把握了战场上的主动权，谁就能做到从容对敌以逸待劳，谁就能取得战争的主动权。同理，谁在进行无准备的战争，谁在打无准备之仗，谁在战场上丢失了主动权，谁就必然输掉战争的胜利。因此，孙子强调：作为一个优秀的统帅或战场指挥员，必须要充分、准确地掌握战场上的信息；必须要擅长争取"利"、规避"害"的手段；必须做到有机调动敌人，有效利用敌人（包括敌人的错误）；做到"敌佚能劳之，饱能饥之，安能动之"，让敌人按着你的指挥棒转，用你的手去拨动敌人的"算盘珠子"，从而做到灵活地避实就虚，主动地避实击虚，把胜利的主动权稳稳地抓在手里。

城濮之战

"城濮之战"是记载于《史记·晋世家》中一段非常精彩的战争案例。这个战例在《左传》中也有详细的记载，后来被历代兵家所传颂借鉴，并被誉为春秋战国十大著名战例之一。城濮之战是周襄王二十年（公元前 632 年），晋、楚两国在卫国城濮（今山东鄄城西南）地区，为争夺中原霸权而进行的一场大战。晋、齐、秦、宋和楚、陈、蔡、许、郑等多国参加了这场战争。战争以晋方胜利，并使晋文公成为中原盟主为结局。

周襄王十六年（公元前 636 年），流亡在外的晋国公子重耳，在秦穆公帮助下回到晋国并取得王位，取王号晋文公。晋文公即位后，对内修明政治，对外广交朋友。仅短短几年，晋国的政治、经济、外交尤其是军事实力都得到了快速发展。这时，已经背楚降晋的宋国，因楚国伐宋而向晋文公求救。面对楚国伐宋，宋国告急求援的形势，晋文公综合众意，决定出兵救宋。理由很直白：不救宋国，宋国必亡。宋国战败，必要投楚。楚宋联合，必将威胁将来晋国夺霸之路。但晋国的实力毕竟不敌楚国，晋文公决定采取有计划地调动楚国，充分发挥战场上主观能动，变被动为主动的战略，战胜楚国。

晋文公五年（公元前 632 年）正月，晋国调集兵力开赴晋国与卫国的边境，先占领卫国，又攻破曹国。晋文公想以此计来调动楚国弃宋救卫、曹。然而，楚成王对此不理不睬。因为，早在春秋前期，楚国就曾经采取过“围许救郑”的战略，现在晋国重蹈旧辙，当然瞒不过楚成王。楚国不但不撤围，而且还加大了进攻宋国的力度。晋国此时若进攻楚国，齐国、秦国等大诸侯国均不会主动参与，自己势单力孤很难取胜。晋文公的中军先轸提出先争取齐国、秦国参战的策略。于是，晋文公让宋国准备重礼送给齐、秦两国，请求两国援救宋国，并出面到楚国调停和解，然后，再将刚刚取得的卫、曹土地，补偿给宋国。晋文公清楚，楚国绝不会接受齐、秦的调停，更不会同意把卫、曹的土地送给宋国。这样一来，齐国、秦国遭楚国拒绝，一定会恼羞成怒，加之宋国的重礼，齐、秦必然会出兵帮助宋国。一切均如晋文公所料，齐国、秦国加之宋国组成讨楚联军，晋、楚集团双方实力发生了根本变化。

楚国军事统帅子玉无视眼前发生的形势变化，他认为：晋文公虽然精明，但所统之兵乃四国组合，"乌合之众"，不堪一击，因此决意要战。面对晋国联军，子玉又想出了一个计谋。子玉派遣楚国大夫宛春出使晋军，对晋文公说：如果晋国准许曹、卫复国的话，楚国也将从宋国撤军。子玉这一招可谓"一石三鸟"：楚国提出撤宋国之围而换取曹、卫复国，理由冠冕堂皇；晋国出兵，目的就是要解宋国之围，宋国解围，晋国联军就可不战自散；晋国答应楚国要求，就要撤军，曹、卫复国更会感恩于楚，楚国就可"一计定三国"。此外，晋国未与楚国交战便兴退兵，已经到手的曹、卫领地还得放弃，出师无功，势必降低晋国在诸侯中的威信；倘若晋国不答应楚国要求，宋国之围不解，曹、卫之国不复，则三国都会结怨于晋国，而且诸侯也会指责晋国无礼取闹。晋国无端造成这么大的积怨，还怎么组织力量去同楚国争霸主呢？ 为化解子玉的计谋，晋军大夫先轸提出了一个与子玉针锋相对的策略。先轸提出分两步以应对子玉的计谋：一是晋国私下许诺曹、卫两国复国，曹、卫得到晋国给与的实惠，必然会近晋而远楚，这样一来，楚国就没有不从宋国撤兵的理由；二是拘留楚国使者宛春，以激怒楚国，迫使楚国与晋国开战。事情果如先轸所料，子玉大怒，立即撤掉围困宋国的部队，合兵一处，北上寻找晋军决战。晋文公见子玉中计，下令晋军向北撤退。子玉见晋军不战而退，以为是晋军胆怯，急命全军火速追赶。晋军退到曹国国都后，晋文公命令晋军再"退避三舍"（每舍为30里，三舍即90里），避其锐气，疲惫楚军，以助长子玉的傲慢、轻敌，达到后发制人的目的。此时齐国、秦国和刚刚解围的宋国都率主力加入晋军战列。晋文公五年四月初二，晋、齐、秦、宋联军组成上、中、下三军，与楚、陈、蔡、许国联军组成的左、中、右三军，在城濮（今山东鄄城西南的临濮集）以南的开阔地摆开战场，一场大战即将开始。

晋文公与联军将帅们经过仔细观察和分析研究，将楚联军右军的陈国、蔡国确定为首攻重点方位。于是，命令晋军左翼的下军，率先攻击楚联军之右军。陈、蔡两国军队很快便失去战斗力，右翼军队溃不成军。紧接着，晋上军用战车拖着树枝扬起漫天尘土，佯装败退，诱使楚左军疯狂追赶，误中晋军埋伏，被晋左军拦腰截杀，晋军的上军也趁势回兵夹击，楚左军抵抗不住，很快就败下阵来。子玉见大势已去，赶忙守住中军退至山谷，才避免全军覆没。面对残兵败局，子玉感到无法向楚成王复命，同时也深为自己的骄狂和大意而感到无地自容，于是拔剑自刎。

【管窥·释悟】

城濮之战，晋文公使用计谋制造矛盾、利用矛盾，根据战场形势奇正结合、以变应变，牢牢把控了战争主动权，取得了战争的最后胜利。城濮之战是春秋末期对中原战局产生重大影响的一场会战，也是决定晋文公在诸侯中领袖地位的一场关键之战。史实证明：一切争端的胜负，无不充满着智慧和计谋，谁能知己知彼，谁能做到实事求是，谁能有机地化解战场或日常争端中的各种不利因素，蓄力打力，借力发力，谁就能有机地把握战场或任何争端中的主动权，谁就将笑到最后。

第二节　攻而必取　守而必固

【兵法·原文】

出其所必趋，趋其所不意。行千里而不劳者，行于无人之地也。攻而必取者，攻其所不守也；守而必固者，守其所不攻也。故善攻者，敌不知其所守；善守者，敌不知其所攻。微乎微乎，至于无形；神乎神乎，至于无声，故能为敌之司命。进而不可御者，冲其虚也；退而不可追者，速而不可及也。故我欲战，敌虽高垒深沟，不得不与我战者，攻其所必救也；我不欲战，虽画地而守之，敌不得与我战者，乖其所之也。

【解字·说文】

必趋：本文指敌人必去救援的地方。曹操注："使敌不得（不）相往而救之也。"又注："攻其所必爱，出其所必趋，则使敌不得不相救也。"必，必须、必定。趋，奔赴。

劳：汉简作"畏"。

微乎：微妙啊。《尔雅·释诂》："式微式微者，微乎微者也。"郝懿行《义疏》："《孙子·虚实篇》云'微乎微乎，至于无形'语意本此。"按："微""神"，微妙、神奇，言不可测，难以琢磨。

司命：主宰命运者，本文指掌握命运的人。

冲：袭击。

追：汉简作"止"。

速：汉简作"远"。

必救：必定救援之处，本文指要害之地。

画地而守：随便据地而守，喻防守容易，不必设防，在地上随便划出界限来防守就行了。画，界限，本文指划出界限。

乖：违背、相反，本文指将敌引向别处去。

之：往。

出兵要攻击敌人必去救援的地方，袭击敌人预料不到的地方。行军千里而不劳累，是因为行进在敌人没有设防的地方；进攻而必定能够取胜，是攻击了敌人没法防守的地方；防守而又坚定稳固的，是因为防守了敌人没法进攻的地方。所以，善于进攻的，使敌人不知道防守哪里；善于防守的，使敌人不知道进攻哪里。微妙啊！微妙啊！微妙到看不出一点形迹。神奇啊！神奇啊！神奇到无声无息。这样，就能成为敌人命运的主宰者。前进而使敌人无法抵御的，是因为袭击到它空虚的地方；撤退而使敌人无法追击的，是行动迅速而敌人追赶不上。所以，我军想打时，即使敌人高垒深沟坚守，也不得不出来同我交战，是因为攻击了敌人一定要去救援的地方；我军不想打时，随便画一条线来防守敌人，敌人也无法同我军交战，是因为把它进攻的方向改变了。

【辩例·直观】

孙子在本层次中用了诸多笔墨，着重强调的是如何"出其所必趋，趋其所不意"。

所谓"出其所必趋，趋其所不意"，意思很清楚：就是要求统兵为将帅或指挥员者，必须特别清楚"避实击虚"的攻守原则；必须正确地抉择好攻击的目标、攻击的方向、攻击的顺序和攻击的力度；必须坚持明确的作战指导思想，知彼知己，有机地避开敌人锋芒，选准敌人薄弱且又至关生死存亡的关键部位，做到击一隅而牵动全局，积一胜而致敌全盘被动。做到上述这些的关键，就在于能否做到有机地调动敌人，灵活地利用敌人，借用敌人的弱点来征服敌人。北宋著名学者梅尧臣曾对孙子的这段话做过解释，他说："善攻者，机密不泄，善守者，周备不隙。"曾为《孙子兵法》作注的宋人王皙也注解道："善攻者，待敌有可乘之隙，速而攻之，则使其不能守也；善守者，常为不可胜，则使其不能攻也。"两人虽说法不同，但意思相近，说的都是攻守问题，强调的都是要攻而必取，守而必固。无论是古代战场，还是现代战争乃至当今发生在人们之间的各种矛盾、争端，这个观点都具有普遍的指导意义。

中央红军在第五次反围剿失败以后，被迫实施战略转移，进行艰苦卓绝的长征。长征初期，由于"左"倾领导人的错误指挥，仅湘江之战一役，红军就丧失了五万人之多，队伍从八万余众锐减到三万余人。1935 年 1 月，中共中央在遵义召开了政治局扩大会议，结束了王明"左"倾机会主义路线的统治，确立了毛泽东在红军中的领导地位。从此，红军有了科学的领导和正确的前进方向。毛泽东不但是一位伟大的政治家，更是一位伟大的战略家、军事家。在漫漫长征路上，包括后来在抗日战争、解放战争和抗美援朝战争中，毛泽东一次次出神入化的高超指挥艺术，堪称战争经典。

四渡赤水

　　赤水河位于云南、贵州、四川三省交界处，河身由西向东经茅台转而向北，汇入长江。与赤水河平行东去也汇入长江的还有一条大河，这条河就是乌江。在赤水河与乌江之间坐落着遵义；从乌江再南下 90 公里就可到达贵州省会贵阳；从赤水河进入长江口的上游泸州约有百里路程，再往上行进 200 多里便是宜宾。宜宾位居长江上游，是金沙江与岷江的交汇处，这就是当年毛泽东和中央红军九曲迂回的地理环境。就是在这样的复杂环境中，毛泽东指挥数万红军，以川、黔、滇边界为战场，导演出四渡赤水这样的千古绝唱。

　　遵义会议以后，中共中央、中革军委决定由遵义地区北上，渡过赤水河西进至泸州再北渡长江，进入西北地区与红四方面军会师。当时还议定，如渡江不成，便暂时留在赤水北的川南一带伺机再行西进，从宜宾北渡长江上游的金沙江。1 月 19 日，中央红军第一、第三、第五、第九四个军团分三路从遵义地区出发，向赤水河东岸的土城前进。红军攻占土城后，计划以彭德怀的三军团、董振堂的五军团再在此地打一个漂亮的速决战。因为情报出现了重大失误，毛泽东当机立断，撤出战斗，果断决定：放弃北上入川与红四方面军会师的计划，改取以川、滇、黔边境为发展地区，用不断取得的胜利来打开局面，争取由黔西向东发展。29 日上午，红军首渡赤水河向川南的古蔺、叙水进发。利用与敌机动周旋，红军在扎西赢得了修整和整编的机会，为二渡赤水做好了准备。

知道红军在扎西修整，蒋介石十分恼火，立即重新调整了部署，将薛岳兵团与滇、黔两省军队合并组成第二路军，任命龙云为总司令，薛岳为前敌总指挥，会合川军一起，企图将红军围歼在长江以南、横江以东、叙永以西地区。2 月 9 日，敌军从东、南、北三个方向逼近扎西。为摆脱蒋军的合围，毛泽东决定红军东渡赤水河，杀他个"回马枪"，然后再向国民党兵力薄弱的黔北地区发展。18 日至 21 日，红军分别由太平渡、二郎滩渡过赤水河。渡河后，毛泽东以一部分兵力向温水方向开进，给敌人造成方向错觉，同时亲率主力向桐梓地区快速挺进。红军二渡赤水回师黔北，完全出乎蒋介石的预料，他急令川军三个旅由扎西改向，转而向东追击红军。又命遵义及其附近黔军速向娄山关、桐梓增援。蒋介石又命嫡系吴奇伟率领第一纵队两个师，由黔西、贵阳地区北上向遵义开进，企图阻止并将红军围歼于娄山关或遵义以北地区。24 日，红军重新占领桐梓后，毛泽东命令红一军团与红三军团继续向娄山关快速挺进，不惜一切代价攻占娄山关。五日内，红军连克桐梓、娄山关、遵义，击溃和歼灭敌军两个师又八个团，俘虏敌军 3 000 余人，装备得到了有力的补充，部队一扫湘江之战以来的沉闷，重振了将士们的士气。毛泽东感慨填词《忆秦娥·娄山关》："西风烈，长空雁叫霜晨月。霜晨月，马蹄声碎，喇叭声咽。雄关漫道真如铁，而今迈步从头越。从头越，苍山如海，残阳如血。"

红军成功二渡赤水，令蒋介石更加恼火。3月2日，蒋介石从汉口飞往重庆，亲自策划新的围攻阻截计划。按着蒋介石的意图，阻止红军东渡乌江，在遵义、鸭溪狭小地区设立战场，南北夹击，消灭红军。鉴于蒋介石的围堵计划，3月5日，毛泽东及中革军委做出以红九军团在桐梓、遵义地区吸引川军向东迂回，主力则由遵义西进白腊坎、长干山一带寻机歼敌。15日，因敌情变化红军遂放弃攻击行动转兵向西，于3月16日至17日，在茅台镇及其附近三渡赤水河，再次向古蔺、叙水方向迂回前进。在成功完成三渡赤水之后，蒋介石认为毛泽东一定会北渡长江。因此，急忙调兵遣将，向川南地区集结，妄图在古蔺地区围歼红军。看到蒋介石大军集结川南，毛泽东感到又一次成功调动的喜悦。他同中革军委领导一起果断决定，乘敌不备，掉头东进，在赤水河东岸寻求机动。为了迷惑敌人，毛泽东派一个团虚张声势，造成部队要向古蔺前进的态势。同时，红军主力则由镇龙山以东地区突然折向东北，于3月21日从古蔺经二郎滩、九溪口、太平渡等渡口，四渡赤水河。28日，突破鸭溪至白腊坎间的敌军封锁线，进至乌江北岸。31日，抢渡乌江，把几十万敌军统统甩到了乌江以北。4月2日，红军派一部佯攻息烽，主力进军扎佐，逼近贵阳。红军近逼贵阳吓坏了蒋介石和前来"保驾"的孙渡等将军，大家从四面八方的防区云集贵阳，正中毛泽东"调虎离山"的计谋。毛泽东计划从金沙江渡江北上，但此计划必须以有效调动蒋军，尤其是将滇军从防区调动出来为前提。所以毛泽东布下了红军逼近贵阳的阵势，逼迫滇军等迅速向贵阳靠拢。此时的路线图是：滇军由西南而往东北的贵阳疾进，红军由东北向西南与滇军相向而行，直指云南省会昆明。当蒋介石发现上当，急命千里驰援昆明时，时间已经过去十余天。红军在毛泽东及中革军委的领导下，凭借七条小船，用了九天九夜，巧渡金沙江，胜利越过长江天险，实现了渡江北上抗日的战略意图。

【管窥·释悟】

四渡赤水之战，是毛泽东军事思想在战场上的神来之笔；是中央红军转危为安，实现北上抗日战略意图，在毛泽东及中革军委亲自领导和部署下实施的一次成功战役；是毛泽东及红军优秀指战员运用运动战，有机调动敌人，寻机打击敌人的一次重大实践；是演绎孙子"出其所必趋，趋其所不意""行千里而不劳者，行于无人之地""攻而必取者，攻其所不守也""故我欲战，敌虽高垒深沟，不得不与我战也，攻其所必救也；我不欲战，虽画地而守之，敌不得与我战者，乖其所之也"战法的成功实践；是古代兵法理论同当代具体战争实践结合得最成功的战例，也是我们面对战争与和平，面对矛盾与和谐，面对工作与生活的不可多得的一本教科书。

第三节　集中优势　各个击破

【兵法·原文】

故形人而我无形，则我专而敌分。我专为一，敌分为十，是以十攻其一也，则我众而敌寡；能以众击寡者，则吾之所与战者，约矣。吾所与战之地不可知，不可知，则敌所备者多；敌所备者多，则吾所与战者，寡矣。故备前则后寡，备后则前寡，备左则右寡，备右则左寡，无所不备，则无所不寡。寡者，备人者也；众者，使人备己者也。

【解字·说文】

形人：使敌人现形，本文指使敌人暴露。人，敌人。

无形：隐蔽真形，不暴露自己。按此句汉简作："善将者，形人而无形。"

专：专一，集中。

约：少，本文指弱小。

不可知：汉简无此三字。

汉简、《太平御览》作："无不备者，无不寡。"

所以，要使敌人暴露而我军毫不暴露，那样我军兵力可以集中，而敌人兵力就会分散；我们兵力集中在一处，而敌人兵力分散在十处，这就是以十倍兵力去攻击敌人了，这就造成了我众敌寡的态势；能做到以众击寡，那么与我军交战的敌人就少了。我们要进攻的地方，敌人不知道，那么敌人防备的地方就多；敌人防备的地方多，这样，和我们交战的敌人力量就单薄了。所以防备前面，后面的兵力就薄弱；防备后面，前面的兵力就薄弱；防备左边，右边的兵力就薄弱；防备右边，左边的兵力就薄弱；处处都防备，就处处兵力薄弱。兵力薄弱，是因为分兵防备敌人；兵力充足，是因为使敌人分兵防备我们的结果。

【辩例·直观】

战争双方一旦形成军事对峙，其综合实力总体上经常是大相径庭的。一般来讲，强弱悬殊、比差鲜明的敌对双方是很难形成规模战争的。但是在生活和实践中，与这个看似不变规律矛盾甚至严重冲突的事例却比比皆是。例如在古往今来的战例中，那些发动侵略与反侵略者之间的战争就是典型战例。可以肯定地讲，尽管这类战争双方实力不成比例，甚至悬殊巨大。但在争取民族独立，维护国家和平统一的战争中，虽然身处弱势，只要不甘灭国、不畏牺牲，敢于向敌人发出愤怒吼声并坚持不懈，战争的最后胜利一定属于他们。因为他们是在为国家民族的独立与和平而战，为维护人类的公平与正义而战，正义战争必定会得道多助，必定会取得最后的胜利。孙子以"我专为一，敌分为十"的形象数字，将敌我双方战场态势和积劣为优、以弱胜强的战术原理做了逼真阐述。分一为十，合十为一，就是强调作为兵家统帅，必须要清楚自己的实力和战场形势。无论敌人何等强大，都要坚持集中优势兵力，各个击破敌人的战略战术，改变双方实力，改变战争胜负。

孟良崮战役

1947年3月中旬，蒋介石调集三个机动兵团向山东解放区大举进攻，对华东野战军形成弧形包围的态势。为了扭转国民党军大兵压境的局面，改变国共双方战场上的实力态势，陈毅、粟裕经中央军委批准，决定采取分散敌军主力，集中优势兵力，打一场漂亮的歼灭战。

打击的最佳对象，就选择了骄狂不可一世的张灵甫及其 74 师。粟裕在华野各纵队指挥员会议上讲解了将要围歼 74 师的理由和要点。粟裕强调：第一，74 师是国民党军五大主力之一，是蒋介石的王牌军，又是这次向华野进攻的急先锋和骨干。74 师在敌军中处于举足轻重的地位，歼灭 74 师，除了能够有效削弱敌军实力，还能够起到震慑敌军，鼓舞我军士气的巨大作用。第二，选择蒙阴、沂水地区作为主战场，主要是考虑此地区多为岩石山区，地形复杂。74 师是美式装备、现代化机动能力较强的部队。重武器、重装备较多，进入山区作战，74 师的装备优势不但发挥不出来，而且还会成为负担。我们用策略将 74 师引到突出位置，让他与敌军左右翼部队出现较大的空隙，然后我军可利用山区，采取隐蔽穿插、占据有利地形、分割两翼、截断退路、正面突击、四面包围和阻击南北敌军各部援军的战法。在坦埠以南、孟良崮以北地区，将 74 师从敌人重兵集团中分割出来，集中优势兵力，予以歼灭。第三，张灵甫自恃兵强马壮，屡立战功，且有几次战胜华野的经历，因此在国民党军中，一向骄横跋扈，与国军各部积怨较深，矛盾很大。尤其在争任 74 师师长时，张灵甫与好几个高级将领之间都有难以调解的矛盾。正因如此，在我军围歼 74 师时，其余各部虽然不会见死不救，但也不会争先恐后、齐心合力、奋勇救援。因此 74 师即便再顽强抵抗，也不过是做困兽犹斗，届时我们即可实现围歼 74 师于孟良崮的战略意图。

按当时敌我两军的兵力对比，我军在鲁中只有 9 个步兵纵队和一个特种兵纵队。敌军拥有 17 个整编师，兵力大大地超过我军，如果盲目与敌军决战，根本没有胜算可能。鉴于此，陈毅、粟裕遵照毛泽东和中央军委的意见，采取了分散与集中结合的战术，千方百计把敌人握紧的拳头拆开，同时激怒蒋介石，强化他找我决战的欲望。造成这样一种形势，好大喜功的张灵甫一定担心别人抢功，必然一马当先，单兵突进，一定会不请自来地钻到我军主力包围圈中。陈毅、粟裕12日晨下达命令，正在东移的各部队立即调转方向，迅速向西回师挺进坦埠以南地区，形成围歼74师的包围圈。陈毅、粟裕命令第一、第四、第六、第八、第九纵队和特种兵纵队担任主攻，第二、第三、第七、第十纵队担任阻援。同时又命令地方武装积极出动，牵制各路援军及临泰公路沿线敌军对后方的骚扰和破坏。

　　5月13日，孟良崮战役正式打响，各纵队按统一部署，在不同位置同一时间向74师发起猛攻。战斗异常激烈，74师已经被压缩在孟良崮几个山头上，而且只剩下垛庄一条退路了。此时的张灵甫完全没有把华野的进攻太当回事，他甚至固执地以为，自己扼守在孟良崮，等到其他各路援军到来，正好内应外合，给华野"包饺子"。陈毅、粟裕早就料到张灵甫的这种心理，战役开始之前，就在国民党几十万大军附近埋伏了一支两万余人的奇兵，这就是素以"虎将"著称的王必成及其率领的曾经遭遇过整编74师重创的第六纵队。此时陈、粟首长命令六纵穿越重峦叠嶂昼夜兼程，由鲁南向鲁中疾速前进，迅速占领垛庄，截断74师唯一退路，实施对该敌的包围歼灭。15日下午，华野发起对74师的总攻。激战至16日拂晓，整编74师只剩下芦山、孟良崮主峰等几个山头。16日上午，华野攻占了芦山、雕窝，张灵甫主阵地已全部丢失。至下午2时，王必成率领第六纵队与友邻部队合力攻下张灵甫最后的堡垒——张灵甫74师指挥部。骄狂至极的张灵甫饮弹而亡。震惊国民党朝野的孟良崮战役，以我军伤亡 1.2 万，敌军伤亡三万余众，整编 74 师上至师长毙命，下至军卒马夫非死即俘、无一漏网的骄人战绩而结束。

孟良崮战役是我军贯彻毛泽东 "运动战" "游击战" 和 "集中优势兵力，各个击破" 军事思想的一次示范性实践。也是演绎了孙子的使敌人暴露而我不暴露，使敌人分散而我不分散；把敌人兵力分散成十处，而我们兵力集中一处，形成我军以十倍兵力攻击敌军的强大优势；把敌军分散到前、后、左、右，我军的兵力就因此而显得充足了等军事原理的典型战例。孟良崮战役我军参战部队 27 万，而支援前线作战的民工竟有 90 万之多，平均三个多民工负责一个华野将士，人心民气关乎战争成败，也是形成我军优势力量的重要因素。

【管窥·释悟】

孟良崮战役是一场激烈残酷的军事斗争，也是一场集中优势兵力各个击破的典型战例。孟良崮战役的成功启示，就是告诫人们：无论多么粗壮、硕大的手指，都难抵若干个握紧的拳头；"枪打出头鸟" 所产生出的威慑，远远超过击散一群鸟的作用；"兵合一处，将打一家"，"骄兵必败" 是后人必须引以为戒的经验和教训。战役同时也无可辩驳地证明一个战争逻辑：真正强大的绝不仅仅是兵员的数量和装备上的精良，人的因素第一！尤其是被信仰武装起来具有较高政治觉悟和军事素质的人们。不管是如火如荼的战争岁月，还是风和日丽的和平年代，充分挖掘、调动和发挥人的因素，永远保持相对优势力量，都是至关重要的取胜或成功前提，都是不可或缺的基础和条件。

第四节 审时度势 有的放矢

【兵法·原文】

故知战之地，知战之日，则可千里而会战。不知战地，不知战日，则左不能救右，右不能救左，前不能救后，后不能救前，而况远者数十里，近者数里乎！以吾度之，越人之兵虽多，亦奚益于胜败哉？故曰：胜可为也。敌虽众，可使无斗。

【解字·说文】

以上"左""右""前""后"顺序，汉简作"前""后""左""右"，与上段同，疑是。

度：推测，推断。

越：越国。当时吴、越为敌国，孙武为吴王论兵法，将越国当作预案的作战对象，即以越国为目标进行有的放矢的研究、演练。

奚：疑问词，当何、岂讲。

胜可为：胜利可以争取得到。按《军形篇》中说"胜可知，而不可为"，强调胜利可以预见，但不能只凭主观愿望去取得，必须具备一定的客观物资基础。此处言"胜可为"，是说在具备了一定的客观物资基础上，只要将帅充分发挥主观能动性，就能争取胜利。这两处并不矛盾。

可使无斗：本文是说可以使敌人失去战斗力。无斗，不能斗。

所以，能预知交战的地点和交战的时间，那么，即使行军千里也可以去同敌人会战。不知道该在什么地方打，不知道该在什么时候打，就会左翼救不了右翼，右翼也救不了左翼，前面不能救后面，后面也救不了前面，何况远的有数十里，近的也有好几里呢！依我分析，越国的军队虽多，对于决定战争胜负又有什么补益呢？所以说，胜利是可以造成的。敌兵虽多，可以使它失去战斗力。

【辩例·直观】

无论是大的战役，还是小的战斗；无论是去距离较远的地方，还是在附近的地方开战，作为统帅或指挥员都必须保持清醒的头脑，必须清楚地知道与谁打，什么时间去打，在什么地方打，用什么样的武器，采取什么样的战术打，否则就将会出现前后不能照应，左右不能兼顾，上下不能呼应，部队被分割歼灭的严重后果。

昭忌说秦王罢兵

昭忌说秦王罢兵出自《战国策·秦攻韩之管》。战国时期，秦军发兵进攻韩国的管城。韩国向魏国求救，魏王同意，并出动军队前往魏国救援。

魏国大臣昭忌劝阻魏王说："秦国是当今强国，韩、魏两国都与之接壤。若秦国出兵，不是攻打韩国，就是攻打魏国。如今庆幸秦国攻韩，未攻魏国，如我们出兵援韩，势必引火烧身，结果既救不了韩国，还会引来秦国转攻我大梁。"魏王不以为然："如果不去救援韩国，韩国一定会怨恨魏国。韩国不敌秦国，一定会与秦国讲和并与之结成联盟。一旦秦、韩结盟，魏国岂不更危险了！"遂不听昭忌劝告，继续驱兵前往救援韩国。秦国见魏国发兵来救韩国，非常愤怒。于是，暂时放弃进攻韩国的管城，转而向魏国大梁进军。

看到秦国弃韩攻魏，魏王十分恐惧，急招昭忌商议对策。魏王对昭忌非常歉疚地说："没有采纳爱卿的意见，真的招来了这么严重的祸患，现在秦军大兵压境，我们一定不是他的对手，一旦开战，魏国必败，事到如今，我们该怎么办呢？"昭忌说："事已至此，后悔是没有用处的。我们要认真分析形势，审时度势，制定对策，避免对魏国不利的事情发生。现在我前去秦国，说服秦王罢兵。"

昭忌代表魏王来到秦国，求见秦王。昭忌对秦王说："我听说贤明的君主都不怀私心，都愿意倾听各种意见，然后进行综合分析以为参考。希望大王能听从我的劝告，不要进攻魏国。"秦王问："为什么？"昭忌反问道："山东各国的合纵联盟时合时分，大王知道是什么原因吗？"秦王回答："不清楚。"昭忌接着说："各国之所以结为联盟，是因为大王的攻击目标不确定；联盟解散是因为大王的攻击目标已经确定。这次大王进攻韩国的管城，韩国已经十分危急。可是大王还没有结束韩国的战事，就转而攻击魏国的大梁，这不就是间接地促使各国组成反秦的合纵联盟吗！各国都会认识到自己国家无论如何都不可能满足秦国的要求，必然要实行大联合以共同抗秦。"秦王觉得昭忌说得很有道理，让他继续讲下去。昭忌接着说："为今之计，诸国中，赵国对秦国最具威胁，不如先削弱赵国。如果秦国控制了赵国，燕国就不敢不臣服于秦国。楚国、齐国都是'孤掌难鸣'，根本组织不起来合纵战线。到那时，各诸侯国便会争先恐后地讨好、侍奉秦国，这样一来，各诸侯国的实力都会自然而然地消减。大王想一想，是不是这个道理呢？"秦王听了昭忌的一番演讲，很受启发，茅塞顿开。于是下令停止进攻魏国。

昭忌审时度势，认真研究了当时的战国博弈形势，尤其是认真研究了秦王的心理动态。精准投掷，一语中的，化险为夷，解除了魏国面临的战争危急，成为审时度势、有的放矢、不战而屈人之兵的典型案例。

甲午之殇

1894年9月17日，在中国黄海北部鸭绿江口大东沟海域爆发了一场大规模的海战，这就是著名的黄海海战，也叫中日甲午海战。在这场中日海军的巅峰对决中，号称"亚洲第一"的北洋水师全军覆没。北洋水师为什么会出现全军溃败的悲惨结局？甲午海战失败的原因究竟有哪些？我们应从甲午海战中领悟些什么？

解析甲午海战类海战失败的原因，挖掘战役惨败的教训，是我们研究兵法、辩例释悟的重要目的和主要方法之一。我们知道，海上作战的主力是军舰。一般而言，决定军舰性能的主要标准有四大要素，即吨位、航速、火力和装甲质量。从这四点着眼，北洋水师从德国购进的舰船除装甲厚度略占优势，其他三方面均处劣势，尤其在舰船总吨位和单舰吨位方面更显突出。日本联合舰队的总吨位约为七万吨，而北洋水师的舰船总吨位仅为四万吨。日本海军舰船不仅总吨位大，而且单体舰船吨位也占据明显优势：3 000 吨以上的军舰多达 9 艘，而北洋海军除了两艘 7 000 吨级的铁甲舰，其他的都是 3 000 吨以下的舰船。不仅如此，北洋水师开战前十年间，竟没有再添置一船一舰，现有舰船都是十年前甚至更久的老舰。日本方面则不然，自长崎事件后，日本全国上下省吃俭用疯狂造船购舰。正值清朝政府将大量军费转用于修建颐和园这类的行宫别院之时，日本除自己大量研制舰船外，还从国外购进大量先进军舰。此时的日本海军，不仅船体新，而且性能好，战斗力远远强于北洋水师。当时海军舰船使用的能源主要是煤炭，负责供应舰船煤炭的煤矿主要是中国的开平煤矿。开平煤矿生产的原煤有较严格的等级界限，价位也有很大的悬差。在各等级煤炭中，最为优质的应属"五槽煤"，是最适合舰船使用的燃料，最差的要数"八槽煤"。日本舰船使用的都是"五槽煤"，燃点高、能量大，推进舰船动力能力强。而北洋水师则不然，因为军费捉襟见肘，只能使用廉价、劣质的"八槽煤"。由于舰船质量和能源等等问题，北洋水师与日本军队舰船在航速上，也不是一个档次。日本军舰多为高速战舰，航速普遍在 14.5 节以上，其中高千穗号、浪速号、千代田号等军舰航速都在 18 节以上，更为突出的是日军的吉野号，其航速达到了 23 节。我们再来看看北洋水师的舰船航速：由于军舰性能较差，加上锅炉老化，燃料劣质，北洋舰队的航速普遍在 15 节以下，其中超勇和扬威等军舰航速只有 10 节左右。在火力配备方面，北洋水师和日本联合舰队的差距就更大了。日本海军装备的是最新式的 150mm 和 120mm 速射炮，每分钟射速为 8 至 10 发；

北洋水师的克虏伯 150mm 后膛炮和 210mm 后膛炮，射速仅为每分钟 1 发，"定远"和"镇远"的 305mm 主炮射速更慢，每 3 分钟才能打出 1 发。此外，日本已经使用了威力巨大的开花弹，炮弹里填充的是以苦味酸为主要原料的烈性炸药，而北洋水师使用的是实心穿甲弹以及少量以黑火药为填充物的开花弹，与日军炮弹的杀伤力根本就不是一个水平。在"兵者，国之大器"时代，这种明显劣势的对决，其胜负是很少有悬念的。

　　如果说这些科技、装备等方面的条件比较是导致海战失利的主要因素，那么部队素质，尤其是统帅和指挥员的素质，就应该是决定战场胜败的最为重要和直接的关键原因，这也是本文要着重强调的问题所在。发生甲午海战的 1894 年是清光绪二十年，也是光绪 1898 年 6 月发动"戊戌变法"的前夕。在大清王朝统治的 296 年中，女人参政比较典型的有两次：一次是孝庄，一次是慈禧。孝庄参政是在儿子顺治参禅悟道乃至病亡后，为辅佐年幼的孙儿玄烨顺利即位，保证大清江山牢牢把握在康熙皇帝手中的大背景下采取的参政行为。孝庄参政形式是辅佐，目的是巩固皇权。因此，尽管孝庄参政数十年，从无取而代之的行为和想法，也因之一直被后世赞誉。慈禧参政与孝庄就不同了。应该说慈禧参政也是为了巩固皇权，但采取的方法却经常是越俎代庖，终极目的是取而代之。这里并不排除继位者能力素质方面的因素，但更重要的却是参政者的辅政耐心与执政欲望的碰撞。正因如此，慈禧对年轻的光绪参政、干政甚至揽权主政就不足为怪了。慈禧揽权主政的严重恶果，就是把严肃重大的国家、政府行为同个人欲望、独裁专断，甚至是游戏享乐混同起来。慈禧也晓得强兵固国的道理，问题在于应采用什么形式、什么手段、什么质量的强兵方式。慈禧在颐和园中专门设立了水军学堂，在颐和园昆明湖中辟建了水军训练基地，还定期在昆明湖上检阅水军。这些行为如果在冷兵器时代尚可勉强（如九江城内三国时代东吴周瑜的点将台，即便如此，周瑜也是在爱莲池点将，鄱阳湖演兵，长江锻炼队伍。与之相比，慈禧的昆明湖点将演兵，与其说是为了训练海军培养义勇，毋宁说是装点门面游玩戏耍），但在坚船利炮横行的十九世纪，充其量不过是召集兵卒荡船激水的水中"木偶戏"而已。面对外寇强敌虎视眈眈的严峻形势，慈禧的作为实在难以认同。正因如此，甲午海战惨败就不能简单归咎于上述的那些物质的客观条件了，更严重的问题症结，应是彻头彻尾的"人祸"。且不说慈禧把控的中央政府如何腐败昏庸，且不论有多少汉奸出卖军机国密（这一点很多文章都有论及），也不论海军舰船的先进与落后，我们仅从本节兵法角度来解析兵败的原因症结。

丁汝昌是北洋水师提督，也是甲午海战清军前线的最高军事指挥员。在丁汝昌身上，不难发现中国军人刚烈、勇敢和视死如归的英雄气概，这一点是毋庸置疑的。但是说其英雄豪气，并不代表光环可以掩疵。在炮火横飞的激烈战场上，指挥员仅仅有大无畏的勇敢和献身精神远远不够，真正需要的是指挥员的战争智慧和战场指挥艺术。在这场海战中，丁汝昌及其军事指挥集团有几个严重的错误，亦应是导致战败的主要症结之一：

一是舰船缺失养护，决策者枉做"无米之炊"。作为前敌指挥员，舰船就是作战工具，是否得心应手至关重要。这其中虽有军费被朝廷挪用，北洋水师经资紧张、修缮维修费用紧缺的实际问题，但大敌当前，大战在即，指挥员要么并不清楚自己麾下舰船的实际作战能力，要么就是明知不可为却强要可为的以卵击石。无论属于哪一种原因，丁汝昌等对军备都有失察、失责之嫌。

二是战前缺乏科学"庙算"，紧急时刻缺乏战场预案。面对强敌应制定什么样的战略战术，是前敌指挥员在"庙算"中的主要权力和职责。进行一场战争，指挥员既要制定可行的战略方案，还应制定相对应的预案，以备不时之需。从战场实际情况看，北洋水师在海战前至少没有或没有制定科学可行的预案。当时通讯条件不够发达，战场指挥主要靠旗语传递。战场上一号指挥员的指挥调动全凭旗兵旗语，而对战场形势的把控往往又决定于一号指挥员的正确、及时指挥。由于战前缺乏预案，所以当丁汝昌受伤之后，替代指挥员的位置明显空置，只能由重伤在身的丁汝昌躺卧旗舰船板，凭观察哨兵传递战场情况而间接指挥旗舰自身，致使北洋水师其他舰船瞬间群龙无首，各自为战，孤船迎敌，被日军舰队各个击破。这个严重后果，丁汝昌等军事指挥集团应该难辞其咎。

三是战场指挥脱离实际，无疑于"纸上谈兵"。一个优秀的前敌指挥员时刻都应清楚自己的位置和作用，这也是《孙子兵法》中反复强调的一个基本原则。年久失修的旗舰指挥台，竟然因击发炮弹而被震塌，简直让人欲哭无泪。旗舰是战场上舰队的大脑，是把控战场形势的中枢神经。战前缺乏对自己指挥岗位质量情况的基本了解，战中缺乏对指挥岗位意外情况的补救措施，致使指挥台震塌指挥员受伤后，整个北洋水师舰队立即陷入严重的失控状态，出现了本小节兵书警告的"左不能救右，右不能救左，前不能救后，后不能救前"的严重局面。战场上虽有一大批不畏强敌、英勇战斗的将士，虽有邓世昌等舍生取义的英雄之举，但都因前敌指挥员躺卧船板的盲目指挥，致使此战惨败，以致出现全军覆没的严重后果。

甲午海战惨败固然有诸多政治、经济和时代的原因，但就兵法角度而言，前敌最高指挥员的个人素质、指挥水平以及把控战场能力，也是导致全军覆没的重要原因和主要症结之一。透过甲午海战这个惨痛的战例，我们进一步认识到，战场上可以英雄辈出，也可以莽夫重现。一个无憾于所处的战场，一个无憾于亲自指挥的团队，一个既能身先士卒，更能指挥若定的将帅，才能够独善其职，才能够成为人们尊重、敬仰的英雄。昔日造访山东，重游威海卫、刘公岛，缅古思今，感慨万千，曾赋诗一首以志之："汉落柑村原石落，清泉夼溯小惠泉；雄镇海疆始洪武，防倭戍边卫梦圆。常拭戊戌君臣泪，难平甲午将士冤；泣血悲歌刘公岛，潮汐起落鸣史坛。"

【管窥·释悟】

将"昭忌说秦王罢兵"和"甲午海战"这两个战例置放在同一平台，就是要通过比较，来进一步研究"昭忌说秦王罢兵"和"甲午海战"两个事件的相似点和不同点：面对敌军入侵，以劣势兵力和装备迎击强大的敌人，在较被动的形势下奋起应战，应是这两个战例的共同点；同样的战场对局，同样的实力优劣，却得出截然不同的战争结果，应是这两个战例最大的不同点。"昭忌说秦王罢兵"演绎的似乎都是心平气和的说教，其实每句话的字里行间，都藏匿着熊熊烽火和生死厮杀。之所以实现"不战而屈人之兵"，并非皆因为昭忌的能言善辩，实在是准确把控形势，知己知彼，设身处地，有的放矢的必然结局。相比之下，丁汝昌虽熟读兵书，却不晓或不能灵活运用"知战之地，知战之时"等兵法理论。在既无朝廷及时、坚定、有效的支持，亦无与敌军匹敌抗衡的军事和物资优势，徒有将士义无反顾、视死如归的拼搏精神，是很难战胜敌人的。

我们讴歌奋勇杀敌和视死如归的精神，但绝不鼓励徒逞匹夫之勇，打无准备之仗。面对强敌，奋起抵抗，无可厚非。但是，千万不要忘记最起码的战前准备。试想：舰船老旧、装备锈损、炮弹滞膛的现实场景：炮弹打出去了也打中了敌舰，可炮弹却不能开花爆炸，原因竟是有的弹药变质，有的弹壳里装沙子；旗舰指挥台竟因发炮而被震塌，指挥员无奈带伤卧船板指挥战斗等等问题的存在和出现，都应是战前应该发现的问题和隐患。当然这里有朝廷政治腐败、军事无能的问题，但丁汝昌等前敌指挥员，武器装备疏于检查修缮，大敌当前疏于庙算论证，战场变化疏于管控调整，形势逆转疏于补救预案，参战将士疏于统一指挥等等弊端，亦难辞其咎。如果说朝廷腐败无能是导致甲午之败的重要原因，应承担主要责任，那么，丁汝昌等前敌指挥员以暂列的这五个"疏于"参战，其轻敌误战的直接责任，也是导致甲午之败的原因之一。甲午海战北洋水师全军覆没的悲剧，在特定历史背景下已经成为一面历史的鉴镜，教训是极其惨痛的。我们必须认真反思：昨日之鉴，今日之师！历史不能重复，悲剧不能重演！

第五节　战胜不复　应形无穷

【兵法·原文】

故策之而知得失之计，作之而知动静之理，形之而知死生之地，角之而知有余不足之处。故形兵之极，至于无形；无形，则深间不能窥，智者不能谋。因形而错胜于众，众不能知；人皆知我所以胜之形，而莫知吾所以制胜之形。故其战胜不复，而应形于无穷。

【解字·说文】

策：揣度、筹划、策算，本文指分析判断。按：此句汉简作"计之……得失之……"，在"死生之地"后。

作之：使敌人行动。作，兴起，本文指挑动。作，汉简作"绩"。

动静之理：本文指敌人行动的规律。理，道理、规律。

形：形体，部署。《荀子·天论》"形具而神生"；形状。《孙子兵法·虚实篇》"兵无常势，水无常形"；形势。《战国策·秦策三》"岂齐不欲地哉？形弗能有也"；表现，表露。《毛诗序》"情动于衷而形于言"，成语"相形见绌"。本文"形之"是指以伪形示敌，即以假象诱骗敌人行动，从而察明敌情。

地：同下文"处"，非实指。

角之：与敌人较量。角，较量。《汉书·贾谊传》颜注："角，较也。"指进行小规模的侦察战，如今之火力侦察之类。

形兵：部署军队，本文指布兵摆阵，指挥作战。

深间：深藏的间谍。间，间谍、奸细、特工。

窥：偷看。《说文解字》："窥，小视也。"汉简作"规也"。

错胜于众：把胜利摆在众人面前。错，同"措"，放置之意。

形：形态，本文指作战的方式方法。此两句汉简作"……制刑所以胜者不……"与传本出入很大，且缺乱难读，存以待考。

战胜不复：取胜的方法不重复。本文指作战方法随宜制变，灵活机动。

所以，认真分析研究敌我双方的情况，以便了解得失利害；挑动敌人开始行动，以便了解敌人活动的规律；用假象诱敌，以便了解敌情的有利有害之处；进行兵力或火力侦察，以便了解敌人的强处和弱处。所以，指挥部队作战灵活变化到了极点，能达到不露一点痕迹；形迹不露，那么，就是潜伏很深的间谍也刺探不到我军情报，这样，即使是很高明的敌人也想不出对付我军的办法来。根据敌情变化而灵活运用战法，取得的胜利摆在了众人面前，众人还是莫名其妙；人们都知道我之所以战胜敌人的方法，而不知道我怎样灵活运用这些作战方法而取胜的。所以每次作战取胜都不是重复，而是适应敌情，据情而定，变化无穷。

【辩例·直观】

孙子在这段兵法中重点讲述的是"形"。孙子对战争诸多要素进行高度概括，以一个"形"字，形象地表现战争中、战场上，统帅用兵、军队运动的状况、形态和境界。孙子认为兵家用兵的最佳状态、最高境界，就是"形兵之极，至于无形"。所以要"策之而知得失之计，作之而知动静之理，形之而知死生之地"。孙子强调，战场上的统帅或指挥员必须做到"形兵之极，至于无形"。敌人永远也不知道我将用什么形式、在什么时间、什么地点与其战斗，永远把握不了我的战略战术。做到这些，胜利就会一个接着一个的到来。对敌人而言，我军的胜利永远是他们解不开的迷。

姜维将计就计胜于无形

三国时期，魏景元元年，蜀军统帅姜维得知司马昭杀了曹髦，改立曹奂，于是决定乘机第七次出兵征伐中原。大军刚过祁山，便听说魏将王瓘率五千人马前来投降。王瓘对姜维说："我是魏国尚书王经的侄儿王瓘，因叔父一家惨遭司马昭杀害，率兵逃出投奔将军。今得知将军统帅大军征伐中原，愿效犬马之劳。"姜维听后很是高兴，对王瓘说："现在我军粮草转运是件大事，你可率本部三千人马，去川口把几千车粮草运到祁山大寨之中，你部剩余两千人马给我军做向导，去攻打邓艾营寨。"王瓘本是诈降，今见姜维将其部队一分为二，很是无奈。没办法，他只好率领三千人马前去执行任务。

王瓘出营后，原魏将夏侯霸进帐对姜维说："我在魏军多年，从未听说王经有这样一个侄儿，其中必定有诈。"姜维微微一笑说道："我早已看穿诈降，兵书云'形兵之极，至于无形'，之所以如此这般，意在将计就计。"姜维在王瓘率兵走后，派兵在途中布暗哨设伏，严格切断王瓘与邓艾之间的联系。果然未出十天，暗哨便捉到王瓘派往邓艾大寨的信使。姜维从密信中得知，王瓘约邓艾八月二十日运粮到魏营，请他在坛山谷中接应。姜维把情况盘问仔细后，将信中日期改为八月十五日，另派得力兵卒扮成魏军，将密信送给邓艾，同时做好在坛山谷伏击魏军的准备。

邓艾收到王瓘密信非常高兴，便如期亲率 5 万精兵前往坛山谷接应。到了谷口，只见远山谷中千余辆粮车正缓缓而来，邓艾见天色已晚，不敢贸然率兵入谷，便在山口安营，准备在谷口接应。姜维见邓艾驻军山口，便又派兵扮作魏军向邓艾报告说："粮草已经过界，且已经被蜀军发现，现在车队行驶缓慢，蜀军正在后面追赶，王瓘请邓艾将军速速前来接应。"邓艾听后，正在犹豫不决，忽然山谷中传来阵阵战鼓之声，夹杂着隐隐的厮杀声。邓艾认定，这一定是王瓘已经与蜀军遭遇开打。于是下令，全速向山谷中进发。当魏军在夜色中进至谷底，立即被早已埋伏好的蜀军截成几段。粮草车上装满的柴草燃料燃起熊熊大火，可怜魏军还没有弄清楚南北东西，便大都成了鬼魂。邓艾无奈，穿了件步兵衣服，混在乱军之中爬山而逃，其余数万人马皆成了俘虏。再说王瓘，在川口盘算着八月二十举事，突然得知邓艾军大败的消息，知道诈降已经败露，于是趁夜烧了蜀军粮草，准备杀往汉中。姜维恐汉中有失，立即率军抄小路截阻王瓘。王瓘前后被围，进退不得，无路可退，只好跳江自尽。姜维巧借王瓘诈降的机会，将计就计，演绎兵法"至于无形"，消灭了邓艾大军，取得完胜。

陈锡联夜袭阳明堡

　　为支援忻口会战，八路军总部命令所属部队积极投入到忻口会战的战役中来。22岁的八路军129师385旅769团团长陈锡联就这样率团参加了忻口大会战。陈锡联在战斗中看到日军飞机横空肆虐无所顾忌，对国民党军和八路军构成严重威胁，他暗下决心，一定要设法搞掉日军的战机。于是，陈锡联派出侦察兵深入日军腹地寻找"机窝"。经过侦察，得知在隔河十里外的阳明堡镇有一个日军的简易机场。陈锡联带领副团长汪乃贵、参谋长范朝利等人摸到了滹沱河边，爬到河边的山上进行实地侦察。他们登上山峰极目远眺，发现在阳明堡镇东南方有一个排列整齐的日军机场。为扩建机场，日军抓了很多附近的村民做苦力。村民们不堪忍受日军的非人待遇，很多人抓个机会就逃了出来。陈锡联找到一位从机场逃出来的村民，在他的帮助下，了解清楚了机场的四围以及机场内的设施装备、飞机起落的时间规律和日军守卫的兵力部署等情况。

　　这个日军机场位于阳明堡南侧5公里的小茹解、下官院、小寨、泊水四村之间。里面共有24架飞机，白天起飞去忻口、太原执行轰炸任务，晚上全部返回机场，停在机场东侧，呈三排停放，每列八架。守卫部队是日军香月师团的一个联队，大部分住在阳明堡镇。机场里只有一小股警卫部队和地勤人员共200余人，集结在机场北端。机场周围虽设有铁丝网，但防御工事粗糙简陋，仅有一些简单的掩体。日军虽然对进入机场的各个路口警戒很严，盘查很细，但对机场周围却疏于戒备。经过缜密的侦察和分析，陈锡联又了解到日军因连连胜利，根本不把中国军队放在眼里。因此，守卫机场的日军工事简陋，守备松懈，非常适合我军隐蔽潜入，出其不意，突然袭击。于是，陈锡联立即召开连以上干部会议，安排部署。具体部署为：第三营为突击队，负责袭击炸毁机场和停泊的 24 架飞机；第一营负责破坏崞县至阳明堡之间的公路和桥梁，袭扰、牵制和阻击崞县可能来援的日军；第二营为预备队，负责接应。同时，把团迫击炮连和机枪连全部派到滹沱河东岸预先构筑阵地，必要时直接轰击机场，支援第三营战斗。整个作战方案采取夜袭方式完成。

为确保夜袭目的胜利实现，陈锡联等又对如何炸毁飞机的具体细节进行了认真的研究。对于飞机，指战员们都很陌生，大多数同志只见过天上一飞而过的飞机。奇袭机场，炸毁飞机究竟从哪下手，大家想出了很多方案：把柴草运进机场放火烧？弄些汽油泼到飞机上再点火烧？用机枪扫射击毁？用集束手榴弹炸？陈锡联综合大家意见最后决定，把 5 颗手榴弹捆在一起放到飞机肚里引爆。为确保夜袭万无一失，陈锡联命令：机枪连用两个排封死机场战壕的两个出口，压制战壕内敌人，不准放出一个人；一个排封锁停机坪中敌人的必经之路，以确保爆炸连的安全；第九连警戒阳明堡方向可能出现的增援之敌；第十、第十一连组成炸机突击队，由营长赵崇德率领，分四个小组，每组又分成八个小组，其中三个组每组负责一列八架飞机，用集束手榴弹炸掉日军飞机，另一组为炸机预备队；第十二连做总预备队。

部署完毕，陈锡联指挥各营于 23 时，在夜幕的掩护下，向预定地区开进。负责主攻任务的三营是一个有着光荣传统的部队。在土地革命战争中，因其营能攻善守，尤其以夜战见长，曾经获得"以一胜百"的奖旗。在营长赵崇德的率领下，战士们一律轻装，凡是可能弄出声响的装备一律不带或绑得紧紧的不出声响。他们在当地群众的协助下，渡过滹沱河，进入预定地点。

战斗仅用一个小时，769团的勇士们以伤亡30余人的代价，毙敌100余人，将阳明堡机场变成一片火海、废墟，24架飞机全部变成了"烧鸡"。当驻守在阳明堡镇的日军得知机场被袭，匆忙开着装甲车赶来增援时，769团已按预定方案撤出了战斗。我军著名军事家刘伯承评价这次战斗为："侦察清楚，部署周到，动作突然干脆！"

【管窥·释悟】

姜维大胜邓艾和阳明堡夜袭战这两个战例均完美地演绎了"形"的原理和实战应用，雄辩地说明"故其战胜不复，而应形于无穷"的兵家理论，将"深间不能窥，智者不能谋"创造性地发挥到极致，真正做到了"形兵之极，至于无形"。

第六节　兵无常势　水无常形

【兵法·原文】

夫兵形象水，水之形，避高而趋下；兵之形，避实而击虚。水因地而制流，兵因敌而制胜。故兵无常势，水无常形；能因敌变化而取胜者，谓之神。故五行无常胜，四时无常位，日有短长，月有死生。

【解字·说文】

兵形：用兵的方式方法，含有用兵的规律之意。

水之形：汉简作"水行"，《通典》《御览》作"水之形"。

以上两句汉简作"兵胜避实击虚"。

水：衍文。

常：汉简作"恒"；以上两句，汉简作"兵无常势，无恒形"。汉简整理小组校云："恒字，传本皆作常，疑汉人避文帝刘恒名所改（西汉人避讳不严，故简本抄写时代虽当在文帝之后，但恒字未改）。简本无恒字，形上无水字，各本皆有。按此处下文云：'能与敌化之谓神'，专就军事而言，'水'字似不当有。"

神：神灵。《左传·僖公五年》"神必据我"，屈原《九歌·国殇》"身既死兮神以灵"；灵枢。潘岳《寡妇赋》"将迁神而安厝"；自然规律。《荀子·天论》"不见其事，而见其功，夫是之谓神"；精神。《荀子·天论》"形具而神生"；特别高超，神奇。《周易·易辞上》"阴阳不测之谓神"，成语"神来之笔"。本文指用兵如神，智谋极高。此两句汉简作"能与敌化之谓神"。

五行无常胜：金、木、水、火、土五种物质元素相克相生而无定数。汉简"常"作"恒"。按：古代有五行说，把金、木、水、火、土认为是组成物质的五种元素，且有"五行相生相胜"的说法。"相生"意味着互相促进，即如"木生火，火生土，土生金，金生水，水生木"。"相胜"亦称"相克"，意味着互相排斥，即如"水胜火，火胜金，金胜木，木胜土，土胜水"。这些观点具有朴素的辩证法因素，是古代人们企图解释世界物质变化的一种努力。

四时：本文指春、夏、秋、冬。

日：本文指白天。

死生：月亮循环往复之"生霸"与"死霸"，泛指月有盈亏晦明的变化。按王国维《王静安先生遗书》："古者盖分一月之日为四分：一曰初吉，谓自一日至七八日也；二曰既生霸，谓八九日以降至十四五日也；三曰既望，谓十五六日以后至二十二三日也；四曰既死霸，谓自二十二三日至于晦（阴历每月的末日，即三十日或二十九日）也。"

用兵的规律有点像水，水的流动规律是避开高处而向低处奔流，用兵的规律是避开敌人的强处而攻击敌人的弱点。水由地形高低而制约它奔流的方向，用兵则根据敌情变化而决定其取胜的方针。所以，用兵作战没有固定的方式，也没有固定的形态；能根据敌情变化而取胜的，就可称之为用兵如神。所以五行相生相克没有固定的常胜，四季轮流交替也没有固定不移的，白天有短有长，月亮也有缺有圆。

【辩例·直观】

"兵无常势，水无常形"，是孙子运用朴素的相对论方法理解世界、解释战争的一个极为难能可贵的唯物辩证观点，具有广泛的历史和现实意义。大家都知道"垓下之战"是决定楚汉战争胜负的决胜之战，但在垓下之战前，还曾经发生过一次更为重要的战役，那就是陈下之战。我们举此战为例，来加深理解"兵无常势，水无常形"虚实互换理论及其蕴含的朴素唯物辩证史观。

陈下之战

公元前 203 年，刘邦在广武牵制项羽，之后又派数路汉军分掠楚地，从后方包抄项羽。汉四年八月，项羽得知灌婴大破楚军，楚国大片土地已让汉将灌婴、韩信、彭越、靳歙、英布等人占领，知道大势已去，若再在广武就会遭到汉军的四面包围，陷入孤立无援境地。于是，项羽捉拿刘邦父亲刘太公以威胁刘邦同意议和，形成两军分立的局面。面对父亲被捉，生死难卜，刘邦想到当年与项羽曾经立盟，互为兄弟，于是用近乎于"无赖""泼皮"的手段，给项羽写了一封信，信的内容是一首打油诗："吾翁即乃翁，必欲烹乃翁，幸我一杯羹。"这首诗的真伪姑且不论，就其内容和形式，足显刘邦的胸怀、气度和谋略。项羽希望以和议条约限制刘邦攻楚，使自己能安全返回江东。刘邦为救父亲不得已与项羽议和。

楚汉议和签约后，项羽遵约领军东撤，刘邦也准备罢兵回到汉中。看到刘邦准备罢兵，张良、陈平出面劝谏："如今汉国已经拥有天下大半，诸侯各国也大都归附了汉国。而楚国呢，粮食匮乏，将士疲劳厌战，这正是天亡楚国的良机。如果不依从上天所赐的吉运顺而取之，难免落入'养虎遗患'的背运。"刘邦同意了这个意见。汉五年十月，汉军撕毁停战协定，突然对撤退中的楚军发动攻击，楚军毫无准备，仓促迎战，且战且退。刘邦毁约前已对如何攻击楚军做了精心策划，准备以四面合围之势聚歼楚军于撤退途中。刘邦约定，汉军从四个方面进军，合围楚军于淮北地区。刘邦亲领汉军主力从荥阳出发，由西而东尾随项羽楚军开启攻击，迫使项羽军不得不且战且退向东撤退，此为一路。第二路由彭越统军。从东郡一带南下，由南而北攻击退却途中的楚军，截断项羽走三川东海大道回归彭城的退路。第三路由韩信统兵。从薛郡、城阳一带南下，由东、北两个方向攻取楚国首都彭城地区，端掉项羽回归的老巢。第四路由将军刘贾统兵，借助英布的名义率军回到九江故国，攻取寿春，由南向北推进，堵截项羽南下的退路，完成对楚军的合围。

东撤的项羽楚军原打算走三川东海大道，由荥阳经大梁、开封、陈留、睢阳一线，回到楚国首都彭城。由于突然受到汉军的尾随攻击，不得不仓促迎战，撤退到开封、陈留一带。东去的道路受到彭越军的骚扰阻击，又得知韩信军也已出动并将进入彭城地区，无可奈何只能改道南下，沿鸿沟直奔陈下（现河南淮阳）。

陈下曾经是楚国的都城，也是楚军的重要战略基地。陈下及其所在地的陈郡地区，长期以来都由楚将重兵把守，因较少受到战争影响，是楚国相对安定的地区。陈郡南依临江国和周殷控制的九江郡地区，西邻彭城所在的泗水郡，进可攻退可守，对于败退中的项羽，不失为是最好的选择。项羽军进入陈下以后，停止了撤退，派遣大将钟离眛在陈下北面的固陵（现河南淮阳北）屯军设防，以陈郡为依托，迅速建立起有纵深的双重防线，迎击刘邦军的攻击。

紧紧尾随项羽的刘邦军，追击到固陵时，遭遇钟离眛军的阻击，受挫不能前进，被迫驻军阳夏（现河南太康），与楚军对峙。刘邦军派遣使者命彭越和韩信，迅速领军前来，按约定日期，会师固陵，一举全歼楚军。然而，出乎刘邦的意料，到了指定日期，彭越和韩信的军队都没有到来。项羽觉察到了汉军方面不协调的动向，遂集结兵力，在固陵城下对单独行动、孤军深入的刘邦军展开攻击。结果汉军大败，退入阳夏城中坚壁固守。

刘邦无奈问计于张良：如何才能促使韩信和彭越领军前来会战？张良回答道：击破楚军，已经是眼前的事情，对于诸侯各国来说，他们各自关心自己的利益，因为战后应得的领地没有得到大王明确的承诺，自然不愿意领军前来。大王如果能够与诸侯各国共有天下，均分领地，他们立刻就会前来。张良进而为刘邦分析形势：齐王韩信得到的齐王封敕，是源于韩信的要挟自请，并非是汉王的本意，韩信对此也一定心存不安。彭越平定了魏国地区，汉王因为魏王豹的缘故，拜任他为魏国相国。如今魏豹已经死去，彭越自然希望成为魏王，汉王迟迟未予任命，其心中自然不快。这应该就是韩信、彭越二人没有如约领军前来的缘故。就目前形势而言，希望汉王能够把睢阳（今河南商丘）以北直到谷城（今山东平阴县）的土地划归魏国，拜封彭越为魏王；将陈县以东到东海的土地统统划归齐王韩信，满足他希望领有故乡的欲望。如果汉王能够割舍这两块土地给这两个人，使他们都在为自己而战，他们必然奋力杀敌，楚军立即可以被击破。

刘邦采纳了张良的意见，马上派使者到彭越、韩信军中封敕。二人受封后，马上带队出兵参加会战。韩信命灌婴为先锋，大举南下，突破楚军防线，接连攻占薛县、沛县、留县，进而一举攻克楚国首都彭城。防守彭城的楚军大将、项羽的侄子均兵败被俘。攻克彭城后，韩信乘胜西进，一路攻克萧县、相县（今安徽濉溪西北）、鄢县（今河南永城）、谯县（今安徽亳县）、苦县（今河南鹿邑）等地，势如破竹，步步向陈下逼近。与此同时，彭越也疾速率军南下，进入了陈下地区。

坚壁固守的刘邦得以与韩信、彭越两军会合，军威大振，马上由防御转为进攻。击败钟离眜，攻克固陵城，反包围陈郡。在刘邦、韩信、彭越三路大军联合攻击下，项羽被迫放弃陈下，沿颍水南下，准备渡过淮河，撤到淮南，在楚国的南部地区重整旗鼓。但一切都为时晚矣，淮南因刘贾早已领兵渡过淮河，包围了寿春。之后，刘贾又借用英布的威望，劝降了九江郡守将周殷，从而完全断绝了项羽退守淮南的计划。项羽无可奈何，只好改道东去，走项城、新阳、新郪，抵达蕲县南部的垓下。

令狐楚虚实并举解民荒

唐宪宗时期，令狐楚被任命为兖州太守。上任伊始，令狐楚便遇上了严重旱灾。兖州大旱，粮食颗粒无收，百姓民不聊生，令狐楚心情十分沉重。尽管是大灾之年，兖州城内的街市上，仍可见林立的粮店照常营业，而且粮价奇高。令狐楚走在上任的路上，心中渐渐地有了主意。

还没到兖州府邸，那些兖州官吏便争先恐后地前来迎接，极尽寒暄，令狐楚便顺势同他们聊了起来。很快，令狐楚便把话题引到了旱灾上：

"现在兖州城内有多少粮库？大约储存了多少粮食？兖州可有粮食之忧？"

主管粮食的官员立即回答："粮仓一共有 20 个，平均一个粮仓储量五万担，应该没有后顾之忧。"

"市场粮价是多少？"令狐楚紧接着问。

这次提问，半晌无人回答，大家都陷入了尴尬的沉默之中。见众人无语，令狐楚已经明白了几分，他料定兖州粮食一定有鬼。过了一会儿，令狐楚仍然不紧不慢地说："现在旱灾把百姓害苦了，这些粮食本来就是取之于民，也应该用之于民。过几天我们就把所有粮仓打开，以最低价卖给百姓，你们觉得这个主意怎么样？"

众官吏见新太守明确表态，便都齐声附和，点头称是。"大人仁慈，这样不仅可以救灾，还能树立朝廷爱民形象，真是好主意！真是好主意！"

令狐楚立即命令随从张贴告示，标出价格，低价售粮，救济百姓。这个消息一传出，百姓欢呼跳跃，奔走相告，而那帮趁火打劫，发国难财的奸商们却发愁了。如果州里的粮食价格低廉，自己的屯粮就会无人问津，时间一长，就会受潮发霉，粮食卖不出去就要大赔了。奸商们索性来个"先下手为强"，立即清仓降价。奸商们唯恐自己落后于别家商贩，急不可耐地把粮价降到比州里标的价格还低的价格。百姓看到粮价一个比一个低，就不等州里开仓，便大包大袋地出来买粮。严重的粮灾几乎顷刻间就解决了，百姓无不拍手称快，兖州又恢复了往日的安宁。

【管窥·释悟】

"陈下之战"在《史记》中并未做过多记述，甚至让很多读者把

"陈下之战"混淆为"垓下之战"。"陈下之战"在结束楚汉战争中具有特别重要的意义。"陈下之战"中，刘邦将"虚实并举""水无常形"表现得淋漓尽致：父亲被项羽捉拿生死难卜，他却以一首"打油诗"轻易释怀；与项羽签署停战合约，本应共同遵守，刘邦却在项羽单方面践诺的情况下而违约起兵；合围项羽，因彭越、韩信未能如约而至横招败绩，刘邦违心封王，三路大军合力驱逼项羽败走陈下。如此等等无常形之水，无常势之用兵，使得刚愎自用的项羽如何能识得破、解得开、防得住？"陈下之战"项羽损地折兵、元气大伤的败局已定。之后发生的"垓下之战"和饮剑乌江，只是"陈下之战"的一个必然结局，是拳手在擂台上被打得筋疲力尽后再挨的一拳而已。刘邦战胜项羽的因素固然很多，但超常的识人、用人能力，使得他将"避高而趋下""避实而击虚"运用得得心应手；"兵无常势""水无常形"的战略战术，使之成为能因敌变化而致胜的成功者。

兖州旱灾严重，民不聊生，粮食贩子与官府串通，哄抬粮价，扩大灾情。令狐楚巧借兵法原理，避实就虚，虚实并举，借势造势，因势利导。以"四两拨千斤"之技，解决了兖州的粮荒，救百姓于困苦之中，受到民众的拥戴和历代学界的肯定。

本篇围绕"虚""实"的对立统一、相互转化，多角度、多层面地展开论证，提出了"避实而击虚""因敌而致胜""致人而不致于人"等军事思想，对于参与战争并赢得战争胜利，具有十分重要的指导意义。"陈下之战"与"垓下之战"地点有异，战略目的也各不相同。如果说"陈下之战"是刘邦与张良、韩信等精心策划的一场痛快淋漓的"击溃战"，那么之后进行的"垓下之战"，则是一场"秋风扫落叶"般的"歼灭战"。两场大战的布局谋篇，彰显了刘邦及其指挥团队统领全局及卓越的军事指挥才能。同时，也以"打油诗"救父，"毁约"伐楚和阵前敕封韩信、彭越等具体事例，从另一角度反映出刘邦用人无形，用兵如水，虚伪、狡诈的做人风格，也因之为后人留下了许多耐人寻味又意味深长的经验和教训。

第七篇

军争篇

《军争篇》主要是论述如何争取先机之利，把握战场主动权的问题。孙子认为，两军对垒军争为要。"以迂为直，以患为利""避其锐气，击其惰归""兵以诈立""三军可夺气""以逸待劳"等原则和方法，兵家必须认真研究、努力践行。

第一节　以迂为直　以患为利

【兵法·原文】

孙子曰：凡用兵之法，将受命于君，合军聚众，交和而舍，莫难于军争。军争之难者，以迂为直，以患为利。故迂其途，而诱之以利，后人发，先人至，此知迂直之计者也。

【解字·说文】

合军聚众：组织军队，聚集民众。

交和：两军对垒。和，和门，即军门。曹操注："军门为和门，左右门为旗门，以车为营曰辕门，以人为营曰人门，两军相对为交和。"

舍：休止。又用为量词，古以行军三十里为一舍。本文指设营驻扎。

军争：本文概指敌对各方为达战争目的而进行争夺军事主动权的斗争。战场上，主动权的归属，常常决定战争的胜负。所以，参战各方都把夺取战场乃至争取战争主动权放在特别重要的地位。

以迂为直：走迂远的路，由于是敌人疏于防守之处，实际上相当于走了又近又直的路。迂，迂远，曲折。直，近便的直路。

以患为利：本文是指化不利为有利之意。患，祸患，不利条件或因素。

汉简"至"下有"者"字。

孙子说：大凡用兵的法则，主将接受国君的命令，从征集民众组成军队，到与敌人对阵，没有什么比夺取制胜的主动权更困难的了。夺取制胜的主动权之所以困难，就在于要把迂远曲折的途径变为近直方便的道路，把不利变为有利。所以故意迂回绕道，并用小利引诱敌人，能做到比敌人后出动而先到达的，这就是懂得以迂为直的计谋了。

【辩例·直观】

"军争"是这段兵法重点论证的观点。亘古至今，无论是战争各方指战员，还是研究战争的专家、学者，对于军争的问题都是极其重视的。把握先机，占据有利，是掌控战争主动权的重要条件。战场上形势多变，优势劣势往往相互转换。"以迂为直，以患为利"，既反映了孙子的军事思想，也凸显了他强烈的哲学观点。迂与直、患与利，均是对立的矛盾体。在纷繁复杂变幻莫测的战争环境中，变不利为有利，变被动为主动，变不可能为可能，是孙子对战争指挥者和研究者提出的基本要求。正确处理对立统一关系，直面战争现实，及时、科学地解决面临的各种矛盾，是对每一位统帅或战场指挥员的严峻考验。"以迂为直，以患为利"不仅用于战火纷飞的军争，同样也适用于治国理政、社会百态和日常生活。

楚庄王"一鸣惊人"

春秋时期，楚穆王去世，年轻的楚庄王继位。楚庄王继位后，非但不潜心于朝政，励精图治，而是纵情享乐，忘乎所以。楚庄王经常带着卫士，携妻挽妾去云梦大泽游玩射猎。回宫后，饮酒观舞，浑浑噩噩，声色犬马。每当有大臣禀报国事，他都极不耐烦地置之不理，完全推给大臣们办理。一时间，朝野上下怨声载道，都把他看成是地地道道的败国昏君。大臣们很是着急，纷纷进宫劝谏。楚庄王非但不听劝告，反而制定了一条戒律：谁敢再来进谏，定斩不饶。大臣们无可奈何，都只能退避三舍，以求平安。

如此这般地过了三年，楚国的朝政已经乱成了一锅粥。这期间，楚庄王的两个老师斗克和公子燮都趁机攫取了很大权力。斗克因为在秦、楚结盟中有功，而楚庄王没有给他满意的封赏，心怀不满；公子燮想当令尹未能如意而满腹抱怨，两人因此结党营私，串通作乱。最后发展成劫持楚庄王欲行不轨，结果被楚国守城将士拦截，楚庄王获救。楚庄王回到郢都朝廷，不但未接受教训，反而变本加厉，越发将朝政荒废起来。

大夫伍参忧心忡忡，再也沉不住气了，便冒死去晋见楚庄王。到了后宫，满眼纸醉金迷，充耳锣鼓管弦，楚庄王左手抱着郑国的姬妾，右手搂着越国的美女，窗前案上，美酒佳肴、奇珍趣物应有尽有。楚庄王正在兴头之上，看见伍参进来，甚是烦恼，劈头问道："你难道忘了我的命令了吗？是不是来找死呀？"伍参连忙赔笑道："我哪敢来违抗命令前来找事呀！是因为有一个谜语，臣猜了许久也猜不出来。臣知道大王天生聪慧，特地来向大王请教，也顺便给大王助助兴。"楚庄王这才缓过脸来，问道："说说看，是什么谜语？"伍参道："楚国的高山上有只奇怪的大鸟,身披五彩,气宇华耀,只是一停两三年,不飞也不叫,叫人猜不透。我们实在不知此为何鸟,特来向大王请教。"当时楚国盛行把想说的"隐语"作为谜语说出来,以讽喻或劝谏。

楚庄王听后,思考了一会儿回答道："此非凡鸟,凡人不知。三年不飞,一飞冲天;三年不鸣,一鸣惊人。"伍参听后,知道庄王心中有数,非常高兴,就又趁机进言："还是大王的见识高,一猜就中。只是此鸟不飞不鸣,恐怕猎人会射暗箭呀!"楚庄王闻言身子一震,随即就让他下去了。

伍参回去以后就跟大夫苏从讨论,认为庄王很快就能觉悟。没想到一晃几个月过去了,楚庄王仍旧一如既往,不仅没有改变,反倒有些变本加厉了。苏从见状,越发不可忍耐,就闯进宫去,直接对楚庄王说："大王身为楚国国君,即位三年不理朝政,如此下去,恐怕夏桀、商纣之祸不远矣!"庄王一听立即竖起眉头,摆出一副残暴无比的架势,抽出佩剑直指苏从心窝,大声喝道："你竟敢辱骂国君,是不是不想活了?"苏从面不改色从容回答："我死了还可以落个忠臣美名,而大王却要落得个暴君之名。如果我的死能够唤醒大王,使大王从此振奋起来强盛楚国,微臣死而无憾!"说完,闭目引颈待死。

楚庄王等待这样的忠贤之士已久,如今苏从慷慨激昂大义凛然,楚庄王按耐不住心中的喜悦,扔下剑,疾步上前,一把抓住苏从:"苏大夫,你就是我苦苦等待数年的忠臣贤士,你就是能助我振兴楚国的栋梁之材呀!"楚庄王立即斥退妃姬侍从,拉着苏从坐下来商讨国是。两人长谈不倦，通宵达旦，甚至废寝忘食。让苏从特别意外的是，楚庄王虽然数年不理朝政，可对朝廷内外，各国诸侯，国事人非，了然于胸。原来，楚庄王继位之时，自知年轻阅浅，资历、履历都显不足，加之朝中尚有权贵摄政，奸佞横行，虽然大权在握，却很难施展抱负。于是楚庄王用韬光养晦之计，了解国情，把握忠奸，运筹国是。

如今，楚庄王阅历、资历短板已补，治国理政胸有成竹，他要率领国人大展宏图。第二天，楚庄王临朝，委苏从、伍参等贤臣良将以重任；削减了一些不作为的权贵职权；处死了一些里通外国、罪大恶极的恶人；安定了楚国的局面，走上了楚国振兴之路。

【管窥·释悟】

"以迂为直，以患为利"是孙子在《军争篇》中反复强调的一个要点。楚庄王以韬光养晦之术，养精蓄锐，终于成就了楚国大业。楚庄王在继位数年的实践中，虽不惜以"荒淫无道"形象展示于朝臣之中，但却始终保持清醒头脑与睿智目光，以静待动，把控时机。争夺战场上的主动权要把握"军争"，治国理政也要把握"军争"，即使是社会生活，日常百态，只要有博弈，只要分高下，就不能放弃"军争"。如何将不利因素转化为积极因素，如何变被动为主动，如何把控形形色色的"军争"，应是我们通过兵法能够获得的最大领悟。

第二节　军争为利　军争为危

【兵法·原文】

故军争为利，军争为危。举军而争利，则不及；委军而争利，则辎重捐。是故卷甲而趋，日夜不处，倍道兼行，百里而争利，则擒三将军，劲者先，疲者后，其法十一而至；五十里而争利，则蹶上将军，其法半至；三十里而争利，则三分之二至。是故军无辎重则亡，无粮食则亡，无委积则亡。

【解字·说文】

此两"为"作"是""有"解。按：孙武提出军争有利也有害，看到了事物利与害的两个方面，这是较朴素的唯物辩证观点。

举军：举，全部、完整。军，全军。按：此言只见利之一面而驱全军争之，必累于辎重，致使欲速不达，欲取不能。本文指部队携带全部装备辎重行动。

委军：本文指丢下辎重装备的军队，即轻装前进之意。委，丢弃，舍弃。

辎重：对军用器械、粮草、营具、服装等的统称。

捐：弃，损失。

卷甲而趋：本文指卷起铠甲而急速进军。甲，铠甲。

处：止，休息。

倍道兼行：本文指加倍行程赶路。倍道，行程加倍之意。兼行，日夜赶路。

擒三将军：三军将领被俘，本文指全军覆没。擒，俘虏，抓获。三将军，三军统领，古军队分上、中、下三军。

其法：这种办法，本文指既争利又保存辎重的办法。

十一而至：仅有十分之一的人赶到，本文指部队因疲劳而绝大部分掉队。

蹶上将军：本文指前军将领遭受挫败。蹶，损折。上将军，统帅前军的将领，"上"作"先"解。

委积：泛指物质储备。

所以，军争有有利的一面，也有有害的一面。如果全军带着辎重去争利，就会因行动迟缓而赶不上；如果放下辎重去争利，辎重就会损失。因此，卷起铠甲轻装急进，昼夜不停，用加倍的行程行军，走上百里去和敌人争利，三军将领有被俘的危险，健壮的士兵先到了，疲弱的士兵就掉队了，这种办法的结果，只有十分之一的人马能够赶到；走上五十里路程去和敌人争利，统领前军的将领就可能遭受挫败，这种办法的结果是只有一半人马赶到；走上三十里路程去和敌人争利，那也只有三分之二的人马能够赶到。因此，军队没有辎重就会失败，没有粮食就不能生存，没有物资储备就不能存立。

【辩例·直观】

本节兵法继续论述把控"军争"及其在战争中的突出作用。强调"军争"至关战争胜败，至关军队生死存亡，是战争指挥者必须充分关注认真做好的事情。但"军争"又是一把"双刃剑"。既可"军争为利"，又可"军争为危"。在中国土地革命战争中，曾经发生过国民党军对中国工农红军红一方面军五次大的"围剿"。其中经验和教训都是极其深刻发人深省。我们试举红军第五次反"围剿"这个历史战例，从"军争"着眼，分析研究此战的得失和教训。

红军第五次反"围剿"

中央苏区第五次反"围剿"，是指 1933 年 9 月 25 日至 1934 年 10 月间，以红一方面军为主的红军与蒋介石国民党军队，在江西南部、福建西部发生的一场持续一年之久的大战役。

1931 年 1 月，以王明为代表的教条主义者全面执掌了中共大权，强力推行"左"倾冒险路线。1932 年 10 月，中共苏区中央局在江西宁都小源村召开 宁都会议，解除了毛泽东的军职。第一次反"围剿"在毛泽东、朱德的亲自指挥下，取得了辉煌胜利。第二、三、四次反"围剿"，因为朱德、周恩来等坚持继续沿袭毛泽东军事思想和毛泽东等红军将领制定的战略战术，把控了战争的先机，掌握了战争的主动权，赢得了胜利。红军由 3 万余人增加到 8 万余人，根据地扩大到 30 多个县，政权建设和经济建设都得到快速发展。四次反"围剿"的胜利冲昏了王明等人的头脑，他们不顾蒋介石大兵压境的严重现实，认为"争取中国革命完全胜利的阶级决战已经到来"，提出"御敌于国门之外"的冒险主义作战方针，要在苏区外御敌，"保守苏区每一寸土地"。这些不切合实际的所谓"军争"计划，遭到毛泽东的坚决反对。但是，对毛泽东的正确意见他们根本听不进去。于是，他们不顾毛泽东多次建议和修正作战方针、改变战略战术的强烈意见，一意孤行，为红军种下了不可弥补的祸根。

1933 年 5 月，蒋介石在连续遭遇四次"围剿"惨败后，置日本军国主义大举侵略于不顾，在南昌设立行营，亲自组织和指挥对苏区进行第五次大"围剿"。蒋介石决定采取持久战和"堡垒主义"的新战略，同时对苏区实行经济、交通封锁，意欲逐步压缩并最终摧毁苏区。蒋介石调集了 100 万兵力。其中，直接用于进攻中央苏区的兵力达 50 万人。1933 年 9 月 25 日，第五次大"围剿"战役开始。敌北路军，以 3 个师的兵力向黎川发起进攻，28 日占领黎川。10 月 6 日，红军进攻硝石数日不下，伤亡惨重，无奈撤出战斗。10 月 17 日，中革军委命令红一方面军主力插入国民党堡垒密集地区实施强攻，攻坚未果，伤亡惨重。22 日，中革军委又命令红军 3 个师攻击资溪桥和潭头市，连续攻击 4 天未克，红军损失严重。11 月 11 日，红 7 军团在向浒湾进攻时遭遇国民党军夹击。红三军团受命增援，在八角亭遭遇阻击，12 日发起攻击遭受重大伤亡，被迫撤出战斗。奉命在敌军堡垒群中作战的红军中央军，在云盖山、大雄关遭"围剿"军 5 个师的攻击，伤亡严重，被迫向苏区转移。至此，红军经过2个月的浴血奋战，不但未能抢占先机，"御敌于国门之外"，反倒使红军遭到重大损失，由一度的"主动出击"，完全陷入被动守势。红军这一被动局面的形成过程，与战国时期"纸上谈兵"的赵括倒有几分相像，纸上谈兵、异想天开，最后落得惨败。遭受重大挫折的"左"倾冒险主义者们，在连续惨败面前，又置毛泽东"主动迂回，避其锋芒，运动中寻机消灭敌人"的强烈建议于不顾，提出"以阵地对阵地"的极其不符战场实际的所谓正规战，致使红军从1月下旬开始，全线进入无可奈何的阵地防御战。中央红军与国民党军频繁交战，红军节节失利，损失严重。到9月下旬，中央苏区仅存瑞金、会昌、于都、兴国、宁都、石城、宁化、长汀等县的狭小地区。

10月上旬，国民党北路军和东路军加紧对兴国、古龙冈、石城、长汀的进攻。敌南路军由筠门岭向会昌推进，企图迅速占领上述各地进而占领宁都、于都、瑞金，实现围歼红军的目的。这时，中共临时中央主要领导人决定，放弃中央苏区。10月7日，中革军委下令地方部队接替各线防御任务，主力红军撤到瑞金、于都、会昌地区集中。10日，中共中央、中革军委从瑞金出发，率领红一、三、五、八、九军团和中央、中央直属队共8.6万余人，向湘西实行战略转移。自此，红军踏上了艰苦卓绝、举世震惊的漫漫长征之路。

【管窥·释悟】

自1933年9月至1934年10月，红军历经一年之久的浴血奋战，终以无可奈何的战略转移为"左"倾乱军暂做一个小结。纵览中央苏区第五次反"围剿"的失败，其根本原因是反"围剿"战略方针上的严重失误。中央苏区广大军民全力以赴，同仇敌忾，为保卫苏区付出了巨大的代价。虽然也给国民党军队以沉重打击，但最终还是以失败告终。第五次反"围剿"失败，正应了孙子在兵法中警告的那句话："举军而争利，则不及""委军而争利，则辎重捐""百里而争利，则擒三将军""军无辎重则亡，无粮食则亡，无委积则亡"。实践证明：军争是把双刃剑，把控军争关乎成败。战场上任何一方都要追求军争主动，军争能否获得？军争是否有利？是祸患还是机遇？这些都是对战争决策者的严峻考验。战争无论何等无情、残酷，总有规律可循，任何时候都不能违背战争逻辑，任何时候都不能放弃实事求是这一致胜法宝，任何时候都必须坚持因地制宜、因时制宜、因人制宜的辩证观点。只有这样，才能有机掌控"军争"，科学适用"军争"，把战争胜利的主动权牢牢握在手中。

第三节　先知迂直　军争之法

【兵法·原文】

故不知诸侯之谋者，不能豫交；不知山林、险阻、沮泽之形者，不能行军；不用乡导者，不能得地利。故兵以诈立，以利动，以分合为变者也。故其疾如风，其徐如林，侵掠如火，不动如山，难知如阴，动如雷震。掠乡分众，廓地分利，悬权而动。先知迂直之计者胜，此军争之法也。

【解字·说文】

豫交：预先与诸侯结交。豫。同"预"，《九地篇》有此两句，"豫"即作"预"。一说，"豫"与"与"通，参与。

沮泽：本文指水草丛生的沼泽地带。

乡导：即"向导"，熟悉当地情况的带路人。乡，同"向"。

以诈立：用诡诈的办法取得成功。立，成立，本文指成功、取胜。

以利动：根据对我是否有利而采取行动。

以分合为变：兵力的分散或集中，根据情况的变化而变化。分，分散兵力。合，集中兵力。

疾：快速。

其徐如林：本文指军队行动缓慢，行列整肃，犹似严整不乱的森林。徐，缓慢。

侵掠如火：进击敌人像燎原烈火，猛不可挡。侵掠，作"攻击"解。侵，侵入敌国。掠，掠夺物质。

不动如山：本文指军队驻守时，像难撼的山岳一样稳固。

难知如阴：隐蔽时，像浓云遮蔽了日月。难知，本文指藏匿真形，敌人不能测知。如阴，如阴云蔽日，不辨辰象。

动如雷震：军队行动时，犹劈雷电击，势不可当。震，有的本子作"霆"。

掠乡分众：掠取敌人乡区粮食、资财，要分兵数路。一说掠取敌乡资财，要分出一部分奖励部下。乡，古代地方行政组织。众，本文指兵众。

廓地分利：本文指开拓战地，分别占领有利的地形。一说开拓土地，分与有功者。廓，同"扩"，扩大、开拓。

悬权而动：本文指权衡利害形势，相机而动。权，本指秤锤，用以称物重量，此处借用作衡量，权衡利害、虚实之意。

所以，不了解诸侯列国谋略的，不能预先结交；不熟悉山林、险阻、沼泽等地形的，就不能行军；不用向导的，就不能得到地利。因此，用兵打仗要诡诈多变才能成功，根据于己有利而采取行动，采取分散或集中兵力的多种方式变换战术。军队急速进军时像迅猛的狂风，缓慢行进时像严整的森林，进攻敌人时像燎原的烈火，坚守时如难撼的山岳，隐蔽时像阴天看不见日月星辰，行动时像万钧雷霆震撼。夺取敌人乡区粮食资财要分兵掠取，扩大疆土要分别占领有利地形，要权衡利害形势而相机行动。先懂得以迂为直计谋的就能取胜，这就是军争的法则。

【辩例·直观】

兵书在这部分反复列举多种情况，都在试图说明一个道理：就是如何对待和把控"军争"。"军争"的适用范围极其广泛，大到规模战争军事对峙，小到经济交往乃至日常生活琐事，几乎无处不在，无处不用。因此，无论在做什么事情，一定要先了解事情的具体情况，认真听取和研究别人尤其是有识之士的意见，然后进行综合考量，做出判断，形成决定。这个理论虽诞生于远古，却适用于当今。我们试以红军第二次反"围剿"为战例，予以说明这个道理。

红军第二次反"围剿"

1931 年初，国民党军对中央苏区发动第二次"围剿"。蒋介石制定了"稳扎稳打，步步为营"的"围剿"作战总方针，妄图一举消灭红一方面军，彻底摧毁中央苏区。蒋介石调集了 18 个师，总计 20 余万兵力，环绕中央苏区的江西吉安到福建建宁，形成了东西长 800 余里的弧形包围圈，严厉实施经济封锁，切断进入苏区的所有渠道。

1931 年 1 月 15 日，按中共中央要求，毛泽东由红一方面军前委书记变成政委和军委副主席，项英任中央局的代理书记和军委主席。同年 3 月 18 日，项英主持了中共苏区中央局第一次会议，讨论反"围剿"的策略问题。会场意见分歧较大：一些领导同志认为敌强我弱，以 3 万兵力迎战 20 万敌军，力量对比悬殊，没有胜算可能，提出撤离苏区，另寻出路；毛泽东旗帜鲜明地反对这种意见，提出继续采用"诱敌深入"的作战方针，把敌人引入苏区，凭借苏区内有利条件，"以迂为直，以患为利"，寻找战机打破敌人的"围剿"。

4 月 1 日，蒋介石下达了四路大军向中央苏区大举进攻的命令。按照"稳扎稳打，步步为营"的作战方针，国民党军每天只前进 5 到

20 华里。每到一地，都要构筑工事，进行地方"驻剿"，并召回地主豪绅，组织成立"善后委员会"和"守望队"，实行恐怖统治和欺骗宣传。此时，中共中央和共产国际不顾实际，派代表来苏区领导工作。4 月 17 日，苏区中央局第一次扩大会议继续召开，继续讨论反"围剿"的方针和红军作战问题。毛泽东在原则问题上绝不让步，坚决主张继续采取"诱敌深入"方针，粉碎敌人"围剿"。毛泽东强调：包围中央苏区的敌军虽然占有数量上的优势，但他们因不属蒋嫡系，为保存实力一定会各自为政，指挥不能统一协调，加之地形不熟，给养困难，尤其是得不到苏区人民的支持，地利、人和均不占位，必然弱点频发。敌人的不足正是我军的优势，兵力和装备上的差距是可以因环境和条件的改变发生变化的。有利可能变为不利，劣势可能转换为优势，只要坚持诱敌深入的方针，坚持在运动中了解敌人，就能"以迂为直"，就能"以患为利"，就能在运动中把控敌人，在运动中寻找战机，在运动中消灭敌人，就能够粉碎敌人的"围剿"。毛泽东的正确主张得到了会议的接受，终于确定了作战原则和作战方针。会议在确定作战原则、方针的基础上，对如何实施反"围剿"战术、打法又产生了激烈的争论。迎击四路合击的国民党"围剿"部队，究竟从哪里捕捉重点打击部位，确定谁为首先攻击和歼灭的对象，一时间成了大家争论的又一焦点。面对莫衷一是争吵不下的局面，毛泽东又一次站了出来。他仔细分析了四路"围剿"军的政治背景和军事实力，清醒地指出：反"围剿"胜利的关键是把控军争。蔡廷锴的第19 路军、孙连仲的第 26 路军和朱绍良的第 6 路军战斗力较强，先打他们其中任何一个都没有必胜的把握。王金钰的第5路军是蒋介石收编不久的一支杂牌军，这支部队大都是中原和北方人，对南方水土不服，战斗力也不强，其28师、77师在第一次"围剿"中曾被红军痛打，存有畏惧之心，所以，先打王金钰胜算较大。毛泽东提出，取胜王金钰部后，再挥师向东横扫，在闽赣交界的建宁、黎川、泰宁地区扩大苏区，征集军需，并为下一次反"围剿"做好准备。

4月19日，朱德、毛泽东下达了作战命令后，红一方面军主力次日便由宁都、石城、瑞金地区出发，于23日转到龙冈、东固地区，在龙冈西20公里的东固地区隐蔽集结，等待战机。东固距王金钰部驻扎的富田也只有20公里，3万多红军在东固不算大的山里隐蔽集结了20多天，王金钰竟然全无所知，足可见在苏区人民中，红军赢得的地利与人和，同时也证明，毛泽东将敌人引进苏区、诱敌深入、寻机歼敌战略的实用和正确。红军在东固待机20多天后，终于捕捉到了极好的战机。5月13日，红军得知王金钰部动向，次日又截获敌军电台明码电报。16日凌晨，毛泽东和朱德都登上了白云山。敌28师完全进入伏击圈后，红军突然从山上猛攻下来，毫无准备的28师顿时乱作一团，没抵抗多久，便彻底崩溃。战斗进行到下午4时许，红军已将28师大部歼灭。与此同时，红4军、红64师向敌47师一个旅展开进攻，将其大部分歼灭于富田、东固之间。担任迂回的左路军红三军团、红35军，迅速攻占固陂圩，歼灭敌28师兵站，并于当夜进占富田。红12军主力转向大源坑、潭头方向进攻，敌43师丢盔卸甲逃向南水。第二次反"围剿"首战告捷。

17 日，毛泽东、朱德指挥红一方面军主力向南水追击国民党军。19 日，各路红军在白沙截住了正在仓皇撤退的 47 师残部和 43 师一个旅，当即发起猛烈攻击。早已被打得晕头转向的国民党军已经完全丧失斗志，很快就被红军全部歼灭。同一时间，红 12 军攻占沙溪。驻藤田的敌 54 师连夜逃往永丰，19 路军也由城冈撤回兴国，随后又撤到赣州。红军又获得了第二次反"围剿"的第二次胜利。22 日拂晓，红四军和红三军团分两路向屯集在中村的敌 27 师之 80、81 旅发起猛攻，全歼 81 旅，重创 27 师，残敌逃回乐安。红军三战三捷士气大振，各路"围剿"军已经对红军闻风丧胆，纷纷后撤。24 日晚，毛泽东、朱德下达"方面军取捷道先敌占领南丰城"的命令，随后率红一方面军总部于次日到达宁都和广昌交界处的洛口圩严坊村。27 日晨，红军冒雨直逼广昌城下，从北、西、南三面发起猛攻，战斗异常激烈，直到晚 9 时才攻下广昌，歼敌第 5 师一个团，师长胡祖玉重伤毙命。红军攻占广昌后，毛泽东于 28 日召开会议，再次调整作战计划，向东疾进，直指建宁。30 日红军开进建宁附近，31 日发起进攻，歼敌 56 师三个团，取得第二次反"围剿"的第五次胜利。

自 5 月 16 日至 5 月 31 日，红一方面军按着毛泽东、朱德确立的"诱敌深入"作战方针，在苏区广大人民群众的积极支持和地方武装、赤卫队、少先队的有力配合下，15 天横扫 700 余里，歼敌 3 万余人，缴枪 2 万余支（挺），炮 30 门，电台 2 部，开辟了赣东、闽西广大地区，巩固并扩大了中央苏区，彻底粉碎了国民党第二次"围剿"，为土地革命战争积累了宝贵的经验。

【管窥·释悟】

为纪念这次战役胜利，毛泽东欣然命笔，写下脍炙人口的《渔家傲·反第二次大"围剿"》："白云山头云欲立，白云山下呼声急，枯木朽株齐努力。枪林逼，飞将军自重霄入。七百里驱十五日，赣水苍茫闽山碧，横扫千军如卷席。有人泣，为营步步嗟何及！"毛泽东集政治家、军事家、哲学家、文学家于一身，以近乎白描的叙事手法，将双方精心策划的战略布局、残酷凶险的战场搏杀、机动灵活的战略战术和宏观把控战场、辩证指挥战斗的战争艺术跃然词中，为我们留下了宝贵的兵法经典和难能可贵的文学精品。

第二次反"围剿"战役，是毛泽东、朱德等红军指挥员，吸取古往今来兵书战策精华，结合战场实际创造性的一次演绎；是针对蒋介石大兵团"围剿"，有的放矢的一次战争实践；是毛泽东军事思想在革命战争中不断取得胜利的又一次具体体现。

"军争"对战争成败作用攸关，但决定战争胜负、事业成败的最重要因素仍然是人。战场实践证明：两军阵前，谁能够正确处理"迂""直"关系，谁能够妥善解决"患""利"矛盾，谁能够以变应变、把握先机、驾驭"军争"，谁能够科学地将天时、地利、人和有机融为一体并能辩证掌控形势发展，谁就能获得最后的胜利。

第四节　夜鼓昼旗　变人耳目

【兵法·原文】

《军政》曰："言不相闻，故为之金鼓；视不相见，故为之旌旗。"夫金鼓旌旗者，所以一人之耳目也；人既专一，则勇者不得独进，怯者不得独退，此用众之法也。故夜战多金鼓，昼战多旌旗，所以变人之耳目也。

【解字·说文】

《军政》：梅尧臣注："军之旧典。"王晳注："古兵书。"

为之金鼓：为，置，设。金鼓，战鼓或可撞击出声响的金属器皿，古代用以指挥军队进退的工具，擂鼓进军，鸣金收兵。

旌旗：泛指旗帜。旌，古代杆首装饰有羽毛的旗帜。

一：统一。

人：本文指兵士。

变：作"适应"解。按汉简无"所以变人之耳目也"一句。

《军政》上说："作战中用语言指挥听不到，所以设置了金鼓；用动作指挥看不见，所以设置了旌旗。"金鼓、旌旗，是用来统一军队作战行动的。人们的行动既然一致了，那么勇敢的士兵就不会单独冒进，怯懦的士兵也不会单独后退了。这是指挥大部队作战的方法。所以，夜间作战多用火光和鼓声，白天作战多用旌旗，之所以这样，是为了适应士兵的耳目视听而使用的。

【辩例·释悟】

烽火、金鼓、旌旗、信鸽等都是古代或信息不发达时期，用于发号施令、传递信息使用的一种通讯工具。"夜战多金鼓，昼战多旌旗"。孙子将白天、黑夜不同时间段应该使用的信息器具做了明确的规范。战场上指挥员指挥作战，必须依靠必要的传递命令、信息工具，尤其是在冷兵器时代，战争规模较大，距离较远，指挥员需要借助某种器物、音响或其他形式来下达、发布进攻、停止或进行某一个动作的指令。这类的战例和故事在远古至今，几乎唾手可得，下面试举几个古今故事予以说明。

戏弄诸侯风流丧国

多种史书都记载了西周灭亡前，周幽王烽火戏诸侯导致亡国丧师的一个风流故事。关于这段历史故事，今人多有商榷之辞，但要彻底推翻史书记载，尚显力度不足。无论此段记载真伪，其讲述的故事，都是重要的前世说明和严肃的后世告诫。西周王朝崩溃的主要原因有多方面因素，但最直接、最让人一目了然的却是因为用于传递情报、指挥诸侯集中或分散御敌的信息传导出了问题，从而导致西周王朝走向灭亡。故事说的是西周时期，周宣王死后，其子宫湦即位，此人便是周幽王。周幽王是个荒淫无道的君王，尤其娶了褒姒为妃以后，整日沉溺花天酒地，更加不理朝政。尤其是周幽王重用佞臣，盘剥百姓，致使国内阶级矛盾日益激化。加之又发动了对西戎的战争，使西周王朝陷入内外交困的境地。

西周为防敌寇来犯便于信息报告和联络，专门设立了一种"烽火台"，以备敌人犯境或有重大事情需要诸侯集中或知情时专门使用。"烽火台"由国都到边塞一路设立，遇有情况可以在较短时间内做到传递接续、前情后晓、上命下达。在冷兵器时代，"烽火台"的建立，不失为一种行之有效传递信息、发号施令、简单、快捷的信息联络工具。在历史发展进程中，也确为西周王朝统治者发号施令做出过重大贡献。周幽王娶了美姬褒姒如获至宝，但褒姒一直以"冷美人"相对，终日无笑容，让周幽王实感美中不足。有一个叫虢石父的佞臣出了个主意，让周幽王点燃"烽火台"引诸侯来朝，看是否能让褒姒欢喜。周幽王采纳了虢石父的建议，马上带着褒姒，由虢石父陪同，一同登上了镐京最近的骊山"烽火台"。周幽王下令点燃烽火，一时间，烽火冲天，狼烟传递。各地诸侯见到烽火狼烟，以为有敌来犯，纷纷起兵赶来救驾。待到了骊山脚下，却不见一个敌人，只看到周幽王与褒姒在山头饮酒作乐。各路诸侯知道被戏弄，愤愤而归。褒姒看到千军万马召之即来挥之即去，很觉好玩，禁不住嫣然一笑。周幽王大喜过望，重重地奖赏了虢石父，并以此为例，经常以聚散诸侯为戏，逗得褒姒开心。诸侯们知道周幽王点燃"烽火台"仅为博得褒姒一笑，于是再见到烽火狼烟也就不以为意了。公元前771年，犬戎发兵进攻西周国都镐京（今陕西省西安市）。周幽王非常恐慌，急命点燃烽火台速召诸侯来京救驾。烽火高燃，狼烟传递，但诸侯们以为又是周幽王为褒姒找乐，遂不以为意。周幽王烽火台失信，无兵救驾，最后被犬戎兵杀死，西周灭亡，遂成千古遗恨。

黄洋界上炮声隆

土地革命战争时期，毛泽东率领秋收起义的部队来到井冈山。面对国民党频繁疯狂的进剿，红军战士英勇抵抗，保卫了红色政权。一次，国民党军队又组织优势兵力"围剿"，而此时红军主力恰恰下山执行战斗任务，山上仅有少数留守部队，形势十分紧急。留守部队一面派人报信，一面分兵把守各个隘口，准备与敌人血战到底。当时的井冈山武器装备很落后，除了一些老式枪支及一些缴获的少量武器外，一门大炮就是他们的绝对主力。然而，这门主力大炮却只有三发炮弹。更为尴尬的是在最为关键的时刻，指挥员下令发炮，竟有两枚是哑炮。国民党军队只晓得山上驻扎的是些准备极差的"土"红军，根本没有什么有威力的武器。而今山上大炮一响，尤其又把他们的指挥所炸毁，国民党军顿时乱了阵脚，不知山上究竟有多少军队，更不知山上还有什么重武器装备。于是，他们顿作鸟兽散，撤围逃跑。井冈山山峦起伏绵亘数百里，虽然那时已经有了电台等通讯手段，但由于敌军封锁，加之物资匮乏，寥寥无几的几部电台，远远满足不了战时的需求。各部队间的联系，尤其是战斗中各部联系，有时只能靠手势、旗语、金鼓、信鸽等进行联络。这次敌军来犯，井冈山被层层包围，虽已经派人送信，但都没有这一声炮响来得及时、痛快。正因如此，毛泽东在取得井冈山战役胜利后，心情愉悦，就事寓情，欣然命笔，记录下这场充满神秘传奇的战斗，留下了那首脍炙人口的著名诗词《西江月·井冈山》："**山下旌旗在望，山头鼓角相闻。敌军围困万千重，我自岿然不动。早已森严壁垒，更加众志成城。黄洋界上炮声隆，报道敌军宵遁。**"

【**管窥·释悟**】

把"周幽王烽火戏诸侯"与"黄洋界上炮声隆"这两个案例放在一个篇章中，旨在用正反例证，强化对信息作用的重视。周幽王借烽火博褒姒一笑，结果伤害了周王朝的信誉，松懈了诸侯们的警惕，最后只能落得个国破君亡的下场，教训是极其深刻的。如果追索问题的症结，应该首推"游戏号令"和信息崩溃。"黄洋界上炮声隆"也是通过若干号令、信息以反衬井冈山保卫战的全貌。我们从毛泽东《西江月·井冈山》中可见一斑。毛泽东开篇即用"旌旗在望""鼓角相闻"，表现壮观的战场景象，惟妙惟肖；最后用"黄洋界上炮声隆""报道敌军宵遁"圆满收官，可谓大气磅礴、摧枯拉朽。旌旗、战鼓，都是古代战场上发布号令、传递信息的专用道具，用眼观旌旗，用耳听战鼓，声情并茂；一声炮响，敌军溃逃，形象逼真，痛快淋漓。旌旗、鼓角、炮声隆乃至最后的"报道"，都是在用号令、信息再现战场的场景、程度和结局。应该说，这里的"旌旗""鼓角"虽是在宣扬、烘托、赞美战场的胜利心情和场景，但从中也不难看出，毛泽东对"旌旗""鼓角"在战场上传递信息、发号施令做出重大贡献的褒赞。近年来，美国频频发动的"阿富汗战争""海湾战争"和"中东战争"等等，都是用现代高科技手段发动的信息化战争。因此，在高科技较为普及，大数据广泛运用，战争向快速、精准、残酷、绝杀方向迅速发展的今天，掌握更多的高科技门类，使用更高端的战略武器，运用更"独一无二"的信息化手段，是取得新形势下战争胜利的重要保证，这亦应是本章节给我们的重要启示。

历史发展到今天，人们已经无需再去启用那些冷、旧兵器时代的信息传递工具，代之而来的是信息化、网络化、大数据时代的到来。但无论采取何种方式，都是为了做到"号令统一，行之有序"，都是为了利益和胜利。为实现这一目的，就一定要做到：欲使人晓之，必使人知之；欲施人知之，必施人以途径。

第五节　三军夺气　将军夺心

【兵法·原文】

三军可夺气，将军可夺心。是故朝气锐，昼气惰，暮气归。故善用兵者，避其锐气，击其惰归，此治气者也。以治待乱，以静待哗，此治心者也。以近待远，以佚待劳，以饱待饥，此治力者也。无邀正正之旗，无击堂堂之陈，此治变者也。

【解字·说文】

夺：夺取，失去。《说文解字》："夺。手持隹失之也。"隹，短尾鸟的总称。本文指受挫伤而衰懈。

气：士气，气势，本文指刚劲勇锐之气。《左传·庄公十年》："夫战，勇气也，一鼓作气，再而衰，三而竭。"

夺心：张预注："心者，将之所主也，夫治乱勇怯，皆主于心，故善制敌者，挠之而使乱，激之而使惑，迫之而使惧，故彼之心谋可以夺也。故《传》（按《左传·文公七年》）曰'先人有夺人之心'。"《说文解字》："夺。手持隹失之也。"本文指动摇将军的决心。

朝气锐，昼气惰，暮气归：士气开始锐不可当，继而怠惰，终则衰竭，同"一鼓作气，再而衰，三而竭"。朝，喻指开始。昼，喻指中间一段。暮，喻指最终。孟氏注："朝气，初气也；昼气，再作之气；暮气，衰竭之气也。"梅尧臣注："朝，言其始也；昼，言其中也；暮，言其终也。"归，止息，《广雅》："归，息也。"本文指衰竭。

治气：本文作"掌握士气"解。

哗：鼓噪喧哗，本文指骚动。

佚：同"逸"。

无：同"勿""毋"。汉简作"毋"。

邀：遮留、阻截，本文指截击。

正正：严整的样子。张预注："正正，谓形各齐整也。"

堂堂：壮大的样子。张预注："堂堂，谓形陈广大也。"

陈：古"阵"字。

所以，对敌人三军，可以使其士气消失；对敌将，可以使他决心动摇。这是由于军队开始士气旺盛，过后士气逐渐懈怠，末了士气就消沉了。所以善于用兵的人，总是避开敌人的锐气，到敌人士气松懈、消沉时再去打它，这是掌握军队士气的方法。用自己的严整来对待敌人的混乱，用自己的镇静来对待敌人的骚动，这是掌握军心的方法。以自己接近战场来对待远道而来的敌人，以自己的安逸休整来对待奔走疲劳的敌人，以自己的粮草充足来对待饥饿的敌人，这是掌握军队战斗力的方法。不要截击旗帜严整的敌军，不要攻击阵容强大的敌军，这是掌握灵活机动战术的方法。

【辩例·直观】

伺机而动，随机应变，是讲述若干"军争"理论之后对广大读者的一个重要期望值。《孙子兵法》论证的兵法、战策是一个相对理论，实践中必须灵活运用、辩证施策，才可能收到预期的效果。孙子强调为将帅者，必须拥有超凡的智慧，必须善于掌握每一个将士、每一个指挥员、每一支部队的客观实际情况。要把精气神的状态、程度作为衡量一个人、一个部队软实力的重要标准。精气神既是单个人的精神状态，也是一个部队、一个集团的精神状态。战场上，敌人部署出现漏洞或军事上出现失误是机遇，部队的精神状态出现问题也是机遇，而且是更重要的机遇。正因如此，孙子提出的"三军夺气，将军夺心"，才更具有深远的历史意义和较为普遍的现实意义。

雁宿崖战斗

1939 年 10 月下旬，日军华北方面军第 110 师、26 师和混成旅第 2、3、8 旅各一部，共 2 万余人，分多路对我晋察冀抗日根据地发动冬季"扫荡"。与此同时，在日本军队中素有"名将之花"盛誉的山地作战专家阿部规秀中将，被任命为侵华日军中装备精良、战斗力极强的独立混成第二旅团旅团长，并担任北线进攻八路军根据地的总指挥。盛誉之下的阿部规秀上任不到一个月，就急于显露手脚。于是，他命令卯村宪吉大佐率一个先遣大队和伪军共 1 000 余人，进驻涞源县城，准备对我军晋察冀军区一分区进行"扫荡"。狂妄嚣张既是日军实力强悍的反映，也是日军骄兵自大的表现。为打击日军的气焰，振奋抗日军民斗志，一分区司令员兼政委杨成武按着"朝气锐，昼气惰，暮气归"的规律，决定设伏狠狠打击这股骄狂之敌。

涞源是我军北上抗日最先解放的一个县城，那里有坚强的党组织和隐蔽的情报网。县城虽被敌人占领，但四周乡村仍在我军掌控之中，所以敌人的一举一动全在我情报网的监控之下。11 月 3 日，杨成武决定，在雁宿崖、黄土岭两地伏击这股日军。杨成武命令晋察冀军区第一分区第一、第二团和第三分区第三团开进雁宿崖峡谷两侧的山梁上隐蔽设伏；第 120 师独立第一旅 715 团一部及分区游击第三支队，担负牵制任务；第一分区 25 团一部为第二梯队。中午 7 时许，当向银坊镇方向进犯的日军独立步兵营 500 余人进入三岔口后，八路军三支队一部边抗击边撤退，实施诱敌深入。待日军又一股200余人进入设伏地域后，3团一部立即进行猛烈袭击，毙伤其大部分。紧接着，2团也投入战斗，将余下的敌人压迫至雁宿崖西北高地。与此同时，另一股日军300余人也被诱入雁宿崖峡谷。

一个时期以来接连取得的胜利，使日军格外骄狂，他们行军和休息甚至连警戒都不设立，对行军两侧也不加搜索，一路上大摇大摆向张家坟行进。待卯村宪吉大队及伪军完全进入到雁宿崖与张家坟之间的狭路时，我军第1团一部迅速迂回到峡谷口切断其后路，第3团一部封锁峡谷南口，第1、3团主力从峡谷东侧，第2团及第3团一部从峡谷西侧进行夹击。刹那间，200多挺轻重机枪一齐向敌人开火，手榴弹的爆炸声和战场上的厮杀声响彻山谷。经数小时激战，日军大部分被歼。此时，雁宿崖西北高地上的日伪军亦被压缩到山谷。下午4时，杨成武下令发起总攻。至下午5时，被围日伪军全部被歼。雁宿崖歼灭战取得了重大胜利。

黄土岭战斗

卯村宪吉大队被歼，阿部规秀恼羞成怒。11月4日，他亲率独立第2混成旅团的第4、第2大队，分乘90多辆汽车疾驰涞源。八路军晋察冀军区司令员聂荣臻考虑到日军装备精良，来势凶猛，决定给杨成武加派两个步兵团和一个炮兵营。120师师长贺龙也特意将其特务团配属给杨成武临时指挥。

5 日晨，日军进至张家坟一带，我军游击 3 支队、第 1 团各一部迎战诱敌。25 团、游击 3 支队各一部前往涞源县城东五回岭、浮图峪、石佛等地袭扰和迷惑日军。当晚，日军主力进剿石各庄等地，扑空后即大肆烧杀抢掠。6 日，日军在我军游击队的诱击下，于黄昏抵进黄土岭。杨成武决定将黄土岭东北上庄子至寨头之间的峡谷作为伏击日军地点。

7 日下午 3 时左右，日伪军全部人马陆续进入我军设伏地域。随着指挥员一声令下，枪炮声从四周的山头传来。紧接着，八路军预伏的第 1 团、第 25 团迎头阻击，3 团和 2 团分别从西、南、北三面包围。猝不及防的日军顿时乱作一团，慌乱间夺路抢占了上庄子东北高地，并向寨头阵地反扑过来，双方展开了激烈的山地争夺战。这时，八路军炮兵营长发现了日军的电台，立即指挥迫击炮定位射击，几发炮弹就把日军的电台炸上了天。八路军一团团长陈正湘用望远镜看到黄土岭东侧有一座小庙，小庙附近有几个身穿黄色呢子大衣，腰挎指挥战刀的日本军官正在指指点点，断定那里便是日伪军指挥部。他急令一团的分区炮兵连长"神炮手"杨九坪，按目标位置实施定点射击。杨九坪瞄准目标连发几炮，那几个刚才还趾高气扬的日军头领，顷刻间便飞上了天。后经证实，一发炮弹正好落在了阿部规秀身边，不可一世的"名将之花"当即命丧黄泉。阿部规秀中将是日军侵华战争中阵亡的最高级别军官。黄土岭一战，是晋察冀军区继雁宿崖歼灭战后的又一次空前的胜利，共歼灭日军 900 余人（伪军未统计在内），缴获 200 多辆满载军用品的骡马车、5 门火炮、几百支长短枪和大批弹药。

【管窥·释悟】

两次伏击战的胜利，尤其是炮毙日军"名将之花"阿部规秀，沉重地打击了日本侵略者的嚣张气焰，极大地鼓舞了全国军民的抗日士气。结合本节兵法，总结两次伏击战的胜利经验，可以概括出以下三个突出特点：

一是准确分析敌寇心理，励其骄狂，诱敌深入。长期与日军作战，杨成武等抗日将领摸到了日军作战中暴露出的一个规律：就是一旦战斗或战场失利，日军将领报复心理极其强烈，必急于报复；而且败得越惨，报复得越凶，常常是兵败消息刚刚收到，报复队伍就随即出发。他们信奉的战术是：日军失败后，我军一定正在"消化和享受"胜利成果，此时疾速出击，正好可以打对手一个措手不及。歼灭卯村宪吉大队后，杨成武便料到阿部规秀一定会在最短的时间内前来报复。分析阿部规秀既狡猾又急于报仇的复杂心理，将"三军可夺气，将军可夺心"的兵法原理灵活运用。因此，杨成武才会在夺取雁宿崖伏击战胜利之后，在日军必经的黄土岭上又一次设伏歼敌，连续两次获得伏击战全胜。兵不厌诈，杨成武以小股部队吸引日军，诱敌深入到黄土岭伏击圈，然后一举歼灭，创造性地演绎了兵法"军争"要旨，收到事半功倍的成效。

二是充分利用战场地形，激其暴怒，设伏歼敌。战前，杨成武亲自到雁宿崖、黄土岭一带实地考察地形：雁宿崖是一条长达几百米的悬崖峭壁，位于三岔口和张家坟河床西岸。这里的地形酷似一个天然的大口袋，在此处设伏，敌人纵然生翅也很难逃脱。黄土岭是太行山北部群山中的一条峡谷口，四周有很多深沟大谷和一条不太宽的河滩，地势十分险要。杨成武料定：日军卯村宪吉大队在雁宿崖被歼后，阿部规秀一定恼羞成怒，一定会疯狂反扑报复。待气急败坏的阿部规秀气冲冲赶来报仇时，一定会气势汹汹，盛气凌人。所以，杨成武巧用小股部队不停骚扰、挑逗，进一步激怒阿部规秀。阿部规秀虽然是著名的山地作战专家，但强烈的报复心理加之有恃无恐的骄狂心态，使其始终未能发现潜伏在两侧高地上的数千名伏兵。因此，当阿部规秀率队进入伏击圈后，居高临下的伏击和对日本侵略者的满腔仇恨汇聚到一起，阿部规秀及其部队的灭亡，应该是必然的。

三是"三军夺气，将军夺心"精准歼敌。阿部规秀率部急匆匆赶来，就是要寻找我军主力进行决战。此时的日军可谓雪耻心切、情绪暴躁。"三军夺气"并非完全指敌军意志消失，能动地鼓唆敌军盲目"兴奋""膨胀"，也是在积极地削减敌军的力气和意志。杨成武巧设诱局：以小股部队不断骚扰，拖得日军不追难舍，欲追不得；频频的挑逗无异于戏弄，阿部规秀及其部队在崎岖的山地里疲于跑路，累得筋疲力尽；屡屡扑空的追击，只闻枪声起，不知人何处的尴尬，使其逐渐陷入窘境；强烈的求战欲望与无处发泄的矛盾交织在一起，气急败坏用在此时的阿部规秀身上恰如其分。因此日军从将头到兵尾，整个部队的士气已经应了《曹刿论战》中说的"一鼓作气，再而衰，三而竭"。杨成武成功地"避其锐气，击其惰归"，以成功的"夺气"

"夺心"战法，赢得两次伏击战的重大胜利。

避开锋芒，减少冲突，是为了有效地保存自我，待机歼敌；"三军夺气，将军夺心"是为了更准确地找准敌人弱点并适时发起有效攻击，是更有效消灭敌人、保存自我的更重要措施。

第六节　用兵之法　贵在变通

【兵法·原文】

故用兵之法，高陵勿向，背丘勿逆，佯北勿从，锐卒勿攻，饵兵勿食，归师勿遏，围师必阙，穷寇勿迫。此用兵之法也。

【解字·说文】

高陵：高山地带。陵，山陵。

向：本文指仰攻。杜牧注："向者，仰也。……言敌在高处。不可仰攻。"

背丘：背靠高地。按：汉简"背"作"倍"，古通。

逆：迎，本文指迎击。

佯北：假装败走。佯，假装。北，败北。

饵兵：用以诱敌的小部队。饵，诱饵，引鱼上钩的食物。

锐卒：本文指士气旺盛的敌军。

遏：阻止，阻拦。

阙：同"缺"。汉简此句作"围师遗阙"。

穷：阻塞不通，本文指处于穷困绝境。

所以，用兵的原则是：敌人占据高地，不要去仰攻；敌人背靠高地，不要正面迎击；敌人假装败退，不要跟踪追击；敌人锐气正盛，不要轻易去进攻；敌人用兵作诱饵，不要上当受骗；敌人退回本国，不要去阻截拦击；包围敌人，一定要网开一面；敌人陷入绝境，不要去逼迫拼命。这些，就是用兵的一般原则。

【辩例·直观】

作为《军争篇》的归纳和总结，孙子在这部分将"军争"过程中的进退之法，概括为八点，并将其升华为用兵原则。孙子认为，作战中如何抢占和把控有利战机至关重要，但又是对垒双方最难于做到的事情，因此，他提出了八点原则以为指导。作为冷兵器时代的军事家，制定的用兵原则必须具有较强的时效性和指导性，这在当时代乃至如今都具有非常重要的价值和指导意义。《孙子兵法》是一部教科书式的著作，如果死记硬背，用教条主义的观点对兵书顶礼膜拜，或机械地照搬照用，其结果很难不是悲惨的失望。总结中国共产党与国民党从土地革命战争打到解放战争的历史，拥有绝对优势的国民党军为什么屡屡惨败于中共领导下的红军、八路军、新四军、解放军呢？这其中固然有天时、地利、人和三者和谐、统一的占有与空白，固然有党的性质和服务宗旨以及选择道路的本质区别，固然有军事思想和军事路线的重大差异。除此之外，蒋介石把古来兵书战策死记硬背、

生搬硬套；所谓的"一字长蛇""步步为营"类的传统阵法，所谓的
"总裁手谕、训示"和亲临一线直接指挥的中正战法，都给即将发生
的战争或战斗带来了严重的束缚。国军上下融会贯通的是教条主义、
本本主义，带兵将领机械地执行中正战略战术，以不变的兵法和"训
示"应对万变的战场形势，其结局必然是无可奈何的惨败。

强攻智夺腊子口

1935 年 9 月 10 日，为防止张国焘分裂红军的意图得逞，毛泽东
果断决定，率右路军中的红一方面军 1、3 军团和中央直属队一部先
行北上，并发出《为执行北上方针告同志书》。两天后，红一方面军
到达甘肃迭部县的俄界。中共中央政治局在此召开了扩大会议，做出
《关于张国焘同志的错误决定》，坚持继续北上的战略方针。为便于指
挥，会议决定将红一方面军 1、3 军团和军委纵队改编为中国工农红
军陕甘支队，彭德怀任司令员，毛泽东任政委。支队辖 3 个纵队：一
军团、三军团和军委直属纵队及干部团分别为第一、二、三纵队，总
共 7 000 余人。9 月 16 日，红军先头部队红 4 团击溃鲁大昌第 6 团的
阻截，于当日下午逼近岷山脚下的甘南要隘腊子口。

腊子口是藏语高山谷口的意思。腊子口宽约 30 米，两面悬崖峭
壁高达 500 米，仿佛是用巨斧把大山劈成两半。中间是腊子沟，腊子
河由北向南咆哮奔腾而过，河水虽深不没头顶，但河床锐石林立，坑
沟纵横且水流湍急，不用说是人过，即便是军马也很难立足行走。河

上仅有一座桥，这是连接两岸的唯一通道。说这里是"一夫当关万夫莫开"的天险，应该是再恰当不过。腊子口除地势险要，还驻有鲁大昌部的两个营。山坡上修建了不少碉堡，仅半山腰峭壁的碉堡里，就驻有一个连，内设四挺重机枪，还储备了大量粮食、弹药及军需物品。从腊子口往里直到岷县，鲁大昌还配备了4个团的兵力，同时，岷县的国民党部队随时都可以增援腊子口守军。在鲁大昌看来，红军就是长出翅膀也飞不过腊子口。面对腊子口天险和敌军重兵阻截，红军如果不能胜利通过，就只能取道三国时诸葛亮六出祁山时走过的旧地汉中，而这恰恰是蒋介石布下重兵的口袋。因此，突破腊子口已成唯一选项、当务之急。

鉴于严峻形势，16日，毛泽东、林彪、聂荣臻联名电告彭德怀："顷据二师报告，腊子口之敌约一营据守未退，该处是隘路，非消灭该敌不能前进。"彭德怀立即冒雨赶到2师，带上师长陈光、政委肖华，连同红4团干部，一起研究攻打腊子口的作战方案。当日下午四时，红4团率先向守军发起攻击，由于是白天，且周围都是悬崖峭壁无处藏身，连续进攻十几次，都被守军猛烈的火力挡了回来。红4团团长王开湘和政委杨成武利用战斗间隙，到前沿观察地形。经过实地考察，认识到腊子口不能强攻，只能智取。腊子口守军自恃天险无虑，山崖上修建的碉堡竟然有墙无盖，如果能进入手榴弹投掷距离，可以直接把手榴弹投入碉堡中。碉堡旁的悬崖峭壁大约有七八十米高，山壁如刀削斧劈，看着都让人眼晕。正在大家无计可施时，一个绰号叫"云贵川"的苗族小战士毛遂自荐，说这个峭壁他能爬上去。

杨成武、王开湘立即制定"奇正"结合、出奇制胜的作战方案：由杨成武带一个连正面进攻，夺取木桥，猛攻隘口，进攻时间定在入夜时；王开湘带两个连，沿右岸的峭壁迂回到敌军侧后方，奇兵突袭，占领隘口。

黄昏前，红4团的绑腿都集中在一起，拧成两条长绳，用作后续人员爬山之用。担任迂回的红军战士背挎冲锋枪，腰缠十多个手榴弹，在王开湘的率领下开始渡河。渡过腊子河也不是一件容易的事，经过再三努力，直到太阳已经落山，两个连才渡过河去。队伍迂回来到峭壁前，"云贵川"打着赤脚，腰上缠着绑腿拧成的长绳，手持一根绑上钩子的长杆，用它勾住悬崖上的树根、崖缝、石嘴，两脚脚趾用力抠住石缝、石板，一寸寸、一点点地向上爬。这个地方距碉堡有200余米，但石壁向外突出，正是敌人观察的死角。就这样，"云贵川"没有辜负大家的希望，终于攀到了峰顶，用绑腿绳将战友一个个接应上去。

此时，杨成武率领正面攻击连已经做好了战前准备。入夜时分，杨成武等不到王开湘方面按计划发出的信号，没有办法，只好发出强攻的命令。敌人凭借着碉堡和重机枪，突击队几次强攻都没有成功。战斗已经进行了几个小时，再过一会儿天就亮了，那时鲁大昌的4个团过来增援，局面将更加严重。可王开湘那边仍旧是一点动静都没有，杨成武和突击连的战士们都心急如焚。

原来迂回部队到山顶后，天太黑迷了路。一连长毛振发摸黑探路，不小心又摔进了一个深坑，造成头部负伤。黑夜中的山梁处，伸手不见五指，大家花了大半宿功夫，才找到一条出击的道路。此时已是 17 日凌晨，得不到王开湘方向的进攻信号，杨成武火线召开党员会议，挑选出 15 个战士组成 3 个突击小组轮番向桥头发起进攻。正在久攻不下的胶着时刻，右岸高峰上突然升起一颗红色信号弹，紧接着，又是一颗绿色信号弹。这是事先约定好的进攻信号。杨成武立即命令发出三颗红色信号弹，山上山下同时吹响了冲锋号。右面迂回部队在王开湘的指挥下，把一颗颗手榴弹摔在无顶盖的碉堡中，碉堡顿时开了花。山下突击队趁势冲向独木桥，刀光剑影中红军战士犹如下山猛虎，势不可挡。敌军做梦也没有想到红军会攀登绝壁，铤而走险发动奇袭，妄以正面迎击扼守天险，结果丢掉了腊子口三角地带的防御工事，无奈退至第二道险要工事处又开始负隅顽抗。红军不断加大进攻力度，在强大攻势面前，敌人溃不成军，扔下阵地向岷州方向溃逃。至拂晓，红军占领了腊子口。

华容道关云长义释曹孟德

在古代战场上也有很多"正""奇"活用的例证。罗贯中所著的《三国演义》一书，应该是运用兵书战策最多的古典文学作品。《三国演义》中有一段传颂不朽的佳话，说的是武圣关云长华容道义释曹操的故事。《三国演义》第五十回，罗贯中为了凸显关云长的义气，特意安排了一个"一夫当关，万夫莫开"的华容道，让赤壁大败、慌不择路的曹操，狭路相逢得遇关羽，而且又让曹操以旧情新感打动铁骨铮铮的关云长，从而逃出重围。在这一回中，作者故意以"先知先觉者"装点诸葛亮，让他故意将"命不当绝"的曹操放在华容道，同时，又将"义释曹操"的人情留给了关羽。为了实现完全控制住清高孤傲的关羽，作者在书中专门安排了一场"签军令状"的战前戏，让关羽当众签下生死责任书，为"华容道"关羽渎职失责埋下伏笔，也为日后关羽悉心听命奠定基础。从书本到舞台，"华容道"由古至今，成为人们赞扬武圣关公仁慈义气的重要例证和传统故事；"华容道"也因之成为《三国演义》塑造关公形象的重要章节和大戏平台；同时也以诸葛亮"华容道"绝路设伏，凸显兵书"围师必阙"的战场现实价值。

【管窥·释悟】

红军攻占腊子口是绝地求生的一次战斗胜利，也是在敌军恪守"高陵勿向，背丘勿逆"的兵法战策，我军逆向思维，"奇""正"活用，将计就计，将兵法结合实战机动灵活运用的一个典型战例。红军指挥员巧妙地把敌军视为不可能的事情变为可能。不盲目死守信条，冲破条条框框，把军事原理同军事实践有机结合，开创出一条适应自己发展的新路，这也是红军从星星之火形成燎原之势的要笈所在。

关云长义释曹操应该是桩历史悬案。如果还原历史事实可以肯定：在火烧赤壁取得完胜的前提下，作为杰出的政治家、军事家诸葛亮，对曹操兵败溃逃和迫于奔命的心理完全掌握；对曹操兵败状态及逃跑路线也理应在掌控之中。诸葛亮熟读兵法，精通战策，且清晰战场附近地形地貌。诸葛亮深知在三分天下的现实中，消灭曹操对其为之奋斗的蜀家天下该有何等重要。因此，面对敌酋巨首，诸葛亮精心安排一场"感情戏"应该没有任何可能。那为什么又出现了"义释曹操"这段故事呢？如果细究本章兵法，答案就不难得出了。按兵书讲：要"围师必阙"。对于"围师必阙"，学界有两种注解。一个解释为：包围敌军一定要留个出口，给敌军以能够逃跑的路线，免得敌军困兽犹斗，出现"置死地而后生"的奇迹，以印证"穷寇勿追"的兵法理论。另一个解释为：包围敌军可以留一个出口，但一定要在出口适当处设伏，这样才能将敌军彻底消灭。前者说的是战场击溃战，后者说的是战场歼灭战，二者解释不同，结果也必然不同。那么华容道上的那场官司该如何作解呢？答案应该是明确的：诸葛亮既然计算到曹操必经此路，既然在军前让关云长立下"军令状"，既然煞费苦心地与东吴联手组织了这场惊天动地火烧赤壁的大战役；那么不铲除敌军魁首，不消灭曹操，怎么面对"吴蜀联盟"？怎么回报刘玄德的"三顾茅庐"？怎么免除三国演义的后患，安居天下？因此，按战争逻辑、战场规律，诸葛亮必然按《孙子兵法》中的"用兵八法"布阵，以"围师必阙"的兵家思路，用"击溃战"的战法让曹操一路走来，以至完全进入诸葛亮布下的伏击圈，最终以"歼灭战"将其消灭。然而，曹操终于逃出了重重包围，诸葛亮毕竟没能一战毙敌。如果客观地推演，最后的战斗应该或为聚歼条件不具备，或为根本就没有这个条件。至于小说和传统戏剧中文人设计的"华容道"故事，就不应该是诸葛亮所能左右得了的事情啦。

通向成功的道路千条万条，未必谁都能找到正确路径；用兵之法规则众多且具体，但成功之道贵在实事求是科学变通；遭遇人生的难题举不胜举，总有智者能够找到理想答案。

名著
释悟

藏在孙子兵法里
的大智慧

黄涵————

编著

SPM
南方传媒 | 新世纪出版社

· 广州 ·

图书在版编目（CIP）数据

名著释悟：藏在孙子兵法里的大智慧.③ / 黄涵编著.—广州：
新世纪出版社，2023.3
　ISBN 978-7-5583-3747-5

　Ⅰ.①名… 　Ⅱ.①黄… 　Ⅲ.①《孙子兵法》—青少年
读物 　Ⅳ.① E892.25-49

中国国家版本馆 CIP 数据核字（2023）第 056074 号

目　　录

第八篇

九变篇

　　兵法以"九"这个"数之极"来冠领"变"，可见作者用心之倾注，下笔之凝重。"九变"，顾名思义，就是要讲"变"，且变化极多；讲"变"，且变化无形；讲"变"，且有规律可循。对战场以至社会百科的统帅、指挥员、决策者和具体当事人而言，如何应对错综复杂的形势？如何应对瞬息万变的各种情况？如何在不断变化的形势面前，机动灵活地制定和调整战略、战术？这是孙子在本篇中要重点讲述的几个问题。

第一节　审时度势　九变之利

【兵法·原文】

孙子曰：凡用兵之法，将受命于君，合军聚众，圮地无舍，衢地交合，绝地无留，围地则谋，死地则战。涂有所不由，军有所不击，城有所不攻，地有所不争，君命有所不受。故将通于九变之利者，知用兵矣；将不通九变之利者，虽知地形，不能得地之利矣。治兵不知九变之术，虽知五利，不能得人之用矣。

【解字·说文】

圮（pǐ）地：难于通行之地。《九地篇》："行山林、险阻、沮泽，凡难行之道者为圮地。"圮，倒塌、毁坏之意。《尔雅》："圮，败也。"《说文解字》："圮，毁也。"

舍：止，指宿营。

衢（qú）地：衢，四通八达之地。《说文解字》："四达谓之衢。"《九地篇》亦云："四达者，衢地也。"本文指地处多国、四通八达之地。

交合：即"合交"（《九地篇》"衢地则合交"），指结交邻国。《孙子略解》《武经》本作"合交"，孙星衍校《孙子十家注》改为"合交"。

绝地：指无水源、缺粮草而交通困难、难于生存之地。李筌注：

"地无泉井、畜牧、采（来）樵之处为绝地，不可留也。"《九地篇》："去国越境而师者，绝地也。"

无留：不留，恐久留生变之意。

围地：指四面险阻、进退困难、易被包围的地区。《九地篇》云："所由入者隘，所从归者迂，彼寡可以击吾之众者，为围地。"

谋：本文指出计谋，用奇谋。

死地：军队处在进无路、退不能、非拼死力战无以求生之地。《九地篇》云："疾战则存，不疾战则亡者，为死地。"又云："无所往者，死地也。""死地吾将示之以不活。"

涂：同"途"，道路。由：从，通过。按汉简《四变》此句下有释文说："徐（途）之所不由者，曰：浅入则前事不信，深入则后利不接。动则不利，立则囷。如此者，弗由也。"

军有所不击：此句汉简《孙子兵法·四变》佚文曰："军之所不击者，曰：两军交合而舍，计吾力足以破其军，獾其将。远计之，有奇势巧权于它，（……）。如此者，军唯（虽）可击，弗击也。"

城有所不攻：此句汉简《孙子兵法·四变》佚文云："城之所不攻者，曰：计吾力足以拔之，拔之而不及利于前，得之而后弗能守。若利（　）之，城必不取。及于前，利得而城自降，利不得而不为害于后。若此者，城唯（虽）可攻，弗攻也。"

君命有所不受：君主有的命令可以不接受。君命有的不执行，是有条件的，不是随意的。汉简《孙子兵法·四变》佚文云："君令有所不行者，君令有反此四变者，则弗行也。"

地利：《孙子略解》《武经》无"地"字，《御览》《书钞》亦无，当无"地"字，为"地"字衍。

五利：指上述"涂""军""城""地""君命"五事之利。

孙子说：大凡用兵的法则，主将接受国君的命令，征集民众组织军队，在"圮地"上不可宿营，在"衢地"上应结交邻国，在"绝地"上不可停留，在"围地"上要巧设奇谋，陷入"死地"则要殊死奋战。有的道路不要通过，有的敌军不要攻击，有的城池不要攻取，有的地方不要争夺，有的君主命令可以不执行。所以，将帅对九变之利通晓，就是懂得用兵了；反之，将帅对于九变之利不精通，虽然熟知地形，也不能得到地利。指挥军队不知道九变的方法，虽然知道"五利"，也不能充分发挥军队的作用。

【辩例·直观】

有所为，有所不为，是兵家战者在战场上经常遇到的一个无法回避的问题。有所为而为之，大有作为；有所不为而为之，教训颇多。何为有所为？何为有所不为？理解起来容易，实践起来颇难。《左传·秦晋崤之战》记载的一段战事对解析这节兵法很有裨益。

秦晋崤之战

鲁僖公三十二年冬，秦穆公得知郑、晋国君新丧，认为有机可图。恰好杞子此时从郑国派人来秦国报告，说郑国人让他掌管郑国国都北门的钥匙，如果偷偷派兵来袭击，郑国就可以得到了。秦穆公为此征求蹇叔的意见。蹇叔说："兴师动众去袭击远方，从来没有听说过。军队劳累不堪，力量消耗尽了，远方的君主一定会有所察觉，加以防备，这么做有成功的可能吗？军队行动郑国一定会知道，劳师动众而无所得，士兵必然会产生怨恨。况且，千里行军谁会不知道呢？”秦穆公没有听取蹇叔的意见，遂召集孟明、西乞、白乙，派他们带兵从东门出发伐郑。蹇叔来到出征的队伍前哭着说："孟子（孟明），我今天看着你们出征，却看不到你们回来呀！"秦穆公很恼火，派人对蹇叔说："你知道什么？不要再胡言乱语了！"蹇叔的独生子也参加了这次出征的军队，蹇叔哭着送他说："晋国人必然在崤山设伏截击我们的军队。崤有南北两座山，南面是夏朝国君皋的墓地，北面是周文王避过风雨的地方。你们一定会死在两山间峡谷，到时我去给你们收尸骨吧。"这就是引自著名的《左传·蹇叔哭师》中的一段精彩语录片段。

鲁僖公三十三年春，秦军出征，经过周都城北门时，将士们趾高气扬、不可一世。王孙满这时还小，对周王说："秦国军队轻狂而不讲礼貌，一定会失败！轻狂就少谋略，没礼貌就不谨慎。进入险境且不谨慎，能不失败吗？"秦军经过滑国，已离郑国不远。郑国商人弦高恰好在此地做买卖，他得知秦军要去征伐郑国，而郑国又毫不知情。情急之下，弦高拿上四张熟牛皮和十二头牛慰劳秦军说："郑国国君听说贵军行军要经过郑国，冒昧地先来慰劳您的部下。"秦军将领孟明和其他将领商议："郑国已有准备，进攻已很难取胜，包围又没有后援力量补充，我们还是回去吧！"于是，顺路灭掉了滑国就回军向秦国撤退。

晋国的原轸对晋襄公说："秦国违背蹇叔的意见，因为贪得无厌而使百姓劳苦不堪，这是上天送给我们的好机会。送上门的机会不能放弃，敌人不能轻易放过。放走了敌人就会产生后患，违背天意，就会不吉利，所以一定要讨伐秦军！"于是发布命令，调动军队。晋襄公把白色的孝服染成黑色，梁弘为他驾驭马车。4月13日，晋军在崤山打败了秦军，俘虏了秦军三帅孟明视、西乞术、白乙丙胜利而归。回国后，晋襄公带领国人，就穿着这身黑衣服给晋文公送葬，晋国从此便以黑衣服为丧服。

后来晋襄公在晋文公夫人文嬴的请求下，释放了秦国的俘虏。在迎接被俘将士回到秦国时，秦穆公特意穿着白色的衣服在郊外迎接。他哭着对被释放的秦军将士们说："我当初违背了蹇叔的劝告，让你们吃了败仗，受了委屈，都是我的过错呀！"

这段记载"崤之战"的篇幅很短，但内容涵盖的信息量却很大。文章通篇未对战争场面做任何具体描写，寥寥数笔，以简单的对话形势，勾勒出一个完整的战争场面来。这段故事很简单，主要就是三个层次：**秦军出征伐郑；蹇叔哭师送别；崤山战败并附秦穆公反思。**面对郑国、晋国国君去世，诸侯霸主暂空的机会，秦穆公称霸中原的野心迅速膨胀，他不听蹇叔劝告，执意派兵伐郑。蹇叔给他讲了很多道理，尤其告知远兵作战乃兵家大忌，切切不可。秦穆公一意孤行。蹇叔无奈，哭师以送，进一步劝诫秦穆公："此战实不可为！"秦穆公哪里听得进去，他不顾蹇叔功高年迈，竟对他大加羞辱。

秦军出征路过滑国，郑国商人弦高见秦军欲伐郑国，而郑国全然不知，形势十分紧急。弦高急中生智，备以熟牛皮及十几头牛作为礼物，假以郑国国君名义前来秦师劳军慰问。这本是郑国商人弦高没有办法的办法，却蒙蔽了秦军三帅。本无不可为，却以为已经不可为之。于是决定回师并顺路灭掉了滑国。滑国是个很小的诸侯方国，并未招惹秦军。秦军顺手牵羊之举，更加暴露其侵略扩张、穷兵黩武、倚强凌弱的凶残本性。虽然"春秋无义战"，但无端的侵略扩张还是要受到各诸侯国的谴责的。所以，之后晋军崤山发难，大败秦军，也就无为不可，顺理成章了。故事把若干个矛盾冲突交织在一起，架构出一组组生动活泼的历史画面。

白龙马的启示

《西游记》中有一匹出神入化的白龙马，跟随唐僧一路西行终成正果。白龙马载誉归来后，众马非常嫉妒。都是一样的马，都是每天勤勤恳恳、忙忙碌碌、从未偷闲、虔诚奉献，为什么它成了"天下第一名马"，而我们却仍旧还是一匹普通的马？带着这个问题，众马找到白龙马，想讨个说法。

白龙马听过众马诉说委屈后，微笑着对众马说："其实我知道，我去西天取经时，各位也都在辛勤劳作、无私奉献，你们甚至比我还要辛苦。我走一步，你们也走一步，大家都在劳作。那么为什么我们之间会出现这么大的差别呢？我想原因只有一个：那就是我的目标明确，十万八千里走了个来回，并被载入史册，而你们只是在磨坊或其他运载的路上，虽忙忙碌碌，却无人记载，因此……"

白龙马与众马的对话堪称童话故事，却反映出一个道理：做什么样的人，走什么样的路，必须尊重客观现实，实事求是；人生的路很长，但经不起几个反复，必须知晓顺逆，把握进退，这应该是故事告知我们的一个道理。

【管窥·释悟】

恰当的时机，恰当的地点，恰当的人物，恰当的条件，可以做恰当的事情；选错了时机，选错了地点，选错了条件，选错了人物，无论去做什么事情，都很难获得巨大的成功。

第二节　兼顾利弊　权衡得失

【兵法·原文】

是故智者之虑，必杂于利害。杂于利，而务可信也；杂于害，而患可解也。

【解字·说文】

杂于利害：兼顾到利害两方面。杂，合，引申为"兼顾"。曹操注："在利思害，在害思利，当难行权也。"

务：事，指所务之事。

信：同"伸"，指伸展、进行。

而：汉简作"故"。

因此，明智的将帅考虑问题，必须兼顾到利害两方面。在有利情况下考虑到不利的方面，大事便可以顺利进行。在困难情况下考虑到有利的方面，那么祸患就可以消除了。

【辩例·直观】

利害得失是战争中指挥员必须兼顾到的一个重要问题。商人做买卖要计算成本，要清楚利润和盈亏；兵家进入或参与一场战争，也要计算得失，兼顾利害。商人不愿做赔本生意，兵家更是不愿进行一场丢盔卸甲的战争。但有时候情况十分特殊，明知要付出重大牺牲，但一当到了最危险的时刻，必然要爆发出愤怒的吼声！虽然"明知山有虎"，却"偏向虎山行"。道理很简单：危急时刻奋起反抗，出自人的本能；"不入虎穴，焉得虎子"又是进击者不懈的追求。尽管如此，作为决策者，战（或大事）事临头，还是要权衡利弊，计议得失。战争或矛盾不可回避，但要尽量避免或减少不必要的牺牲，尽量以较小的代价换取更大的胜利或成功。在"鱼"和"熊掌"的付出与收获上，进行认真准确的比对、权衡，择善而从之。正因如此，我们选取工农红军"强渡乌江"和"攻占遵义"两个著名战例来释悟这个兵书原理。

强渡乌江、攻占遵义

中国工农红军第五次反"围剿"，在王明"左"倾冒险主义路线的错误引导下，遭到惨败，被迫实施战略转移。一路上敌军围追堵截，尤其是在湘江战役中，红军虽浴血奋战，但仍是血染江红，损失巨大。为了保存革命力量，为了实现宏伟目标，红军不得不继续这艰苦、漫长的长征之路。1934年年底，红军来到乌江南岸，中共中央政治局在瓮安县的猴场召开会议，做出了《关于渡江后新的行动方针的决定》。会议还决定"关于作战方针，以及作战时间与地点的选择，军委必须在政治局会议上做报告"，从而开始改变博古、李德取消军委集体领导、个人说了算的不正常状况。根据这些决定，红军必须首先攻取黔北重镇遵义，而攻取遵义的最重要前提，就是突破遵义的天然屏障——乌江天险。乌江是一条由西南向东北斜贯贵州的大江，也是贵州境内最大的河流。乌江水深流急，江岸险峻，中革军委命令红一军团强渡乌江。

防守乌江天险的是黔军25军副军长兼教导师师长侯之担。为阻止红军渡过乌江，侯之担将驻川南、黔北的大部分兵力都调回遵义附近集结。侯之担严令："教导师奉令防守乌江，必须堵截红军越过，如有玩忽职守，军法从事。"侯之担自恃有乌江天险，并未将红军放在心上。他判断，袁家河和孙家渡位于瓮安、余庆、湄潭三县交界处，河面宽广，水流较缓，背面山势又不太陡峭，红军一定会选择这个地点渡江。据此，侯之担在这个地方部署重兵，自己率特务营驻遵义指挥。侯之担鼓励据守乌江的部队："乌江素称天险，红军远征，长途跋涉，疲惫之师，必难飞渡。红军或不致冒险来攻乌江，可能另走其他路线。"

12月31日，先头部队红2师4团在团长耿飚、政委杨成武率领下，已经飞速抢占了乌江南岸的江界渡口。元旦，红军先在渡口佯渡，吸引敌人注意，同时组织以连长毛振发为首的八位擅长游泳的勇士，冒着严寒和激流，在上游老虎洞悄悄泅水过江。但由于架桥的绳索被敌人的炮火炸断，只得又游了回来。当夜，红军又组织18名勇士乘竹筏偷渡，由于水深流急，只有毛振发率4名战士渡河成功，隐蔽在黔军罗玉春团防线内的岩石脚下。2日9时，红4团紧急动员，绑扎了60多个竹筏，冒着敌人密集的火力强行渡江。当红军逼近北岸，敌人疯狂阻击时，隐蔽在他们眼皮底下的五位勇士，犹如五只猛虎突然发威。刹那间，黔军阵地上枪声、手榴弹爆炸声响成一片。黔军依仗人多势众且居高临下，拼死抵抗，敌人的预备队也杀过来增援。为了迅速遏制敌军势头，红1团炮兵连连长赵章成亲自操炮，一连三发炮弹，把正向滩头阵地猛冲的敌人炸蒙了。红军趁势反击，黔军招架不住，纷纷溃逃。红军强渡乌江成功后，红4团迅速架设浮桥，保证军委纵队安全过江。突破乌江，红军乘胜追击，直逼遵义。1月7日凌晨，红军胜利地占领了黔北重镇遵义，并在遵义召开了具有深远历史和现实意义的会议。从此中国革命的航船有了正确方向，中国革命事业犹如一轮红日，冉冉升起。

【管窥·释悟】

强渡乌江和攻占遵义，都是难卜胜负、极具风险的战役。但是，红军和他们的指挥员心中都非常清楚，面前的乌江天险与身后尾追而来的蒋介石重兵，以及可以与周围敌军迅速形成新包围圈的现实比较，乌江再艰险，遵义再坚固，也要坚决拿下！两军相逢勇者胜，红军指战员面对滔滔江水，"置死地而后生"，完成了时势造英雄的伟大壮举。两次战役呼应了《孙子兵法》中"智者之虑，必杂于利害。杂于利，而务可信也；杂于害，而患可解也"的兵家理论，印证了在战争中明智的指挥员，必须兼顾到利害，尤其要考虑到有利形势下的不利因素。强渡乌江与攻占遵义两次战役是对红军长征到贵州的一次严峻考验，也是中国工农红军在生死存亡面前的一次重要抉择。这两次战役作为中国革命走向胜利的重要转折标志，而成为中国革命战争史中最重要的战例之一，被后人研究、传颂。

第三节　因地制宜　因人施策

【兵法·原文】

是故屈诸侯者以害，役诸侯者以业，趋诸侯者以利。

【解字·说文】

屈：屈服，用作使动。

诸侯：本文指敌国。

役：役使。

业：事，事件、事情。曹操注："业，事也。"本文指危险之事。

趋：追随，归附，用作使动。曹操注："令自来也。"杜牧注："言以利诱之，使自来至我也，堕吾画中。"

所以，要用诸侯害怕的事情使其屈服，要用危险的事情去役使诸侯，要用小利去使诸侯归附我们。

【辩例·直观】

本小节连用"害""业""利"三个是非成败关键字，旨在说明如何采用适当策略和手段实现计划目标，从而加深理解"利"与"害"在现实生活中无处不在、无处不显、无处不左右成败的重要作用和辩证关系。

司马懿高平陵政变

司马懿是三国时期著名将领，是《三国演义》中诸葛亮势均力敌的老对手。在与诸葛亮斗智斗勇的数十年征战中，有过"空城计"那样的终身遗憾，也有过"五丈原"那样的不战而成。司马懿卓越的政治和军事才能，赢得了曹操的高度信任，被屡屡委以重任。待到曹操之子曹丕当上了皇帝，对司马懿更是信任有加，视为朝廷柱石。曹丕临终又嘱他辅佐新君曹叡，曹叡病危留下遗嘱，又嘱继续辅佐年仅八岁的新君曹芳，司马懿成了真正的三朝元老。曹叡在遗嘱中，同时钦命曹氏宗亲曹爽，与司马懿一同辅佐幼帝曹芳。

曹爽虽然是曹氏宗亲，但在文谋武略，尤其是资历、才干乃至经验、威望方面，更是不能与司马懿同日而语。面对司马懿的强悍执政，曹爽自然不愿久居其下。于是，他召集谋士商议，意欲取而代之。曹爽利用宗亲关系和方便出入后宫大内的条件，于景初二年三月唆使曹芳下旨，任命原任太尉的司马懿为太傅。太傅比之太尉官阶更高，但太尉掌控兵权，而太傅只是一个闲职。曹爽就是要司马懿明升暗降，从而借机夺掉司马懿的兵权，达到架空司马懿的目的。

老谋深算的司马懿当然能够识破曹爽的险恶用心，坚信自己多年经营积累的政治军事实力，一定不会让曹爽的如意算盘打得太久，因此司马懿决定因地、因事制宜，因人施策。司马懿认真研究目前所处的形势：曹爽是曹氏王朝大功臣曹真之后，身为宗族近亲，有着得天独厚的优势。自己虽在曹氏王朝建设中有过汗马功劳，但毕竟是一个外姓人。在这个家王朝、世袭制的社会里，与正统的王朝宗亲对垒，胜算必须靠实力和智慧。面对曹爽的咄咄逼人，司马懿收锋缩锐，隐迹藏形，以退为守，索性以自己年迈体衰为由，把大权悉数交付曹爽。执掌朝廷文武大权之后，曹爽更加有恃无恐，更加专横跋扈，整天沉溺在声色犬马寻欢作乐之中。朝中大臣对曹爽的所作所为，看在眼里，恨在心上，敢怒而不敢言。

司马懿虽然交出了权力，但病死的骆驼比马大，关于这一点，曹爽也心知肚明。为查验司马懿是否真的年迈体衰，是否真的卧病在床，曹爽利用一个叫李胜的亲信要去荆州赴任的机会，让他去司马懿住处实地探访。听说李胜要来家探访，司马懿知道这是曹爽对自己还不放心。于是司马懿将计就计，完全以一副病入膏肓之态，迎接李胜的到来。李胜来到时正逢司马懿要起身用饭，只见司马懿几次想用颤颤巍巍的手去接婢女送过来的碗筷，结果碗筷都掉在了地上，婢女无奈，只好用汤匙喂他。可是每次饭到嘴边，总不能顺利吃到口中，不是洒落在衣襟之上，就是弄得满嘴满脸，一顿饭吃了好久好久，司马懿还是没有吃饱，最后只好不了了之。李胜对司马懿说皇帝派他去荆州任刺史，临行之际，来司马府上辞行。司马懿故意装得耳聋眼花，故意打岔，把荆州说成是并州："那就委屈你了，并州在北方，接近胡人，路途遥远，你要好好防备呀！我如今已经病入膏肓，来日无多，还望今后你能多多照应犬子师儿和昭儿。"李胜大声对司马懿说："我不是去并州，是去荆州！"司马懿故意错解其意："哦哦，原来你是从并州来呀！"李胜只好更大声地喊道："是荆州，不是并州！"司马懿总算听明白了，连声叹息："我真老了，耳朵不好使了，真对不起了！"李胜回到曹爽府邸，将自己的亲眼所见向曹爽做了详细汇报。得知司马懿已经真的神魂颠倒，病入膏肓，只剩下一具躯壳，曹爽十分高兴。从此，曹爽完全解除对司马懿的监视和警惕，更加高枕无忧地享受花天酒地的生活。

嘉平元年正月，魏家皇帝按惯例要率宗亲及文武大臣离开皇城去高平陵祭扫祖宗陵墓。曹爽带领家人及亲信随从，前后呼应着小皇帝一同前往。久已装病在床的司马懿知道时机已到，亲自率司马师、司马昭及早已蓄势待发的旧部将士，以迅雷不及掩耳之势，迅速占领城门、兵器库等军事要地及其他重要场所、设施，将皇城牢牢地把控起来。然后，司马懿亲到后宫面见太后，请求立即罢免曹爽大将军职务，并着即接管兵权。之后，又亲率太尉蒋济等屯兵洛水浮桥，派人给魏帝曹芳送去罢免曹爽的表章。司马懿传话：曹爽及家人、亲信、随从人等，只要投降一律免死。此时的曹爽早已乱了分寸，毫无主张。无奈，只好乖乖地交出兵权，束手就擒。是年二月，魏帝晋封司马懿为丞相，十二月又加九锡之礼，享受入朝不拜殊礼。自此，司马懿权倾朝野，已经掌控了曹氏王朝的军政大权，成为实际的当家人。

更赢射雁

公元前241年，东方六国诸侯联合起来伐秦，公推楚烈王为盟主，由春申君黄歇主事。赵国使者魏佳问春申君："大战在即，您选好将军了吗？"黄歇回答："已经选好了。我想让临武君做大将。"魏佳一听，大失所望，想要劝阻，又恐春申君怪罪，沉思许久，对春申君说道："我年少时就喜欢打猎，请允许我给您讲一个射雁的故事吧。"春申君说："好吧。"

魏佳说："魏国有一个神箭手名叫更赢。一天，更赢与魏王在高台上远眺，看见高空中有一群群大雁在飞。更赢对魏王说：'臣不用使箭矢，虚发一箭，就能为大王射下一只大雁。'魏王惊问：'射技可以达到这种地步吗？'更赢回答说：'当然能了。'不多时，一只离群的大雁从头上方飞过，更赢拉起弓箭，无矢而发，大雁攀高数丈，翻身直落在地。魏王见了，十分惊讶，左右人等无不瞠目结舌。更赢放下箭，只是不在意地笑了笑。魏王感慨道：'射技达到如此程度，真是了不起呀！'更赢回答说：'其实，这也没什么，并非我的射技如何高超，而是这只大雁不行了。因为它是只病雁。'魏王不解：'你怎么知道那是只病雁呢？'更赢说：'这只大雁离群单飞，速度很慢，而且鸣声悲哀。飞得慢是因为旧伤疼痛，鸣声悲哀是因为失群已久，这只大雁旧伤未愈，而且惊心不已，所以一听到弓弦声，便拼命向高处飞，终因用力过度，伤口破裂，就掉下来了。'"魏佳讲完这段故事，有意停了停，见春申君正在沉思，接着说："临武君过去率军与秦国交兵，曾遭受过惨败。让这样的将军率军与秦军开战，他就会像那只受伤的大雁，一见到秦军就会败下阵来。所以我给您讲了大雁的故事，就是要劝阻您收回成命，不能委临武君担此重任。"春申君恍然大悟，连声道谢："若不是听君一席话，险些误了国家大事！"

【管窥·释悟】

高平陵政变成功，司马懿把握住了三个要点：一是因地制宜，因人施策；二是韬晦藏身，东山再起；三是把握机会，一战成功。《更赢射雁》中魏佳以受伤之雁闻弦奔命的故事，劝谏春申君改变用人主张。不能说曾经败军于秦的临武君不是将才，更不能说临武君这样曾经犯过错误的人就不能再用。正确的解答应该是：因地制宜，因人施策，量体裁衣，实事求是。这两个案例虽然篇幅较短，但道理深刻，对我们深刻领会《孙子兵法》关于"屈诸侯者以害，役诸侯者以业，趋诸侯者以利"论断的内涵，有了更加生动、快捷、鲜活的诠释。

实践告诫人们：世间万事万物，变是绝对的。人们若想实现自己的目标，必须因地制宜，因人施策，把握变化，以变求变。坚持变的逻辑，用唯物辩证的观点去认知世界、把控世界，这应该是本节兵法告诫我们的一个道理。

第四节　未焚徙薪　有备无患

【兵法·原文】

故用兵之法，无恃其不来，恃吾有以待之；无恃其不攻，恃吾有所不可攻也。

【解字·说文】

恃：倚仗，依赖。

有以待：有充分准备。曹操注："安不忘危，常设备也。"

所以，用兵的法则是：不要寄希望于敌人不会来，而要依靠自己有充分的准备，严阵以待；不要寄希望于敌人不会进攻，而要依靠自己有充足的力量，使敌人无法进攻。

【辩例·直观】

两种势力对峙，两大军事力量相争，胜利和成功永远向有准备者倾斜。"居安思危，思则有备，有备无患，敢以此规。"这是《左传·襄公三十一年》中的一句至理名言。从古至今，战场上的形势总是错综复杂充满变数。谁能把控战场"军争"？谁能掌握战场节奏？谁能预测战争结局？这些都是衡量一个将帅、一个统兵者、一个决策者是否成熟、是否胜任、是否能获得成功的重要标志。大凡成熟的决策者或指挥员，决不打无准备之仗。他们深知，成功永远属于有准备的人。我们以解放战争中发生的一次重要战役为例，来说明上述观点。

上党战役与"双十协定"

上党战役发生在一个既特殊又敏感的时间点上。1945 年 8 月 15日，日本军国主义宣布无条件投降，中国人民经过 14 年的艰苦抗战，终于迎来久违的和平。但是，"树欲静而风不止"，抗战胜利后，蒋介石消灭共产党的狼子野心又一次疯狂地膨胀了。蒋介石以受降为名，调集大批军队向解放区发动进攻，企图一举消灭共产党领导的解放区和人民军队。二战区司令长官阎锡山按照蒋介石旨意，在日本宣布投降的第二天，就命令19军军长史泽波指挥4个步兵师、一个相当于整编师的挺进纵队和部分伪军近2万人，大举入侵晋东南，将矛头直指长治地区（古称上党郡）。

为掩盖蒋介石假和平真内战的险恶用心，蒋介石连续给毛泽东发来三封电报，邀请毛泽东赴重庆谈判。屡屡发报邀请毛泽东去重庆谈判，实为蒋介石"一箭三雕"之计：其一，如果毛泽东拒绝到重庆，就给共产党安上拒绝谈判、蓄意内战的罪名，借机发动内战，把战争责任推到共产党身上。其二，如果毛泽东来到重庆就给共产党几个内阁职位，迫使共产党交出解放区、交出军队。其三，蒋介石可以利用谈判拖延时间、调兵遣将，完成对中国共产党开辟的根据地及已经解放的日占区的战略包围，以期达到赢得全面内战胜利的目的。

为保卫抗战成果不被掠夺，准备应对国民党文武两路大军的进攻，毛泽东力排众议，决定亲赴重庆，与蒋介石展开谈判。同时，中央军委根据当前形势，决定成立晋冀鲁豫军区，由刘伯承任司令员，邓小平任政委，统一领导冀鲁豫、冀南、太行、太岳军区。中央军委和毛泽东要求刘伯承、邓小平："收复上党全区，采取一切有效手段，彻底消灭伪顽，逼敌投降。"28日，毛泽东在张治中和美国特使赫尔利的陪同下，乘专机飞赴重庆。离开延安前，毛泽东亲自安排部署了上党战役。毛泽东对那些即将奔赴前线的同志说：蒋介石表面要和我们谈判，真正目的是为发动内战找借口。我们必须识破他的阴谋诡计。在全力争取和平的大前提下，必须坚持针锋相对，准备打仗。重庆谈判顺利与否，完全取决于你们在前线的表现。刘伯承、邓小平等将士们心领神会，积极做好大战前的各项准备，为毛泽东重庆谈判"未焚徙薪"打出胜利"筹码"。果如毛泽东去重庆前分析的那样，蒋介石处处设梗，故意制造障碍以至双方谈判基点相去甚远。蒋介石拉长谈判时间，意在用战场上大兵压境、不断强化对解放区打击力度等手段，给中共代表施压，迫使毛泽东按他的意图签约，因此谈判充满唇枪舌剑却毫无进展。针对国民党军在上党地区的疯狂进剿，中共中央、中央军委按着毛泽东行前部署，坚决做到：敌人在谈判桌上得不到的东西，战场上也绝不能得到。9 月 7 日，刘、邓联合签发《晋冀鲁豫军区作战字第一号命令》。

10 日凌晨 2 时，粉碎国民党军进剿的战斗打响。太行纵队在陈锡联指挥下，向屯留发起进攻，12 日攻克屯留，全歼守敌千余人。15 日，刘、邓发布《晋冀鲁豫军区作战字第三号命令》，决定夺取潞城并打击长治出城之敌。紧接着，刘、邓又发布《晋冀鲁豫军区作战字第四号命令》，决定夺取壶关。命令以东、南、北三面进逼长治，故意留出西面，迫使敌军向西北突围，力求在运动战中将其歼灭（刘、邓导演了一出现实版的"围师必阙"）。经过 20 天的激战，晋冀鲁豫军区部队连克五城，歼敌 7 000 余人，将长治围成一座孤岛。20 日，刘、邓又发布第五号命令，命令所属部队夺取长治城，歼灭上党地区敌军。24 日、28 日，刘、邓又发布第六号、第七号命令，以攻城打援的战法，在运动战中消灭援敌，并同时消灭从长治出城接应或突围的敌军。

战役完全按事先预定的作战方案进行，但战斗进行得异常艰苦和残酷。阎锡山不断增派部队，他们凭借着优势的武器装备，给我军作战造成了很大困难。深谙兵法的刘伯承知道，自古以来，"攻城阻援"志在攻克敌城，大部分兵力用于攻城，小部分兵力用于阻援，对援敌求阻而不求歼；"围城打援"则不求攻克敌城，而以小部分兵力围城作为诱敌手段，以大部分兵力务求歼援敌于运动战中。据此，刘伯承当机立断，命陈再道率冀南纵队北上参战，并故意白天开进暴露行踪，以动摇援敌军心，实现作战目的。战斗进行到6日，援敌除2 000余人逃回沁县外，其余全部被歼。第七集团军副总司令彭毓斌被击毙，炮兵司令兼援军副指挥胡三余、第46师师长郭溶、第49师师长张宏、第66师师长李佩膺等高级军官被俘虏。阎锡山麾下最得力干将之一的第19军军长史泽波及所部，于10月12日在沁河以东将军岭及桃川地区，全部被歼，史泽波被活捉。上党战役共歼敌35 000余人，俘虏将军级军官27人，严重地挫伤了阎锡山的元气，动摇了蒋介石实现重庆谈判原来计划的信心。就在上党战役完全结束的前两天，即10月10日，屡遭败绩的蒋介石感觉到谈判桌上得不到的东西，战场上同样也得不到。无可奈何之际，他不得不在谈判桌前收起嚣张的嘴脸，同意了中共的提议，签署了《国民政府与中共代表会谈纪要》（即"双十协定"）。

【管窥·释悟】

毛泽东对上党战役给予了高度评价。毛泽东总结说："太行山、太岳山、中条山中间，有一个脚盆，就是上党区。在哪个脚盆里，有鱼有肉，阎锡山派了13个师去抢。我们的方针早定了的，就是针锋相对，寸土必争。这一回，我们'对'了，'争'了，而且'对'

得很好，就是说，把他的 13 个师全部消灭，他们进攻的部队共计 38 000 人，我们出动 31 000 人。他们 38 000 人被消灭 35 000 多人，逃掉 2 000 人，散掉 1 000 人。这样的仗还要打下去。事情就是这样，他来进攻，我们把他消灭了，他就舒服了。消灭一点，舒服一点；消灭得多，舒服得多；彻底消灭，彻底舒服。""人家打来了，我们就打，打是为了和平。不给敢于进攻解放区的反动派很大的打击，和平是不会来的。"

上党战役与重庆谈判是在不同地点、不同环境下发生的不同战斗。我们之所以能取得重大的胜利，最重要的原因就在于权衡利弊，不打无准备之仗。胜利的史实告诫人们："无恃其不来，恃吾有以待之；无恃其不攻，恃吾有所不可攻也。"这就是"未焚徙薪，有备无患"的道理所在。

第五节　将忌五危　谨防慎虑

【兵法·原文】

故将有五危：必死，可杀也；必生，可虏也；忿速，可侮也；廉洁，可辱也；爱民，可烦也。凡此五者，将之过也，用兵之灾也。覆军杀将，必以五危，不可不察也。

【解字·说文】

危：高。《庄子·盗跖》"使子路去其危冠，解其长剑"，又李白

《蜀道难》"危乎高哉！蜀道之难，难于上青天"；危险。《韩非子·十过》"其君之危，犹累卵也（把蛋累叠起来）"；正，端坐。范成大《峨眉山行纪》"炽炭拥炉危坐"，成语"正襟危坐"；屋脊。《史记·魏世家》"上屋骑危"；"跪"的省文，脚。《韩非子·外储说左下》"齐有狗盗之子，与刖（yuè，一种砍掉脚的刑罚）危子戏而相夸"。本文取危险、过失之意。五危，即五种危险，五种过错、过失，是可导致将军被杀、全军覆没的不可不引起高度警觉和重视的问题。

必死：只知固执地拼命。必，在此有坚持、固执之意。死，死拼。本文指将帅勇而无谋，只识死拼，轻率地与敌人硬拼，是不可取的。

必生：只求活着，本文指贪生怕死，临战怯战。

虏：俘虏。

忿速：急躁易怒。忿，怒，生气。速，快，此处作"急躁"讲。

廉洁：本文指洁身清廉，过于自尊，自矜名节。汉简作"洁廉"。

爱民，可烦也：此言如只知顾虑民众眼前利益，就会因此造成烦劳，被动。烦，疲劳。

所以，当将帅的有五种致命的毛病：只知死拼蛮干，就可能被敌人诱杀；只顾贪生活命，就可能被敌人俘虏；急躁易怒，就可能中敌人的凌侮之计；廉洁好名，就可能进入敌人污辱的圈套；只顾"爱民"，就可能被动地为敌人所烦扰而不得安宁。以上五点，是将帅容易出现的过错，也是用兵的祸害。军队覆没、将领被杀，都是由于这五种过失造成的，这是不可不慎重考虑的。

【辩例·直观】

以"将有五危"来警告将军、统帅和拥有指挥决策权力的人们，切不可置告诫于不顾，冒天下之大不韪铤而走险。我们试以1950年中国人民志愿军赴朝第一战，"两水洞战斗"为例，用正反例证来说明"五危"的利害。

跨过鸭绿江首战两水洞

1950年6月25日拂晓，北纬38度线上空顷刻间被战火硝烟笼罩，朝鲜战争爆发了。朝鲜人民军在统帅金日成指挥下，势如破竹，迅速越过三八线，仅用3天时间就攻克了汉城。随后，朝鲜人民军挥师南下，相继发起水原战役、大田战役和八月攻势，将李承晚的南朝鲜军和美军第8集团军压缩在洛东江以东的狭小地区，解放了南朝鲜90%以上的土地和92%以上的人口。开战获胜并进展顺畅，使朝鲜人民军从统帅到士兵，都沉浸在"辉煌胜利"的狂喜之中，仿佛统一朝鲜半岛的胜利就在眼前，完全忽略了可能存在的危险。

朝鲜半岛战争爆发后，中共中央和毛泽东主席一直在密切关注着局势发展。虽然朝鲜人民军快速进展，但毛泽东和中国领导层并未对朝鲜人民军取得的快速胜利感到欣慰。毛泽东认为：朝鲜人民军的快速胜利可能使朝鲜战争更趋于长期性和复杂化，更可能成为国际斗争的焦点。对于战局，中国领导层分析有两种可能。一是速决。即朝鲜人民军很快取得最后胜利，将美国侵略军打下海，赶出朝鲜半岛。二是持久。即美帝国主义不甘心面临的失败，会继续增兵，甚至在朝鲜北部登陆，扩大战争规模，转而进入持久战争。毛泽东认为：速决取胜，统一朝鲜半岛的可能几乎不存在。道理很明确，美帝国主义和一切反动派，都不会自动退出历史舞台，都会做拼死挣扎。因此，必须看到快速且很容易到来的胜利后面，极有可能隐藏着巨大的危机。鉴此，中共中央决定未雨绸缪，将中国人民解放军第13兵团的第38、39、40、42军和炮兵第1、2、8师，以及一个高炮团、一个工兵团，共25万余人组成东北边防军。东北边防军集结于安东、凤城、辑安、通化、辽阳、海城、本溪、铁岭、开原等地，担负保卫东北安全，并在必要时支援朝鲜人民抗击美国侵略者的任务。实践证明，提前在中朝边境线上组建东北边防军的确具有远见卓识；将重兵部署在中朝边境鸭绿江沿岸地区，可谓居安思危、有备无患；快速过江作战，迅速扭转战局，直面美国侵略者并最终迫使其在《停战协议》上签字，可谓"运筹帷幄之中，决胜千里之外"，称得上高瞻远瞩。

9月15日，麦克阿瑟指挥美军陆战第1师、步兵第7师等部7万余人，在260余艘舰船和500架飞机配合下，趁朝鲜人民军主力在洛东江地区作战之机，突然在朝鲜西海岸仁川登陆。美军登陆后，随即向汉城、水原方向发起猛烈进攻，完全切断了朝鲜人民军的后方补给。正在洛东江作战的美军第8集团军司令官沃克中将，也掉头杀回，率美军和南朝鲜10个师大举反攻。战场形势发生严重逆转。朝鲜人民军被拦腰切断，迅疾陷入美军南北夹击之中，不得不转入无奈的战略退却和绝地求生的拼死搏斗。

9月28日，美军攻占汉城。29日，美军推进至三八线地区。形势对朝鲜人民军已现严重危机。朝鲜劳动党主席金日成给毛泽东发来急电，恳请中国出兵援助朝鲜。当时新中国刚刚诞生一年，面临着迅速医治战争创伤，恢复正常生产、生活秩序以及稳定全国政治局势的繁重任务，很难拿出力量进行一场大规模的战争。但是，中朝两国一衣带水，唇齿相依。美帝国主义把战火燃烧到鸭绿江边，"唇亡齿寒"和"城门失火殃及池鱼"的严重后果摆在毛泽东和中国人民面前。10月8日，毛泽东主席签署"中国人民志愿军跨过鸭绿江，抗美援朝，保家卫国"命令。正在中国决定抗美援朝并为过江作战积极筹备之际，10月19日"联合国军"已经占领平壤且挥师北上，大军逼近鸭绿江。形势危急，中国人民志愿军于当日黄昏时分，秘密渡过鸭绿江，向龟城、泰川、五老里一线开进。面对装备上占绝对优势的"联合国军"，打好出国第一仗，对鼓舞士气、振奋军心、扭转战局、再创佳绩具有十分重要的意义。为此，彭德怀仅带两名警卫员和随行参谋，在朝鲜人民军次帅朴一禹陪同下，在大部队过江前，先行乘车跨过鸭绿江桥，进入朝鲜，与金日成会面并共商作战大计。作为志愿军最高统帅，先于大部队出发之前独自深入战场，实为古今战史上特例，不愧为"横刀立马""唯我彭大将军"的赞誉。

21日，彭德怀在位于东仓和北镇之间的大榆洞与金日成会面。让彭德怀感到吃惊的是，朝鲜人民军自"仁川登陆"后，2个军团十几个师被隔断在三八线以南，处于腹背受敌、绝境突围的艰难态势。目前，金日成手中只有3个师的兵力。入朝前，中共中央制定的"组织防御、稳定战局、掩护北撤、伺机反攻"的计划与朝鲜目前形势已发生很大变化。由于敌军进展快速，已经不容许志愿军先敌占领预定的防御地区了。志愿军夜间渡江，过江后采取昼伏夜出的行进方式，几十万大军进入朝鲜北部的崇山峻岭时，"联合国军"竟没有察觉。麦克阿瑟认为，中国和苏联出兵干预的可能性极小，因此，他们也如朝鲜人民军攻破汉城进而占据南朝鲜大部分地区时一样，继续犯"五危"之忌，妄自陶醉在暂时胜利的狂躁中。

"联合国军"地面部队23万余人，在三八线以北作战的有13万余人。由于他们没有发现，也不相信中国军队会过江与其作战，因此仍旧肆无忌惮地向北大踏步推进。其中，右翼南朝鲜军第2军团挺进尤为突出，且与东线部队之间拉开一个80余公里的空隙。身在北京的毛泽东也在密切关注朝鲜形势的发展和变化。鉴于目前形势已经不允许实施地区防御，毛泽东于21日2时30分、3时和4时，连续三次电示彭德怀改变原定作战计划，强调要坚持在运动中歼灭敌人。毛泽东指出："现在争取战机问题，是在几天之内完成战役部署，以便几天之后开始作战问题，而不是先有一个时期部署防御，然后再谈攻击的问题。"彭德怀据此调整部署。24日天刚亮，志愿军40军118师在师长邓岳和政委张玉华率领下，经过5天的急行军赶到大榆洞。出于保密，彭德怀到达大榆洞时，随后入朝的各军、师所在具体位置，因无法联络而一度失联。如今邓岳率118师报到，彭德怀非常高兴，立即对他下达作战命令：在温井一带准备做个口袋，相机歼灭一部冒进的敌人，打击一下敌人的气焰！ 24日晚，118师354团按命令赶到作战地域两水洞，立即构筑工事。353团、352团按部署迂回形成环形"口袋"。

25日14时30分，志愿军入朝后与"联合国军"的第一场较量，在双水洞打响。南朝鲜军第二军团第6师2团两个营进入包围圈。经过一个多小时的战斗，118 师采取前堵后截、拦腰斩断的战法，干净利落地歼灭了南朝鲜军一个步兵营和一个炮兵中队，毙伤俘 484 人，其中有美国顾问 1 人。捷报传递到北京，毛泽东非常高兴，立即回电："庆祝你们的初战胜利！"两水洞战斗，是中国人民志愿军出国作战的第一战。初战告捷，打出了国威！打出了军威！揭开了抗美援朝战争的序幕。后来，毛泽东亲自提议，把 10 月 25 日定为中国人民志愿军出国纪念日。

【管窥·释悟】

跨过鸭绿江，首战两水洞是志愿军抗美援朝的第一场战斗。战斗规模不算很大，战斗延续时间也不是很长，但其产生的影响和意义却十分重大。这场战斗发生在朝鲜北部一隅之地——两水洞，战斗胜利进行并初战告捷，除去产生的重大政治意义和战略意义外，其自身所反映出来的兵家思想，对很好地解读本篇兵法战策原则，亦具有十分重要的意义。孙子在本篇兵法中，以"九变"为基本内容，着重强调随机应变、灵活机动的作战思想。以"变"应"变"，以"不变"应"万变"，是《孙子兵法》流传至今仍闪烁不朽光芒的重要基点之一。《九变篇》第五节提出的"五危"，就是告诫人们，无论是为将为帅者，只要承担着决策或指挥责任的，都要勿犯"五危"错误。朝鲜战争之初，朝鲜人民军势如破竹攻占汉城，进军南朝鲜大部分地域，可谓一路凯歌。然而，正是这短暂的胜利，几乎酿成不可逆转的亡国大错。他们在暂时的胜利面前：不能保持清醒的头脑，不能全面掌握战争形势，不能科学分析战场敌情，不能结合实际研究使用兵法；忘记了美帝国主义的侵略者本性，只知己不知彼，或连自己也不是真正知晓，冒兵家之大不韪铤而走险。如兵法研判，这种状态下，一味地死拼愣冲，必然会因自己的过错、过失而导致敌人获得机遇，其结果必然是危险的。"必死，可杀也；必生，可虏也"等"五危"之患，在他们身上得到鲜明的验证。

在朝鲜战争中，还有一位也犯了兵家大忌的对手，即骄狂自大的麦克阿瑟。"仁川登陆"成功，"联合国军"切断了朝鲜人民军的南北联络，使人民军陷入腹背受敌，难以自拔的危险境地。麦克阿瑟以为胜利已经完全到手，认为中国、苏联都不会出兵相救，消灭朝鲜人民军指日可待。他们同样触犯了"五危"兵家大忌，失败也是必然的；"骄兵必败"的教训，在麦克阿瑟以及他的后任领军者身上，屡屡重现更是不足为怪的。

同样面对胜利，志愿军司令员彭德怀的表现就迥然不同了。抗美援朝战争第三次战役，志愿军一举将美第八集团军及南朝鲜军赶过37度线，占领了南朝鲜首都汉城。朝鲜领导人和苏联方面都极力强调要乘胜追击，中央军委也有人主张乘胜把美国佬赶出朝鲜。但是彭德怀并未头脑发热，他与毛泽东共同认识到胜利的背后隐藏着的巨大隐患和危机。于是，他们不顾朝鲜领导人及苏联驻朝鲜大使的强烈要求和坚决反对，果断作出停止继续追击，就地构筑工事，休整防御待命的决定。实践证明，这个决定实事求是，是完全正确的。

"联合国军"在两水洞与志愿军首次开战遇败仅仅是个开始，后来连续三年的抗美援朝战争，"联合国军"的将帅们才真正尝到了中朝两国人民和军队同心协力产生的巨大力量。"联合国军"凭借着先进的装备和大量的现代化武器，消灭历经战争考验的中国人民志愿军和朝鲜人民军的企图，只能被证明是一种妄想。实践证明，先进的装备和现代化的钢铁，虽然可以武装出"现代化"军队，却很难武装出拥有现代化思想的军队，更不能武装出战无不胜的军队。侵略者的本质属性和雇佣军的战斗意志，注定其日暮途穷的现实。当美帝国主义侵略者及其帮凶，无可奈何地在《停战协议》上签字后，他们才感悟到：触犯兵家"五危"的最严重后果，就是在一个错误的时间、错误的地点、同一个错误的对手进行了一场错误的战争。其尴尬和抑郁，只有经历过那场战争的侵略者们才能更深刻地体会。

第九篇

行军篇

　　《行军篇》强调的并非单纯部队行军。所谓"行军"，实为"军"如何"行"。本篇着重论证的是军队统帅、将军、指挥员或决策者，指挥、调度军队应如何从全局出发，如何结合战场实际，尤其是不断变化的战场形势来分析判断敌情，管理军队的问题。兵书要求：作为统兵者，对诸如行军、宿营、排兵、布阵以及军队管理等等，必须从实战出发，必须适应战争需要，必须符合战场实际，必须遵循兵书原理进行唯物辩证，审时度势、机动灵活、有的放矢地实施。

第一节　处军相敌　四军之利

【兵法·原文】

孙子曰：凡处军相敌：绝山依谷，视生处高，战隆无登，此处山之军也。绝水必远水；客绝水而来，勿迎之于水内，令半济而击之，利；欲战者，无附于水而迎客；视生处高，无迎水流，此处水上之军也。绝斥泽，惟亟去无留；若交军于斥泽之中，必依水草而背众树，此处斥泽之军也。平陆处易，而右背高，前死后生，此处平陆之军也。凡此四军之利，黄帝之所以胜四帝也。

【解字·说文】

处军：指处置军队行军、宿营及其他军勤事务之策。处，处置、部署。

相敌：观察、判断敌情。相，视（见《尔雅》），本文指观察。

绝：横渡、越过。《史记·天官书》"绝汉抵营室"，司马贞《索引》注："绝，渡也。"《汉书·成帝纪》"不敢绝驰道"，颜师古注："绝，横渡也。"

依谷：依，依靠，依傍，靠近。杜牧注："依：近也。"本文指靠近谿（同"溪"）谷而居。

视生：向阳，视野开阔。生，阳。曹操注："生者，阳也。"李筌注："向阳曰生。"

战隆：隆，高，高地。曹操注："无迎高也。"本文指仰攻。

无：同"勿"。

远水：离江河稍远处驻扎，这一方面使自己有进退回旋余地，另一方面可诱敌半济而击之。远，远离。

客：指敌军。

半济：渡过一半。济，渡河。本文指隔江与敌战，应乘敌军渡河一半队伍不整时发起进攻。

附：依附，靠近。曹操注："附，近也。"

迎客：本文指迎击敌军。

无迎水流：不要逆水驻扎，本文指不要让敌军处上游，自己在下游驻扎或布阵，以防敌人决水、投毒。曹操、李筌均注："恐溉我也。"贾林注："水流之地，可以溉吾军，可以流毒。迎，逆也。"无，否定，

斥泽：盐碱沼泽地带。斥，盐碱地。

亟：急，疾速。

背众树：背靠树丛。背，背靠。

平陆处易：在平原地带要选择地势平坦之处设营。平陆，平原。易，指平坦。

右背高：将主要侧翼依托高地。右，上，古人重右，以右为上，指重要侧翼。

前死后生：前低后高。生、死，指地势的高低。《淮南子·兵略训》："所谓地利，后生而前死""高者为生，下者为死"。

四军：指在山地、江河、盐碱沼泽地、平地这四种地形上的军事

处置。

黄帝：传说中的汉族祖先，氏族联盟的酋长。《史记·五帝本纪》："黄帝者，少典之子，姓公孙，名曰轩辕。"

四帝：指南、东、西、北四方部族首领炎帝、青帝、白帝、黑帝。

孙子说：凡是处置、部署军队，判断敌情应当注意：行军时通过山地，必须靠近有水草的山谷，在居高向阳处驻扎，不要从正面攀登去仰攻敌人，这是在山地行军作战的处置办法。横渡江河，必须在远离水边之处驻扎；敌人渡河来战，不要在江河中迎击，等它渡过一半时再出击，这样最为有利；要与敌军交战，就不要靠近水边迎击它；在江河地带，也要在居高向阳处驻扎，不要面迎水流驻扎在下游，这是在河川地带行军作战的处置办法。通过盐碱沼泽地带，应该急速离开，不可停留；若在盐碱沼泽地带与敌军遭遇，必须占据有水草而又背靠树林的地方，这是在盐碱沼泽地行军作战的处置办法。在平原地带，应选择平坦的地方驻军，主要侧翼应该依托高处，前低后高，这是在平原地带行军作战的处置办法。以上四种处置军队方法的好处，正是黄帝之所以能战胜四帝的原因。

【辩例·直观】

本节主要是讲军队管理，尤其是行军、驻扎等具体事宜。孙子要求军队一定要有强烈的敌情意识，出兵行进或安营扎寨都要遵从一定的客观规律。研古识今就是要学习古人成功的经验和做法，借鉴古今的挫折和教训。作为一个领军统帅、一个军队指挥员、一个从事某项事业的决策者，正确处置和管理好自己的军队或团队，科学、妥善地把握好诸如处置、部署军队，判断敌情等具体问题，是非常必要的。

关云长水淹七军

这段故事说的是建安二十四年（公元219年）7月发生的一段战事。是年，刘备在诸葛亮及手下一大批文官武将的拥戴下，立为汉中王。按着诸葛亮早已设计好的战略，准备从两路进攻曹操。水陆通衢的荆州便成了直接攻打中原的最重要基地和桥头堡。镇守荆州的前将军关羽，是刘备的金兰二弟，文武兼备，有勇有谋，优点特别突出，留下了很多可歌可泣的事迹，被后人尊为关公、武圣。但关羽生性清高，目中无人，骄矜自大，缺点也异常醒目。据史书载，义兄刘备做了汉中王，派人送官印封他为前将军，关羽很不满意。后来经人解释，说汉中王如何看重他，如何把镇守荆州的重任交给他，他才转颜接受。

按着刘备和诸葛亮的部署，关羽接受了进攻魏军樊城的任务。樊城的魏军守将曹仁赶快向曹操求救。于是曹操派于禁、庞德两员大将率领七路人马前去增援。曹仁让他们屯兵于樊城北面一块平原地带，和樊城互相呼应，使关羽无法攻城。关于关羽在樊城水淹七军的记载，古籍史书记载不尽相同。如《资治通鉴》《水经注》《三国志·于禁传（吴主传）（武帝传）（庞德传）》《三国演义》以及《襄阳县志》等文献上都有不同记载和描述。因本文并非重点考证史实，因此，就不一一介绍了。在此，仅以罗贯中《三国演义》描述的故事为范本，用以说明兵法中关于置军方面的原理和实践。《三国演义》对这场战斗是这样描写的：

关羽进攻樊城，曹操命大将于禁为南征将军，庞德为先锋，统帅七路大军，星夜去救樊城。关羽得信，亲自披挂前去迎敌。关羽、庞德大战百余回合，不分胜负。第二天二将复战，交锋五十余回合，庞德拍马便走，关羽随后紧追不舍，庞德取箭，关羽躲闪不及中箭，回营养伤。十日后，箭伤痊愈。又听关平说曹兵移到城北驻扎。关羽不知何意，骑马登高观望，看到北山谷内人马很多，又见襄江水势凶猛，水淹七军之计悄然而生。遂急命部下准备船筏，收拾雨具，又派人堵住各处水口。庞德与众将商议，山谷不宜久留，准备明日把将士移入高地。就在这天夜里，风雨大作，庞德在帐中，只听万马奔腾，喊声震天，出帐一看，大水从四面八方急剧涌来。七军将士随波逐流，淹死很多。于禁、庞德率将士登上小土山躲避。关羽率大军冲杀过来。于禁见四下无路，投降关羽。庞德和身无铠甲的残兵败将，被关羽兵马团团围住，战不多时，众将全都投降，只有庞德夺一小船，想顺流西去，却被周仓的大筏撞到水中，后被生擒。

在《三国演义》中，关羽水淹七军是非常著名的一次战斗。表现关羽除英勇威武外，指挥作战能力也显得极强。这段故事与其他史书记载出入很大。比较《三国志》各传记载：水淹七军主要是因汉水突然上涨，魏军失败主要是受难于自然灾害，并非是关羽有预谋的蓄水决堰所致。如《三国志·于禁传》："秋，大霖雨，汉水溢，平地水数丈，禁等七军皆没。"《三国志·庞德传》："仁使德屯樊北十里，会天霖雨十余日，汉水暴溢，樊下平地五六丈，德与诸将避水上堤。"《三国志·关羽传》："秋,大霖雨,汉水泛滥,禁所督七军皆没。"《资治通鉴》："八月,大霖雨,汉水溢,平地数丈,于禁等七军皆没。"《襄阳县志》："建安二十四年八月,大霖雨,汉水溢。""太和四年（230年）,秋,八月,大霖雨三十余日,汉水溢。"只有《水经注》记载与《三国演义》接近："关羽围于禁于此城,会改水泛滥三丈有余,城陷禁降。庞德奋剑乘舟,投命于东冈。"

这些记载虽各有侧重,但却比较全面地反映了当时的实际情况。去除与《三国演义》中的一些不同情节,可以找到基本吻合的这段史实。（1）襄樊地处南方,大致每年8、9月份都会下暴雨,暴雨成灾,应属正常;（2）于禁、庞德七路大军驻扎在樊城以北一块平原地带,河水泛滥,荡涤平川,顺理成章;（3）魏、蜀对峙于樊城地区,关羽借助洪水取胜在情理之中;（4）天灾、人祸交汇于于禁、庞德七路大军,投降、被俘,应属客观结局。罗贯中正是基于这些考虑,写成了"关云长水淹七军"这段故事。

【管窥·释悟】

无论是自然灾害所致,还是关羽运用智慧决堰所致,其结局异曲同工,那就是于禁、庞德的七路大军全军覆没,魏军大败。造成魏军惨败的原因可能有很多,但最重要的一点就是在处置、部署军队和判断敌情方面出了问题。孙子在《行军篇》中强调了行军、驻扎等置军之策,明确处军相敌必须讲究"四军之利"。魏军大将军曹仁让"救兵"屯于樊城以北十里的平旷处;七路大军统帅于禁不顾8、9月间,襄樊地区可能暴雨连绵、洪灾肆虐的客观现实;庞德虽已经察觉地处汉水冲积平原的危险、隐患，计划第二天迁移高处，但为时已晚。

兵书指出：在江河地带，要选在居高向阳处驻扎，切忌不能面迎水流，驻扎在下游。应该承认，魏军将帅们也是熟读兵书，谙晓兵法。他们在樊城以北十里平原驻扎，也可以在《孙子兵法》中找到出处：在平原地带驻军，应选择平坦的地方驻军。主要侧翼应依托高处，前低后高，这是在平原地带行军作战的处置、部署办法。但是，魏军统帅们断章取义，截取了平原地带驻军的前半部分，仅找平坦之处而忽视后半句中"主要侧翼依托高处"的告诫，不顾兵家战策理论面临的客观实际，将自身置于凶险境地，全军覆没应该是其必然的结局。

关羽水淹七军的战例给我们最宝贵的启示：就是不管身处何地，都不能违背客观规律，都不能存有侥幸心理；必须尊重科学，尊重实践，尊重前人用生命和血汗凝聚成的经验结晶。关羽在樊城抓住了曹仁、于禁、庞德等将领们行军驻扎中暴露出的破绽，用水淹七军的办法打败了魏军，胜利是值得肯定的。但是，人们往往在胜利面前难保清醒的头脑。关羽在进攻樊城、受降于禁、活捉庞德、赶跑曹仁的整个战役中，可以说是头脑清醒、智慧超群、踌躇满志、英雄盖世。但事过不久，同样还是这位关大将军，却兵败荆州、误走麦城。无独有偶，关云长城失人亡的悲剧竟然也是出在行军处置上。无论是"水淹七军"，还是"败走麦城"，胜利和失败对关羽都是公平的。胜利一定具备取胜的条件，失败自然有获败的原因。失败和挫折常常能促人反思、发人深省，痛心疾首过后往往能够找到问题的症结。做到这一点似乎还不是太难，真正有难度且很少有人能够做好的却往往是胜利之后，仍能保持清醒的头脑，仍能想到欢庆胜利的另一边。作为战局中人，只有准确地分析形势、判断敌情、把控情绪，才能有效地控制局面；只有牢固树立敌情观念，多层面、多角度乃至做到科学地换位思考，才能在纷繁复杂的形势面前戒骄戒躁、荣辱不惊、沉着果断、保持胜算。

第二节　折利而居　防微杜渐

【兵法·原文】

凡军好高而恶下，贵阳而贱阴，养生而处实，军无百疾，是谓必胜。丘陵堤防，必处其阳，而右背之。此兵之利，地之助也。上雨，水沫至，欲涉者，待其定也。凡地有绝涧、天井、天牢、天罗、天陷、天隙，必亟去之，勿近也。吾远之，敌近之；吾迎之，敌背之。军行有险阻、潢井、葭苇、山林、翳荟者，必谨复索之，此伏奸之所处也。

【解字·说文】

好高而恶下：喜欢高处而厌恶低处。好，喜欢。恶，讨厌、厌恶。

贵阳而贱阴：重视干燥向阳之处而轻视潮湿背阴之处。阴，指低洼潮湿的地方。

养生：靠近水草，粮食充足。王晳注："养生谓水草粮糒（bèi）之属。"

实：充实，本文指军需物资供应便利而丰厚。梅尧臣注："养生便水草，处实利粮道。"

是谓必胜：汉简无此四字。

汉简作："上雨水，水流至，止涉，待其定……"依此，"沫"字疑为"流"字之误。

绝涧：溪谷深峻、水流其间、断绝人行之地形。

天井：四面高峻、中间低洼积水的地形。

天牢：三面环绕险山、易进难出的地形。

天罗：草深林密、难于出入、武器难以发挥效力的地形。

天陷：地势低洼、道路泥泞、车马难行的地形。

天隙：两山相向、洞道狭窄险恶的地形。按：以上为"六害"，其中的"天"为"天然"之意。

潢井：池沼，洼陷积水之地。《说文解字》："潢，积水池也。"曹操注："潢者，池也；井者，下也。"

葭苇：芦苇。

翳荟（yì huì）：草木繁盛、便于隐蔽之处。曹操注："翳荟者，可屏蔽之处也。"按：汉简此下有"可伏匿者"四字。

汉简无"必"字。汉简作"奸之所处也"。

大凡驻军，总是喜好高地，厌恶低洼之地，看重向阳的地方，轻视阴湿的地方，靠近水草，军需充实，将士百病不生，这是军队必胜的条件。在丘陵堤防处行军、驻扎，必须选择向阳的一面，而主要侧翼要背靠着它。这对军队有利，是得到地形的辅助。上游下雨涨水，水流冲来，要想涉水过河的，应等待水势平稳以后再过。遇到绝涧、天井、天牢、天罗、天陷、天隙这六种有害的地形，必须赶快离开，不要接近。我军远离它，让敌军接近它；我军面向它，让敌军背靠它。行军中遇到山川险阻、池沼、芦苇、泥塘、山林、草木茂盛之地，必须认真仔细地反复搜索，这是容易埋伏敌人和隐蔽奸细的地方。

【辩例·直观】

孙子在本层次中，对军队统帅、指挥员或决策人提出了严格的置军要求。他强调：作为率军行进的将帅者，必须清楚所欲前往或即将开展军事活动的环境、条件，诸如天文、地理和社会人文环境，尤其是所在地的地形地貌等；必须清楚熟识天文、地理尤其是地质环境、气候变化，对军队行军、驻军乃至进行战事，所具有的极其重要的作用和意义。在日常生活中，也经常遇到一些如何认知环境、适应环境、利用环境的问题。我们试举红军初创阶段，在江西永新县发生的"龙源口战斗"和贺龙率红二、六军团转战回旋于乌蒙山，胜利实现北上目标等战例，来解读孙子兵书中的这段论述。

龙源口战斗

龙源口战斗发生在朱、毛红军井冈山会师以后。为粉碎国民党军对井冈山地区发动的第四次"进剿"，毛泽东、朱德亲自指挥，利用龙源口得天独厚的自然和地理环境，取得歼敌一个多团、击溃两个多团的骄人战绩，彻底粉碎了国民党军第四次"进剿"。

1927年10月3日，毛泽东率领由湘赣边界秋收起义部队改编的中国工农革命军第一军第一师第一团，到达井冈山地区。在毛泽东领导下，革命军在井冈山周围各县恢复和建立了党组织，收编了袁文才、王佐领导的农民自卫军，并将其改编为工农革命军第二团。1928年1月下旬，江西国民党军朱培德部第9军80团和79团一个营，由吉安开进泰和，企图对井冈山地区实施"进剿"。针对敌强我弱的形势，毛泽东提出"敌来我走，敌驻我扰，敌疲我打，敌退我追"的游击作战原则。18日晨，毛泽东指挥革命军1、2团主力在新城发起战斗，全歼守敌一个营，俘虏300余人，攻占了宁冈县城。这是井冈山革命军对敌正规军的第一个歼灭战，同时也打破了江西国民党军第一次"进剿"。同年4月24日，朱德、陈毅率领南昌起义及湘南起义部队到达井冈山与毛泽东领导的工农革命军胜利会师，合编为中国工农革命军第四军，后改为中国工农红军第四军。利用井冈山天然的地理环境和良好的政治氛围，朱、毛红军又连续击退了国民党军第二次、第三次"进剿"。当年6月，江西国民党军又组织重兵，发动了第四次"进剿"。面对敌军大兵压境，毛泽东、朱德认真分析敌情，决定利用井冈山地区优越的自然条件和有利于我、不利于敌的根据地环境，在龙源口摆开战场，狠狠打击敌人，保卫红色革命根据地。

龙源口位于江西永新县西南40余里的七溪岭山脚下。龙源口村依山傍水，村子不大，住着二三十户靠山吃山的普通庄户人家。小村子南面有一条河，一座很古老的石拱桥连接着永新通往宁冈的道路。村北地势较平坦，稻田毗连，庄户大都集中住在这里。从龙源口向南过石拱桥，便是巍峨雄伟的七溪岭。七溪岭有两座主峰，海拔700多米。山虽不高，却异常陡峭，崖壁耸立，重峦叠嶂，再加上竹林密集、荆棘丛生，攀山过岭极其艰难。位处东面的叫新七溪岭，西面的叫老七溪岭。新、老七溪岭相距六七里路，两峰之间，有山脊相连，犹如一条蜿蜒长城，横切在永新、宁冈之间。新、老七溪岭上各有一条小路，都是此地独一无二的必经之路。由于老七溪岭路远坡陡，很少有人行走，破败的小路完全湮没在荒草杂树之中，新七溪岭便成了永新通往宁冈的主要道路。

根据龙源口特殊的地形地貌，毛泽东、朱德决定：红四军主力在新、老七溪岭阻击国民党军，然后相机转入反攻，务求歼敌一部，以打破国民党军"进剿"。6月23日拂晓，红四军29团首先投入战斗。29团大都是湘南起义的农民自卫军，枪支很少，战士们手中大多是梭镖和刀、矛。敌人欺负红军装备差、火力弱，居然以密集队形向红军守卫的山头阵地猛冲，红军伤亡很大。激战正酣时，军长朱德手握一挺花机关枪（冲锋枪），带着3名警卫员来到了阵地上。在朱德身先士卒的率领下，红军利用地形地物的有利条件，打退了敌军的一次次进攻，战斗一直进行到下午5时，以红军胜利、国民党军溃败结束。这次战斗，红军共歼敌一个多团，击溃两个团，缴枪800余支，并乘胜第三次占领永新县城。国民党军第四次"进剿"又以惨败告终。

贺龙乌蒙山回旋战

1935年10月，蒋介石调集了130多个团，对湘鄂川黔苏区进行疯狂的大"围剿"。面对强敌，中共湘鄂川黔省委和军委决定转移外线寻求机动，创建新苏区。11月19日，贺龙、萧克率领红2、6军团开始了大规模的战略转移。至 28 日，红 2 军团先后挺进溆浦、辰溪、浦市，红 6 军团相继夺取新化、蓝田、锡矿山，控制了湘中广大地区，获得了大量的战略补充。蒋介石慌忙调集李觉、陶广、郭汝栋、樊松甫、汤恩伯等部，分路向红军压来。面对敌军重兵逼近，红 2、6 军团决定退出湘中，转向西进。1936 年元旦抵达芷江以西的冷水铺地区，把敌人追兵全部甩到了后面。2 月 3 日，红军渡过乌江天险。2 月 4 日，红 2、6 军团进占黔西县城。6 日攻克大定。2 月 9 日，夺取毕节，成立了中共川滇黔省委，建立了中华苏维埃人民共和国川滇黔省革命委员会，组建了贵州抗日救国军。蒋介石对此非常愤怒和不安，将正在四川同红四方面军作战的万耀煌纵队急调贵州。为摆脱各路敌军合围，3 月 2 日，贺龙召集红 2、6 军团领导，在赫章的野马川召开紧急会议。针对敌情，决定改变原定行军路线，改向西北的乌蒙山方向行动，将敌军尽量向西北方向调动，然后再转向南行。

　　乌蒙山位于云南东北贵州西部，海拔 2 300 多米，是贵州的乌江、南北盘江和云南牛栏江的分水岭，逶迤千里，险峰峭壁，气势恢宏。贺龙率军来到乌蒙山，大张旗鼓地发动群众，组建抗日救国军，让"云南王"龙云心惊胆战、坐卧不安。于是，龙云紧急调兵遣将，妄图阻止红军进入云南。龙云设想把贺龙挤压到地险粮缺的绥江地区，以收当年清军歼灭石达开之效。然而，贺龙率 2、6 军团进入乌蒙山区，如龙入大海，虎归深山，在乌蒙山的崇山峻岭中，与国民党"追剿"大军展开了广阔的山地回旋战。

　　3 月初，红军抵达赫章、平山堡、七星关、野马川、杨家湾，先头部队与第 3 纵队接触后，又进而推进到浑水塘、小河口。3 月 12 日，红军 2、6 军团得知万耀煌亲率 13 师经得章坝向镇雄推进。贺龙、任弼时当机立断，改变原定计划：命令红军 4 师 11 团在左，12 团在右，火速向得章坝方向前进；命令红军第 6 师在 11 团左侧同向前进，准备侧击来敌。上午 11 时，红军 2 军团赶到得章坝北三锅桩，以 6 师在干沟梁子设伏，4 师直插大丫口，执行截击，军团部设在大屋基。6 师 18 团在团长成钧、政委余秋里率领下，率先向进入伏击圈的敌 13 师 37 团发起猛攻。与此同时，红 4 师直逼大丫口，将万耀煌部和后卫 38 旅拦腰截断，迫使 38 旅退入桃园。随后，红军 4、6 师合围敌 37 旅及 13 师师部，歼其一部，毙敌 300 余人，缴获长短枪支数百支、机枪 7 挺、弹药 300 余挑。战斗中，万耀煌在溃乱中只身逃走。敌 99 师闻讯赶来增援，贺龙见战机已逝，下令撤出战斗，再次改向西行。

13 日凌晨，红军进至财神堂时遭到敌军优势兵力拦截，红军发挥夜战特长，杀出了重围。此时红军前有敌郭汝栋纵队拦截，后有郝梦龄、万耀煌纵队紧追不舍。进至安耳洞地区，左有李觉纵队集结于水塘堡和赫章地区，右有樊松甫纵队跟随。敌人越聚越多，总兵力已达 10 万余人，包围圈也越来越小。红军被困在纵横 30 里的狭小区域里，形势十分危急。贺龙采取虚虚实实、真真假假、巧设疑兵的战法，从郭汝栋和樊松甫纵队结合部突围，一下子跳出了敌军包围圈，于 15 日到达毛菇、青山一带。16 日，红军第三次进入云南彝良县奎香地区。从 3 月 7 日红军第一次进入奎香，短短十余天，红军三进奎香，在云贵两省声东击西、神出鬼没。可怜国民党诸多将军、司令，竟然无法知晓红军主力究竟在哪儿。就在敌军不知所措之际，红军主力经几天的急行军，挥师进入宜威境内。龙云见红军进入宜威，顿时慌了手脚。宜威乃滇东南重镇，又是川黔两省通向云南的要冲，一旦宜威有失，红军必要围攻昆明，因主力正在黔滇边界"追剿"，昆明此时已是一座空城。于是，龙云急调各县保安团前来"护驾"，同时命令滇军第3纵队火速驰援。

3月28日，红军2、6军团在乌蒙山回旋作战月余后，完全跳出了国民党"追剿"大军的重围。30日，贺龙接到红军总司令部的指示："立即寻机北渡金沙江，同红四方面军会师。"4月初，贺龙、萧克等率红军2、6军团渡过普渡河后，飞快掉头南下，穿过密密麻麻的滇军间隙，如蛟龙摆尾，迅速占领了距昆明20里地的富民县城，全歼守敌，旋即大军云集昆明城外，摆出了一副攻城的架势。昆明城防空虚，一时间人心惶惶，鸡飞狗跳。龙云惊慌失措，接二连三地电请蒋介石派兵增援，并把军官学校的学生都拉出来守城。龙云火急火燎四处请调救兵，正中贺龙的调虎离山之计。贺龙指挥红军突然渡过螳螂川，分兵两路，向滇西挺进。楚雄、镇南、祥云、宾川、盐兴、牟定、姚安、盐丰、鹤庆等县都是民团防守，兵力单薄，战斗力不强，而且这些地方又都很富庶，官僚地主的财物较多。因此红军每天行军百里以上，或强攻，或智取，几乎不费吹灰之力便横扫滇西，下楚雄、破祥云、攻鹤庆，进军神速，势如破竹，缴获颇丰。25日夜，红军2、6军团在石鼓街、石门关、白粉墙、巨甸街各处不停地抢渡金沙江。至28日黄昏，贺龙率红军2、6军团胜利渡过金沙江。

【管窥·释悟】

龙源口战斗是井冈山时期规模最大的一场战斗。红军利用天然的地形地貌,从战略到战术始终突出兵家要笈,结合实际、机动灵活,坚持在运动中发现敌军的软肋,在运动中打击敌人、歼灭敌人,削弱敌人的有生力量。红军以弱胜强,打垮了赣军主力,震撼了湘敌,声威大震。当时口传的歌谣"不费红军三分力,打败江西两只羊(江西国民党军第9师师长杨池生、第27师师长杨如轩)",反映了人们胜利后的喜悦心情。龙源口战斗的胜利,为以后的反"进剿"、反"围剿"积累了宝贵的战场经验,也为年轻的中国工农红军从小到大、从弱到强、从胜利走向胜利奠定了坚实的基础。

"乌蒙山回旋战"表现出贺龙高超的军事指挥艺术。面对宁置日本军国主义全面侵华,国土沦丧、生民涂炭于不顾,打着"攘外必先安内"旗号疯狂剿共的蒋介石,贺龙率2、6军团,一面要团结一切可以团结的力量,奋力北上,争取早日投身到抗日战场,赶走日本强盗;一面还要突破蒋介石国民党军的围追堵截,困难是难以想象的。实现北上抗日的目的,首先要解决北上的通途,乌蒙山回旋战较好地回答了这个问题。

战例告诉我们:了解环境、熟悉环境、利用环境甚至营造环境,是成熟的指挥员或睿智的施事者必备的素质和重要条件。参与一次战斗,进行一场战争,开展一项活动,完成一项事业,所处环境至关重要。将险恶环境的负面效应留给敌人,环境就成为取得胜利的帮手;反之,不识环境险恶,不知地处凶险,胜利和成功永远与你无缘。防微杜渐，折利而居，有机辩证地让客观环境为我所得、为我所用，既是兵家所为，更是智者所为。

第三节　因事施策　灵活机动

【兵法·原文】

敌近而静者，恃其险也；远而挑战者，欲人之进也；其所居易者，利也。众树动者，来也；众草多障者，疑也；鸟起者，伏也；兽骇者，覆也。尘高而锐者，车来也；卑而广者，徒来也；散而条达者，樵采也；少而往来者，营军也。辞卑而益备者，进也；辞强而进驱者，退也；轻车先出居其侧者，陈也；无约而请和者，谋也；奔走而陈兵车者，期也；半进半退者，诱也。杖而立者，饥也；汲而先饮者，渴也；见利而不进者，劳也。鸟集者，虚也；夜呼者，恐也；军扰者，将不重也；旌旗动者，乱也；吏怒者，倦也；粟马肉食，军无悬瓿，不返其舍者，穷寇也。谆谆翕翕，徐与人言者，失众也；数赏者，窘也；数罚者，困也；先暴而后畏其众者，不精之至也；来委谢者，欲休息也。兵怒而相迎，久而不合，又不相去，必谨察之。

【解字·说文】

汉简"远"上有"敌"字。

易：平地。

利：有利，有其好处。曹操注："所居利也。"按：此句汉简作

"其所居者易……"后缺"利也"。

动：曹操注："斩伐树木，除道进来，故动。"

疑：迷惑，疑兵，虚设的兵阵。

骇：受惊，惊惧。

覆：倾覆、覆盖，毁灭。曹操注："敌广阵张翼，来覆我也。"本文指敌军铺天盖地来袭。

锐：尖。

卑：低。

徒：步行，本文指步兵。

条达：形容尘土飞扬，分散而细长。王晳注："条达，纤微断续之貌。"

樵采：上山打柴。

营军：指准备设营扎寨驻军。汉简作"营军者也"，多一"者"字。

辞：同"词"，言词。

益：增，加强之意。按：此句汉简作"辞庳而备益者，进也"，"庳"同"卑"。

辞强而进驱者：此句一本作"辞诡而强进驱者"，汉简作"辞强而进敺者"，"敺（qū）"同"驱"。

无约：即"未约"，未曾困顿屈弱（用陈皞"未屈弱"说）。无，犹"未"。约，《说文解字》："约，缠束也。"《集韵》："约，屈也。"

期：期求，期望。按：汉简无"车"字。

半进半退者：汉简作"半进者"，无"半退"二字。

杖而立：倚仗兵器站着。杖，倚仗。《汉书·西南夷传》颜师古

注："杖，犹倚也。"

汲：打水。汉简此句作"汲役先饮"，即打水之役卒汲水，未归先饮。

劳也：汉简作"劳拳也"，"拳"同"倦"。

粟马：用粮食喂马。粟，小米，泛指粮食，此处名词用作动词。

肉食：指杀掉牲口吃肉。

军无悬甀（fǒu）：指敌军收起了炊具。悬，挂。甀，同"缶"，汲水的罐子，可盛酒浆，可鼓之节歌，可用为炊具。

谆谆翕翕（xī）：指低声下气。谆，《说文解字》："谆。告晓之孰也。"恳切挚着的样子。翕，同"习"，《诗经·谷风》"习习谷风"。毛传："习习，和舒貌。"按：汉简作"闲闲言人者，失其众者也"，"闲闲"当为"翕翕"之假借。

窘：穷迫、困惑、为难，泛指没有办法。

暴：暴躁，爱发脾气。

委谢：敌军遗礼言好。委，遗。谢，谢罪。

休息：休兵息战。

之：汉简作"此"。

敌军离我方很近而仍保持安静的，是倚仗它占据了险要的地形；敌军离我方很远而向我挑战的，是想引诱我方进军；敌军之所以驻居平坦的地方，是有它的好处和用心的。很多树木摇动，是敌人来了；在草丛中设有许多遮蔽物的，是敌人设的疑阵；鸟儿突然飞起，是下面有伏兵；野兽惊跑，是敌人大举荫蔽偷袭。尘土高而尖的，是敌人的车队来了；尘土低而宽广的，是敌人的步兵来了；尘土四散飞扬，是敌人在砍柴拖柴；尘土少而时起时落，是敌人正在扎营。敌人使者言词低声下气，而暗地里加紧备战的，是想进攻；敌人使者口头强硬，而军队又向我摆出进攻架势的，是想撤退；敌人战车先出并占据两侧的，是布列阵势；敌人尚未困顿屈弱而来请和，其中必有诈谋；敌人急速奔跑并摆开兵车的，是期求与我交战；敌军半进半退的，是企图引诱我军。敌兵靠着兵器站立的，是饥饿的表现；敌兵打水而自己先喝的，是干渴的表现；敌人见利而不进军争夺的，是疲劳的表现。敌营上飞鸟集结的，是空营；敌人夜间惊慌叫喊的，是敌兵恐惧的表现；敌军惊扰的，是将领没有威信的表现；敌军旗帜乱动的，是敌人队伍混乱的表现；敌军官吏易怒的，是敌兵疲倦的表现；敌人用粮食喂马，杀掉牲口吃肉，收拾起炊具，不返回营寨的，是准备拼死突围的穷寇；敌将低声下气，慢吞吞地同部下讲话的，是敌将失去了人心；不断奖励，是敌军没有办法；不断惩罚的，是敌军处境困难；敌将领先强硬然后又害怕部下的，是最不精明的将领了；敌人派人来送礼言好的，是敌军想休兵息战。敌军盛怒与我对阵，但久不交锋，又不离去，这时要谨慎地观察他的企图。

【辩例·直观】

兵书罗列了三十余种情况予以展开，旨在告诫人们：切不可骄躁轻敌、疏忽大意；切不可彼此不清、铤而走险；切不可机械教条、僵化思维。战争实践告诫人们，这些集战争实践和兵家思维于一体的兵书战策，是前人用鲜血和生命的集中总结与辩证思考，是前人的战争实践和远见卓识，是前人留给我们的关于军事科学和战争科学的珍贵财富，是供我们研究、探讨、创新的不可多得的军事文化遗产。如何对待前人流传下来的兵书战策，也是衡量一个统帅、将军、军事指挥员和决策人是否成熟的重要标准。

韩信潍河淹龙且

刘邦、项羽争霸之时，刘邦派韩信率兵攻下齐国，齐国国君田广落荒而逃跑到高密（今山东高密西）固守，并派快马向项羽求救。项羽接到田广的求救请求，立即派大将龙且率兵救援。龙且是项羽麾下的一员爱将，因屡立大功，在项羽军中很有名气，也很骄狂。

龙且领命后，率军来到潍水河东岸安营扎寨，与西岸的韩信隔河相对摆开了阵势。帐下有人劝他不要距河边太近，尤其不要与韩信军距离太近。龙且不以为然，他认为：韩信刚刚与齐国打过大仗，军队困乏，粮草欠缺，已是疲惫之师，而我军粮草充足，士气旺盛，两军未曾交战，胜负已然明了。他对部下讲：如今我靠近敌军驻扎，是为了缩短进军时间；靠近河边安营，是为了实现快速出击。我是大将军，你们听从命令就可以了，明天我军一定会取得胜利。

韩信得知龙且在河边就近处安营，又得知龙且不听谋士的劝告，很是高兴。他立即派出一队人马，携带数万只麻袋，赶到上游河道狭窄处，装上沙土掷于河中，把潍河拦腰截阻。潍河水位顿时就消减下来，原来几米深的河道，现在挽上裤腿就可过河了。

第二天，韩信率领一部人马涉过潍河向龙且发起进攻，龙且立即率兵迎战。交手时间不长，韩信不敌龙且军，败阵撤回潍河西岸。龙且不知韩信诈败，竟驱使大军全部涉河追杀。韩信早已下令，命上游将士迅速掘开拦河麻袋，潍河水顷刻间如蛟龙归海，汹涌澎湃。龙且军一半过河，一半河中，被呼啸而来的河水截为两段。韩信指挥大军回头杀来，龙且军首尾不能相顾，将士死伤无数，龙且也在混战中被韩信军杀死。韩信趁势指挥大军一路追杀，大获全胜。

陈子昂摔胡琴一举成名

　　陈子昂，初唐诗人，四川射洪县人。少年时家境殷富，轻财好施，慷慨行侠。陈子昂天赋极高，博览群书，擅长写作，关心国事，抱负远大。为了实现自己的抱负，陈子昂决定赴京城考取功名。他从老家四川只身来到京城长安，买好住宅便全身心投入到科举考试中来。虽说考试靠的是真才实学，但不同时期也有不同的潜规则。初唐科考，除去真才实学外，还需要有家庭背景、社会名气或显贵推举，然而这些都是陈子昂的短板。陈子昂虽然家境殷富，但充其量不过是一个乡绅土财主而已，在偌大繁华、市井如林的长安，他由衷地感到从未有过的孤独和无助。胸怀大志的陈子昂绝不会屈服于这些困难，他下定决心要创造条件，改变环境，争取成功。

　　有一天，陈子昂在大街上闲走，突然发现前面有一群人围在一起，很是热闹。陈子昂快步向前，走进人群，原来是大家围着一位卖胡琴的正在讨价还价。只见卖琴人手中拿着一把特别精致高档的胡琴，高声告诉欲买琴者，此琴为祖上相传的宝物，非一百万钱不能出手。陈子昂不懂乐器，因此也难知此物优劣，但当他看到周围人都在争先恐后地讲价，而且大有只要价格适宜，一定要买到手的劲头，便知道这确是一件不可多得的宝物。于是他分开众人，高声喊道：这把胡琴我要了！随即拿出一百万钱交予卖琴人。众人都为这位不讲价钱的不速之客惊呆了，以为他一定是位琴坛高人，纷纷走上前来请求演奏一曲一饱耳福。陈子昂微笑着对大家说："今天因有他事难于从命，如果诸位有雅兴，可于明日中午到宣阳里陈府即我的寒舍中一同切磋琴艺。"说完话，陈子昂便怀抱胡琴大摇大摆地走了。围观的人们完全被陈子昂的豪气征服了，他们一传十、十传百，没过几个时辰，"长安来高人了！""明天中午宣阳里陈府将有顶尖高手现场演奏胡琴"！"良机难逢、机不可失呀！"顷刻间竟将此事传得神乎其神。

第二天中午，宣阳里整个胡同都挤满了人，其中不乏长安及闻风而来的文人雅士、社会名流和达官贵人。陈子昂拿出来丰盛的酒菜，热情地招待大家，直到大家酒足饭饱，也只字未提演奏胡琴的事。众人很是诧异，便问陈子昂："我们是慕名来府上听您演奏胡琴，现在已酒足饭饱，该给我们演奏了吧！"

陈子昂向众人深鞠一躬："我乃四川陈子昂，文章风流，诗词雅致，在川中小有名气。今寓居京城，本欲考取功名，奈何孤陋寡闻不为人知。胡琴虽显高雅，但不过是一乐工器具，并非我的长项和兴趣所在。"说完话，陈子昂将胡琴高举猛摔在地上，然后拿出自己的文章、诗作分发给大家。客人们读过诗文无不为之震撼，都为文章和诗词表现出的风雅与深邃所折服。

陈子昂摔胡琴、衍诗文，一日成名，誉满京城。之后，陈子昂又参加科考，结果实至名归。从此，陈子昂的诗文广泛为世人所传唱，诗文所蕴含的强烈美感和巨大的社会穿透力，对唐代诗文繁盛产生了极其重要的影响，使之成为初唐最具影响力的诗人之一。唐代诗圣杜甫评价陈子昂："公生扬马后，名与日月悬。"

【管窥·释悟】

在韩信的作战履历里，与水结缘的战例有很多。"水淹龙且"和"背水一战"应属经典。韩信在战场上惯于发现敌人的弱点和漏洞，善于抓住敌人的薄弱环节发动适时的攻击，这也是他经常取得胜利的重要原因。龙且是楚军的大将，自恃兵强马壮，全然不把韩信率领的汉军看在眼里。临河而居本是兵家大忌，龙且也不是不清楚这个兵法道理，他之所以敢于置险境而不顾，也不是贸然之举。龙且知道韩信率领的汉军，刚刚经历过几场激烈的战斗。以疲惫之师前来交战，很难让龙且对即将发生的战斗有过败阵的准备。考虑到快速启动，兵贵神速，龙且在靠近汉军的临河处置军，自然有自己的考量。面临同样的自然环境，两军同样都是临河而居，出现胜败两极的严重后果，大意轻敌固然是最大的症结所在。但追究具体、实际的成败原因，不得不把如何理解兵法、如何使用兵法，尤其是对《行军篇》中关于"因事施策"灵活机动的兵法理解，作为重要原因予以追究。《行军篇》非常注重借力自然环境实现军争，韩信的胜利与龙且的败军都说明了这个兵法原理。

韩信潍河水淹龙且利用的是复杂的地形地貌。陈子昂摔胡琴一举成名，亦是以故事的深邃内涵，折射出创造条件、改变形势对造就人生的重要作用。两个故事都从不同角度印证了，科学利用地形地貌和环境条件，因事施策，机动灵活，是决定胜负的道理所在。地形地貌和环境条件是一种客观存在，因事施策是主动的机动灵活。客观存在也好，主动作为也好，都是把握战争胜利、事业成功的要旨，谁能有机地利用它，它就会能动地为谁服务。

第四节　兵贵精锐　将贵远谋

【兵法·原文】

兵非益多也，惟无武进，足以并力、料敌、取人而已。夫惟无虑而易敌者，必擒于人。

【解字·说文】

汉简作"兵非多益……"。曹操注："一云，'兵非贵益多'。"

武进：恃勇轻进，犹言"冒进"。

并力：集中兵力。

料敌：判断敌情。

取人：取胜于敌。一说"用人"，一说"争取人心"。

无虑：没有深谋远虑。

易敌：轻敌。易，轻视。

打仗不在于兵愈多愈好，只要不盲目冒进，能够集中兵力、判断敌情、取胜于敌就足够了。那种既无深谋远虑而又轻敌的，必定会被敌人所俘虏。

【辩例·直观】

　　1914 年至 1918 年人类历史上爆发了一场空前的劫难，这就是第一次世界大战。世界进入到 20 世纪初，机器与大都市的出现，标志着工业文明的到来。各个殖民大国及其利益集团，在世界范围内开始了一场争霸夺利的实力角逐。英、法、俄等老牌殖民帝国与德、日、美等新兴国家在资源和殖民地的争夺上，矛盾愈演愈烈直至不可调和。于是德国、奥匈帝国、土耳其、保加利亚等国家组成同盟国战线；英国、法国、俄国、意大利等国组成协约国阵营，形成两大尖锐对立的国际势力。1914 年 6 月 28 日，在塞拉热窝事件的引爆下，奥匈帝国首先向塞尔维亚宣战，欧洲列强纷纷参战，战争形势愈演愈烈。灾难性的世界大战给人类造成了巨大的创伤：先后有 38 个国家、15 亿人参战，共造成 3 000 多万人死伤，欧洲几乎丧失了整整一代人。在第一次世界大战中，大小战役不计其数，实力角逐此伏彼起。以德国为首的同盟国也从开始的全面进攻逐渐收缩为守势，乃至最后举起白旗，签订投降协议。战争实践证明：最终的胜利决不单单取决于军队的多寡和武器的优劣，只有具备深谋远虑、运筹帷幄的统帅和同仇敌忾的军队以及万众一心的民众，才有可能获得战争的最后胜利。

奥塞之战

　　第一次世界大战爆发时，塞尔维亚总参谋长普特尼克正在奥匈帝国的巴特格莱贝格医病。战争开始后，布达佩斯官方将普特尼克抓获，报请奥匈帝国皇帝弗朗茨·约瑟夫定夺。皇帝觉得虽然大战已经开始，奥匈帝国即将与塞尔维亚开战，但对待一个体弱年迈的老人，理应表现出帝国的大度和宽容。因此，他不仅释放了这位老元帅，而且还派出专列将其送至贝尔格莱德。当时奥匈帝国与塞尔维亚的实力的确不成比例：奥匈帝国拥有 200 万装备精良的帝国军队，而塞尔维亚只有 300 万人口，其全国动员最大限度也只能达到 40 万现役和预备役兵力。200 万比 40 万，比例悬殊，犹如巨人与矮子角力，难怪弗朗茨·约瑟夫表现得那么从容、淡定和大度。

普特尼克返回塞尔维亚后，立即承担了军队的指挥权责。虽然因身体不好，只能在军车上看着地图和情报指挥作战，但强烈的保家卫国责任感，激励着这位老元帅枕戈待旦、运筹帷幄。8 月 14 日，是两国两军都不能忘记的日子。塞尔维亚军队在普特尼克的指挥下，以劣势兵力，在亚尔达河对波蒂奥雷克率领的奥军，实施了猛烈的反击。战役进行了 12 天，塞尔维亚军队无论是数量还是装备都明显不如奥匈帝国，但他们团结一致、英勇顽强，尤其有运筹帷幄决胜千里的优秀统帅正确指挥，所以这支军队斗志旺盛、人人奋勇。不足两周时间，他们让奥匈帝国付出了牺牲 5 万人的惨痛代价，并被迫退回到德里纳河对岸。9 月初，普特尼克的塞军第一集团军越过萨瓦河，进入奥匈占有的波斯尼亚，意图切断奥军第 6 集团军的补给线。波蒂奥雷克虽然拥有绝对优势的兵力和装备，但在舍生忘死的塞军面前，显得软弱乏力、一战即溃。普特尼克塞军对奥匈帝国第 6 集团军的沉重打击，对奥军交通线构成了严重威胁，直到 11 月，这个威胁才逐渐减弱。奥匈帝国统帅部对此极为恼火，集中了大量军队以绝对优势开始了对塞军的进攻。普特尼克在敌强我弱极其明显的形势下，主动放弃了首都贝尔格莱德，率塞军撤退到西南山地以拉长奥军的补给线。时值年底，奥军后方的克鲁巴拉河河水泛滥。普特尼克利用这个天赐良机，于 12 月 3 日发动了一场凌厉的反击，再一次击败了优势的奥军，收复了首都贝尔格莱德。奥军被迫越过克鲁巴拉河，退回奥国境内。波蒂奥雷克因指挥失当、屡创败绩，被奥匈帝国皇帝约瑟夫解除了军职并勒令退役。塞尔维亚在普特尼克率领下，以弱抵强、以弱胜强，创造了第一次世界大战初期少有的辉煌胜利。

铁原阻击战

在抗美援朝战争中，涌现出无数可歌可泣的英雄人物，他们无愧于"最可爱的人"的光荣称号。追寻每一位英雄的足迹，我们会发现，英雄不论职务高低，不限出身经历，都有一个共同特点把他们紧紧联系在一起：那就是对敌人的刻骨仇恨和对祖国的无限忠诚与热爱。源于这样一个共同点，志愿军将士克服装备落后、供给艰难、环境恶劣、敌强我弱等诸多难以克服的困难，面对不可一世的强敌勇敢亮剑，表现出大无畏的革命精神，谱写了一曲曲气壮山河的历史赞歌。建国不足一年的年轻共和国，敢于跨过鸭绿江，成功实现抗美援朝保家卫国的伟大目标，"兵贵精锐，将贵远谋"应是取得最后胜利的一个鲜明特色。我们选取抗美援朝战争中最为惨烈的"铁原阻击战"为例，来证明这个道理。

为保证数十万志愿军将士从汉城顺利撤退到三八线以北指定地区，铁原便成了最重要的军争要地。铁原地处 38 度线附近，此地铁路纵横、公路交叉，是通往三八线最便捷的交通枢纽，也是志愿军重要的后方补给基地，自古以来就是兵家必争的"衢地"。铁原地区多以山区和丘陵为主，过了铁原向北就是一览无遗的平原地带，极有利于"联合国军"机械化部队运动。因此，铁原一旦失守，"联合国军"将会充分发挥机械化部队快速行进的优势长驱直入，战略态势将会发生严重逆转。能否守住铁原，关乎铁原大量后勤补给物质能否顺利转移，关乎几十万志愿军将士能否安全后撤，关乎抗美援朝战争全局走势。所以，打好铁原阻击战，既是形势必然，也是对疲于鏖战，几近弹尽粮绝的志愿军将士最严峻的考验。

1951 年 5 月 21 日，志愿军总部下达了前线各军迅速撤退，转向三八线进行战略防御的命令。几乎与此同时，"联合国军"新任司令李奇微经过一个阶段对志愿军作战特点的观察，发现了志愿军"一周战斗时限"的后勤补给短板，遂在志愿军攻占汉城，战斗持续了一周之际，也下达了全线反击的命令。几经鏖战已近弹尽粮绝、疲惫不堪的几十万志愿军前线各军，面临被"联合国军"穿插、截断，被包围消灭的严重威胁，形势危急，事态逼人。为掩护各军安全撤退，彭德怀经慎重研考，决定在南汉江和铁原设伏阻击，掩护大部队安全撤退。南汉江阻击掩护任务交给了长春起义时改编的原国民党第 60 军，现志愿军第 50 军。军长曾培生接受阻击任务后，不辱使命顽强阻敌，尤其是 50 军第 188 师，在潮水般涌来的"联合国军"的反复攻击面前，犹如磐石守护着南汉江防线，以战斗至一兵一卒的大无畏牺牲精神，艰难地完成了阻击任务。

如果说南汉江顽强阻击了"联合国军"的疯狂反击，掩护了志愿军安全撤出汉城，使实施全员向北撤退计划得以实施的话，那么铁原阻击战就成了这个计划能否完全落靠的关键。就当时形势而言，志愿军撤退位置在南汉江一带，距铁原 75 公里以上。志愿军要想从南汉江安全撤退到三八线附近的指定位置，必须将敌军有效阻击在铁原以南，并保证能够坚守铁原两周左右。可以说，继南汉江阻击战之后，几十万志愿军能否最后安全撤退到预定地点，千钧重担皆系于铁原阻击战一身。面对严重局面，彭德怀司令员审时度势，沉着冷静，果断作出决策：直接命令距铁原最近的 63 军，迅速开进铁原，实施铁原阻击任务。63 军隶属十九兵团，彭德怀对十九兵团司令员杨得志下达了死守铁原的命令："就算把 63 军打光了，也要死守住铁原！"

63 军军长傅崇碧是位年轻的老革命，接受任务时，他已经带领部队连续战斗了一个多月，粮食、弹药还未来得及补充，就冒着瓢泼大雨连夜赶到铁原。傅崇碧将军把所辖三个师以倒"品"字形部署在铁原外围的三个区域内。阻击战斗于 5 月 30 日正式打响，负责铁原阻击第一线的是摆在前列的 63 军 189 师和 188 师。为拖延敌军行进时间，掩护大部队撤退，188 师在阵地上英勇阻击，给敌军以重大创伤。189 师师长蔡长元是位善于摆兵布阵的将军。为完成傅崇碧军长交付的阻击敌军三天的任务，他采取了一种敌人万万想不到的战术：为最大限度强化全师仅有的 9 400 多人的阻击力度，蔡长元将部队化大为小，实行"2 000 米纵深防御"战术。一般来讲，缩小作战单位、分散阻击、各自为战的战术是不适合阻击大部队作战的，尤其是面对武器优越、兵员数倍于己的强敌。但阻击地点已定，阻击时间已定，阻击任务已定，敌强我弱的形势已定，如果采取常规的大集团阵地阻击，以九千余人阻击近 5 万余众快速挺进部队的敌军攻击，尤其在有飞机、坦克和现代化装备的"联合国军"面前，无异于"螳臂当车"，成功的概率几乎为零。既然集团阻击不能奏效，那就只能变换战术，使不可能完成的阻击任务变为可能。应该说，蔡长元师长结合实际、变换战术，既出乎敌军预料，也是将"兵贵精锐，将贵远谋"兵法心领神会地进行一次天才再创造。蔡长元的布阵，实属因地制宜、因时制宜、因情制宜、因人制宜。实施分散阻击、各自为战、相互支援的战术，源自蔡长元对"联合国军"战术习惯的了解。蔡长元师长在以往的实战中，发现"联合国军"作战有一个重要特点，就是每逢部队撤退或开进，必须扫除前进路上的所有抵抗和阻碍，必须形成一条完整通畅的行进路线；只要有一处存在抵抗或障碍，他们也绝不轻易冒险突进，这就是所谓的"美式橄榄球战术"。正因如此，蔡长元将部队分散在龙潭洞、沙子洞、凫村、新浦洞两千五百米纵深的阵地上，使有限数量的部队发挥出最大能量的覆盖面，实现阻击战的最大实效。事实果如谋划，九千勇士以连、排、班甚至战斗小组为作战单位，分布在两百多个战略要点上，敌军冲进任何一个阵地，都将受到来自不同方向阻击阵地的夹击。就这样，血肉撕搏的六个昼夜，189师犹如一颗钢钉死死地钉在各个阵地上，有效拖延了"联合国军"的进攻速度，为大部队安全撤退赢得了宝贵的阻击时间。

面对数倍于己的"联合国军"，傅崇碧将军使用 187 师出击，又凸显了活用中国兵法的一次绝佳创意。傅崇碧一反传统的阻击战战法，变被动防守为主动出击，超乎寻常地将阻击战打成了进攻战。187 师进入战斗前，傅崇碧把全军火炮都集中在该师，使 187 师顿时拥有了比较强大的炮火力量，尤其是刚刚入列尚未露面的秘密武器"喀秋莎"火箭炮部队，更使敌人始料不及。187 师的炮火攻击果然奏效，敌军甚至怀疑是苏联参战，或使用了原子弹。187 师的猛烈炮火杀伤力极强，有效滞缓了敌军的前进速度，同时也严重削减了敌军的进攻勇气。

63 军用智慧、意志和血肉之躯顽强地阻击了 13 个昼夜，歼敌 2.4 万余众，掩护几十万志愿军将士安全撤退，圆满地完成了铁原阻击任务，成为志愿军阻击战史上不可多得的典型战例。随着铁原阻击战的胜利结束，激战 50 余天的第五次战役终于落下帷幕。志愿军与"联合国军"在三八线附近形成对峙局面，"联合国军"极不情愿地进入全面战略防御状态，无可奈何地寻求并接受了停战谈判。

【管窥·释悟】

无论是那场"矮子"与"巨人"的奥塞之战，还是 50 军、63 军将士英勇顽强，完成南汉江、铁原阻击战任务，这些战例都雄辩地证明：机动灵活地辩证领会兵法，因人、因事、因地、因情施策，将"兵贵精锐，将贵远谋"军事思想有机地落实到实战中，具有非常重要的科学性和可操作性，对解决战争胜负、调解社会争端、平息日常矛盾，都具有极其重要的指导意义。

第五节　令之以文　齐之以武

【兵法·原文】

卒未亲附而罚之，则不服，不服则难用也；卒已亲附而罚不行，则不可用也。故令之以文，齐之以武，是谓必取。令素行以教其民，则民服；令不素行以教其民，则民不服。令素行者，与众相得也。

【解字·说文】

卒：步兵。《孙膑兵法·篡卒》"兵（军队）之胜在于篡（选用）卒"，古代军队编制百人为卒；死。《左传·僖公十六年》"公子季友（人名）卒"；终，完毕，结束。《论语·子张》"有始有卒者，其惟圣人乎！"；同"猝"，突然，仓猝。《后汉书·仲长统列传》"军旅卒发"。上古时期，兵、卒、士意义各不相同，兵一般指武器，也可以泛指军队；卒是步兵；士是指战斗时在战车上的战士。本文泛指步兵、士卒或部队。

亲附：亲近归附。

用：使。

令之以义：国君、统帅等发号施令，一定要从政治上、道义上考量，施以宽仁之道，进行感化教育。文，文德，恩仁。

齐之以武：指在组织纪律上严格施行军法军纪以统一其行动、步调。

必取：必胜。取，取胜。

素：平时，向来。

民：本文指士卒。

相得：相投合、关系好，本文指与部队团结和睦，上下关系融洽。

士卒未亲近依附时就对他们实行处罚，那他们会不服；士卒不服就难以使用他们去作战。士卒已经亲近依附，如果仍不执行军纪军法，也是不能使用他们去打仗的。所以，要用政治道义教育他们，用军纪军法来统一他们的行动，这样的军队才是必胜的军队。平时认真执行法令、教育士卒，士卒就会服从；向来不注重执行法令、教育士卒，士卒就不会服从。平时法令能够认真执行的，这表明将帅与士卒之间相处得很好。

【辩例·直观】

演绎孙子这段兵法的战例较多，我们以春秋时期"子产刚柔并济强国富民"和《三国演义》第八十一回"急兄仇张飞遇害　雪弟恨先主兴兵"中"张飞之死"为例，来解读本节论点。

子产刚柔并济强国富民

春秋末期，郑国的宰相是子产。子产善于执政，把国家治理得井井有条，深得民心。子产执政之道的精髓就在于刚柔相济，严格把握高压与怀柔两种政策的最佳尺度。当时，许多大国都觊觎郑国。子产认为，郑国要求得生存，当务之急是加强国力。于是子产一面提倡振兴农业，一面为确保国防建设而征收新税。因为税收增加，一时间民怨四起，有的人甚至要杀掉子产。家人和朋友纷纷劝子产改变主张，朝中也有大臣站出来公开反对增税政策。

面对来自各方面的压力，子产没有丝毫动摇，他力排众议，义无反顾地继续实施既定政策。国君也很担心他的改革政策，子产解释道："我所做的一切都是为了国家和人民，即使牺牲我的名利也在所不惜。如果政策虎头蛇尾，我殚精竭虑想出来的兴国之道就会付之东流。所以，我决心一如既往地贯彻已经制定的政策。眼前老百姓的责难，只是因为制定的政策还没有产生立竿见影的效果。过一段时间，他们就会看到成效，就会明白的。"过了几年，郑国农业振兴计划收效显著，人民的生活水平得到了明显的提高，军队也因经费充足、装备先进、士气旺盛而逐步强大起来。郑国在诸侯中的地位和影响日益强大，已经成为举足轻重的重要诸侯国。

子产制定的政策并非都是如此刚性，他在教育政策的制定上，就显得特别宽容。郑国为了提高全民文化素养，大力培养知识分子，各地普遍设立了"乡校"类的教育机构。许多对当政者不满的人，利用"乡校"这块阵地传播与当局相悖的观点。若任其发展，势必不利于社会安定，甚至威胁政局稳定。因此，许多大臣都提议关闭"乡校"。子产不同意这些大臣的意见。他认为，那些人聚集在一起谈论时政，并不是什么坏得不得了的事情。子产评价说：我们可以及时听到社会上各种不同的声音，是件好事。对这些意见，好的、有益的，我们可以吸纳；就算是不好的意见也没什么了不起，兼听则明吗！能让人民把话说出来，是天大的好事！子产做了个比喻："人们的言论就好比河川里的水一样，如果我们钳制他们的言论，就如同堵塞河水流动。尽管暂时控制住了，用不多久，就会因洪水势头越来越猛而摧毁堤坝，酿成灾难。与其如此，还不如广开渠道，疏通水流，引导它们畅通无阻地流出来，这样做才是真正解决问题的办法。"

子产广开言路，集思广益，在他为政期间"令之以文，齐之以武"，郑国政通人和，国泰民安，欣欣向荣。

张飞之死

纵览三国时代，魏、蜀、吴三分天下，长期争霸，战争不断，民不聊生。如果说魏国最终战胜蜀、吴，形成三国统一的局面，那么《三国演义》第八十一回，则应是蜀国由盛而衰的重要转折点。因此，更显得张飞之死在该书中的作用攸关。解开张飞遇害之谜，研究张飞遇害的症结所在，对加深理解本节兵书的深刻内涵大有裨益。

建安二十六年4月，刘备称帝于成都，改年号为彰武元年。7月，为报关羽被害之仇，刘备不顾孔明等人劝阻，亲率70万大军攻打东吴，同时令张飞于阆中起兵伐吴。张飞接到刘备举兵伐吴的命令后，复仇的火焰立刻烧得他昏了头脑，遂不顾实际情况，强令麾下范疆、张达二将，三日内制办齐全部队所需的白旗白甲，届时所辖三军全部挂孝伐吴。范疆、张达因无法在三日内完成全军挂孝服装，只好禀告张飞，请求宽限时日。张飞非但不了解部队实际生产能力，更不顾部下苦衷，心中只有为义兄报仇一个念头。当听到范疆、张达请求宽限时日，以为是有意抗命，于是怒火中烧，对范疆、张达大骂："我急着为兄长报仇，恨不得明日便到逆贼之境，你们怎么敢违抗我的将令！"张飞越骂越气，索性令武士把二人绑在大树上，各痛打五十鞭。鞭挞之后，张飞仍不解气，用手指着二人骂道："明天一定要全部完备！如果违了期限，就杀了你们两个示众！"范疆、张达二人被打得体无完肤，满口流血，被士卒扶回营中。他们忍着伤口的剧痛，想着明天无论如何也完不成张飞交办的任务，与其等到明天被杀头，不如先下手为强。于是，范疆、张达趁着夜深人静，摸进张飞住处，将张飞杀死。

《三国演义》中的张飞，是一个性格粗犷、喜酒易怒又特别注重义气的人。与刘备、关羽结识前，他家境殷富，在地方很有一番势力。在罗贯中笔下，张飞被塑造得"快人快语"、痛快淋漓。《三国演义》第一回结尾，作者用四句诗文为张飞做了"定场诗"："人情势利古犹今，谁识英雄是白身？安得快人如翼德，尽诛世上负心人！"张飞的"快人快语"表现在他的嫉恶如仇。在刘备刚出道时，遇到了一位有职务无姓名的督邮。因此人敲诈勒索激起了张飞的愤怒，于是便有了"张翼德怒鞭督邮"的场面，若不是刘备及时拦阻，督邮定会被张飞打死。

张飞的"快人快语"还表现在知错就改上。《三国演义》第二十八回的"古城会"，张飞知道关羽是从曹操处过来，一见面，二话不说，举枪便刺，及至关羽斩了蔡阳，用实际行动证明未忘"桃园结义"之情后，张飞知是误解了关羽，于是"大哭参拜"，悔恨自己的鲁莽。

刘备"三顾茅庐"乃至拜诸葛亮为军师，张飞很觉不服，多次表现出简单粗暴的忤悖行为。但一当诸葛亮用计"火烧博望"立下出山第一功时，张飞立即心服口服，"下马拜伏于车前"。再如张飞在"喝断当阳桥"等战斗中所表现出的英武威猛，都与他的快人快语一同构架出一位个性鲜明的三国英雄形象，这也是人们为什么喜欢张飞的主要缘故。但是张飞作为一个现实生活中的人，也具有自身克服不了的致命弱点。张飞在战场上不愧是一位英勇善战、屡建奇功的大将军；可在管理军队、规制部下，尤其是在部下有"过失"时，缺乏关爱之心，更少体恤之情。烦轫辱骂，怒即暴打，责罚无度的治军方法，使张飞与军中将士关系紧张，身边虽曾有过"十八骑燕将"卫护（遇害时十八骑燕将可能早已转业，但作为大将军的张飞身边，应不乏警卫），但仍难免阆中遇害的惨剧发生。

【管窥·释悟】

子产治国"令之以文，齐之以武"，刚柔并济，收到国泰民安、政通人和的实效。张飞则因违背"令之以文，齐之以武"兵法原理，酗酒成癖，治军暴虐，而成为《三国演义》中典型的悲剧人物。把子产治国同张飞治军放在同一章节，就是为了加深理解"令之以文，齐之以武"的深刻内涵；以子产的成功、张飞的失败，反证张飞悲剧的历史根源和现实意义。

张飞的悲剧是时代的产物，也是形势的产物，更是其性格使然。就当时蜀国面临的形势而言，吴蜀已经刀兵相见，魏国一直虎视眈眈，伺机进川；蜀国立国不久，虽经诸葛亮励精图治，国力大增，但还需养精蓄锐，才可实现恢复中原的宏愿。然而，刘备冲天一怒，不顾诸葛亮等坚决反对，举倾国之兵为义弟关羽报仇，应是产生悲剧的症结所在。关羽是蜀国五虎上将，为关羽报仇虽属国恨，实为家仇；张飞不顾客观实际，限期赶制白衣白甲"挂孝伐吴"，看似公务之举，实则仍难逃为兄雪恨，一了私仇。三国演义，逐鹿争雄，谁都承担不起"人祸"的代价。然而，蜀国君王、将军竟在如此险恶的背景下，不顾魏国虎视眈眈、吴国严阵以待，感情用事，深入敌境，可谓冒天下之大不韪。张飞、蜀国的悲剧结局，应该是君王、将军的治国方略和执政纲领使然，是对三国鼎力的严峻形势认识模糊使然，是缺乏博大胸怀，难于顺应时代潮流的性格使然。

有位哲人曾经说过"性格即人"。张飞对部下非但做不到"爱兵如子"，反倒酗酒肇事、责罚成癖，把与之同生共死的战友当成泄愤发威的"气筒"和"工具"，若不是凭着"桃园结义"有位当家哥哥，以及"燕人张翼德"的"万夫不当之勇"，别说统帅三军，就是取得一次集团性胜利也几近于奢求。孙子说：士卒未亲近依附时就对他们实行处罚，他们一定会不服；士卒不服，就难以让他们去舍生忘死地冲锋陷阵。所以要用道义和感情去教育、感化他们，用军纪、军规和军法来统一他们的行动，这样的军队才是必胜的军队。

本篇兵法从"行军"的角度，论述了处置军队、判断敌情应该规避的有关问题，为军队行军、团队行进、处理军情事务中如何审时度势，如何处置遇到的有关问题制定了基本原则。孙子不惜罗列31种"相敌"情况和判断方法，予以说明"相敌"的重要性，警戒人们必须学会透过现象看本质的方法。本篇还提出一个重要的观点，就是如何治军、如何带兵的问题。强调必须注重感情的作用，必须讲究"感情投入"。道理很简单，感情在战场上也是战斗力！统帅治军与管理一个国家、一个地区、一个团队甚至一个家庭，道理相近。及时的、理性的适度感情投入应该是必要和必须的。

第十篇

地形篇

　　《地形篇》是《孙子兵法》中比较重要的一个部分。孙子认为：地形在行军作战中往往关乎成败、决定胜负，是兵家必须注重的问题。就兵家而言，晓地识天是对一个统兵指挥员的最基本要求。古往今来，凡有成就的兵家战者，无不上识天文，下晓地理，精通五行辩证，擅长八卦推衍。本篇讲地形，并非就地讲地，而是就地讲人，讲不同人在同一地形中的不同境遇、不同结果。重视人的作用，强调地形即人的观点，应是本篇兵法的要点。

第一节　将之至任　地之道也

【兵法·原文】

孙子曰：地形有通者，有挂者，有支者，有隘者，有险者，有远者。我可以往，彼可以来，曰通；通形者，先居高阳，利粮道，以战则利。可以往，难以返，曰挂；挂形者，敌无备，出而胜之；敌若有备，出而不胜，难以返，不利。我出而不利，彼出而不利，曰支；支形者，敌虽利我，我无出也；引而去之，令敌半出而击之，利。隘形者，我先居之，必盈之以待敌；若敌先居之，盈而勿从，不盈而从之。险形者，我先居之，必居高阳以待敌；若敌先居之，引而去之，勿从也。远形者，势均，难以挑战，战而不利。凡此六者，地之道也；将之至任，不可不察也。

【解字·说文】

地形：地貌和地物的总称。地貌指地面高低起伏的状态，地物指地面上的物体。

通者：概指地形平坦、四通八达的地区。

挂者：前平后险，容易进但不容易出的凶险之地。

支者：梅尧臣注："相持之地。"本文指双方各据险要、难于进攻的地区。

隘者：梅尧臣注："两山通谷之间。"指两山峡谷之间的险要地带。

险者：山川险要的地带。

远者：路途迂回曲折、敌我相距较远的地区。

高阳：地高向阳的地带。

利：利诱，指以利相诱。

引而去之：指引兵伪装退去。引，带领。去，离开。

盈之：用足够的兵力堵塞隘口。盈，满，在此为"充""塞"。

从：随从，本文指进攻。

地之道：利用地形的道理、规矩、原则。

至任：重大的责任。至，最。

地形有通形、挂形、支形、隘形、险形、远形六种。凡是我可以往、敌可以来的地区，叫作通形；在通形地区，应抢先占领地高向阳的地方，保持补给线畅通，以此对敌作战才有利。凡是可以去，难以返回的地区，叫作挂形；在挂形地区，敌军如无防备，就可以突袭战胜敌人；敌军如有防备，出击便不能取胜，而且难以返回，对我军不利。凡是我方出击不利，敌方出击也不利的地区，叫作支形；在支形地区，敌军以利引诱我军，我军不要出击；但可以带领军队假装退走，诱使敌军出来一半时突然回击它，这样才有利。在隘形地区，我军若先占领它，一定要用重兵堵塞隘口，以等待敌人的到来；如果敌人先占领了隘口，用重兵控制着隘口，就不要进攻，若敌人没有用重兵据守隘口，就可以攻取它。在险形地区，如果我军先占领它，必须占据地高向阳之地而等待敌人来进攻；如果敌军先占领了它，就带领军队撤退，不要去攻打它。在远形地区，双方势均力敌，就难以挑战，勉强求战对我军不利。以上这六点，利用了地形的原则。这是将帅的重要责任，是不可不认真考察研究的。

【辩例·直观】

战场地形地貌对战争胜败作用攸关。兵书明确强调军队统帅、决策者、前敌指挥员行军作战、兴兵布阵，必须注重地形地貌；必须注重战场和沿途周边的客观自然环境；必须清楚地貌的六种情形及其内在规律和辩证关系。所谓六种情形即通者、挂者、支者、隘者、险者和远者。孙子对这六种情形的论述，也是对兵家行军作战利用地形地貌的一种要求和辩证规则，具有很强的指导意义和约束力。科学地利用地形地貌，是兵家战者莫大的追求。谁深刻地领会并能灵活、辩证地应用，谁就会掌控军争、把握主动，赢得战争的胜利。

平型关战役

平型关位于山西东北的古长城上，是雁门关以东内长城的隘口，也是北平通向晋北的交通要道，自古就是兵家必争之地。平型关四周群山起伏叠涌，沟渠纵横交错。关内只有一条由东北向西南延伸的狭窄沟道，长 10 余里，沟深数十丈。沟底通道很窄，只能通过一辆车，地势极其险要。从平型关至灵丘县东河南镇，是一条由西南向东北延伸的狭窄谷道。其间，关沟至东河南镇长约 13 公里的山谷，为乱石滩古道，沟深 10 ～ 100 米不等，道宽不过 3~5 米，仅容单车行进。古道两侧崖高数丈，陡峭如削，极难攀爬，路南侧山低坡缓，杂草丛生，非常便于部队埋伏和发挥火力、展开突击。120 师师长林彪与副师长聂荣臻决定，把伏击地点就设在这块易进难出的"挂地"。

在平型关沟隘里有一块非常突出的高地老爷庙，地势更加险峻。战斗一旦进入白热化后，老爷庙一定会成为兵家争夺最为激烈之地。然而老爷庙四围尽是峭壁悬崖，只有蜿蜿蜒蜒的山路可以攀爬上去，爬上去难，下来更难。如果说平型关是块易进难出的"挂地"，那么老爷庙就应是"挂地"中的"挂地"。根据这个独特的地形地貌，林彪将343旅685团设置于白崖台以西，任务是截击日军先头部队，消灭关沟至老爷庙之敌。将686团设置于右侧，届时实施中间突击，分歼小寨至老爷庙之敌。344旅687团开赴西沟村、蔡家峪、东河南村一带，断敌退路，阻敌增援。688团为师预备队，集结于东长城村。师独立团和骑兵营进至灵丘、涞源，牵制和打击援敌，保障全师侧翼安全。为保证及时有效的指挥，林彪"前指"靠前，把指挥部设在距一线部队不到一华里的一座山头上。

25日拂晓，115师参战部队除344旅688团因夜里天降暴雨、山洪暴发不能到达预设阵地（战后证明，这场暴雨、山洪阻滞了688团按时到位。由于参战部队少了一个团的兵力，给之后发生的平型关激战造成很大影响。），其他各部队均按指定位置进入阵地。24日晚那场暴雨洪水的确凶猛，给115师进入伏击地点造成很大困难。部队在暴雨和山洪之中艰难地行进。由冉庄向平型关东北的白崖台的道路都在山沟里，暴雨形成的山洪席卷过来，在伸手不见五指的黑夜，洪水没过了战士们的腰，有的甚至过胸，指战员们手拉着手，艰难地行进。晋东北的山区深秋，原本就阵阵寒意袭人，加之这暴雨、山洪，指战员们遇到的困难很难想象。就这样，指战员们跑了一夜路，终于来到设伏地点。大家不顾湿衣沾身的寒冷和一夜奔波跋涉的疲劳，趴在冰冷的石头上，静静地等待天明。25 日上午 7 时许，两架日军飞机在 115 师阵地上空不断地盘旋，战士们都隐蔽得很好，飞机没发现什么就飞回去了。

没隔多久，满载日军的汽车一辆接着一辆开进山谷，后边装满弹药、补给和其他军用物资的 200 余辆骡马车也陆续进入伏击圈。师指挥所里，林彪和聂荣臻眉头紧锁，一言不发。原来侦察员刚刚报告，进入沟底的日军并非只是 21 旅团一部，而是板垣师团最精锐的第 21 旅团全部，共 4 000 余人。按事前情报，这次伏击面对的只是板垣师团的后勤补给联队，总共不过千余人。如今在自己缺少一个团（因山洪阻断未到位），而敌人增加了 4 倍的情况下，这场战斗还打不打？怎么打？林彪沉思了一会儿，仰起头，望着聂荣臻，果断地吐出一个字："打！"聂荣臻完全同意林彪的意见，遂攥紧拳头："坚决地打！"随着红、绿两颗信号弹凌空飞起，10 多公里的山沟顿时被枪炮声所覆盖。115 师在平型关战役中，充分发挥了近战和山地作战的特长，机动灵活地运用兵书战策，巧妙地利用地形地貌，保证了战斗的隐蔽性和突然性。以劣势装备和并不占有优势的兵力，一举歼灭日军板垣师团 21 旅团千余人，击毁汽车百余辆、骡马车 200 辆，缴获大量枪支弹药和其他军用物资，取得了平型关战役的辉煌胜利。

【管窥·释悟】

平型关大捷是八路军出师华北前线的首战，也是中日战争爆发以来中国军队取得的第一个大胜利。平型关大捷沉重地打击了日军的嚣张气焰，粉碎了"日军不可战胜"的神话。平型关大捷强有力地增强了全国军民抗战必胜的信心，提高了共产党八路军的声威，在抗战史上写下了光辉的一页。点评平型关大战，115 师以并未占有绝对优势的兵力和装备取得辉煌胜利，其成功因素可能有很多，但最为关键的首推三点：指挥团队的智慧、军队士气和战场地形地貌的合理利用。正因如此，平型关大战也因其科学地运用《孙子兵法》中关于人和地形地貌关系的有关战法，而成为讲析如何最大限度地发挥人的因素、如何有机利用地形地貌、如何把握战争胜负成败的生动教材。平型关战役雄辩证明：人的因素与必要的客观条件相辅相成，相得益彰，不可或缺。正战可以出奇兵，奇战亦可在阵地，奇正变换、奇正结合，机动灵活，可以挑战权威，可以战胜王牌。这应该就是"地之道也""将之至任"的内涵所在。

第二节　六症六忌　不可不察

【兵法·原文】

故兵有走者，有弛者，有陷者，有崩者，有乱者，有北者。凡此六者，非天之灾，将之过也。夫势均，以一击十，曰走；卒强吏弱，曰弛；吏强卒弱，曰陷；大吏怒而不服，遇敌怼而自战，将不知其能，曰崩；将弱不严，教道不明，吏卒无常，陈兵纵横，曰乱；将不能料敌，以少合众，以弱击强，兵无选锋，曰北。凡此六者，败之道也；将之至任，不可不察也。

【解字·说文】

兵：士兵，士卒，本文指败军。

走：小跑、快行。《说文解字》："走，趋也。"走，即指败逃、逃跑。

弛：松懈，散漫。

陷：陷落。

崩：溃败。

乱：混乱。

北：败北，打了败仗往回跑，败退。

势均：杜牧注"势均力敌"，本文指地理条件相当（非指兵力），即地理形势对双方均同，与前文"势均，难以挑战"义同。

大吏：曹操注："大吏，小将也。"本文指低于主将的中上级将官。

怼（duì）：怨恨。

教道：对部下的训练、管理教育。

无常：没有纪律。常，常规、法纪。

合：指交兵接战。

选锋：精选士卒组成的精锐部队。

所以，军队打败仗有走、弛、陷、崩、乱、北六种情况。这六种情况，不是因自然的灾害，而是因将领的过失造成的。在地理形势相当的情况下，以一击十，造成失败的，叫作走。士兵强悍，官吏懦弱，因而失败的，叫作弛。官吏强悍，士兵懦弱，因而失败的，叫作陷。部将怨恨而不听从指挥，遇到敌人愤然擅自出战，主将不了解他的能力，又不能加以控制，因而失败的，叫作崩。主将软弱无能，没有威严，管理教育不严，官兵没有纪律，布阵又杂混无章，因而失败的，叫作乱。主将不能正确判断敌情，以少击众，以弱击强，军队没有精选的精锐部队作为骨干，因而失败的叫作北。以上六种情况，都是导致失败的原因。作为将领，身负重大的责任，是不可不对此认真考察研究的。

【辩例·直观】

战争是政治的最极端表现形式，战场是战争的最直接载体，而作为发动或参与战争、导演战场形势的统帅、指挥决策者，则是决定战争胜负最关键的要素。因此，作为兵家战者，尤其是负有决策权责的指挥员，无不对将要发生战争的对手和战场形势进行认真、详实、科学的考证、研究和评估。那么战争的胜负又该如何判定呢？孙子在本节兵法中很好地回答了这个问题。上一节，孙子谈到了兵家在战场上选择地形、判断敌情应该把握的六种情况及战争原则的问题。本节则从败军之将获败的教训中，提炼出六个问题症结（"败之道也"），提醒兵家战者禁忌要害、规避风险、牢记教训、警戒后人。如果说，孙子提出地形对战争胜负的影响，应划归到"天灾"和自然所致的话，那么本层次中提到的六种致败之症就只能是"人祸"所致了。我们试举几例时代强者在战场上因指挥、决策失误惨遭的败绩，来加深理解、领会"凡此六者，败之道也"的深刻内涵，同时也可从中获知，凡违背兵法原理而获败的统帅们，无需考究出处，无须追究地位、影响，只要"六症"缠身，遭遇败绩是很难避免的。

六症缠绕败之道也

战国时期，秦穆公继位后，秦国的国势日盛，已有图霸中原之意。在意欲攻占郑国因故未果的情况下，顺手牵羊灭了滑国。结果在回师途经崤山时，遭遇晋国伏击，大败而归。"国势日盛"欲侵郑国，说明秦国此时的综合国力很强。然致崤山之败，并非兵力不雄、装备不精、辎重不厚，最重要原因是统帅的智慧不如部下：如"蹇叔哭师"已见秦穆公麾下大有"识时务者"。但一意孤行的秦穆公称霸野心恶性膨胀，对所有的直言进谏均予否决，犯了孙子告诫的"卒强吏弱"的"弛"症（指挥员无能，指挥失当）；"大吏怒而不服，遇敌怼而自战"的"崩"症（官兵不和谐，不能把控战场形势）；"吏卒无常，陈兵纵横"的"乱"症（布阵杂乱无章）；"将不能料敌""兵无选锋"的"北"症（主将不能正确料敌，陷入重围无力自拔，形成以弱击强的被动局面）。一次兴兵打仗竟然犯下如此之多的错误，败绩实为必然。可见，统帅或领兵主将若不识"六症禁忌"，必然"败之道也"。

点评曹操的几次失利

据《三国志》记载，曹操不仅是位杰出的政治家，更是一位饱读兵书、熟知战法的谋略家、军事家。我们阅读《孙子兵法》时，经常可见曹操为兵书所作的注脚，可谓领悟至深、功力雄厚。《三国演义》中的曹操亦被塑造成脱颖而出、身经百战的"乱世枭雄"。无论戏剧舞台或文学作品如何演绎"白脸曹操"（传统演义）、"红脸曹操"（曹禺《王昭君》），但曹操的形象在史坛上早有定论。尽管曹操"枭雄"形象既定，历史地位已经无可辩争，但这些耀眼的光环仍旧不能掩盖他骄兵傲战、麻痹轻敌、违背兵法甚至铤而走险以及诸多不仁不义留给后人评说的瑕疵。试举下列几个典例窥见一斑：

刺董卓曹操献刀：为除掉奸雄董卓，曹操持刀入董卓住处行刺，结果被董卓发现，无奈谎称敬献宝刀，行刺失败。应该说曹操行刺用心良苦，但动机与效果相悖，虽逞一时匹夫之勇，却终于无可奈何成为"走者"（错误时间、错误地点、错误估计形势，以劣势对优势必然失败）。

"休教天下人负我"：《三国演义》第二回中，曹孟德刺杀董卓不成，谎称献刀，瞒过董卓，随后仓皇出逃。曹操逃至中牟县，被守关军士抓获。中牟县县令陈宫久慕曹操大名，遂将曹操释放并弃官相随。二人逃至一个叫成皋的地方，曹操找到了父亲的结义弟兄吕伯奢。吕伯奢对曹操的到来非常热情，命家人杀猪款待，自己去酒肆打酒。曹操听到隔壁有霍霍磨刀声，疑是欲加害自己，便闯入厨房杀死吕氏一家八口。之后发现绑在屠板上的待宰之猪，知道错杀了吕家人，无奈和陈宫慌忙逃走。在路上恰遇去酒肆打酒的吕伯奢，曹操又将其杀害。陈宫很是气愤，指责曹操："刚才杀掉吕家人如果是误会，那么再杀吕伯奢就是不仁不义！"曹操回答陈宫说："宁教我负天下人，休教天下人负我。"面对如此自私自利、不仁不义之人，陈宫深悔自己的轻信和误随，遂扬鞭跃马分道扬镳。

轻吕布惨败徐州：曹操率部征讨徐州，因为缺乏对自己军队实力与吕布实力的客观比较，结果遭致惨败。从双方军事硬实力比较，曹操麾下无一人能敌吕布。在冷兵器时代，讲究的就是兵对兵、将对将，主将不敌，又无转败为胜的补救措施，这样铤而走险的战斗必然成为"北者"。

战马超割须断袍：曹操在潼关与马超大战，落得个"割须断袍"大败而归的结局。兵书讲："大吏怒而不服，遇敌怼而自战，将不知其能"必成为可悲的"崩者"。曹操在此次潼关之战中，因不敌马超军而不得不狼狈逃窜。可是马超并未就此作罢，指挥部队强力追赶，并大喊："抓住穿红袍蓄长须的曹操！"曹操为求逃命，无可奈何，只好脱掉战袍、割去长须、旗角缠脖、袍袖遮面地落荒而逃，成为千古战例中难能一见的笑料。

折赤壁败走华容：与吴蜀联军进行的赤壁之战，本来魏军以号称"百万雄师"的绝对优势，完全可以轻松战胜吴蜀联盟。结果事与愿违，魏军大败，曹操华容道几乎被擒。从兵法理论讲，曹操在此战中，战前施"间"计反遭遇"反间计"；为克服北方将士不善船战，误中庞统"连环计"；遣兵用将"将不能料敌"，反被"周瑜打黄盖愿打愿挨"的"苦肉计"蒙蔽；进行水战又被周瑜"群英会蒋干中计"而"将计就计"，一怒之下错杀张允、蔡瑁，造成"兵无选锋"的被动局面。试想作为三军统帅，一战中犯了这么多兵家大忌，其结果必然是"败之道也"。

这样的例证还有很多，在此就不一一列举了。英雄盖世、三国独秀的曹操为什么竟然屡遭惨败呢？究其数次败绩，均不单纯为"天灾"所致。就赤壁之战而言，虽然赤壁之战的"借东风"一节似乎有些"天灾"作用之嫌，但其根本原因或主要症结，仍在曹操自身：误中庞统"连环计"，妄以战船连环当陆地，使之置自身于"死地"；"用间"蒋干过江刺探军情，结果被周瑜将计就计，用"反间计"误导曹操，导致曹操诛杀两名最懂水军作战的将领，致水战无将可用；周瑜利用黄盖巧施"苦肉计"，曹操与之"配合默契"，致"火种"顺风而至，形成火烧赤壁的悲剧后果。不能说曹操军队战斗力不强，不能说曹操军队装备不优，更不能说曹操军队素质不高，缺乏文谋武攻人才。曹操赤壁获败，根本原因就是忽略或无视"凡此六者，非天之灾，将之过也"的警告；表现形式就是对宏观形势缺乏辩证研判，对微观形势缺乏正确评估，对信息情报缺乏科学论证，对战役缺乏全面把控。实战证明：曹操作为三军统帅，在赤壁之战中，置兵法于机械教条，置军法于情感好恶，置"天时、地利、人和"于表面形式，置兵书战法于教条理论，遭遇惨败，是难辞其咎的。

诸葛亮走不出祁山

诸葛孔明在《三国演义》中，被塑造成一位鞠躬尽瘁、死而后已的敬业典型和睿智人物，身上充满了人生的智慧和事业的光环。诸葛亮未出茅庐先知天下，指挥作战近乎战无不胜。著名的《隆中对》《出师表》，传颂后世，学术不朽。诸葛亮在三国平台的无数次战斗中，表现出一位杰出政治家、军事家、谋略家的胆识和智慧，他的闪光点可以说不胜枚举。但他毕竟也是血肉之躯的自然人，也有自然人不可避免的得与失。书中介绍，诸葛亮一生谦虚谨慎、心系社稷，

"运筹于帷幄之中，决胜于千里之外"，实为旷世之才。但就是这样一位"天才"军师、相国、"相父"，也不幸在"六出祁山"的明知不可为，而偏欲为之的战例中，屡屡受挫。一座祁山阻断了诸葛亮恢复中原的梦想，一座祁山让诸葛亮完成刘备宏图大计的心愿成为遗恨。诸葛亮"六出祁山"的教训固然有很多，但最重要的一点，还是他触犯了"吏强卒弱"的戒条。如"关羽走麦城""马谡失街亭"等等，诸葛亮有意无意地做了"心有余而力不足"的事情。诸葛亮的教训告诫我们：仅有聪明干练、举世无双的统帅，并不能决定战争的胜负。孙子强调的"有陷者"的弊端和短板，严重制约了作为智者象征的诸葛亮的能力发挥，即所谓有心去实现心中的抱负，但无情的现实迫使他"无力回天"。这既是诸葛亮的悲剧，更是蜀国的悲剧。当然从兵法理论角度讲，也是违背兵书战策逆锋而上酿成的悲剧。

波兰无备轻敌亡国

20 世纪先后爆发了两次世界大战，被后人称为"流血的世纪"。在第二次世界大战中，希特勒在西方国家"绥靖政策"的作用下，不战而胜地占领了奥地利、捷克斯洛伐克之后，把目光投向了波兰。波兰东接苏联，西邻德国，南接捷克斯洛伐克，北临波罗的海，拥有丰富的矿产资源，冶金、化学、机器、造船工业都相当发达。如果德国占领了波兰，不仅可以消除进攻西欧的后顾之忧，还可以把波兰作为进攻苏联的军事基地和跳板。就地域和战争形势而言，波兰应是最该对德国设防的国家。但事实恰恰相反，波兰从未想到德国会进犯自己，既未对德国有过示弱表现，也从未做过任何军事准备。

鉴于此，希特勒于 1939 年 4 月 3 日下达密令，要求德军做好 9 月 1 日后进攻波兰的准备。同年 5 月 22 日，又与意大利缔结军事同盟条约，结成"钢铁同盟"。6 月 15 日，德国陆军司令冯·勃劳希契按照希特勒的指示，制定了陆军对波兰进行军事行动的"白色方案"。为了征服波兰，勃劳希契成立了南北两路军。南路军由 8、10、14 军团组成，北路军由 3、4 军团组成。南路军的任务是以华沙为主攻方向，全力击溃抗击的波兰军队。北路军的任务是打开走廊，建立德国和东普鲁士之间的联系。希特勒同时又发布命令：为执行已定的"白色方案"而部署的军队，将于 8 月 20 日执行，并要求"一切准备工作必须在那一天完成"。

1939 年 8 月初，德国最高统帅部谍报局局长卡纳里斯接到希特勒手令，要他发给希姆莱和海德里希 150 套波兰军服和若干波兰军小型武器。这是希特勒为侵占波兰蓄意制造的借口。希特勒指示纳粹特务们炮制了"希姆莱"计划。就是让党卫军秘密警察利用集中营的死囚，让他们穿着波兰陆军制服，向靠近波兰边境格莱维茨地方的德国广播电台发动假进攻，这样就可以指责波兰进攻了德国，然后再出兵入侵波兰，就顺理成章了。

1939 年 8 月 31 日中午，希特勒发出了"白色方案"作战命令。9 月 1 日，希特勒下令向波兰发起进攻。波兰将领们一向不注重战争防御，也从不下气力构筑工事。所以当德军发动进攻时，几乎没遇到特别强烈的抵抗。9 月 26 日，德军开始大面积地轰炸华沙，华沙 12 万守军投降。到了 10 月 2 日，进行最后抵抗的波兰军队也不得不放弃了抵抗。第二次世界大战爆发后的第一个灭国战役仅用了一个月的时间就结束了。拥有 3 400 万人民、100 万军队的波兰，因不识兵法列举的败军症结，就这样被德军占领了。

巴甫洛夫懈敌失地终获死刑

二战时期，曾有过一位叫巴甫洛夫的苏军高级将领被军事法庭判处死刑。读史得知，苏德之间曾经发生的那场战争，虽然苏军取得了最后的胜利，但其间也不乏统帅轻敌，贻误战机，几陷被动的战例。第二次世界大战爆发以来，苏联自以为与德国签订了《苏德互不侵犯条约》，二战的烽火就不会燃烧到苏联的土地上。其实，希特勒与苏联签约，只不过是一个骗人的计谋而已。希特勒的真实目的是想暂时避开苏联这块"硬骨头"，用"各个击破"的战略，先击垮英、法两国的一个缓兵之计。果不其然，1941 年 6 月 22 日，法西斯德国背信弃义，撕毁条约，向苏联发动了全面进攻。早在 1941 年年初，美国国务院就向苏联发出过机密情报，通报德国正在制定进攻苏联的战争计划。5 月，德国驻苏大使舒伦堡向当时在莫斯科的驻德大使弗·杰卡诺佐夫透露了德国将进攻苏联的消息，并说出了进攻的详细日期。舒伦堡希望苏联能在大战前同德国接触。杰卡诺佐夫立即把这个消息报告给斯大林。当天，斯大林找来政治局委员，告诉他们舒伦堡的消息和警告。但斯大林同时又强调：这是希特勒在吓唬人！正如波兰的教训一样，斯大林不相信苏联会遭到德国的进攻。上行下效如法炮制，就在德国进攻苏联的前夜，苏联西部特别军区总司令巴甫洛夫也沉浸在麻痹轻敌之中。肩负西部战区重任的他，竟然在大战前一天晚上，泡在一家军官俱乐部观看喜剧。当参谋赶来报告："敌军在边境挑衅，向我军开火了！"巴甫洛夫竟全然不睬："这消息太无聊了，告诉前线官兵要保持克制。不要让他们轻举妄动，不要给德军以任何挑起战争的借口。"在德军的狂轰滥炸下，苏联西部前线的通信系统遭到严重破坏，指挥系统瘫痪。由于巴甫洛夫在他的司令部里难以联络到前线部队，前线部队已经一片混乱，巴甫洛夫也完全被迅猛的攻势震慑了。西线部队受到严重打击，被迫放弃防区，向诺沃格鲁多克撤退，这个失守和撤退导致西北方面军和西方面军之间出现了一个巨大缺口，西方面军被围歼的命运已经无可挽回。6月30日，斯大林得知苏联西方面军被围歼的消息后非常震怒。7月22日，苏联军事法庭判决：西方面军司令员巴甫洛夫、方面军参谋长克利莫夫斯基、方面军通讯主任格里戈里耶夫、第四集团军司令员科洛博科夫死刑。斯大林签批了这个判决。纵览苏联卫国战争，即使最终取得了伟大的胜利，但是在战争进行初期，由于统帅和前敌指挥员轻敌麻痹及一些战略战术上的失误，形势几度危急，甚至出现了敌军兵临莫斯科城下的严重局面。

【管窥·释悟】

上述各例证的主角，均是历史上有重大影响的人物。从他们惨遭败绩的故事中，我们不难发现战争的残酷和战场的无情。结合本章兵法，我们将更加清晰地认识到：行军作战切不可误判形势、"庙算"不清；切不可沽名钓誉、无视"军争"；切不可不识禁"地"、进退无

"形"；切不可死守教条、放弃机动。古今中外战争史雄辩证明：胜利的经验是宝贵的，而失败的教训更显难能可贵！更应倍加珍惜，反复咀嚼！这就是"前事不忘后事之师"的深刻内涵所在。

第三节　进不求名　退不避罪

【兵法·原文】

夫地形者，兵之助也。料敌制胜，计险轭远近，上将之道也。知此而用战者必胜，不知此而用战者必败。故战道必胜，主曰无战，必战可也；战道不胜，主曰必战，无战可也。故进不求名，退不避罪，唯人是保，而利合于主，国之宝也。

【解字·说文】

助：辅助，本文指辅助条件。

险轭（è）：险阻，本文指地势险易的情况。轭，同"厄"，险要之处。按：杨炳安《孙子会笺》言"险轭"，同《计篇》"险易，远近"。

上将：上等的将领，犹言高明的将领。《吕氏春秋》"令能将将之"，高诱注："能将，上将。"陈奇猷校释云："上将，犹言上乘之将，亦即贤能之将。"

战道：战争的规律。道，规律。

主：本文指君主、国君。

人：本文指民众和士卒。

合：适合、符合。

宝：汉简作"葆"。

地形，是用兵的重要辅助条件。判断敌情，制定取胜的计谋，研究地形的险易，计算道路的远近，这是高明的将领用兵的方法。懂得这些而去指挥作战的人必定胜利，不懂得这些而去指挥作战的人必然失败。所以，根据一般战争规律有必胜把握的，虽然国君说不要打，坚决地打是可以的；根据一般战争规律不能取胜的，即使国君命令必须打，不打也是可以的。作为将帅，进不求战胜的功名，退不回避违命的罪责，只求保全民众和士卒，符合国君的根本利益，这样的将帅是国家的宝贵财富。

【辩例·直观】

古时将帅受命国君或最高统治者统兵出征，都是按国君制定的行军路线和作战计划按部实施。作为领军的将帅们必须严格执行最高统帅命令，而且不准走样。但是最高统帅的作战计划大都以"庙算"形式，产生于宫廷密室或最高指挥部，很难做到与实战的无缝对接。所以，实战中经常有自觉不自觉地违背最高统帅部战地命令的情况，有很多将帅也因此获罪。孙子认为，将帅带兵出征经常要遇到很多在统帅部、作战室考虑不到或考虑不周的问题。将帅们作战目的都是明确的，就是要全力实施战前计划，实现战前所预定的期望值。既然如此，就要给前敌将帅们必要的权力，让他们有结合实际、机动灵活，变通原计划，实现既定目标的决策空间。孙子这里讲的"进不求名，退不避罪，唯人是保"，就是指在胸有全局的大前提下，将帅们出以公心，襟怀坦白，尊重客观，实事求是实施的行动，可以"君命有所不受"。给了统兵将帅以临机决定权，绝不意味着将帅们可以各自为政，另搞一套，甚至是单开炉灶，另立山头。楚汉战争中的韩信和土地革命时期的张国焘等，就都有过这种情况，犯过类似错误，也都因此得到了应有的教训和必要的惩罚，这已经成为将帅统军在外的一个警戒。对"战道必胜，主曰无战""战道不胜，主曰必战"的君命可以不受，是《孙子兵法》的一个创新。孙子以兵法的形式，要求统军将帅进不求名，退不避罪，从而使出征在外的将帅们能够拥有战场的指挥权和临机决定权。在变幻莫测的战场上，将帅们拥有了"君命有所不受"的兵法规范，对追求胜利的最大值，更显得非常重要且难能可贵。

冯唐与汉文帝对话"君命不受"

《史记·冯唐列传》记载了一段汉文帝与冯唐的君臣对话，对演绎"君命"何时可以"不受"很有说服力。

冯唐的祖父是赵国人，父亲后来迁移到代国。汉朝建国后，又迁移到安陵。冯唐素以至孝著名，时任中郎署长，专门侍奉汉文帝刘恒。有一次，汉文帝对冯唐说："我过去曾在代国听到过很多人夸奖一位叫李齐的人，说他特别贤智能干。尤其是讲到他在巨鹿作战时的英雄事迹，我很有感触。现在时常想起这件事，脑海中也常常浮现出他在巨鹿作战时的气概雄风。冯唐你年龄大，经历多，一定知道很多关于李齐的故事吧?"冯唐回答说:"我知道李齐这个人。他比起廉颇、李牧还有很大差距呢!"文帝急切地问:"为什么呢?"冯唐回答说:"我祖父在赵国的时候,做官、统御将士,与李牧有很深的交情;我父亲在代国做过宰相,与赵将李齐也很熟。我也有机会认识和了解他们的本事和为人,所以我才敢说他的能力水平不能与廉颇、李牧相比。"汉文帝听到冯唐讲述廉颇、李牧能力过于李齐,十分惊讶,忍不住对冯唐说:"我为何得不到像廉颇、李牧那样的忠臣良将呢?如果我的身边有廉颇、李牧这样的将才辅佐,怎么能被匈奴犯境这样的事屡屡烦恼呢!"冯唐看到文帝很激动,便接着又说:"臣下冒失说一句话,您别生气。眼下即便真有廉颇、李牧那样的将才,您也不一定懂得怎么任用呀!"文帝听了很生气,站起身,回到内廷。过了很长时间,文帝才又一次召见冯唐,并责备说:"你为何当众羞辱我,有话不能私下说吗?"冯唐谢罪说:"我是乡间粗俗的人,不懂得说话避讳,还请陛下原谅。"

过不多久,匈奴又来进犯,已经侵入朝那县,杀死了北地郡的都尉孙昂,文帝很是焦虑。为了能够选贤任能,文帝又问冯唐:"你怎么知道我不懂得如何任用像廉颇、李牧这样的将才呢?"冯唐回答说:"臣听说古代君王派遣将军的时候常说'朝廷内的事由寡人做主,朝廷外的事则由将军在外决定,回来时再报告一声就是了'。这并非无稽之谈,我的祖父说:'李牧为赵国将军,屯驻在边境,军市的租税都是自行用来犒赏士卒,一应赏赐决定也不必受朝廷钳制。'事实上,君主既然把一切委托于他,求的就是他的成功。因此,可以使他竭尽所有的智慧和能力来做好边境军政事务。正因于此,李牧才得以聚拢了精选的兵车 1 300 多辆，能战能射的车辆 13 000 多辆，良将勇士 10 万余人，才能在北方驱逐单于、大破东胡、歼灭猎春，在西方能够抑制强秦，在南方能够抵抗韩、魏，那个时候，赵国几乎称霸。后来赵王迁即位，听信谗言，杀了李牧，派颜聚接替他，赵国从此一败再败，终于被秦国灭掉。"

冯唐又继续说道："现在我听说魏尚做云中郡郡守时，也是把军市的租税用来犒赏士卒，还拿出自己的财物赏赐给有功的士兵，每过几天都要宰杀一次牛，招待军官和宾客。由于魏尚的做法，匈奴都躲得远远的，不敢接近云中郡的关寨。有一次匈奴来犯，魏尚率车骑出战，杀得匈奴再也不敢入侵。魏尚部下大都是一般人家的子弟，由村野田间出来参军，虽不懂得那么多'尺戒''伍符'之类的清规戒律，但在战场上他们斩敌首、掳敌酋，所向无敌。然而，当他们到幕府记录战功，一旦稍有事实不合、数字出入，文吏就以法律来制裁他们。该赏的没有及时奖赏，但即便触犯很轻微的法规，文吏也要绝对按律处分。我认为，陛下的法令太严明，赏赐太轻、责罚太重！魏尚作为云中郡守，仅因记录斩敌首战功，总共差了六个首级，陛下就把他交给执法之吏治罪，削除他的官爵，还判了他的徒刑。由此说来，陛下即便得到了廉颇、李牧那样的将才，也不懂得珍惜，怎么能任用呢？我今天冒死向陛下陈述，就是希望您能选贤任能，适当下放权限，让更多的将才聚集到您的身边。"文帝刘恒听后很高兴，当天就让冯唐亲拿符节去赦免魏尚之罪，并让魏尚官复原职。

赵充国"违君命"终胜匈奴

《汉书·赵充国传》记录了赵充国抗命战胜匈奴的故事，也很能佐证上述观点。汉武帝征和五年，因汉朝大量边民迁徙匈奴，使匈奴实力大增，边境形势十分严峻。这时老将军赵充国已经七十多岁了，汉武帝刘彻以为他年迈，遂派御史大夫前往询问谁可为将。赵充国回答说："没有人能超过老臣！"武帝又派人去问："敌情如何？我军兵力如何配置？"赵充国回答说："听一百个报告，不如亲去一见！兵家之事很难预料，我愿去阵前金城郡看看，然后再拿作战方案。"武帝说："好！"赵充国来到前线，感觉敌情严重，因此他结合战场实际制定了一套作战方案，获得了武帝批准。战事开始后，武帝多次给赵充国下达作战指示。其中有些指示因为与战场实际情况不符，赵充国一面给武帝发文解释，一面继续实施自己原定的作战方针。为此汉武帝很是不悦，下旨责备赵充国。赵充国接到责备诏书后，认为将军领兵在外，应该根据战场实际和对敌情的判断来取舍利弊。因此，赵充国决定坚持自己的意见和主张。于是上书谢罪并借此陈述军事计划的利弊得失。在赵充国的坚持下，武帝刘彻理解了他的良苦用心，不但未加降罪，还大加鼓励，终于赢得了对匈奴战争的胜利。

【管窥·释悟】

孙子在兵法中的这段论述，给后人留下了一个成语："将在外，君命有所不受"。孙子强调，做到"君命有所不受"，必须要求将在外者，实事求是，出以公心，"进不求名，退不避罪"，审时度势，科学决策。"将在外，君命有所不受"，拓宽了将士们参与战争、赢得战争的思路和视野；"将在外，君命有所不受"，使得战场不确定性因素不断增多，战场更加复杂多变，应运而生的战略战术层出不穷；"将在外，君命有所不受"，提高了一大批指挥员结合实际、临机施策的统兵要务和决策能力，使战争学的内涵不断加大，为军事科学发展增添了机动灵活的新篇章。

第四节　爱兵如子　恩威并举

【兵法·原文】

视卒如婴儿，故可与之赴深谿；视卒如爱子，故可与之俱死。厚而不能使，爱而不能令，乱而不能治，譬若骄子，不可用也。

【解字·说文】

视：看待，对待。

深谿：很深的溪涧，本文喻指危险地带。

厚而不能使：只知厚待而不能使用。厚，厚待、厚养。

爱：溺爱。

令：令使。

看待士兵像对待婴儿一样，士卒就可以跟他共赴患难；看待士卒像对待爱子一样，士卒就可以跟他同生共死。如果对士卒只知厚待而不能使用，只知溺爱而不能令使，违法乱纪也不能严肃处理，那就像一个娇生惯养的孩子，是不能用来打仗的。

【辩例·直观】

《增广贤文》中有句话叫"慈不掌兵，情不立事，义不理财，善不为官"。这段话最早见于明代万历年间一部叫作《牡丹亭》的民间谚语集，后来被收进《增广贤文》。这段话是针对管控军队、指挥作战，创业谋事、商贾买卖、钱物财帛，入仕从政、情感交流、世俗往来等若干人间诸事概括而言的。我们研究本层次兵书，强调的"爱兵如子"，与这里说的"慈不掌兵"等说法并不矛盾，是一个问题的多角度辨释而已。也就是说，要从唯物辩证法的方法论着手，用"两分法"，从正负、奇正多角度、多层面、多方位地去观察问题、研究问题、解决问题。

吴起治军爱兵如子

《史记·孙子吴起列传》，记载了一位古代军事家爱兵如子的故事，很能佐证上述观点。吴起是卫国人，善于用兵，奉事于鲁国国君。齐国的军队攻打鲁国，鲁国国君任命他做了将军，率领军队迎战齐国，结果把齐军打得大败。鲁国有人诋毁吴起说："鲁国虽然是个小国，却有着战胜国的名声，那么诸侯各国就要谋算鲁国了。况且鲁国和卫国是兄弟国家，鲁君要是重用吴起，就等于抛弃了卫国。"鲁君信以为真，开始怀疑吴起，并疏远了吴起。这时，吴起听说魏国文侯贤明，便去奉事他。果然，魏文侯任用吴起，封他为主将。吴起率部攻打秦国，连续夺取了五座城池，取得了很大的胜利。

魏文侯因为吴起善于用兵打仗，而且廉洁清正，待人公平，并能取得将士的拥护，就任命他担任西河地区的长官，来抗拒秦国和韩国。魏文侯死后，吴起又臣事他的儿子武侯。武侯乘船顺西河而下，行至水流当中，回头对吴起说："山河险固多么壮丽，这真是魏国最宝贵的东西呀！"吴起回答说："重要的是道德而不是险固。从前三苗氏左有洞庭，右有彭蠡，因为不讲求道德礼义，禹灭亡了他。夏桀的国土，左有黄河济水，右有泰山、华山，伊阙在他的南面，羊肠在他的北面，却不行仁政，汤放逐了他。殷纣的国土，左有孟门山，右有太行山，恒山在他的北面，大河流经他的南面，因不行德政，武王杀了他。从这些看来，重要的是道德而不是险固。如果您不讲求道德，今天船上的人将来都会变成敌国的人。"魏武侯说："讲得好。"

吴起任西河郡守，很有政绩。时魏国选相，田文当了国相。吴起起初很不服气，找到田文进行理论。经过剖心置腹的长谈，二人成为莫逆之交。田文死后，公叔出任国相，娶了魏君的女儿，虽然他权势日高，但却一直对吴起心怀畏忌。吴起担心因此招来灾祸，无奈只好离开魏国来到楚国。楚国国君是楚悼王，对吴起的德行能力青睐已久，今天终于得到吴起，大喜过望，立即接见吴起，并任命他为国相。吴起在国相位置上不辱使命，向南平定了百越；向北吞并了陈国和蔡国，并打退了韩、赵、魏三国的进攻；向西又讨伐了秦国，楚国势力大增。

吴起为什么持续在几个国家都能得到重用并取得这么好的战绩呢？原来吴起做主将有这样几个突出特点：一是跟最下等的士兵穿

一样的衣服；二是与士兵吃一样的伙食，从不开小灶；三是与士兵们打成一片，同甘共苦；四是对士兵疾苦感同身受，关怀备至。有一次，吴起得知一名士兵患了痈毒（一种恶性毒疮），如果痈内的毒液不设法清出来，患者很难活命。于是，吴起亲自替他吸吮毒液，终于使这名士兵转危为安。事后，士兵的母亲听说了这件事，放声大哭说："往年吴将军曾替他父亲吸吮过毒疮，他父亲痊愈后，为报答吴将军的恩情，在战场上勇往直前，奋勇杀敌，结果战死在战场。如今吴将军又给他吸吮毒疮，我不知道他会不会也像他父亲一样，去冲锋陷阵，战死疆场。"

正因如此，吴起事鲁国：鲁国以小胜大，打败了比自己强大许多的齐国；吴起事魏国：率部与秦国交战，连夺秦国五城；吴起事楚国：平定了百越，吞并了陈国和蔡国，打退了韩国、赵国、魏国进攻，成功讨伐了强大的秦国。可以说吴起一路走来，一路凯歌。所到之处，逢凶化吉，带兵打仗，所向披靡。吴起名声大振，世人瞩目，几乎成了智慧和战神的代名词。吴起的成功有诸多因素，但他为人清正廉洁、公平正义，带兵宽严有度、恩威并举，做事谦虚谨慎、低调平和，这应是他成功的主要原因。正是因为吴起具有优秀、高洁的品质和淳朴务实的作风，所以他才能每到一处，名声大噪；每事一主，尽创辉煌；所有一生，耐人研读。

武则天重用上官婉儿

爱兵如子的另一层含义还包括对部下，尤其对与自己情感不和甚至有深仇大恨的部下，能够化干戈为玉帛，以关怀和慈爱之心，化解矛盾，变敌为友，形成强大的合力。在这一点上，武则天重用上官婉儿是非常恰当的例证。

武则天自名武曌（zhào），并州文水人（今山西文水），中国历史上唯一的女皇帝，国号大周。唐高宗时期，有一位叫上官仪的宰相，即上官婉儿之祖父，深得高宗信任。上官仪为人耿直，刚正不阿，敢于直谏，极度看不惯武则天牝鸡司晨的做派。有一次，上官仪和高宗密谋，欲废掉武则天，但消息泄露。后来武则天和许敬宗一起，捏造上官仪和废太子李忠图谋反叛的罪名，处死上官仪全家。其孙女上官婉儿幸免于难，被罚入内宫为婢。武则天和上官婉儿曾有灭族之仇，登基之后，为何还能重用上官婉儿呢？主要原因应该至少有三点。

一是上官婉儿确实有才华。上官婉儿出身门第高贵，有良好的遗传基因，自小聪慧灵动，受到过良好的家庭教育。除了其祖父外，其父亲上官庭芝，也曾官拜一品，在文学上也颇具造诣。上官婉儿从小生活在这样的官宦世家里，耳濡目染，加上其母的严格教育，自然具备相当的政治才干和文学修养。上官婉儿的诗歌成就也很高，她继承和发扬了其祖父上官仪的"上官体"文风，其"绮错婉媚"的诗风，也引领了当时的诗坛，将唐诗推向了一个新的高度。王梦欧的《初唐诗学著述考》这样描述："尤以中宗复位以后，迭次赐宴赋诗，皆以婉儿为词宗，品第群臣所赋，要以采丽与否为取舍之权衡，于是朝廷益靡然成风。"其诗被《全唐诗》收录32首，诗文在唐朝堪称第一才女之作。

二是上官婉儿和武则天志趣相投，互相欣赏。她们有很多相同的经历。武则天 14 岁（贞观十一年）入宫，因其美艳和多才多艺，被唐太宗立为才人。才人不仅仅是皇帝的嫔妃，还要帮助皇帝整理一些奏折等事务。偶尔，在太宗皇帝十分疲倦时，还会帮助其处理简单的政务，也算是太宗的半个秘书。上官婉儿同样在 14 岁（仪凤二年）受武则天赏识，成为武则天的全职秘书。除了掌管宫中制诰外，还兼职武则天的智囊和参谋，经常帮武则天在政治斗争中出谋划策。甚至在武则天掌权时，直接参与决策朝廷的军政大事。两人都极度贪念权力，享受高高在上受人推崇的感觉。武则天自不必多说，为了篡夺李唐天下，早期垂帘听政，后来几度废掉太子，甚至残忍地杀害自己的亲生儿子，直至最后自封为帝。上官婉儿也喜好政治，她不甘一辈子背负罪臣名分，也想功成名就，成就一番事业。所以，她对武则天曲意奉迎、投其所好，以此来换取一人之下万人之上的权利和享用不尽的荣华，终于成为武则天的"内廷宰相"，叱咤风云的人物。

三是上官婉儿为了报答武则天不杀和知遇之恩以及提携之情，对武则天忠心不二。上官婉儿在 14 岁被武则天去除叛臣之后的罪名，委以重任。一方面可能是武则天或多或少有施恩心理，另一方面她确实也是上官婉儿的伯乐。没有武则天的提携与栽培，上官婉儿甚至连活命都难，何谈功名富贵，更不可能有一生的无限风光。实际上，武则天杀上官全家时心中清楚，想废掉自己的是唐高宗，上官仪只是在为高宗背锅，成了唐高宗的替罪羊。所以，从上官婉儿的角度看，她和武则天虽然仇深似海，但事出有因，两人又实力悬殊，报仇没有任何可能。况且，上官婉儿也是一位有思想、有抱负的才女，要施展自己的才华，要实现自己的抱负，必须珍惜眼前的地位和功名。同时，上官婉儿还是一位识时务、讲政治的"官二代"，她不可能不慑于武则天的威名和手段。权衡利害后，上官婉儿做出了忠于武皇，倾心做事，享受现实的选择。但是，命运是无情的，上官婉儿最终也没能逃脱官场的厄运，因其深陷权力争斗之中，遂于景龙四年终被李隆基处死。

【管窥·释悟】

吴起的成功，文中已经论断，不加赘议。武则天与上官婉儿的故事，让我们深受裨益。饶恕一条生命，包容一次过失，委以一身重任，应是武则天对待上官婉儿的全部缩写。化敌不易为友更难。武则天诛杀上官全家，种下了仇恨的种子，唯独留下上官婉儿，并极尽培养、训教与信任之能事，表现出武则天作为一代人杰，唯一女皇的博大胸怀，同时也反映了她征服国人、征服世界的勇气、毅力、决心和能力。改造、任用好一个"可教子弟"，胜于千言万语的说教。在这点上，武则天为后人做出了难能可贵的探索，树立了不可多得的榜样。对于一位统领天下的皇帝、国君，一位带兵的统帅、将军，一位主政一方的首长而言，欲三军有序，国泰民安，事业有成，不但要有海纳百川的胸怀和气度，更要有严格规范的制度、法令以辅佐。"慈不掌兵""爱兵如子"，虽有感性视觉的巨大反差，但二者却异曲同工，殊途同归，讲的都是如何带兵，如何治军，如何实现预定的目标。"慈不掌兵"并非放弃对士兵的关心与爱护，"爱兵如子"亦需附以严格的管理和法制，这应该就是本小节要告诉我们的一个道理。

第五节 知彼知己 胜乃不殆

【兵法·原文】

知吾卒之可以击，而不知敌之不可击，胜之半也；知敌之可击，而不知吾卒之不可以击，胜之半也；知敌之可击，知吾卒之可以击，而不知地形之不可以战，胜之半也。故知兵者，动而不迷，举而不穷。故曰：知彼知己，胜乃不殆；知天知地，胜乃不穷。

【解字·说文】

胜之半：胜负各半，胜占一半，意在无胜利把握。

知兵者：通晓用兵作战的人。

动而不迷：行动目标明确，不会迷茫，不会盲动。

举而不穷：所采取的措施是变化无穷的。举，举动、措施。

胜乃不穷：此句《武经七书》、《通典》作"胜乃可全"。不穷，没有尽头。

只知道我方军队可以出击，而不知道敌人军队不可以攻击，取胜的可能性只有一半；知道敌人军队可以攻击，而不知道我方军队不可以攻击，胜利的可能性也只有一半；知道敌人可以攻击，知道我方军队可以出击，而不知道地形不利于作战，胜利的可能性也只有一半。所以，懂得用兵的人，他行动起来不会迷惑，他的作战措施是变化无穷的。所以说：了解对方，了解自己，取胜就不会有悬念；了解天时，了解地利，胜利就没有穷尽了。

【辩例·直观】

孙子在这个层次中，反复论证知己知彼与取得胜利间的重要关系，对古今中外的兵家、学者乃至欲谋取事业成功的百业千行，都具有强烈的指导意义。我们试举红军第一次反"围剿"和由华中野战军司令员粟裕指挥的那场"苏中战役"为例，来印证"知彼知己，胜乃不殆，知天知地，胜乃不穷"观点的实战意义。

红军第一次反"围剿"

1930 年初，蒋介石的南京政府与把控华北、西北的阎锡山、冯玉祥以及桂系的李宗仁、白崇禧及盘踞在广西的张发奎等部发生了激烈的权力之争。4 月刚过，双方投入了百万余兵力，在河南、山东、湖南等地爆发了"中原大战"。利用国民党集团的内讧、分裂和战争，红军和革命根据地得到了迅速发展和壮大。中国红军经过三年艰苦的游击战争，主力已达十万余众，建立了十余块红色根据地，根据地人口达 200 余万人。面对日新月异的革命形势和日益增多的红色政权，蒋介石非常恐慌。1930 年 10 月，蒋介石亲自调集各地精锐部队并责令江西省主席、第九路军总指挥鲁涤平组织实施对红军的第一次大围剿。蒋介石要求围剿部队务在 3 至 6 个月内消灭红军，荡平红色根据地。

面对强敌来犯，红一方面军总前委与江西省行动委员会针对反

"围剿"的具体问题展开多次讨论。当时主要有两种相对意见争论不下：一部分人由于受"左"倾冒险主义影响，盲目乐观于眼前形势，忽视并拒绝承认敌强我弱的战争态势，反对战略退却，妄图坚守或发动盲目进攻。相当数量的一些地方干部留恋根据地的"坛坛罐罐"，不愿离开根据地，因此也表示支持这种观点。时任总前委书记的毛泽东是另一种意见的坚持者。毛泽东认真分析了当前形势，要求大家必须认清敌人在南昌、九江等中心城市还很强大的现实；必须对敌人坚固的防御工事和红军简陋的武器装备保持清醒的认识。毛泽东指出：敌强我弱是目前的现实，欲取得反"围剿"胜利，必须要避其锋芒，主动退却，诱敌深入，机动灵活地创造机会歼灭敌人。由于一些领导干部坚持要在赣江西岸作战，此次会议没有形成统一意见。

10月25日，朱德、毛泽东率领红一方面军总部到达新余县的罗坊，与江西省行动委员会举行联席会议，史称"罗坊会议"。毛泽东严正指出：在强大敌人的进攻面前，红军决不能冒险攻打南昌、九江，必须采取诱敌深入的作战方针，充分依靠人民群众，把敌人放进来，选择好战场，积极创造有利条件，打好一场人民战争。朱德完全同意毛泽东的意见，经过朱德、毛泽东反复讲解和劝说，大家终于统一认识，通过了《关于目前政治形势与一方面军及江西党的任务的指示》。会议制定了红一军团与红三军团一起东渡赣江诱敌深入的作战方针。11月1日，朱德、毛泽东命令红一方面军东渡赣江，在新淦、崇仁、南城、宜黄、乐安、永丰之间伺机作战，并向樟树、临川方向挺进；红三方面军留在赣江西岸监视敌军。

为完成蒋介石"围剿"红军的作战任务，11月2日，江西省主席、第九路军总指挥鲁涤平集中了江西境内的七个师又一个旅合编为三个纵队，分别集结于樟树、丰城西北赣江北岸、临川和上高、高安等地。毛泽东了解到鲁涤平的兵力部署和战略战术，遂制定了"保存实力、伺机破敌"的作战方针。红军以少数兵力配合地方群众武装骚扰、袭击敌人，消耗敌军的有生力量，以迟缓敌军的"围剿"进军速度。红军主力于 11 月中旬，分别由新淦、崇仁、南城、南丰、吉水之间地区和赣江以西路口、油田地区，逐次向苏区中部的东固、龙冈地区转移。为确保"围剿"胜利，蒋介石亲临南昌，又增派第 19 路军由武汉入赣参战，另调驻福建的第 56 师、第 49 师、整编第二旅集结于闽赣边界以图堵截红军。至此，国民党"围剿"军兵力增至 11 个师又 2 个旅，计 10 万余人。为强化指挥，蒋介石下令成立南昌行营，任命鲁涤平为行营主任，第 18 师师长张辉瓒为前线总指挥。

鉴于蒋介石的重兵和部署，毛泽东与朱德在宁都黄陂召开军事会议，再次研究反"围剿"作战方案。毛泽东认为：敌军虽有十万之众，但空阔、漫长的"围剿"进军部署，势必造成战线过长、间隙过大、兵力分散的弊端。"围剿"军都不是蒋介石的嫡系部队，这些部队派系复杂，协调不畅，保存实力各自为政的问题普遍存在。据此，毛泽东、朱德决定选择最接近红军的"围剿"军主力为歼击目标，集中兵力，中间突破，割裂"围剿"军的部署，然后各个击破，彻底粉碎"围剿"。25 日，红军在宁都小布河畔召开誓师大会，毛泽东特意写了一副对联贴在主席台两侧的柱子上。"**敌进我退，敌驻我扰，敌疲我打，敌退我追，游击战里操胜算；大步进退，诱敌深入，集中兵力，各个击破，运动战中歼敌人**"。

　　毛泽东、朱德选择的第一个攻击目标原本是谭道源的第 50 师，结果因为谭道源胆小不敢贸然前进而未果。到了 29 日，敌前线总指挥张辉瓒率第 18 师两个旅孤军冒进龙冈。张辉瓒，国民党陆军中将，字石侯，湖南长沙人，生于 1885 年。早年就读于湖南兵目学堂和军官讲武堂，后留学日本士官学校，之后又赴德国学习军事，1916 年回国，1930 年就任 18 师师长。对于共产党，张辉瓒可谓心狠手辣。数年来，张辉瓒疯狂杀戮共产党人不计其数，罪恶滔天。12 月 28 日，鲁涤平下令对宁都以北地区发起总攻。一向骄横的前敌总指挥张辉瓒得知红军内部发生了"富田事变"，认为是天赐良机，于是亲率两个旅，向龙冈猛扑过来。

　　12 月 30 日凌晨，龙冈山区大雾弥漫，群山遍野都被浓雾笼罩，行走其间如同暗夜，红军按照预定部署进入伏击阵地。上午 9 时许，浓雾渐渐散去，天气豁然开朗，红军指战员居高临下，清清楚楚地看到 18 师先头部队 52 旅正大摇大摆地进入伏击圈。红军占据有利地形，一声令下枪炮齐发。下午 4 时，红军发起总攻，敌军溃败，张辉瓒换上士兵的衣服准备逃跑，结果还是被生擒活捉。毛泽东非常高兴，当即填词一首——《渔家傲·反第一次大"围剿"》：**万木霜天红烂漫，天兵怒气冲霄汉。雾满龙冈千嶂暗，齐声唤，前头捉了张辉瓒。二十万军重入赣，风烟滚滚来天半。唤起工农千百万，同心干，不周山下红旗乱。**

　　之后，毛泽东、朱德向部队下达了对谭道源师的追击令。红一方面军主力分成三路尾击敌军。1 月 3 日晨，红军中、左路分别到达 50 师聚集的东韶附近，部队进入攻击距离，立即对立足未稳的 50 师发起攻击。激战一直进行到下午 3 时，红军攻势愈来愈猛，50 师已经溃不成军，谭道源早已吓得六神无主，率残部落荒而逃，红军声威大震。东韶战斗结束后，各路国民党军不战自溃，争相撤离苏区。兴国、泰和、吉安、永丰、乐安、宜黄、南丰一线红军及根据地军民立即转入积极防御状态。至此，国民党第一次"围剿"宣告失败。

苏中战役七战七捷

1946 年 7 月上旬，蒋介石命令国民党第一"绥靖"区司令官李默庵指挥 5 个整编师（军）共 15 个旅约 12 万人，集结于长江北岸，配合向淮南、淮北进攻的国民党军，夹击苏皖边解放区首府淮阴。这时，华中野战军驻守海安、如皋一线的部队仅有 19 个团 3 万余人，国共双方兵力对比是 4 比 1。蒋介石扬言要"在 7 月用两个星期夷平苏北解放区"。面对敌众我寡，敌强我弱的严峻局面，华中野战军代司令员粟裕一改我军诱敌深入的传统战法，决心先发制人，主动出击，大胆歼敌于进攻出发地。鉴此，粟裕把初战选择在苏中解放区的前部地区，把装备最好、战斗力最强、也是最骄狂的蒋介石嫡系，整编第 83 师作为首歼对象，发起宣（家堡）泰（兴）作战。在人们打仗"专捡软柿子捏"的惯性思维中，粟裕把最强的劲敌作为首选，无疑是一个异乎寻常甚至是有悖兵法常理的决策。但后来的事实很快就证明，这一决策跳出人们思维常态，完全出乎敌人的预料，也完全符合战场实际。熟读兵书，深得毛泽东军事思想真传的粟裕，就是要用手中的三万人马，巧妙调动敌人，使之在反复的周旋中，变敌军绝对优势为相对优势，变敌军相对优势为一个个绝对劣势，形成若干个局部的我军绝对优势，实现对敌军的分割围歼。

驻守宣家堡、泰兴的是李天霞整编第 83 师。83 师原为国军第 100 军，装备多为美械，曾作为中国远征军赴缅甸作战，根本看不起"小米加步枪"的"土八路"。李天霞的骄狂轻敌正是被粟裕选中的原因。为更好地麻痹敌人，让李天霞更加骄狂，在战斗开始时粟裕故意"示弱"，只投入少量兵力，直到傍晚时分，才以优势兵力发起总攻，共歼国民党军 83 师 2 个团另 2 个营 3 000 余人，首创歼灭美械装备的蒋介石嫡系部队的纪录，苏中战役初战告捷。从 7 月 13 日发起宣泰作战起，短短一个月内，华中野战军连续四战，四战四捷，共歼敌 3 万余人。

8 月 13 日，中央军委致电粟裕，指示："苏中各分散之敌利于我各个击破，望再布置几次作战。即如交通总队，凡能歼灭者一概歼灭之。你们如能彻底粉碎苏中蒋军之进攻，对全局将有极大影响。"据此，粟裕决定以第 7 纵队袭击海安、立发桥，第 1 军分区部队佯攻黄桥，第 9 军分区部队进逼南通，迷惑国民党军；以主力第 1、第 6 师和第 5 旅、特务团等共 3 万余人，从海安、如皋东侧隐蔽南下，在丁堰、林梓打开缺口，插到敌人侧后去打。8 月 21 日晚，华中野战军第 1、第 6 师和第 5 旅犹如三把钢刀，突然向丁堰、林梓交通总队发起攻击。激战至 22 日，全歼 5 个交警大队 5 000 余人，从此，在国民党军序列中，再也没有交通总队这个战斗编制了。

丁堰、林梓战斗后，苏中敌我形势仍十分复杂。北线国民党军已占领淮北睢宁，正准备向华中解放区首府淮阴、淮安进犯。李默庵判断华中野战军将要进攻如皋，急令黄桥守军第 99 旅增援如皋，加强防御。同时命令黄伯韬率整编第 25 师沿运河北上，向邵伯、高邮方向进攻。8 月 23 日，黄百韬指挥第 25 师兵分三路，在飞机、炮艇配合下，向邵伯、乔墅、丁沟三地猛烈进攻。25 日，敌整编第 25 师突破了第 10 纵队在乔墅的阵地，形势骤然紧张起来。邵伯一旦失守，战局将发生逆转，对我军极为不利。粟裕认为当务之急是集中优势兵力，迅速解决分界和加力之敌。可三处战场处处军情如火，处处需要兵力，而他又没有预备队可调，怎么办？粟裕使出擅长的绝招：及时转用兵力，造成兵力对比上的优势互换，各个歼灭分界、加力之敌。粟裕果断命令第 1 师第 1 旅西调，配合第 6 师首先歼灭分界之敌第 99 旅。26 日，第 6 师和第 1 师第 1 旅、特务团合兵，以 5 比 1 的绝对优势兵力，向分界之敌发起进攻，只用两个小时就全歼第 99 旅 2 个团 3,000 多人，生擒少将旅长朱志席、少将副旅长刘光国。按照粟裕的部署，第 6 师、第 1 旅、特务团随即东进加力，又形成 15 个团对 3 个团的绝对优势，对敌实施围歼。战至 27 日，第 187 旅和第 79 旅 1 个团大部被歼。此时，驻守黄桥的敌第 160 旅 5 个连已孤立无援。我第 5 旅乘胜扩大战果，一夜急行军，将黄桥团团包围。31 日，突围无望的敌人全部缴械投降，黄桥再次回到人民手中。与此同时，我第 7 纵队攻下白米、曲塘等地，歼灭蒋军两个半旅 1.7 万余人，创造了解放战争以来一次作战歼敌数字的新纪录。至此，从 7 月 13 日到 8 月 31 日，华中野战军在苏中战场上，以 3 万余众对抗国民党军 12 万余人，七战七捷，首创一个战役歼敌 5.3 万余人的纪录，歼敌总数为华中野战军参战兵力总数的 1.76 倍，打出了神威，创造了战争史上的奇迹。

【管窥·释悟】

红军第一次反"围剿"的胜利，是毛泽东军事思想在实战中的最重要胜利，也是"知己知彼百战不殆"军事理论在实战中的一次重要实践。因此，在之后发生的二、三、四次反"围剿"中，红军遵循毛泽东的军事思想，均取得了反"围剿"胜利。实践证明，毛泽东军事思想是指导战争实践的重要指南。

苏中战役的胜利得到了中央军委和毛泽东的高度评价。总司令朱德对粟裕大加褒赞："粟裕是学习毛泽东军事思想的楷模。他在苏中战役中消灭的敌人，比他自己的兵力还要多。"就战争而言，统兵不在多寡，贵在机动调配；形势不拘优劣，贵在运筹帷幄。粟裕面对四倍于己之敌，机动迂回、辗转腾挪，始终保持优势兵力，牢牢把握军争，一战歼敌数近于自己兵力总数的2倍，开创了古今中外多次交锋、以少胜多战例的先河。粟裕收获如此巨大的胜利，除了中央军委的正确领导、广大人民群众的鼎力支持及全军指战员同心协力的艰苦奋战外，粟裕"知彼知己，胜乃不殆；知天知地，胜乃不穷"的兵法功底，尤其是认真践行毛泽东军事思想和战场谋略，以运动战、围歼战等多种战略模式，将敌军整体分割成若干小块，积小胜歼灭敌人有生力量，择时机实现大战略意图的处理方式也起了重大作用。

拳头虽小，但攥起来总比单个手指力度大，手指再粗壮也壮不过拳头。红军取得第一次反"围剿"及二、三、四次反"围剿"胜利，粟裕将军取得苏中大捷的奥秘，就在于他们的手指灵活、机动，他们的手掌屈伸自如、张合有力，能够有效地避敌强悍，伺机在其不备处攥起拳头，形成绝对优势，一举消灭敌人。这应该就是中国共产党领导人民战胜貌似强大的国民党军队，推翻国民党反动统治的秘诀所在吧。

第十一篇

九地篇

　　《九地篇》在《地形篇》基础上，对军队在九种不同地域用兵作战应遵守的具体原则，做了进一步的论证。《九地篇》是《孙子兵法》中篇幅最长的一篇。孙子在本篇中比较集中地阐述了他的战地军事思想，尤其是军队在九种不同地域作战时，应该如何制定适合战场形势的战略战术。本篇兵法应着重把握四个要点：一是深刻理解孙子所列"九地"对调整将士心态，机动灵活指挥作战的重要作用。二是深刻理解孙子提倡深入敌国作战的时代特色和深远意义。三是深刻理解孙子的严格治军思想对军队产生的历史价值和现实意义。四是深刻理解孙子提出"愚士卒之耳目，使之无知"的强烈保密意识，历史地、辩证地、发展地研究其存在的合理性。

第一节　九态九势　九地九术

【兵法·原文】

孙子曰：用兵之法，有散地，有轻地，有争地，有交地，有衢地，有重地，有圮地，有围地，有死地。诸侯自战其地，为散地。入人之地不深者，为轻地。我得则利，彼得亦利者，为争地。我可以往，彼可以来者，为交地。诸侯之地三属，先至而得天下之众者，为衢地。入人之地深，背城邑多者，为重地。行山林、险阻、沮泽，凡难行之道者，为圮地。所由入者隘，所从归者迂，彼寡可以击吾之众者，为围地。疾战则存，不疾战则亡者，为死地。是故散地则无战，轻地则无止，争地则无攻，交地则无绝，衢地则合交，重地则掠，圮地则行，围地则谋，死地则战。

【解字·说文】

汉简"轻地"前空十八字（缺文），较传本（十一字）为繁。《通典》"孙子曰"下有"地形者兵之助"六字，疑传本脱"地形者兵之助也"七字。

散地：在本土作战，士卒近家，危急时容易逃散之地。杜牧注："士卒近家，进无必死之心，退有归投之处。"散，散离也。按：士卒是否逃散，其实并不决定于是否近家。"自"，汉简无。

轻地：进入敌土不深，军心犹在进退之间，危急时官兵易于轻返之地。曹操注："士卒皆轻返也。"梅尧臣注："入敌来远，道近轻返。"

争地：张预注："险固之利，彼我得之，皆可以少胜众、弱胜强者，是必争之地也。"

则：同"亦"，互文同义。

交地：道路交错，地势平坦，交通便利之地。交，互，言道路交互参错。

衢地：本文指几个诸侯国交界，四通八达的地区。

三属：属，连接，多方毗连。三，虚数，言其之多。本文指敌我皆与多方诸侯国毗连。

重地：入敌境甚深，越过很多敌国城邑的地区。按：汉简无"地"字

圮（pǐ）地：难于通行的地带。按：汉简无"险阻"两字。圮，贾林注："经水所毁曰圮。"梅尧臣注："水所毁圮，行则犹难，况战守乎？"

围地：入口狭隘，归道迂远，敌若占领隘口或截断粮道，可以少胜我众，犹被围困，故称围地。按：汉简无"地"字。

死地：指不速战即会被消灭之地。按：汉简无两"战"字，无"地"字。

无：同"毋"，勿。

无止：不宜停留。止，停留。

无攻：不能、不要强攻。按：此言遇到争地，我方应先趋而占领；若敌人已先占据，则慎勿强攻夺取。

无绝：指行军要连贯，各部之间应保持联系，互相支援，不可断

绝，以防敌人截击。绝，断绝。曹操注："相及属也。"杜牧注："车骑部伍，收尾联属，不可使之断绝，恐敌人因而乘我。"

合交：结交邻国，加强外交活动，争取各诸侯国的支持、援助。

掠：抢夺。按孙子一贯主张"食于敌"，前文"因粮于敌"。下文"掠于饶野，三军足食"，正是在深入敌战区时解决物资、粮食的办法。

行：迅速通过，慎勿稽留。

战：指兵陷死地，应激励士卒殊死搏斗，以死里求生。

孙子说：按照用兵的原则，战地有散地、轻地、争地、交地、衢地、重地、圮地、围地、死地九种不同地域。诸侯在本国境内作战的地区，叫做散地。进入别人境内不深的地区，叫做轻地。我军得到有利，敌方得到也有利的地区，叫做争地。我军可以往，敌军可以来的地区，叫做交地。同多个诸侯国接壤，谁先到就可以广泛结交诸侯的地区，叫做衢地。深入敌国，背后有很多敌人城镇的地区，叫做重地。山岭、森林、险阻、沼泽等道路难于通行的地区，叫做圮地。进军的道路狭隘，撤退的道路遥远曲折，敌人用少量兵力就可以击败我方众多兵力的地区，叫做围地。迅速奋勇作战就能生存，不迅速奋战就会全军覆没的地区，叫做死地。因此，在散地上不宜作战；在轻地上不宜停留；对于争地，应抢先占领，如敌人先占领，不可强攻；遇到交地，队伍行进要连贯，防止敌人阻截攻击；在衢地要广泛结交邻国；在重地上就要掠取粮秣，充实军需；进入圮地，应迅速通过，不可停留；进入围地，就要巧施计谋，以求脱险；到了死地，就要迅猛奋战，死里求生。

【辩例·直观】

孙子从实战出发，将战场上遇到的各种情况概括为九种地势地形，并进行了详尽的说明和论证；提出了在九地条件下如何用兵的原则、方法和较为具体的操作规则，对指导将帅统兵作战赢得战争胜利，具有十分重要的意义。孙子说地形实则还是在讲人，讲人在各种地形面前所应制定的战略和采用的战术。我们试以中国人民志愿军在朝鲜进行的一场围歼战为例来演绎这段兵法。

清川江围歼战

清川江围歼战是抗美援朝第二次战役中最重要的一次战斗，也是彻底扭转朝鲜战局的关键一战。彭德怀在中央军委和毛泽东的指示下，反复研究敌情，根据清川江一带多山路少，地势复杂的特点，决定将围歼战的战场选定在清川江。1950年11月25日黄昏，志愿军集六个军的兵力，在西线发起战略反击。面对志愿军的强大攻势，清川江以北的"联合国军"惧怕被志愿军各个歼灭，纷纷向南急速退缩。为堵住南朝鲜军被歼后暴露出的侧翼缺口，麦克阿瑟急调土耳其旅由价川向德川方向、美军骑兵第1师由顺川向新仓里方向迅速移动，以阻止志愿军继续前进。

彭德怀决定抓住美军侧翼暴露的有利战机，集中志愿军西线部队，以侧后迂回结合正面进攻的战法，在清川江南北地区对美军第8集团军展开全面进攻。27日，彭德怀命令38军主力向军隅里、价川和三所里实施迂回，堵击军隅里、价川之敌；42 军经北仓里、假仓里向顺川攻击前进，并准备进攻肃川，切断美军第 8 集团军退路。同时命令清川江以西正面的 39 军、40 军、50 军和 66 军，向正面之敌展开猛烈进攻。28 日，40 军和 39 军分别逼近球场、宁边，66 军进至古城洞、龙山洞，50 军进至五龙洞。担任外层迂回任务的 42 军攻占北仓里，继续向假仓里方向前进。担任内层迂回任务的 38 军在戛日岭、于口站地区击破土耳其旅的阻击，占领裴德站、瓦院地区。38 军 113 师于 27 日晚从德川出发，沿小路向三所里迂回，14 小时前进 70 余公里山路，于 28 日 8 时到达三所里，切断了美军第 9 军由军隅里经三所里向顺川南逃的退路。战斗继续进行至 29 日晨，42 军在月浦里全歼南朝鲜军 1 个营，进至新仓里；38 军主力进至凤鸣里，途中歼土耳其旅一部；113 师在三所里打退美军骑兵第 1 师十余次冲击，又抢占龙源里，切断了美军第 9 军由军隅里通往顺川的另一条退路；39 军、66 军进到宁边以南地区，40 军进至院里地区，50 军进到埔川以西地区。至此，美军第 9 军第 2、第 25 师，土耳其旅和美军骑兵第 1 师，南朝鲜军第 1 师各一部陷入志愿军三面包围之中。清川江南北地区的美军第 8 集团军只剩下由安州逃往肃川的道路尚未被截断。也就在这一天，麦克阿瑟终于坐不住了，把正在前线忙得焦头烂额的第八集团军司令沃克和阿尔蒙德等将领紧急召到东京开会。这是朝鲜战争中麦克阿瑟唯一一次把前线将领召集到东京开会。后来，美国和日本的军事专家把这次会议称为"最奇怪的会议"，奇怪就奇怪在前方战事吃紧，战线崩溃在即，而最高指挥官竟跨国跑到日本开会，成为朝鲜战争史上的一段笑谈。29 日，西线"联合国军"按照

"最奇怪会议"作出的决定，开始全线退却，以摆脱面临的危机。

彭德怀司令员决定要利用美军后撤混乱的时机，抢占有利地形，全线出击，力争在清川江以南地区首先聚歼美军第9军，然后乘胜追击，扩大战果。西线志愿军部队在清川江畔西起新安州，东至军隅里、价川，南至龙源里、三所里地区，对美军第8集团军发起猛烈攻击。38军113师阻击南逃与北援之敌，军主力迅速向113师靠拢并形成合力；42军向顺川、肃川攻击前进，形成对敌军的巨大压力；负责正面攻击的各军全力向安州、军隅里方向进攻，重点围歼困于该地区的美军第9军。至29日，38军主力在凤鸣里地区歼灭美军第25师1个团大部。同时，40军向军隅里地区发起了猛烈攻击。傍晚时分，353团攻进了军隅里镇内，随后又拿下了镇外的柑子山。12月1日，被围的美9军第2师等部在西线志愿军部队的协同攻击下，伤亡大半，余部丢弃重型装备辎重向安州逃窜。美军第9军见从三所里、龙源里突围无望，下令其他部队转道安州南撤。志愿军各部继续采取攻击，通过追击、侧击、围歼多样战法打击美军，"联合国军"溃不成军，残余部队经安州、肃川退向平壤，清川江地区围歼战就此胜利结束。

【管窥·释悟】

在朝鲜战场上，中国人民志愿军在清川江打了一个非常经典的歼灭战。志愿军司令员彭德怀集中了西线部队第38、39、40、42、50、66等六个军的兵力，与麦克阿瑟指挥的美军第9军第2、第25师，美军骑兵第1师、英军第29旅、土耳其旅、南朝鲜军第1师等部在清川江爆发了一场激烈的战斗。彭德怀灵活运用兵法战策，将麦克阿瑟率领的"联合国军"分割成若干"孤独的手指"，灵活调动军队形成各个战场的绝对优势，利用各种有利地形，给予美军第2师以歼灭性打击，消灭土耳其旅大部和美军第25师、美军骑兵第1师、英军第29旅、南朝鲜军第1师各一部，取得辉煌战绩。清川江围歼战是一场具有决定意义的战役，粉碎了麦克阿瑟圣诞节前结束战争的狂言，在中国人民志愿军战史上书写下浓墨重彩的一笔。

清川江围歼战是一场在中央军委和毛泽东的科学决策、彭德怀前线正确指挥以及志愿军指战员浴血奋战的合力下取得的伟大胜利。志愿军灵活利用清川江地区地势、地形，进入"轻地"如同"散地"，抢夺"争地"设伏"交地"，利用"衢地"迂回"重地"，诱敌"圮地"，避开"围地"，置敌"死地"。正因如此，志愿军指战员以追求利益最大化为原则，变换使用运动战、游击战、阵地战和击溃战、围歼战等多种战法战术，获得了巨大的胜利。这次战役也因此成为运用地势、地形，机动灵活消灭敌人的典型战例。

第二节　出其不意　攻其无备

【兵法·原文】

所谓古之善用兵者，能使敌人前后不相及，众寡不相恃，贵贱不相救，上下不相收，卒离而不集，兵合而不齐。合于利而动，不合于利而止。敢问："敌众整而将来，待之若何？"曰："先夺其所爱，则听矣。"兵之情主速，乘人之不及，由不虞之道，攻其所不戒也。

【解字·说文】

所谓古之善用兵者：此句汉简作"所谓古善战者"。

前后不相及：首尾不能相互策应配合。

众寡：指大部队与小部队。

相恃：相互依靠协助。恃，依赖。

贵贱：本文概指官兵。

上下不相收：指军队指挥失灵，建制被打乱，上下脱节，不能收拢。收，收拢。此句汉简作"适众以正将来"。

所爱：指敌人最珍惜的地方或物件。

听：听从，受摆布。

情：理，本文指一般方法原则。

主速：即"贵神速"之义。主，根本、主要的，用作动词，重在。

不及：汉简作"不给也"。

不虞之道：预料不到的道路。虞，度、料度。

皆：备，戒备。

古时善于用兵打仗的人，能使敌军前后不能相互策应，主力部队与小部队不能相互依靠，官兵不能相互救应，上下隔断无法收拢，士卒离散难以集中，队伍集合而不齐整。对我方有利就打，对我方不利就停止行动。试问：敌军众多而有组织地向我发起进攻，该怎样对付它呢？回答是：先夺取敌人最珍爱的，敌人就会听从我们摆布了。用兵之理，贵在神速，乘敌人措手不及，走敌人预料不到的道路，攻击敌人未加戒备的地方。

【辩例·直观】

"乘人之不及"，"攻其所不戒，"是本节孙子重点论证的要点。一场战斗或战役的战略目标能否实现，常常决定于速度。只有做到兵贵神速，才能出其不意，攻其无备，这已经为无数战例所证明。那么怎样才能做到出其不意攻其无备，从而取得战争胜利呢？我们举朝鲜战争中，38军两次奔袭阻击战为例，来回答这个问题。

三所里、龙源里"关门打狗"

志愿军入朝参战并取得第一次战役的胜利，使"联合国军"迅速占领全朝鲜的美梦彻底破灭。但骄横的"联合国军"总司令麦克阿瑟仍然错误判断：入朝的中国军队兵力并不多，而且装备陈旧。于是，麦克阿瑟调集了5个军共13个师3个旅另1个空降团，总计22万余人的兵力，准备发动"最后的攻势"，要在鸭绿江冰封前占领全朝鲜。对"联合国军"可能重新组织进攻的企图，彭德怀早有研判和准备。因此，彭德怀提出"巩固胜利，克服当前困难，准备再战"的作战方针。经志愿军总部研究，决定利用朝鲜北部多山路少的特殊地形地貌，采取诱敌深入、各个击破的作战方针，将"联合国军"诱至大馆洞、温井、妙香山、平南镇一线，然后集中优势兵力实施战地合围，力求歼敌于西线；将东线之敌诱至旧津里、长津一线，由第9兵团将其歼灭。

为实现既定战略意图，防止敌军"网"中逃窜，彭德怀果断命令

38军、42军分别向军隅里、三所里和顺川、肃川攻击前进，实行双层迂回穿插，彻底切断美第8集团军退路。38军军长梁兴初接到命令后，当即命令113师轻装简行，由德川西南沿安山洞、船街里、龙沼里急行军，直插三所里，切断美军经三所里撤往顺川的退路；命令112师和114师沿德川至价川的公路，抢占嘎日岭，然后向价川发起攻击。战斗按计划打响，112师胜利攻占嘎日岭，实现了作战部署的一部分，但专事负责合拢三所里"闸门"的113师，却因"失联"而情况不明。

原来，113师接受命令后，为实现部队快速穿插，师长江潮和政委于敬山决定：放弃相对平坦的大路，在茫茫险山峭壁中拓踏出一条山间小路疾速前进。为不被美军无线电监听到行踪，113师关闭了所有电台。严冬、雪夜、山路加之一路上不时与狭路相逢的敌军撕搏战斗，113师官兵忍受着急行军作战的极度疲劳，拼命向三所里方向前进。战士们几近达到生理极限，一些战士跑着跑着就倒地长眠不起，一些战士疲倦至极点，躺倒在路中间，被战友踩醒后接着再跑。全师上下就是凭着这样一股精神力量支撑，竭尽全力向目标三所里狂奔。28日清晨6时，338团在副师长刘海清的率领下行进到松洞。松洞距三所里只剩下30华里，胜利在望。此时，天渐渐亮起来，周围的山野历历在目，部队行进也相对好走了一些。已在雪野里疾行了一夜、早就困顿不堪的战士们精神为之一振：再走上个把小时，他们就可以到达三所里了。然而就在这时，一个意想不到的情况出现了。20多架美军飞机突然飞临上空，在338团头顶上不停地盘旋。显然，美军飞行员对这支连绵数里的行军队伍产生了怀疑。这是一个敌我双方谁都没有想到的问题：美军没有料到志愿军部队已钻入自己的后方；113 师也没有料到深入敌人腹地后会遇上美机侦察。情况危急，稍有不慎，部队将遭受重大损失，一切努力就会前功尽弃。关键时刻，刘海清急中生智，果断命令部队扔掉身上的伪装，选大路继续前进。美机果然飞走了，一个大胆而智慧的举动，为抢占三所里赢得了宝贵的时间。上午 7 时，338 团终于赶到了三所里。他们硬是靠两条腿边打、边行军，14 小时跑完了 140 多里的山地雪路，创造了世界步兵攻击史上的极限奇迹。时间决定生死成败！ 338 团到达三所里仅仅过了 5 分钟，美军骑兵第 1 师第 5 团的先遣分队便乘车到达了三所里。338 团依据迅速占领的敌军阵地，将这股刚到的美军先遣分队全部消灭，三所里"闸门"终于关上了。江潮师长和 113 师刚刚觉得可以放松放松了，突然，刘海清在地图上又意外地发现，还有一条经龙源里通往顺川的简易公路，敌人完全可以利用这条便道逃窜。

龙源里地处丘陵地带，位于三所里的西面，不仅北通价川、军隅里，南通顺川、平壤，而且在它的北面还有公路可与三所里相连，两地相距仅有几十公里。情况紧急！江潮立即下达命令：337 团火速抢占龙源里，截断美军最后一条退路。337 团受命后，立即派出突击连担任前锋，实施奇兵突击。三所里到龙源里的直线距离地图标示不到 10 公里，然而事实上，二者之间除了悬崖峭壁、丛生的荆棘之外，根本没有一条可以走通的路。为了抢时间，突击连硬是从陡峭山崖和冰河雪原中劈出了一条险路。29 日凌晨 4 时，337 团 1 营 1 连刚刚赶到龙源里以东的葛岘，就与蜂拥而来的由三所里改道南逃的美军第 2 师前卫部队遭遇。1 连立即抢占有利地形，将该股敌人击退。此时，在武陵里完成炸桥任务的 38 军侦察支队也进至龙源里，协同 1 营作战。113 师派 337 团主动先敌抢占龙源里的消息传到志愿军司令部，彭德怀命令 113 师必须坚决堵住南逃北援之敌。为减轻 113 师的压力，命令 38 军主力迅速发动进攻，向 113 师靠拢；其他各军也要乘机迅速出击，歼灭当面之敌。由于三所里公路已被志愿军完全切断，龙源里又受志愿军顽强阻击，急于逃命的美军发起了疯狂的进攻，生死鏖战就此展开。这是一场中国军队用十几门迫击炮、几百挺机枪、几千支步枪和刺刀，同美国军队百余架飞机、百余辆坦克、数百门大炮展开的生死格斗！

113 师以 337 团、338 团共 4 个营的兵力，分四路乘天色昏暗之机，向南逃之敌发起反冲击，将敌击溃。为了逃命，敌人已经疯狂到了极点，美军一个支援炮兵营在 22 分钟里就发射了 3,200 余发炮弹，炽烈的炮火把龙源里志愿军阵地上坚硬的岩石全部"翻耕"了数遍。337 团在腹背受敌的情况下，依托有利地形和临时构建的野战工事，以少数兵力扼守防御前沿，主要兵力疏散隐蔽在机动位置上，采取坚守和反击相结合的战法，打退美军多次进攻，如钢钉一般钉在阵地上，岿然不动。当时，南撤与北援之敌相距不到 1 公里。然而就是这 1 公里，南北之敌始终可望而不可及。美军第 9 军见从三所里、龙源里突围无望，不得不遗弃大量辎重装备和漫山遍野的尸体，转向安州方向狼狈逃窜。

【管窥·释悟】

从锁死三所里"闸门"，到截断龙源里退路，保证围歼战役的胜利实施，两场"关门打狗"战一役成名。38军既圆满完成了志愿军司令部交给的从左翼突破、打开战役缺口的任务；又克服重重困难，大胆穿插，圆满完成截断敌军从三所里、龙源里逃跑退路的目标，保证了整个西线作战的胜利。志愿军在第二次战役中用铁的事实戳穿了美军不可战胜的神话，全世界为之震惊。军事专家们把这次战役称为20世纪最杰出的战役之一。战后，彭德怀司令员在亲自起草的嘉奖令中，庄重地喊出"中国人民志愿军万岁！38军万岁！"

38军军长梁兴初在"第一次战役中"，因贻误战机受到了彭德怀司令员的严厉批评。38军在错误和挫折中坚强地挺立起来，创造性地完成了三所里、龙源里阻击战任务，获得了"万岁军"的光荣称号。从彭德怀批评的"鼠军"成长为"铁军"、"万岁军"，38军身后，留下了一条人民军队坚韧不拔、克难而上、勇往直前、不屈不挠的奋斗轨迹。点评这场战役的胜利：一是中央军委、毛泽东、彭德怀等制定的战略方针正确；二是志愿军参战部队全体指战员皆具备英勇顽强和不怕牺牲的战斗精神；三是把传统兵法理论同战争实践有机结合，创造性地演绎了兵贵神速和出其不意、攻其无备的战争理论，为战争学宝库增添了兵家理论与战争实践研究的宝贵战例和素材。三所里、龙源里成功实现关门截击敌军的战例告诉人们：良好的战役开端，还需配以圆满的战役收官，才称得上经典的战例。俗话说"编筐编篓全在收口"，大到一场战争，小到一项任务，只有获得完美的结局，才能笑到最后，才能堪称收获完美。

第三节　置身险境　绝处求生

【兵法·原文】

凡为客之道：深入则专，主人不克；掠于饶野，三军足食；谨养而勿劳，并气积力，运兵计谋，为不可测。投之无所往，死且不北，死焉不得，士人尽力。兵士甚陷则不惧，无所往则固。深入则拘，不得已则斗。是故其兵不修而戒，不求而得，不约而亲，不令而信。禁祥去疑，至死无所之。吾士无余财，非恶货也；无余命，非恶寿也。令发之日，士卒坐者涕沾襟，偃卧者涕交颐。投之无所往者，诸、刿之勇也。

【解字·说文】

为客之道：进入敌境作战的一般法则。客，与"主"对，本文指离开本国进入别国的军队。

深入则专：深入敌国，陷于"重地"，远离本土，士卒心志专一。专，专一，本文指专心一致。

主人不克：敌人无法战胜我军。主人，与"客"对，指被进攻的敌军。克，战胜。

谨养：认真地修整。

并气：保持士气。

积力：积蓄战斗力，养精蓄锐。

运兵：调动兵力，调整兵力部署。

投之无所往：把军队放在走投无路的绝地。投，投放、投置。无所往，无路可走。张预注："前后左右，皆无所往。"

且：尚。

北：败退。

死焉不得：死尚不败退，还有什么不可得呢？焉，疑问代词，何，什么。

甚陷：指深陷危险境地。

固：牢固，稳固。本文指军心坚定。

拘：束缚，引申为不涣散。

不得已则斗：没有别的办法，只能战斗。汉简作"……所往则斗"。

修：修治，整治。

戒：戒备。

求：要求，指激励、鼓动。

约：约束。

亲：团结。

信：信守，信从，遵守纪律号令。

禁祥去疑：禁止迷信，消除疑虑和谣言。祥，妖祥，指占卜迷信等。疑，疑虑，指流言蜚语。

无所之：指不动摇。之，往。

恶：厌。按：此言士卒毁去财货，非不爱财，只是身处死地，命且不保，何惜财货呢？

无余命：拼命死斗，不怕死。汉简作"无余死"。

非恶寿：并非厌恶长寿，不是不想活下去。

涕沾襟：眼泪沾湿了前襟。涕，古指眼泪。沾，浸湿。襟，衣襟。

偃卧者：躺着的人。偃，仰倒。

涕交颐：泪流满面。颐，面颊。

诸、刿：专诸和曹刿。专诸，春秋时吴国勇士，原是屠夫，为吴公子光（即阖闾）刺杀吴王僚，自己也当场被杀死。曹刿，指曹沫，春秋时鲁国勇士，在齐鲁会盟时，他劫持齐桓公，迫使齐国全部归还所侵鲁国的土地。

大凡进入敌国作战的规律是：深入腹地，部队就会专心一致，敌军无法战胜我军；在富饶地区夺取了粮秣，全军就有足够的给养；部队要认真休整，勿使疲劳；提高士气，积蓄力量；要调整兵力部署，巧设计谋，使敌人揣测不到我军意图。把部队投置到无路可走的绝境，士兵就是战死也没有退路，士兵就会宁死不退，还能有什么别的想法呢？士兵自然就会尽力了。士卒深陷危险境地，反而就不会胆怯；无路可走了，军心就会稳定；深入敌境，军队便不易涣散。到了迫不得已时，就会奋起战斗。因此，这样的军队，不需整治也会警戒奋战，不用激励也会尽力，不必施加约束就能亲密团结，不必申令严戒就能遵守纪律。禁止迷信，消除谣言，士兵至死也不会退避。我军士兵没有余财，并不是厌恶钱财；不贪生怕死，把生死置之度外，也不是厌恶长寿而不想活下去。当战斗命令颁发时，坐着的士卒泪水沾湿了衣襟，躺着的士卒则泪流满面。把部队投置到无路可走的地方，便都会像专诸、曹刿那样勇敢了。

"置死地而后生"是楚汉战争中项羽和韩信都曾经用过的战术。破釜沉舟激发起来的"困兽犹斗"，导致孙子在兵法中都特意加上了一条"穷寇勿追"的戒条。这里我们暂不讨论穷寇究竟该不该追，仅以上甘岭那场血与火的生死搏杀，来着重研究一下"置死地而后生"理论在实战中的重要意义。

鏖战上甘岭

上甘岭是海拔 1 061 米的五圣山前的两个占地 3、7 平方公里的前沿高地。两个高地是五圣山最重要的门户，能否守住或攻破上甘岭这个地域虽小却战略意义重大的阵地，对志愿军和"联合国军"都具有重要的战略意义。因此，志愿军第 15 军第 45 师、29 师，12 军第 31 师和第 34 师 1 个团，炮兵 9 个团各 1 部另 4 个营，同美军第 7 师配属美军空降第 187 团、埃塞俄比亚营、哥伦比亚营、南朝鲜军第 2 师配属第 37 团和第 9 师，以及 18 个炮兵营等部，于 1952 年 10 月 14 日～11 月 25 日，在上甘岭地区发生了一场血与火的殊死撕搏。就在这块长 3 700 米、宽 1 000 米的狭小地域内，双方出动 10 万余人鏖战 40 余天，作战规模由战斗发展成为战役，40 600 名军人长眠于此，其激烈程度是世界战争史上罕见的。"联合国军"的炮兵和航空兵，对两个小山头共发射炮弹 190 余万发，投炸弹 5 000 余枚，把总面积不足 4 平方公里的高地上的岩石，炸成约三四十厘米厚的粉末和碎渣，山峰竟被削低了 2 米。上甘岭战役进攻一方"联合国军"，由美军第 8 集团军司令范佛里特亲自指挥，防御一方为中国人民志愿军第 3 兵团副司令员王近山、副政治委员杜义德和 15 军军长秦基伟指挥的第 15 军及 12 军一部。

　　1952 年秋季，抗美援朝战争进入相持阶段。为摆脱战场上和谈判桌上的被动局面，也为执政党制造竞选声势，更为美国在联大会上壮威，美国当局摆出一副强硬的姿态，决定实施"摊牌作战"计划，又称为"金化攻势"。这个计划的主要目的，就是妄图以强大的军事实力，夺取志愿军中部战略要地五圣山。这样既可以改善防御态势，用一场胜利缓和国内外的反战情绪，又可把参战国继续绑在它的战车上。对美国人的战略企图，彭德怀早已预料到了，他对志司领导及有关兵团指挥员强调："五圣山是朝鲜中线的门户。失掉五圣山，我们将后退 200 公里无险可守。谁丢了五圣山，谁要对朝鲜的历史负责！"现实确实如此。五圣山是志愿军中部战线战略要地，是战线中部地区的最高峰。五圣山西侧有斗流峰和西方山，三山如唇齿相依，形成天然防线。如果斗流峰、西方山失守，五圣山就会陷入三面受敌的险境；一旦五圣山失守，斗流峰、西方山则失去依托，整个中部战线便有全线崩溃的危险。而西方山以西是宽达 8 公里的平康谷地，为一马平川的平原，如同群山环抱中的天然走廊，从汉城到元山的铁路、公路横贯其间。597.9 高地和 537.7 高地是五圣山的两座前沿阵地，一东一西，相距只有 150 米，互为犄角，是向南楔入"联合国军"阵地的两颗钉子。两个高地后面有一个山洼，洼里有一个十几户人家的小村庄，名曰上甘岭，名扬中外的上甘岭战役就源于这个小小村名。

　　10 月 14 日清晨 5 时，美军第 7 师第 31 团、南朝鲜军第 2 师第 32 团和第 17 团 1 个营，共 7 个营的兵力，分为六路，在 105 毫米以上口径火炮 300 余门、坦克 30 余辆、飞机 40 余架次的支援下，采取多路多波次，连续向 597.9 高地和 537.7 高地北山发动猛烈进攻，著名的上甘岭战役就此打响。美军重炮、坦克、飞机以平均每秒 6 发的火力密度将各型炸弹倾泻到这两个小山包上。一天里，美军向上甘岭发射了 30 余万发炮弹，飞机投掷了 500 余枚重型炸弹，这应是朝鲜战争中单位面积火力密度的最高纪录！上甘岭主峰标高被活生生地削低整整 2 米，寸草不剩；阵地上火焰终日不熄，空气灼热焦人；岩石变成了黑色的粉末，爆尘、浓烟遮天蔽日，以至于许多参加过这场战斗的老兵们都以为那一天是个阴天。从 10 月 15 日起，范佛里特又投入 2 个团另 4 个营的兵力，在炮兵、坦克和飞机的支援下，继续轮番进攻。志愿军也不断投入兵力火力，依托坑道工事，白天阻击，入夜反击。两高地的表面阵地一次次被"联合国军"占领，又一次次被志愿军夺回。

　　本来"联合国军"发动此次攻势，是为扭转被动局面，争取谈判桌上的话语权，但作战时间、投入兵力和伤亡情况，都大大超出了范佛里特的原定计划。为了挽回面子，"联合国军"只好硬着头皮继续硬撑下去。

　　坚守坑道的志愿军部队，以置身险境，绝处求生的战术，先后组织班或战斗小组向坑道外出击。在连续 14 个昼夜中，他们没让敌人睡一个安稳觉，组织大的反击 13 次，小反击 80 次，小部队出击 12 次，以伤亡 254 人的代价，歼敌 1 760 余人，为巩固和恢复 597.9 高地作出重要贡献。据战后统计，志愿军第 15、第 12 军打退"联合国军"营以上兵力冲击 25 次，营以下兵力冲击 650 余次，进行数十次反击，共毙伤俘敌 2.5 万余人，击落击伤敌机 270 余架，击毁击伤敌大口径火炮 60 余门、坦克 14 辆，最终守住了阵地。作战中，志愿军伤亡 1.15 万余人。美国新闻界当时是这样评论的："金化攻势已经成了一个无底洞，它所吞食的"联合国军"军事资源要比任何一次中国军队的总攻势所吞食的都更多。""这次战役实际上变成了朝鲜战争中的'凡尔登'，即使用原子弹也不能把阻击兵岭（指 537.7 高地北山）和爸爸山（指五圣山）上的共军部队全部消灭。""联合国军"总司令克拉克也不得不承认："这次作战是失败的。"

【管窥·释悟】

上甘岭战役创造了现代战争史上坚守防御作战的范例，表明以坑道为骨干、支撑点式的防御体系，对抗击强大火力的突击、增强防御的稳定性有着巨大作用。同时也从辩证的角度揭示了人类"置身险境绝处求生"的本能和一往无前的亮剑精神。孙子总结了人在战争环境中的各种表现，尤其强调在危急时刻人的本能反应。孙子说：深入敌人腹地作战，部队就会不约而同地保持最大的同一性；军队越是处在危险境地，军队的斗志往往越旺盛；士卒深陷绝境、无路可走，军心反倒会相对稳定，就会因迫不得已而奋起战斗。经过实战检验，这些理论被不止一次地客观证明，不仅具有较强的实践性，而且具有普遍的指导性。田汉在创作《义勇军进行曲》时，也是看到中华民族已经到了最危险的时刻，才迸发出"最后的吼声！"这应该就是"置死地而后生"的深刻内涵吧！用血肉之躯浇筑起钢铁长城，是因为已经到了最危险的时刻！世界上最为可怕和不可屈服的便是置生死于度外的斗士！

第四节 善用兵者 譬如率然

【兵法·原文】

故善用兵者，譬如率然；率然者，常山之蛇也。击其首则尾至，击其尾则首至，击其中则首尾俱至。敢问："兵可使若率然乎？"曰："可。"夫吴人与越人相恶也，当其同舟而济，遇风，其相救也如左右手。是故方马埋轮，未足恃也；齐勇若一，政之道也；刚柔皆得，地之理也。故善用兵者，携手若使一人，不得已也。

【解字·说文】

兵：汉简作"军"。

率然：传说中的一种蛇名。《神异经·西荒经》："西方山中有蛇，头尾差大，有色五彩。人物触之者，中头则尾至，中尾则头至，中腰则头尾并至，名曰率然。"按：汉简作"卫然"，即救应之义，与率然相应之义同。

恒山：传本作"常山"，因避汉文帝讳改。汉简作"恒山"，今据改。按：汉简本虽出自汉文帝后，但西汉人避讳不严，故简本仍抄作"恒山"。恒山为五岳中的北岳，山在今山西省浑源县南。《神异经》说："会稽常山最多此蛇"，恐为后人附会之说。

击其中：打它身子的中间部分。汉简作"击其中身"，《太平御览》引作"击其腹"。

济：渡河。

方马：将马并排地系在一起。方，有并、比之义，《说文解字》："方，并船也。""方马"可解作"并马"。

埋轮：把车轮埋起来。按：方马埋轮，本文意指以此来稳定军队激发斗志。

政之道：政，军队的政治工作，即管理教育。道，有道，得法。本文指管理教育有方。

刚柔皆得：强弱都各得其用，各尽其力。刚柔，本文指强者、弱者。

所以，善于用兵的人，能使部队像率然蛇一样。率然是恒山的一种蛇，你打它的头，尾巴就来接应；打它的尾，头就来接应；打它中间腰身，首尾都来接应。试问：军队可以使用得像率然一样吗？回答是：可以。你看那吴国人与越国人虽然互相仇视，可是当他们同船渡河时，遇到大风，他们相互救援，配合得就像一个人的左右手那样。因此，想用并排捆住马匹、深深埋起车轮的办法来稳定部队，那是靠不住的。要使部队一致奋勇作战，重点在于管理教育有方，指挥得法；要使强者弱者都各得其用，发挥作用，就要恰当地利用地形。所以，善于用兵的人，能使全军将士携起手来像一个人一样，这是因为他能造成一种形势，使部队不得不这样做。

【辩例·直观】

"兄弟同心，其利断金"说的是团结合作的力量。孙子在兵书中形象地把将帅统兵比喻为"率然"。率然是传说中的一种蛇，据说它"人物触之者，中头则尾至，中尾则头至，中腰则头尾并至"，所以率然是一种攻击和防卫能力都特别强的蛇。一个国家，一个军队，一个团队战斗力如何，直接关系到是非成败。一个指头和一个拳头的故事，说得也是这个道理。要求发展，就要有合作；要求胜利，就要讲团结。无论是战争还是和平，其道理都是相近的。我们选取中国古典名著《水浒传》中"智取生辰纲"这段故事，以说明团结合作的道理所在。

黄泥岗智取生辰纲

大名府知府梁中书为贺岳父蔡京诞辰，精心准备了一份厚礼"生辰纲"，派提辖杨志和老都管一行押送寿礼前往东京。吴用得知这个消息后，立即带领阮氏三兄弟来到东溪村同晁盖、刘唐见面，商议夺取"生辰纲"。正巧，蓟州人公孙胜也因生辰纲一事来找晁盖商议。于是，七位好汉就在晁盖庄上聚义，共同商议如何智取生辰纲。

为平安顺利地送达"生辰纲"，杨志与老都管扮成商人模样，两个虞候装扮成随从，十一名壮健军汉打扮成脚夫，负责挑运十一担金银珠宝。杨志为防强人抢劫，每日要大家辰时起身上路，申时住店歇息。那时正是五月中下旬，天气酷热，杨志一路上用藤条赶打那十一名倒霉的军汉，不许他们到阴凉地里歇凉。军汉敢怒不敢言，老都管和两个虞候也因杨志动粗而十分气恼。六月初四中午，杨志一行人走上黄泥冈。大家又累又渴，都去树荫里躺下歇息，杨志拿起藤条只顾朝他们劈头盖脸地打去。但打得这个起来，那个却又睡倒。杨志无可奈何，倒惹得老都管愤愤不平，大骂起杨志来。这时，晁盖等七位好汉早已等候在对面的松林中。刘唐奉吴用之命，去松林边上探头探脑地张望，故意让杨志看见。杨志于是提起朴刀赶了过来，喝道："这厮很大胆，怎么敢窥探俺的货物。"只见树林里一字儿摆开七辆江州独轮车，晁盖等六人皆光着膀子在乘凉，刘唐也刚赶到他们身边。晁盖他们见杨志来，假装大惊，齐叫一声"哎呀！"都跳了起来。杨志喝道："你们是什么人？莫不是坏人？"晁盖也不回答，却反问道："我们正要问你是什么人呢，我们是小本生意，哪有钱给你。"杨志说："你们是小本生意，偏俺们有大本钱？你们到底是干什么的？"晁盖说："我们兄弟七人是濠州人，贩运枣子上东京去，路过这里。听许多人说这黄泥冈上常有盗贼抢劫过往客商，我们只有些枣子，所以才敢大着胆子过冈子。上了冈子，受不了热，权且在这林子里歇一歇，想等凉快凉快再走。刚才听到有人上冈子来，我们只怕是坏人，因此派个兄弟出来看看。"杨志这才放心，回到担子旁，叫众人权且歇歇，等凉快凉快再走，而他自己也去一边树下坐了纳凉。

　　不一会儿，白胜挑一担酒，唱着歌走上冈子来。白胜唱道："赤日炎炎似火烧，野田禾稻半枯焦，农夫心里如汤煮，公子王孙把扇摇。"来到冈子上，就在松林里头搁下担桶。军汉们问，知是挑到前村去卖的白酒，五贯钱一桶，商议说："我们又热又渴，为什么不买些喝？也解暑气。"正在那里凑钱，杨志走上前来大骂道："你们只顾贪嘴，多少好汉就是被迷幻药麻翻的。"白胜听了看着杨志冷笑道："你这客官好不晓事，我不卖给你喝，就能说出这样没力气的话来。"

晁盖七人听到那边白胜与杨志吵闹，就一起提了朴刀走过来询问。白胜道："我挑酒要到冈前村里卖，天热，在这里歇凉，他们要向我买酒，我又不曾卖给他们，这个客官说我酒里有什么蒙汗药。你们说好笑吧，竟然说出这样的话来！"晁盖等人听罢，说道："我们还以为来了歹人呢，原来如此。说一声也不打紧。我们正想解渴，他们疑他们的，那就卖一桶给我们吃吧。"白胜说："不卖！不卖！"晁盖等骂道："你这鸟汉子好不晓事，我们也不曾说你什么。喝你酒，给你钱，有什么了不得的事。你权当施舍茶水，让我们解渴吧。"白胜说："卖一桶给你们吧，只是被他们说的不好，再说也没带瓢碗。"晁盖等说："你这汉子忒认真！便说了一声，又有什么大不了的？我们车上带有椰瓢。"说罢，一人去车子前取过瓢来，一人捧来枣子，七个人立在桶边，打开桶盖，轮替着舀酒喝，仅把枣子当酒肴，不大会功夫，一桶酒就给喝没了。问酒钱多少，白胜说："不要谎价，五贯一桶，十贯一担。"刘唐说："五贯就五贯，只饶我们一瓢吃。"白胜说："饶不得，说好的价钱。"白胜正在收钱，刘唐趁机揭开另一桶酒的盖子，舀了一瓢就喝，白胜才要向前去夺，刘唐手拿半瓢酒，朝树林里跑去，白胜紧追不舍。吴用此时忙在另一瓢里撒上蒙汗药，拿瓢跑来舀酒，药便搅在酒中，然后舀起半瓢假装要喝。白胜看见，早赶过来夺过瓢，往桶里一倒，盖了酒桶盖，把瓢丢在地上，口里说道：

"你这客人一脸君子相，也跟着起什么哄！"

对面那些军汉见了，心里痒了起来，便央求老都管。老都管也难忍口渴，就替军汉们央求杨志。杨志寻思道："俺在远处见那些枣贩子一起喝了一桶酒，另一桶也见他们喝了半瓢，想必没问题。"于是就同意了。众军汉凑齐五贯钱来买酒吃。白胜说："不卖了！不卖了！这酒里有蒙汗药！"军汉们陪着笑脸说："大哥你值得拿这话来说我们吗？"白胜说："不卖了！不要纠缠我！"晁盖等在对面对白胜说："你这鸟汉子，他说错了，你也忒认真了，不关他众人的事，就胡乱卖给他们吃吧。"白胜说："没事讨别人疑心做什么？"晁盖把白胜推到一边，只顾把酒桶提给军汉们。军汉们打开桶盖，没有舀酒的瓢，于是赔笑向晁盖等人借瓢。晁盖等人借给他们瓢，又给了他们一些枣子当酒肴。军汉们表示谢意。晁盖说："都是过路客人，不必客气。"军汉们接过瓢，大家轮流舀酒喝。杨志见大家吃了也没什么事，便也喝了半瓢。白胜收了钱，挑了一对空桶，唱着山歌下冈子去了。

不一会儿，只见杨志等人头重脚轻，都软倒了。晁盖他们把车上枣子丢在地上，把十一担生辰纲装上车，遮盖好了，推着就往黄泥冈下一溜烟地走了。杨志等人动不得，说不得，心中叫苦不迭。

【管窥·释悟】

黄泥冈智取生辰纲是《水浒传中》一段非常精彩的故事。故事以晁盖、吴用等人与杨志等人的多轮对话，完美地表现出吴用等几条好汉的睿智和表演天赋。按说杨志也是一个事业心极强的押运官，智慧、能力都有超常之处，为什么一路走来都是谨慎小心，偏偏在一个不起眼的黄泥岗上功亏一篑，落得个只好落荒而走的结局呢？答案就在本节兵法上，"故善用兵者，譬如率然"。率然既是一种蛇类动物，也是一种团结互助、合力克敌的精神象征。晁盖是江湖上大家拥戴的大哥，也是这次智取生辰纲的主导人物。智取生辰纲能够获得圆满成功，晁盖的识人之能、用人能力功不可没。在这次行动中，吴用的智多星作用得到充分显现，公孙胜情报及时准确，无愧"入云龙"绰号，白胜与晁盖等人的"双簧"表演惟妙惟肖，就是刘唐、阮氏兄弟等人也都发挥了人尽其才的作用。晁盖组织，吴用导演，弟兄数人通力合作，完美配合的一台智取大戏，可谓环环紧扣，天衣无缝。策划中的一言一语，一招一式，无不充满智慧和默契；行动中的一推一拉，一阴一阳，处处洋溢着合作互助精神。"譬如率然"，携手若一，就是强调要协调配合，就是要讲究合作共赢。事实证明：协调统一节奏，团结凝聚力量，互助促进效益，合作实现共赢。

第五节　九地之变　屈伸之利

【兵法·原文】

　　将军之事：静以幽，正以治。能愚士卒之耳目，使之无知。易其事，革其谋，使人无识；易其居，迂其途，使人不得虑。帅与之期，如登高而去其梯。帅与之深入诸侯之地，而发其机，焚舟破釜，若驱群羊，驱而往，驱而来，莫知所之。聚三军之众，投之于险，此谓将军之事也。九地之变，屈伸之利，人情之理，不可不察。

【解字·说文】

静以幽，正以治：幽，昏暗，深暗，《诗经·小雅》"出自幽谷，迁（迁移）于乔（高）木"；隐晦，深奥，《世说新语·言语》"研求深邃（精深）"；深沉，《史记·屈原贾生列传》"故忧愁幽思而作《离骚》"；囚禁，监禁，司马迁《报任安书》"深幽囹圄（监狱）之中"；幽静，幽雅，杜甫《江村》"长夏江村事事幽"，又王羲之《兰亭序》"亦足以畅叙幽情"；地下，阴间，王僧达《和琅琊王依古》"显轨莫殊辙，幽途岂异魂"；地名，如幽州。全句释为沉静而深邃，严正而有条理。

愚：愚弄，蒙蔽。有说此系孙子愚兵政策。就孙子生活的时代而言，"愚士卒之耳目，使之无知"实为保守军事机密而为之，有其存在的相对合理性。就客观而言，每逢战事亦无须让每位将士尽情知晓。所谓将有将谋，兵有兵勇，各有任责，各有侧重而已。秘密之所以为秘密，就是因其有严格的知晓范围和密级限制。

易其事，革其谋：改变正在做的事情，变更已定的计谋。易，改变；革，变更。梅尧臣注："改其所行之事，变其所为之谋，无使人能识也。"

人：汉简作"民"。此三句，梅尧臣注："更其所安之居，迁其所趋之途，无使人能虑也。"其说是。按：汉简"人"作"民"。

与之期：与部队约会赴战，即向部下下达战斗任务。期，会，约。梅尧臣注："可进而不可退也。"

发其机：扣动扳机而发矢，以喻战斗打响之义，犹言"进入战斗"。机，弩机。

焚舟破釜：即破釜沉舟，决一死战之义。釜，锅。按：汉简无此四字。自上下文看，四字突然，疑为注文而误入正文。

所之：所往。

险：泛指危绝之地。

屈伸之利：用兵要该屈则屈，该伸则伸，才最有利。屈，曲；伸，伸展。按：汉简作"诎信"，与"屈伸"同音义通

统帅军队这种事情，需要沉着冷静，幽深莫测，要严肃庄重，而又有条不紊。（出于保密需要，不该士卒知晓的）要能蒙蔽士卒的耳目，使他们对作战计划毫无所知（士卒上阵，应以服从命令，听从指挥，奋勇杀敌为天职）。经常改变战法，不断变更计谋，使人们无法识破机关；经常改换驻地，有意迂回进军，使人们不能揣测。将帅授予军队任务，要像登高而抽去梯子一样，使其有进无退。将帅统领他们深入诸侯国内，要像扣发弩机放出箭一样一往直前，破釜沉舟，像驱赶羊群一样，赶过去，赶过来，只知听令前走，没有谁知道到底要到哪里去。聚集全军士卒，投放到危险的境地，使他们不得不拼死战斗，这便是将军的责任。九种不同地区作战方法的变换，屈伸进退的利害，官兵的各种心理状态，这些都是不能不细心研究和周密考察的。

【辩例·直观】

深临九地作战，统兵者必须保持清醒头脑，做到"静以幽，正以治"；必须制定并严格执行规章戒令，做到严谨审慎。战争是一组

特殊的动态组合，战场更是充满变数。作为统兵将帅或前敌指挥员，为了保证战争胜利，必须强调战场军争，计谋捭阖。军争决定战争胜负，计谋保证军争得失。大凡进行一场战争，胜利的基础除却兵力、装备等基本条件外，制定或实施什么样的计谋，往往决定成败。如何保证预定作战方针、战略战术胜利实施？何时宜"捭"？何时宜"阖"？最重要的保证措施，就是制定严格的保密原则，坚决恪守计谋保密。就现实而言，即便在和平年代，也不乏严格的密级规范。如"秘密""机密""绝密"等，都是为实现某一目的而实施的必要措施和保密手段。因此，对孙子所谓的"愚兵政策"的批评，是值得商榷的。诸葛亮与司马懿可谓是一对老冤家。在上方谷战役中，双方利用"捭阖"手段，都采取了"调虎离山"的战法。从实战角度剖析，若要实现"调虎离山"的作战意图，如何"调虎"，如何"离山"至关重要。作为交战双方，谁能够把自己的真实意图隐藏得一丝不漏，谁能够把对方的弱点按计划放大并使之始终处于可控状态，谁就把握了军争，谁就拥有了战场主动权，谁就能掌握战争胜败的决定权。

上方谷诸葛、司马对阵"调虎离山"

公元234年，诸葛亮领兵伐魏，六出祁山。魏明帝闻报急命司马懿为大都督，统兵40万至渭水之滨迎战。司马懿屯大军于渭水之北，命先锋夏侯霸、夏侯威领兵5万至渭水南岸扎营，又在大营后方的东原垒城驻军，意在进可攻，退可守，稳扎稳打，以持久战耗尽蜀军粮草，再伺机追歼，以确保魏军即便不能大胜，亦可立于不败之地。诸葛亮深知蜀军的短板是远离后方，粮草困难。同时诸葛亮也深知司马懿也清楚这一点，必然以断蜀军粮草为重要手段，以求胜利。于是诸葛亮决定将计就计，在粮草上大做文章，以期调虎离山战胜司马懿。

诸葛亮采取了两个重要措施：一是分兵屯田，让将士们与当地百姓一起开荒种地，生产粮食，以供军需，摆出一副持久作战的架势。二是自绘图样，令工匠打造木牛流马，不断从剑阁将粮草运至祁山。诸葛亮这两招着实有效。司马懿看到蜀军已经决心要同他开展持久战，十分惊恐。按照以往战例，大凡战事持久，最后吃亏的总是自己。于是司马懿决定实施破坏蜀军屯田和长途运输的行动，切断粮草，迫使诸葛亮退军。

诸葛亮料到司马懿急于破坏蜀军屯田和运粮计划，于是进一步引他上钩。诸葛亮命令蜀军：一方面在大营外造木栅栏，营内掘深坑、堆干柴，实则在大营外周围山上虚搭窝棚草营，造成蜀兵分散结营与百姓共同囤田囤粮而大营空虚的假象，以引诱魏军前来劫营；另一方面在上方谷内两边山上虚设许多粮草屋，内设伏兵，同时让士兵驱动木牛流马，伪装往来谷口运粮。而诸葛亮自己则离开大营，引一支军马在上方谷附近安营，以引诱司马懿领精兵来上方谷烧粮。

司马懿虽然烧粮心切，却极为谨慎小心，深恐中调虎离山之计。于是，也采用声东击西、调虎离山之计来应战诸葛亮。司马懿亲领魏军去蜀军祁山大营，但一反以往每战必让主攻部队走在前面的惯例，让部将冲锋在前，直扑大营，自己在后引军接应。司马懿这么做既是担心蜀军早有准备，怕中埋伏，又可将劫蜀营的佯攻演得更真，以便调动蜀军主力，趁机率精兵奇袭上方谷，烧掉蜀军粮草。司马懿用的虽也是调虎离山，但这个计谋早在诸葛亮的计划之中。当魏军直扑蜀军大营时，诸葛亮只是安排蜀军四处奔走呐喊，虚张声势，趁司马懿离山之机，另派精兵夺取渭水南岸的魏营，而自己却在上方谷等待司马懿前来烧粮，以便瓮中捉鳖。司马懿果然中计，他见蜀军都奔大营救援，便趁机领司马师、司马昭及一支亲兵杀奔上方谷。接着被蜀将魏延以诸葛亮的安排，用诈败的方法诱进谷中，截断谷口。一时山谷两旁火箭齐发，地雷突起，草房内干柴全部着火，烈焰冲天。司马懿父子眼看就将葬身火海，幸亏突来一场倾盆大雨才救了司马懿父子三人性命，司马懿大败而归。

这场战役，双方都想用调虎离山之计战胜对手，然司马懿经不住蜀军几处明显的"破绽"诱惑，改变原定的"深沟高垒，坚守不出"战略，结果还是被诸葛亮"钓"下山，本想计烧蜀军粮草，却反中了诸葛亮的"调虎离山"之计，落得个大败亏输的结局。

【管窥·释悟】

兵以勇立，将以谋胜。无论是大战役对决，还是小战场搏杀，每一场战斗都充满了计谋、智慧和勇敢的较量。以较小的代价，谋取最大的利益，应是交战双方的共识，也是对双方统帅及前敌指挥员的严峻考验。无论是侵略者还是被侵略者，战场上拼耗的都是有限的物质和鲜活的生命。战场的残酷，战争的威胁，生命的珍贵，死亡的恐怖，对所有参战者都是公平对等的。正因如此，军队统帅和前敌指挥员绝不可能把即将获取的战争利益和相伴而生的危害合盘展示出来，他们必须严格控制知情范围，严格控制密级层次，确保作战计划的保密性、实施行动的突然性、攻击敌人的爆发性、实现作战目的的圆满性。保密性、突然性、爆发性和圆满性，正是孙子强调的"愚士卒之耳目，使之无知，易其事，革其谋，使人无识；易其居，迂其途，使人不得虑"理论的存在依据和内涵所在。孙子希望统兵将帅用兵要"始如处女，动如脱兔"。而要做到这些，必须严格控制密级，严格控制知情层次。道理很直白，战前对军队和计谋的密级把控，犹如待字闺中的少女，无人得见、无人得知，待到时机成熟，一展芳颜，则闭月羞花，沉鱼落雁。同理，把控军队和严守密级，也需要等待时机，机会一到，立刻迸发出脱兔般的勇猛和迅捷。孙子用了一系列动词来论证这个道理："愚士卒耳目"，以保证军队或计谋如少女"待字闺中"般的隐蔽性；"易其事，革其谋"目的就是要用不断的变化来蒙蔽对手，使其不知所以然；"易其居，迂其途"就是要使敌人辨不清方向，搞不通路径，处于茫然状态。可以说，孙子的这些兵法观点，既是强化部队拥有铁的纪律，做到以服从命令为天职的重要手段，也是实施作战计划，实现战争目的的重要保证。这就是"将军之事，静幽正治"的内涵所在。

实战证明：统帅头脑清醒，指挥员严守密级，是进行战争、应对挑战、解决问题的重要前提和必要条件；只有善于运筹帷幄，审时度势，把握军争，才能确保计谋的隐蔽性，才能实现行动的突然性，才能达到攻击的猛烈性。无论是战争岁月还是和平年代，你有你的优势，我有我的特长。优势遇特长，孰优孰长？大象可能被蚂蚁战败，乌龟可以和兔子赛跑。世界上总有规律可以遵循，但逻辑永远是辩证的。

第六节　因势利导　以变应变

【兵法·原文】

　　凡为客之道，深则专，浅则散。去国越境而师者，绝地也；四达者，衢地也；入深者，重地也；入浅者，轻地也；背固前隘者，围地也；无所往者，死地也。是故散地，吾将一其志；轻地，吾将使之属；争地，吾将趋其后；交地，吾将谨其守；衢地，吾将固其结；重地，吾将继其食；圮地，吾将进其涂；围地，吾将塞其阙；死地，吾将示之以不活。故兵之情，围则御，不得已则斗，过则从。

【解字·说文】

　　背固前隘：背靠险固，前路狭隘，进退受敌之处。

　　一：统一。

　　属：连接。按：汉简作"偻"。

　　趋其后：使我军后续部队疾进。趋，用作使动。其，代指我军。后，指军队居后的部队。张预注："争地贵速，若前驱至而后不及，则未可；故当疾进其后，使首尾俱至。或曰：趋其后，谓后发先至也。"按：汉简作"争地吾将使不留"。

　　固其结：巩固与诸侯的结盟。按：汉简此处作"交地也，吾将固其结；壐（音绝）地也，吾将谨其恃"，与传本不同。

　　继其食：汉简作"趣其后"。

进其涂：迅速通过之意。涂，同"途"。

塞其阙：堵塞缺口，使士卒拼死作战。阙，同"缺"，缺口。

御：抵抗。

过则从：曹操注："陷之甚过，则从计也。"指深陷险境，士卒就会服从指挥。过，甚，过头，指深陷危境。从，听从，服从指挥。

大凡进入敌国作战，其一般规律是：进入得深，就团结一心；进入得浅，就容易军心涣散。离开本国，越过邻国而陈师的地区，叫做绝地；四通八达的地区，叫做衢地；进入敌境深的地区，叫做重地；进入敌境浅的地区，叫做轻地；背靠险固而前路狭隘的地区，叫做围地；无处可去的地区，叫做死地。因此，在散地上，我军要统一意志；在轻地上，我们就要使部队连接靠紧；在争地上，我们要尽力使后续部队疾速前进；在交地上，我们要谨慎防守；在衢地上，我们要巩固与诸侯的结盟；在重地上，我们要保证给养；在圮地上，我们要迅速通过；在围地上，我们要堵塞缺口；在死地上，我们要向士卒表示拼死战斗的决心。所以士卒的心理是：被包围时会协力抵抗，迫不得已时会奋力战斗，深陷险境时会听从指挥。

【辩例·直观】

解放战争进行到中后期，解放军已完全转入"攻城拔寨"的状态，逐步解放被国民党反动派占据的大、中城市。作为素以"游击战"、"运动战"见长的中国人民解放军，对城市攻坚战还处在边战边学中。因此，我军既有胜利的经验，也不乏值得总结的教训。实战中，能否科学应对复杂多变的战场形势，能否因势利导把控战场主动权，决定着战争的胜负。

1947年四平"地狱之战"

四平是国民党辽北省省府所在地，位于东北中部平原，地处中长（中国长春铁路）、四（平）洮（南）、四（平）梅（河口）三条铁路的交叉点，是通向东西南北满的咽喉要地。四平城区不算大，总共不到20平方公里，市区地势平坦，一条铁路贯通全城，将城区分为道东和道西两部分。其中东区多为普通中国百姓居住的狭小平房，比较密集；西区则为政府所在地和旧时的日本人居住区，有很多坚固的楼房建筑。城西有一座飞机场，城北有西辽河支流红嘴河，城东、南、北的10里之外才出现丘陵山地。从地形上看，四平既是一座四通八达的"衢地"，又是一座无险可守的孤城。尤其经过东北民主联军夏季攻势的打击，防守四平的国民党第71军在外出野战时半数被歼，损失惨重。军长陈明仁率残部逃回四平，一直坚守不出。

对于林彪来说，四平也是他的一个心结。一年前的1946年3月，趁苏联红军撤出东北之机，林彪命令西满军区司令员黄克诚和辽西军区司令员邓华联手夺取了交通重镇四平，这就是东北解放战争史上的"一战四平"。到了4月初，杜聿明指挥孙立人的新1军、陈明仁的第71军等部大举向四平进犯。经过32天的激烈血战，由于国民党军相继增兵，敌众我寡，防线接连被突破，形势危急，林彪不得不下令部队撤出四平，弃城而去。这一战在东北解放战争史上被称为"二战四平"。如今形势逆转，林彪决心还以颜色，报得去年的一箭之仇。在东北解放战争史上，将这一战役称为"三战四平"。

　　为攻克四平，林彪集中了东北民主联军第 1 纵队全部、邓华纵队（即由西满军区独立 1、2、3 师组成的西满纵队，邓华兼任司令员，陶铸兼任政委，也称辽吉纵队）全部、第 6 纵队 17 师，并配属东北民主联军 5 个直属炮兵营，共 7 个师 8 万余兵力组成攻城集团。第 1 纵队司令员李天佑受命统一指挥攻城行动。

　　为了查明四平之敌的守备情况，负责攻城的东北民主联军第 1 纵队、邓华纵队在向四平地区集中期间，分别派出了侦察分队。根据情况汇总，防守四平的敌人至多不过 2 万人，且多是刚刚退下来的残兵败将，士气低落。而东北民主联军攻城兵力达到了敌人的四倍，炮火数量也占绝对优势，部队士气旺盛，打下四平应该没有问题。就当时而言，这种轻敌乐观的心态在东北民主联军中是比较普遍的。确实，四平城内的国民党军正规部队不到 2 万人，但是在战斗开始前，陈明仁下令将城内的政府官员、警察、铁路警、特务，兵站、医院、车站的公职人员，加上逃进城内的外地保安队、还乡团等全部编入部队，东拼西凑，使城内的实际作战人员达到了 3.5 万人之多。这一军力上的判断失误使得从林彪到李天佑都没有集中足够的攻城兵力投入战斗，并对城市攻坚战的残酷性和巨大消耗估计不足，从而埋下了教训的种子。

　　四平守将陈明仁，湖南醴陵人，黄埔一期毕业。陈明仁很会治军，敢作敢为，因而深得蒋介石及自己部下的信赖与支持。眼下守四平的主力第 71 军虽已成残部，但参加过抗战的老兵多，战斗力仍然很强，并且誓死效忠陈明仁，战斗意志坚定。早在当初率军进驻四平时，陈明仁就料定，如此连接东西南北满的战略要地，一定会成为决战之地。他曾细致勘察了四平全城的地形，发现散布各处的俄国哥特式建筑和日本东洋建筑可以改造为永久工事，非常适合构筑城市战防线。当初林彪指挥东北民主联军二战四平时，从固有的战略思想出发，极力避免依托市区打巷战，以减少对城区老百姓的伤害。因此，林彪指挥守军主要在四平街的外围构筑阵地，设置防线，顶不下去了就主动撤离。反过来说，固守城市用"人肉盾牌"打巷战，这种战略思想对于国民党军队来说则是习以为常。此次孤军坚守四平，陈明仁决心与林彪反其道而行之，集中主要力量守市区，只在外围构筑部分阵地，能守外围阵地则守，守不了就退回市区打巷战，消耗杀伤对方的有生力量，争取时间等待援军到来。陈明仁将四平城区划为五个守备区：天桥以北为第一守备区，城东南为第二守备区，铁路以西的城西南部为第三守备区，城西为第四守备区，城西的中心地带为核心守备区。陈明仁的指挥部设在日本学校内的一座坚固大楼里，以8个营为总预备队。陈明仁部署的四平全城已经成为了一座坚固的防御堡垒：点面结合的集团地堡群遍布市区，而且都是钢筋水泥和土木钢板结构；地堡相互呼应，核心支撑点直接连通各部队的驻地大楼。为了便于联络和输送兵员弹药，各核心支撑点之间以及各地堡群之间全部打通。在重要的核心阵地中，军、师、团部大楼均构筑有地道和地下室、弹药库、指挥所以及设置发电照明设备，楼内遍布火力点。各个守备区依高低层次不同配备轻重火炮和各种轻重机枪及自动火器，形成正射、侧射、交叉、倒打相结合的绵密火力网。全城基本上做到了每幢建筑都是明暗相间的火力点，步步皆是机关纵横的死亡陷阱，形成了由各个独立支撑点构成的环形防御体系。陈明仁的这套防御体系，很大程度上是他借鉴了当年日军坚守滇西松山、龙陵、回龙山等要塞的经验而来。这次陈明仁借他山之石，公开宣布了死守四平的决心："生死关头，欲走无路；唯有合力奋战，以战图存。"同时对各防区部队下了死命令："独立死守，不求援，不待援，打光为止。""第一线部队不准后退，仅准第二线部队向前补充与增援。凡由前向后退者，即由后方部队射杀之。"在陈明仁的督令下，每条防线都设立了督战队，每个碉堡里都由老兵监视新兵，擅动者杀无赦！这样一来，四平守军便被置于了人自为战，有进无退的绝境下，只有拼命死守，以战求生。

对于四平攻城战斗，林彪还是很慎重的。6月10日，林彪与罗荣桓联名致电李天佑、邓华："四平战斗是一大攻坚战，应注意事项如下：一、这种战斗须充分准备后才可开始，以期必胜，不可仓促从事；二、主攻点须便于发挥炸药与炮兵的作用；三、接受德惠战斗教训，切忌平分兵力，集中优势兵力、火力于重点，准备在纵深内进行激烈战斗；四、防止敌人的反冲锋，一面进展，一面建立稳固的立脚点；五、发扬死打硬拼精神，动作越迟缓犹豫，伤亡就越大；六、力求迅速解决战斗，同时也要做好几天才能解决战斗的准备，并决心付出较大的伤亡。"

四平攻城总指挥李天佑，与参战指挥员一起对如何攻占四平进行了反复研究。鉴于四平守敌将主要兵力和指挥机关配置于城西区，因此将主攻方向定位于西区，集中攻城兵力先解决西区之敌，打掉陈明仁的指挥部，再向城东区发展。1947年6月14日晚20时，李天佑一声令下，总攻开始！东北民主联军近百门火炮突然一齐怒吼，大地上顿时响声如雷，密集的炮弹如冰雹般砸向了四平城。一场历时 16 个昼夜，空前激烈残酷的城市攻坚战拉开了帷幕。

四平攻坚战是东北民主联军历史上第一次大规模的城市攻坚战。此役根据《第四野战军战史》记载，民主联军伤亡一万三千余人，歼灭守军一万七千余人。从双方付出的代价看，四平之战尤其是四平巷战堪称"地狱之战"。四平之战之所以打得如此艰难，并非我军将士不够英勇，并非是我军装备不够优势，最重要的原因就是以陈明仁为首的国民党守军，在陈明仁置生死于不顾的疯狂指挥下，"后队督战前队，后退者现场击毙"，使国民党军"如登高而去其梯"，如"过河之卒"，只能前进，不能后退。可以说，陈明仁已将他的将士逼到想不拼死以搏都很难做到的境地了。试想，一支连死都不能惧的军队，其战斗力能够迸发到何种程度是不言而喻的。尽管战前林彪、罗荣桓再三叮嘱并下达六条具体指示。但一线指挥员李天佑等将领，以胜利、优势之师围攻一个四周平坦、几乎无险可守的 20 平方公里不到的小城，却依然伤亡惨重，轻敌和麻痹是致命的主要症结。这是将士们用血的代价换取并应倍加珍惜的教训之一。

【管窥·释悟】

陈明仁出身黄埔一期，可谓饱读兵书，所以"聚三军之众，投之于险"，是因为他深知连连获胜的东北民主联军一定会自傲轻敌，一定会以为夺取四平易如反掌。因此他精心设局布阵，让进攻四平的东北民主联军犹如进入敌国。陈明仁在小小的四平街设置了重重"重地"，让对手经"轻地"入"围地"，在看似易攻难守的"衢地"难以联络扩张，结果置"重地"难以自拔，深陷"杞地"渐入"死地"。东北民主联军不幸被其料中，在小小的四平街如"盲人摸象"，交付了昂贵的城市攻坚战"学费"。四平战役是我军第一次对城市开展战役的大型攻坚战，尽管战斗得异常激烈、残酷和艰难，尽管付出了巨大牺牲和代价，但为我军在今后解放战争中陆续发动的攻城拔寨行动，积累了宝贵的经验。同时，也从正反两个方面演绎了本小节《孙子兵法》在实战中的运用。

教训是深刻的，更是宝贵的。时隔不到一年的 1948 年 5 月，还是这位李天佑司令员，还是东北野战军的这支部队进行的四战四平之战，然而，这次战斗仅用 23 个小时，陈明仁及其守城部队便土崩瓦解，四平重新获得解放。实战出真知，教训积经验。战场上交战双方，无论持优势兵力，还是劣势兵力，谁能做到"情随事迁""因势利导"，谁就可能占据先机，把控军争；谁能"以变应变""实事求是"，谁就可能获得最后的胜利。战争大致都是相似的，而每场战斗必有其独立的特点。硬实力和软实力相伴而生，既相生又相克。决定胜负成败的因素也有很多，但最为重要的是"一把钥匙开一把锁"。

第七节　顺详敌意　巧能成事

【兵法·原文】

是故不知诸侯之谋者，不能预交；不知山林、险阻、沮泽之形者，不能行军；不用乡导者，不能得地利。四五者，不知一，非王霸之兵也。夫王霸之兵，伐大国，则其众不得聚；危加于敌，则其交不得合。是故不争天下之交，不养天下之权，信己之私，威加于敌，故其城可拔，其国可隳。施无法之赏，悬无政之令，犯三军之众，若使一人。犯之以事，勿告以言；犯之以利，勿告以害。投之亡地然后存，陷之死地然后生。夫众陷于害，然后能为胜败。故为兵之事，在于顺详敌之意，并敌一向，千里杀将，此谓巧能成事者也。

【解字·说文】

四五者：指"四变"和"五利"。曹操注引："或曰：上四五事也。"四变为："涂有所不由，军有所不击，城有所不攻，地有所不争。"五利为："圮地无舍，衢地交合，绝地无留，围地则谋，死地则战。"（见《九地篇》。又可参见汉简下编《四变》）按：《武备志》作"此三者"，则指本文"预交"、"行军"、"得地利"，似通顺。

不知一：汉简作"一不智"，"智"同"知"。

王霸：传本作"霸王"，据汉简改。王，王于天下。霸，霸于诸侯。《尉缭子·制谈》："独出独入者，王霸之兵也。"

养：培植。

权：权势。

信（shēn）己之私：伸张自己的主张。信，同"伸"，伸张。私，指私志，个人意图。

隳（huī）：同"毁"，毁灭。

悬：悬挂，此作颁布讲。按汉简无"悬"字。以上两句说施行超法规的奖赏，发布政令以外的命令，本文指打破常规重赏，用经济手段鼓励勇夫。

犯：动，冒着，调动。毕以珣《孙子叙录》以"犯"转训为"动"，是。

言：指理由，道理。

为胜败：本文指转败为胜。汉简作"为败为……"

顺详敌之意：杨炳安《孙子会笺》说："即审慎考察敌人意图之谓"。"顺"古通"慎"，"详"在此训"审"，仔细考察。曹操注："佯"，愚也。或曰：彼欲进，设伏而退；欲去，开而击之。"以"详"训"佯"，亦可通，但"顺详"倒置作"佯顺"讲，似觉生硬。

并敌一向：即"并一向敌"，合力向敌。并，合并，集中。

巧：本文指智谋精善。

成事：成功，本文指克敌制胜。

因此，不了解诸侯列国谋略的，不能预先结交；不熟悉山林、险阻、沼泽等地形的，就不能行军；不用向导的，便不能熟悉利用地形地貌。"四变"、"五利"这九件，有一样不了解，就不能算是王霸的军队。王霸的军队，攻伐大国，就能使它的军民不能集中起来，军威加于敌国，就能使它的盟国不能配合行动。因此，不必争着同天下的诸侯国结交，也不必在各诸侯国培植自己的权势，只要伸张自己的意图，把威力加之于敌，就可以夺取敌人的城邑，摧毁敌人的国家。施行超越惯例的奖赏，颁布打破常规的号令，指挥全军人马，就像使用一个人一样。用具体任务调遣部卒，不必告诉他们理由；用有利的东西调动士卒，而不必告诉他们有害的方面。把士卒投放在危亡境地才能保存自己，使士卒陷入死绝之地才能生存。一般说来，兵众都陷于危害境地之中，然后才能转败为胜。所以，指挥部队作战这种事，在于审慎地考察敌人的意图，集中兵力指向敌人一点，这样可以长驱千里擒杀敌将，这就是所谓智谋精善能够克敌制胜的意思。

【辩例·直观】

对于一个统帅、一个指挥员或完成一项任务的决策者而言：审慎地收集、考量对手的意图，预料、判断能够或可能出现的困难，论证和确定工作进展的突破点和薄弱点；有针对性地迅速调整并及时付诸行动，是非常重要的。有了这些考量、谋算和相应动作，即便路途较远，时限较长，困难较多，阻力较大，也可以达到预期的目的。这就是兵书讲的"顺详敌意""巧能成事"的道理。翻阅第二次世界大战史料，发现突袭成功的战例很多，我们选取其中影响较大、最具典型的三次大突袭，以及英国特战队奇袭销毁德国化工厂等成功战例进行分析品评，发现这些成功战例之所以成功，就在于突袭者自觉不自觉地践行了中国兵法关于"顺详敌意，巧能成事"的原理，使兵法中强调的谋略、计法和实战原则得到现场验证。正因如此，中国兵法也在不断适用于古今中外的战争和战争学研究中，被越来越多的实践证明这个普遍真理的实用价值。

德国突袭波兰

当希特勒用充满欺骗的演讲麻痹世界的时候，波兰竟置德国的虎视眈眈于不顾，根本就没有做任何的防范措施和准备。1939 年 9 月 1 日，德国出动 58 个师近 150 万人、2 800 辆坦克、2 000 多架飞机，分 3 路向波兰发起突然袭击。波兰在很短的时间内便灭亡了。9 月 3 日，英、法被迫对德宣战，第二次世界大战随之全面爆发。

兵临莫斯科城下

苏联最高统帅斯大林不相信德国会入侵苏联，也是疏于防范，麻痹大意。统帅的情绪直接影响到一线指挥员，当西部战区沦陷、德军以排山倒海之势席卷而来之时，西部战区司令员巴甫洛夫正在一个娱乐场所观看喜剧，战争悲剧就这样无情的发生了。战争初期，苏联严重失利。德军入侵仅一个月，其占领的苏联领土就相当于法国领土的两倍。虽然德国的进攻前半年进展得相当顺利，但仍然没有夺下最终的目标—莫斯科。德军的进展在 1941 年 12 月初达到极限，前锋部队已经推进至莫斯科市郊，甚至见到了克里姆林宫的螺旋状尖塔，遗憾的是始终没能攻进莫斯科。如果说德国突袭波兰拉开了二战的序幕，那么突袭苏联，兵临莫斯科城下，则标志着二战进入最激烈阶段。同时，法西斯的强势和疯狂也标志着反法西斯的形势严峻和即将到来的绝地反击。

日本突袭珍珠港

1941 年初，日本联合舰队司令长官海军大将山本五十六策划袭击珍珠港，以保障南进作战计划的顺利实施。战前，日本进行了周密准备，欺骗麻痹了美国。因此，直到大战在即，夏威夷岛上的美军仍毫无战斗准备。日本对珍珠港的突袭以损失飞机 29 架、特种潜水艇 5 艘的微小代价，炸沉炸伤美停泊在港内的全部 8 艘战列舰和 10 余艘其他大型舰只、20 余艘中小型舰艇，击毁美机约 180 多架，毙伤美军 3 500 余人，摧毁和损坏了港内、岛上的大部分设施，取得巨大战果。美太平洋舰队遭此打击，完全丧失了元气，在以后的 6 个月时间内不得不躲入偏海，暂避锋芒。突袭的成功使日本军国主义在东南亚和西南太平洋猖獗一时。然而，也正是由于日本偷袭了珍珠港，才促使美国坚定地走到反对日本法西斯的前台，以两颗原子弹投放为标志，加速了二战终结。

英国特战队突袭销毁维莫克化工厂

"顺详敌意，巧能成事"理论同样适用于某一单项任务的完成。发生在 1943 年 2 月 27 日的英国偷袭德国化工厂事件，就是这样的战例。这次袭击获得了巨大成功，但中间也曾一波三折。突袭源起于德国研制原子弹的核心工厂。1939 年 9 月 26 日，德国军备规划局在德国组建了由著名物理学家维尔纳·海森贝格·奥托·哈恩为首的核研究机构 "铀协会"，将 "铀规划" 纳入了军事科研轨道。1940 年 5 月，德国征服挪威、比利时，控制了欧洲唯一的以工业规模生产重水的维莫克化工厂，并获得了该公司库存的 1 200 吨精选铀矿石。1940 年，德国据此建成了专门研究机构，准备把原子弹推向战场。为阻止德国研究计划，英国决定实施特种袭击，摧毁该化工厂，断绝德国生产原子弹的能力。英国为实施这次突袭做了周密的准备。1942 年 10 月 24 日傍晚，代号为"燕子"的 4 名特工被空投到距维莫克化工厂 20 千米的雪山上。按预定计划，"燕子"落地后，与随后空投到来的 32 名突击队员会合，然后潜入化工厂实施爆炸。但是事情突发意外，32 名突击队员分乘的两架飞机发生故障，一架在飞机迫降损毁后，8 名队员遇难，另 8 名被德军抓获，后来 4 名死于医院，4 名被德军处决。另一架飞机撞山而被迫着陆，2 名当场死亡，另 14 名被德军枪杀。首次"燕子行动"失败。

1943 年 2 月 27 日晚，由 6 名"枪手"突击队员与 4 名"燕子"队员组成的特战突击队，代号"燕子行动"，又开始实施袭击。这次行动吸取了上次失败的教训，摧毁了纳粹德国研究原子弹的核心工厂"维莫克化工厂"，取得了重要的成功。德国人耗费数年建成的重水制造厂在几秒钟内陷入瘫痪，从根本上断绝了德国生产核武器的重要原料，解除了笼罩在同盟国头上的核威胁。

【管窥·释悟】

"燕子行动"获得圆满成功，解除了纳粹德国强加在同盟国头上的核威胁。第二次世界大战中发生的三次大突袭成功战例，引发了一系列逆转乾坤的世界大事。尽管二战中发生的三次成功突袭，出发点都是为了侵略扩张，尽管他们发动的战争都是非正义战争，但突袭成功却远非正义和非正义所能界定并予以成败论定的。道理很简单，兵书兵法讲究的是战争谋略，研究的是战争法则，追求的是"军争"和胜利。兵书兵法这种鲜明的中性特征和典型的战争外脑作用，犹如一把双刃剑，即可刺敌，亦可伤己。因此，兵书兵法为谁掌握至关重要。上述二战中三个突袭战例和英国的"燕子行动"能够获得巨大成功，最关键的秘笈就在于他们能够做到"顺详敌意"，能够掌握和利用突袭对象麻痹轻敌、不加设防的"软肋"，能够最大限度地放大突袭对象的弱点，从而实现一举克敌、一招制胜的终极目标。实践告诉我们：只要能正确判断形势，准确掌握敌情，科学利用自然环境和有利条件，及时、果断地采取正确方法，即使是远距离奔袭，即便是困难重重，不懈的进击者也一定会胜利和成功。

第八节　始如处女　后如脱兔

【兵法·原文】

是故政举之日，夷关折符，无通其使；厉于廊庙之上，以诛其事。敌人开阖，必亟入之。先其所爱，微与之期。践墨随敌，以决战事。是故始如处女，敌人开户，后如脱兔，敌不及拒。

【解字·说文】

政举之日：决定战争之时。政，本文指决定战争行动之事。举，发。汉简作"与"。

夷关折符：夷，平毁。关，关塞，本文指界门。符：泛指通行凭证，古以木、竹、铜等制成之牌，分为两半，用作传达命令、征调兵将和通行的凭证。封锁关口，废除通行凭证，本文指与敌人断绝往来。

厉：与"励"通，激励。

廊庙之上：指朝廷上。汉简作"郎上"。

以诛其事：议定庙算之策。诛，假借为"谋"，谋划、商议。

开阖：开门。阖，门扇。"开阖"本文指出现可乘之隙，汉简作"开闠"（《说文解字》："闠（huì）市区外门也。"曹操注："敌有间隙，当急入也。"）其说是。

亟：立即，赶快。

先其所爱：首先夺取敌人的要害之处，以掌握主动权。爱，珍爱，本文指要害。

微与之期：不要事先与敌约战。微，无。期，约期。

践墨随敌：实践既定计划时，要随敌情变化而随机应变。践墨，按照木材打墨线；践，实践；墨，墨线。

如处女：如处女一样沉静，喻其隐蔽得好。

开户：开门，本文指敌放松戒备。

如脱兔：像逃脱的兔子，喻其迅疾。

因此，决定战争行动的时候，要封锁关口，废除通行证，不使敌国使者再来；在朝廷上君臣激励，而议定庙算之策。敌人一旦出现空隙，就要迅速乘机而入。首先夺取敌人的要害之处，不要同敌人约期交战。实施作战计划时，应随着敌情变化加以变化，来决定军事行动。因此，开始要像处女一样沉静，使敌人放松戒备，然后像脱兔一样迅速行动，使敌人措手不及，来不及抵抗。

【辩例·直观】

　　执行一项军事行动大致要经历这样几个阶段：一是准备阶段。准备阶段都在行动之前，是看似无声却有声的重要阶段。无论实施什么样的行动，充分准备都是非常必要的。准备阶段包括：行动前各有关涉事资料、情报的收集；对所有已收集资料、情报进行研判、评估，去伪存真；根据实际情况制定行动方案；进行人员及必要的物资和装备的准备。二是启动阶段。这个阶段包括：各项准备工作是否充分完善的终极审定；参与行动的实施人员完成集结，待命于出发地点；指挥层组织完善，其他一切准备就绪，只待命令发出，即可付诸行动。三是实施阶段。这是检验计划是否科学，行动是否可行，成果是否符合预期的重要阶段。这个阶段包括：按计划开始实施；行动程序全面展开；行动目标的实施，包括依据行动现场情况或按既定方案，或以变应变，改动方案的实施；行动任务完成的连续和善后工作。从实战角度出发，无论是哪个阶段，都必须严格保密，做到"始如处女，后如脱兔"。

石勒用计擒王俊

　　五胡十六国时期，有一位名叫石勒的羯族首领，经过多年的计谋运筹和蓄锐征杀，终于战胜敌人创建了后赵国。翻开石勒的成功史，计擒晋国大司马王浚，应是其众多精彩战绩中的神来之笔。

　　公元312年，前汉将军石勒攻占襄国后，前汉昭武帝刘聪任命石勒为散骑常侍，封上党郡公。石勒的政治、军事实力得到极大增强。当时，晋国的王浚任大司马，都督幽冀诸州军事。王浚手握重权，权倾朝野，在幽州骄奢淫逸，作威作福，百姓怨声载道。由于王浚骄横无义，原来依附他的鲜卑人和乌桓人相继远他而去，王浚的实力大减。石勒得知王浚的情况，决心用计吞并王浚。于是，石勒征求右长史张宾的计谋。张宾说："王浚虽是晋国的藩臣，但其一直想凭借手中权力，尤其是手中掌握的兵权面南称帝。现在王浚的野心和实力均已经达到膨胀的地步，但王浚一直还有一个忧虑，就是怕四海英雄不予支持，到时候孤掌难鸣。将军您现在威震天下，声名远扬，如果能屈尊谦恭，用最厚重的礼物，最谦卑的语言去奉承他、结交他，使他对你消除猜忌，产生信任，你就可以使用奇谋妙计，一举将其拿下。"石勒认为张宾分析得很准确，就采纳了张宾的意见。于是石勒派属下王子春、董肇等人，携带大量金银珠宝去蓟城晋见王浚，并送上书信。信中写道："微臣石勒不过是一个小小的胡人，遭遇乱世饥荒，逃亡到冀州，聚集些人马，只为了保全性命。而今，晋国国运日衰，中原无主，百姓无所依靠。殿下是四海英雄仰慕的明公，除了您谁还有资格成为帝王呢？我之所以舍弃生命，兴义兵、诛暴乱，就是为了给殿下扫除障碍。切望殿下能顺应天时，早日登上皇位。"

此时，王浚正为手下可用将才较少发愁，一见石勒主动来降，大喜过望。但王浚也有顾虑，便问王子春等人："石勒已是豪杰，占据着北方许多土地，为什么要对我称臣呢？"王子春回答说："石将军确如殿下所言，是个力量雄厚，聪明能干的豪杰。但一遇明公，就犹如月亮比太阳，江河比大海！自古以来，有胡人成为名臣的，却从无胡人成为帝王的。石将军并不是不想当帝王，而是因为帝王不是仅凭智慧和力量就能夺取的。如果一味逞强，就一定不会为天下人所容。这也是石将军智慧超过一般人的地方。希望明公不要多疑。"王浚听后十分高兴，便封王子春等人为列侯，派使者带上土特产和财物送给石勒以为回报。不久，王浚镇守范阳的司马派密使投降石勒，石勒把密使杀了并把人头送给了王浚，以表示自己的忠心。王浚对石勒更加信任，不再对石勒有任何怀疑了。

一年后，王子春等人和王浚的使者一起回到襄国。石勒把他的精锐部队和最优良的武器装备都藏匿起来，让王浚的使者看到的是空虚的仓库和老弱病残的士兵。石勒对使者毕恭毕敬，面朝北方向他行礼，又恭恭敬敬地接过王浚的书信。王浚送给石勒一个麈尾，石勒假装不敢拿在手中，把它挂在墙壁上，早晚向它叩拜说："我不能见到主公，现在见到主公的赏赐就跟见到主公一样。"他再派董肇上表给王浚，约好日期亲自去幽州，向王浚奉上皇帝的称号。另外又给王浚的亲信写信，请他为自己多多美言，希望能被委以并州牧，封广平公。王浚的使者回到蓟城，报告说石勒的兵马很少，武器装备也很差，力量微弱，但对使者的款待却极尽盛情，尤其对王浚的尊崇更是虔诚之至。王浚闻知石勒兵亏将寡又忠心不二，遂完全相信石勒，对他再也不做任何防备。

当年三月，石勒的精锐部队抵达易水。王浚的督护孙纬派人飞报王浚，同时准备率兵迎战。王浚手下的将领都请求出击石勒。王浚大怒道："石勒这次来蓟州已与我约，他是要拥戴我登基为王。谁再敢说出击石勒，定斩不饶！"众将官谁也不敢再说什么了。王浚下令：

设大宴款待石勒。

第三日凌晨，石勒带兵抵达蓟城城下，高声呼叫打开城门。城门打开以后，石勒又恐有诈，先驱数千头牛羊入城，声称是给王浚的礼物，实际却是要堵塞街路，干扰王浚发兵。当石勒大军冲到王浚面前时，王浚方才相信石勒是前来索命的。但一切都已经无法挽救，石勒顺利地占领了蓟城，逐渐走上称王之路。

【管窥·释悟】

石勒生擒王浚的故事是对这段兵法的很好诠释。石勒蓄谋已久，要吞并王浚，早日称王。目标确定以后，策略和行动就是实现目的的关键。在条件尚未成熟之际，石勒卑躬屈膝，俯首称臣，对王浚极尽歌功颂德之能事，用以积攒时日，养精蓄锐。一待条件成熟，石勒便亲率强兵锐甲，以迅雷不及掩耳之势，冲进蓟城，生擒王浚，取得完胜。在这段历史故事中，石勒"始如处女，后如脱兔"，谋之于阴，成之于阳，终于成就了大业。

孙子在本篇中对统兵将帅突出强调了三个重要问题：一是必须清楚九种不同作战地区对指战员可能产生的不同心态及影响，树立实事求是、符合战场形势、科学可行的作战指导思想。二是进行域外作战必须掌握三条规律：（1）进入敌境越深入，越容易专心致志；进入得越浅，反倒越容易涣散。即"为客之道，深者专，浅则散"；（2）在敌占区获得了丰厚的粮草补给，部队就能够有足够的给养，就能够得到充分的休整，就能够养精蓄锐。即"掠于饶野，三军足食"；（3）部队进入险境，处在无路可走的境地时，士兵反倒会拼力死战；置身死地的士兵就不能胆怯和后退，军心反倒会稳定；以死相搏的士兵就会无所畏惧，就会勇往直前。即"兵士甚陷则不惧""不得已则斗""投之无所往，死且不北"。三是必须坚持严格治军、规范治军、科学治军。牢固树立实事求是、积极进取、团结协作、赏罚分明的治军理念，不断提高军队的战斗力。孙子提出的"兵之情主速，乘人之不及，由不虞之道，攻其所不戒"。即用兵贵在神速，贵在敌军措手不及，贵在选择敌军意料不到的路径去攻击敌军未加防范的薄弱环节。"并敌一向，千里杀敌""投之亡地然后存，陷之死地然后生"，即：集中优势兵力，选准突破点，就算是长途奔袭，也可以获得成功；让部队置身险危境地，士兵才更能够拼死反击，绝处求生，才可能转败为胜。四是团结互助，合作共赢。孙子以"率然"为例，强调团结能够催发生产力，团结就是力量；强调合作才能形成合力，才能实现预定目标，取得圆满结局。孙子这些重要的军事思想，对当时、对现代都具有极大的影响和强烈的指导意义。

名著
释悟

藏在孙子兵法里
的大智慧

黄涵

编著

SPM
南方传媒　新世纪出版社
·广州·

图书在版编目（CIP）数据

名著释悟：藏在孙子兵法里的大智慧. ④ / 黄涵编著. — 广州：新世纪出版社，2023.3

ISBN 978-7-5583-3747-5

I. ①名… II. ①黄… III. ①《孙子兵法》—青少年读物 IV. ① E892.25-49

中国国家版本馆 CIP 数据核字（2023）第 056079 号

出 版 人：陈少波	责任编辑：耿　谦
技术编辑：陈静娴	责任校对：陈　雪

名著释悟　藏在孙子兵法里的大智慧 ④

MINGZHU SHIWU CANG ZAI SUNZI BINGFA LI DE DA ZHIHUI ④

黄涵◎编著

出版发行：新世纪出版社
（广州市大沙头四马路 12 号 2 号楼，510102）

印　　刷：三河市南阳印刷有限责任公司
排版设计：北京大有艺彩图文设计有限公司
规　　格：710mm×1000mm　1/16
印　　张：36.75
字　　数：367 千字
版　　次：2023 年 3 月第 1 版
印　　次：2023 年 3 月第 1 次印刷
定　　价：198.00 元（全四册）

如发现印装质量问题，影响阅读，请联系调换：
北京广版新世纪文化传媒有限公司
服务热线：010-65545429
传　　真：010-65545428

目　　录

第十二篇

火攻篇

　　本篇侧重论述的是火攻。孙子把火攻分成若干类型，分门别类地讲解火攻的条件、火攻的实施办法、以及火攻时可能出现的不同情况及处理办法。此外，孙子在兵法中还提出火攻与水攻的不同特点及相互佐攻的策略。同时，也以"水火无情"为前提，警告人们慎重使用火攻、水攻等战争手段，表现出孙子较强的慎战思想。应该说《火攻篇》是孙子集无数历史和实践战例的经验总结，对战争具有极强的指导和警戒作用，是古今中外兵家、学界及有志于战争学研究者不可多得的实战教材。

第一节　火攻要素　伺机而动

【兵法·原文】

孙子曰：凡火攻有五：一曰火人，二曰火积，三曰火辎，四曰火库，五曰火队（sui 同隧与坠 zhui 通）。行火必有因，烟火必素具。发火有时，起火有日。时者，天之燥也；日者，月在箕、壁、翼、轸也；凡此四宿者，风起之日也。凡火攻，必因五火之变而应之。

【解字·说文】

火攻：汉简作"攻火"。

火人：焚烧敌军人马。火，用作动词，烧，下"火积""火辎""火库""火队"之"火"同。

积：积聚，粮秣物质。汉简作"渍"。

辎：辎重，军用物资（以车运者）。

库：仓库，本文指物资仓库。

队：同"隧"，本文指道路。按：一本作"隧"，一本作"坠"，古互通。

行：进行，实施。

因：原因，本文指实施火攻的必备条件，指天气干燥、顺风、有易燃品、有内应等。

行火必有因，烟火必素具：汉简此二句作"（行）火有因，因必素具"。据此，则"因"指借以发火之器材或引火物。"烟火"二字当作"因"。素具，平时做好了准备。素，平素。

箕、壁、翼、轸：中国古代星宿的名称，是二十八宿中的四个。我国古代天文学家将天上某些星的集合体叫做宿，本文指星团在天空中停留的位置。

凡此四宿者，风起之日也：古人认为，月亮运行到这四个星宿位置时多风。《史记·天官书》"翼为羽翮（hé），轸为车，主风。"张守节《正义》："箕主八风。"按：此处沿袭古时旧说，这种说法缺乏科学根据。风是太空中的气流运动，与月亮的运行位置没有必然联系。汉简作"风之起日"。

孙子说：火攻有五种：一是焚烧敌军的人马，二是焚烧敌人的粮草军需，三是焚烧敌人的辎重，四是焚烧敌人的仓库，五是焚烧敌人的运输设施。实施火攻必须具备一定的条件，火攻的器材必须经常准备好。放火要看准天时，起火要看准日子。天时，就是选择天气干燥的时候；日子，就是在月亮运行到箕、壁、翼、轸四个星宿位置的时候；凡是月亮经过这四个星宿位置的时候，就是起风的日子。凡是火攻，必须依据这五种火攻所引起的变化，并灵活使用兵力配合策应。

【辩例·直观】

火攻，是中国古代最为常用的一种作战方式。《孙子兵法》专设火攻篇，可见其在战争中的重要作用。火攻既是一种战略手段，又是一种谋攻战术。孙子将火攻要素概括为以下五种：

一是"火　人"。即以烧杀敌军人马为主的火攻，意在削弱敌军的有生力量。

火牛阵大破燕军

战国时，齐国被燕国乐毅率五国兵马围剿，仅剩下即墨和莒城。后来，田单被推选为齐国主帅，用"火牛阵大破燕军"，反败为胜，齐国一举收复城池 70 座。

公元前 284 年，乐毅率领六国联军大举讨伐齐国，以报 30 年前齐趁燕国内乱出兵燕地之仇，一路势如破竹，所向披靡。大军在聊城打破齐军主力后，五国罢兵，燕军继续东进，攻破临淄。短短半年间，齐国七十多座城市纷纷陷落，最后只剩下莒城和即墨两座孤城。眼看形势一片大好，岂料莒城却是坚城一座，名副其实的金城汤池。燕军攻打莒城数年不下，不得已，到即墨城下来试试运气。即墨守将战死后，城内百姓觉得田单有统帅的才能，于是推举他担任将军。田单跟兵士们同甘共苦，还把本族人和自己的家人都编在队伍里，抵抗燕兵，即墨人都很钦佩他，守城军队士气旺盛。乐毅把莒城和即墨围困了三年，也没有攻下来。燕国有人妒忌乐毅，在燕昭王面前说："乐毅能在半年之内打下七十多座城，为什么费了三年还攻不下这两座城呢？并不是他没有这个能耐，而是想收服齐国的人心，等齐国人归顺他，他好自己当齐王。"燕昭王非常信任乐毅，他说："乐毅的功劳大得没法说，就是他真的做了齐王，也是完全应该的。你们怎么能说他的坏话！"燕昭王还真的打发使者到临淄去见乐毅，并封乐毅为齐王。乐毅十分感激燕昭王的信任，但宁死也不肯接受封王的命令。这样一来，乐毅的威信反而更高了。又过了两年，燕昭王死了，太子即位，就是燕惠王。田单一听到这个消息，认为是个好机会，暗中派人到燕国去散布流言。谣言说："乐毅本来早就当上齐王了！为了讨先王（指燕昭王）的好，才没接受封号。如今新王即位，乐毅一心想要留在齐国做王，怎么能对齐地大动干戈呢？要是燕国另派一个大将来，一定能攻下莒城和即墨。"

燕惠王本来就担心乐毅功高欺主，一直在寻找机会将他换掉。如今听了这个谣传，正中下怀，于是立即派大将骑劫到齐国去替换乐毅。乐毅是赵国人，被撤职后无奈，只好回到赵国去了。燕惠王封骑劫当了大将军，接管了乐毅的军队。燕军将士们很不服气，可大家又敢怒而不敢言。骑劫到任后，立即下令围攻即墨，把个城池围了好几层。而被困在城里的田单，早把决战的计划和步骤准备好了。田单选了五千精锐士兵，各个手持利刃组成"敢死队"；又挑选了一千多头壮牛，把它们精心打扮起来，每头牛身上都披着一块被子，被子上面画着大红大绿、希奇古怪的图案，牛角上各绑着一把尖耳尖刀，尾巴上系着一捆浸透了油的苇束。一应准备停当，田丹趁午夜，凿开十几处城墙，把群牛列队赶到城外，命令士兵同时点燃绑在牛尾巴上的浸油苇束。牛尾巴瞬间燃烧，疼痛难忍时，疯狂骤生，一千多头牛被同时烧得兽性大发，朝着燕军兵营方向径直俯冲过去。齐军的五千名"敢死队"拿着大刀长矛，紧跟着牛队，呼喊着冲杀上去。城中百姓都一起来到城头，拿着铜壶、铜盆和其他可以击打鸣音的器具，狠命地敲打起来。刹那间，震天动地的呐喊声夹杂着鼓声、铜器声，惊醒了睡梦中的燕国人。燕军将士睡眼朦胧中，突见火光闪耀，成百上千头上长刀的怪兽，铺天盖地横冲过来。燕军惊骇欲绝，哪里还能抵抗。休说那一千多头牛角上捆的刀扎死了多少人，那五千名敢死队砍死了多少人，就是燕国军队自己乱窜狂奔，互踏而死的也不计其数。燕将骑劫坐着战车，想杀出一条活路，结果被齐兵围住，结果了性命。随即，田丹率齐军大举反攻，整个齐国都发动了起来。那些被燕国侵占领土的地方，将士百姓都纷纷响应，杀了燕国的守将，打开城门迎接田单。田单的军队打到哪儿，哪儿的百姓就群起响应，不到几个月工夫就收复了被燕国和秦、赵、韩、魏四国占领的七十多座城池。

二是"火　积"。即烧毁敌军的粮草等军需物资。这是古代战场上经常使用的一种火攻战术，意在毁敌粮草，断敌后路，致其不战自败。

曹操火烧乌巢

发生在三国时期的"官渡之战"便是一个典型战例。曹操在形势不利的情况下，听从了许攸的建议，派精锐五千，直奔袁绍的粮仓乌巢，一把火烧掉粮仓。袁绍后方供给被无情切断，一时间军心浮动，斗志锐减。曹操趁势出兵，大破袁绍，扭转了战局。官渡之战是曹操消灭袁绍，平定北方局面的重大转折，为以后与吴蜀角逐并大一统天下，奠定了重要的基础。（官渡之战因有专章讲述，在此不加赘述）。

三是"火　辎"。即烧毁运载工具承载的辎重和军需物资，以绝敌后援补给，使之阻断前后方联系。

火辎敌军切断补给

"火缁"是火攻战场中使用频率较高的一种战术。两军对垒除却兵力和士气外，最重要的就是军需和补给。一场战争或是一次战斗，军队装备、辎重尤其是各种军需物资是否能得到保障，后勤道路能否保持畅通，补给能否做到源源不断，这些条件和因素，常常决定战局成败。诸葛亮六出祁山无功而返，症结在后勤补给；清初黄梧"漳州起义"，解决了顺治皇帝在闽的后勤补给困难，加快了全国统一的步伐；抗日战争中，"铁道游击队"袭击鬼子采取的也大都是"火缁"的战术。实战证明，"火缁"敌军，销毁敌军物资储备，切断敌军补给线路等等，都是取得成功，走向胜利的重要保证。

四是"火　库"。即焚烧敌军的军营和仓库。

陆逊火烧连营

举东吴统帅陆逊夷陵大败刘备一战为例：《三国演义》中，东吴主帅陆逊战胜刘备的那场"夷陵大战"，就是采用"火库"之术，火烧蜀军七百里连营，造成刘备"白帝城托孤"，蜀国元气大伤的严重后果。刘备为报二弟关云长被杀之仇，亲率 70 万大军讨伐东吴，一路上可谓杀气腾腾锐不可当。后来，陆逊受封东吴大都督，领兵在夷道驻扎，与刘备对峙。由于盛夏酷暑天气炎热，蜀军只好弃船就陆，找荫凉山地安营扎寨。因为地处山地，蜀军无法大面积扎营，只好在山间空地逶迤绵延数百余里设立营盘。陆逊趁蜀军麻痹，用火库战术，火烧蜀军营寨。刘备气势汹汹而来，狼狈不堪而归，报仇心愿未圆，徒增人财皆空的痛苦，忧愤交加，抱恨病逝于白帝城，成为蜀国不可重复的悲剧。

五是"火　队"。即烧毁敌军的运输工具和运输通道，切断敌军的后勤补给，使之成为孤军以消灭之的一种火攻战法。

联合国军实施的"绞杀行动"

抗美援朝战争中"联合国军"实施了残酷的"绞杀行动"。在屡屡的战斗中，联军统帅发现志愿军每次战役都以一周为限，原因就是运输补给问题。于是他们使用了疯狂残酷的空中"绞杀行动"，妄想截断志愿军的后勤补给线，给志愿军将士造成巨大困难。但是，美帝的用心是枉然的，行动更是徒劳的，最终还是以无可奈何的停战谈判签字而告终。如果说中朝两军同心协力共克"绞杀行动"，粉碎敌人"火队"计划，是知己知彼克敌制胜的必然结局，那么，建国之前发生在金门岛的那场登岛战斗，就显得大相径庭了。同样是面对敌人的"火队"，结局却生死两重。实践证明：一个好的兵法、战策是否能够如愿以偿，使用和掌控者的综合素质，实施行动的计划、方式和预案，以及能够组织和调动起来的其他诸如军队、补给，前方、后方，主观意愿、客观条件，尤其是这些要素的有机配置、和谐互动，才是关键所在。

【管窥·释悟】

古今中外借用火攻的战例很多，大概都属于上述这五种类型。从有史记载的火攻战例看，善用火攻，消灭敌人最多的，当属《三国志》《三国演义》中的诸葛亮。翻开诸葛亮火攻战绩：火烧博望坡、火烧新野、火烧藤甲兵、火烧上方谷以及与周瑜联手的火烧赤壁等等，辉煌胜利比比皆是。此外，还有如唐刘仁轨白江口火烧倭兵、元末朱元璋火烧陈友谅、大明朝火烧荷兰战船等等，都是较为典型的火攻战例。在冷兵器时代，特别讲究识天文、晓地理，精通五行八卦。一些学问精通的兵家学者便成了当时的最杰出人物。如周朝推衍周易的文王姬昌、楚汉战争中运筹帷幄的张良、三国出神入化的诸葛亮、大唐铁铮直谏的魏征、明朝神机妙算的刘伯温等等，无不因其渊博的知识而备受历代推崇尊重。"闻道有先后，术业有专攻""不吝知之晚，最贵在践行"。机会永远是为有备之人而备，成功永远属于术业有成的不懈进击者。

第二节　火攻五法　应变而生

【兵法·原文】

火发于内，则早应之于外。火发兵静者，待而勿攻，极其火力，可从而从之，不可从而止。火可发于外，无待于内，以时发之。火发上风，无攻下风。昼风久，夜风止。凡军必知有五火之变，以数守之。

【解字·说文】

早：及早，本文指及时。杜牧注："凡火，乃使敌人惊乱，因而击之，非谓空以火败敌人也。闻火初作即攻之；若火阑众定而攻之，当无益，故曰早也。"

火发兵精者，待而勿攻：此二句汉简作"火发其兵静而勿攻"。

极其火力：让火势烧到最旺时。汉简作"极其火央"，"央"同"殃"。

从：跟从。《说文解字》："从，相听也。"古指一人跟随一人走。本文指进攻。

而：则。

不可从而止：汉简"止"后有一"之"字。

无：汉简作"毋"。古"无""毋"同"勿"。

久：《孙子直解》引张贲说："久字，古从字之误也。谓白昼遇风而发火，则当以兵从之；遇夜风而发火，则止而不从，恐彼有伏，反乘我也。"可备一说。

以数守之：等待发火之时日等条件具备时候到来。数，星宿运行的度数，本文指气象变化的时机，即上文"发火有时，起火有日"等条件。守，等候。

如果从敌人营内放火，就要及时用兵在外面策应。火已经烧起来，敌人仍然保持镇静的，就应等待一下，不要马上进攻。在火势烧得很旺时，还应看情况，可以进攻就进攻，不可以进攻就停止。火可以从外面放，就不必等待内应，按时放火就行了。要从上风放火，不要在下风进行火攻。白天风刮久了，晚上风就容易停止。军队必须懂得五种火攻方法的变化运用，等待时机到来时实施火攻。

【辩例·直观】

如果说上一节孙子记述了火攻的种类和火攻的战略原则，那么本节则是讲解使用火攻的具体战术要点和实用方法。兵书点面兼顾地解析火攻的程式和具体步骤，就是为了说明正确使用火攻，在战场上能够发挥无可替代的关键作用。火攻，即以火为主要进攻手段，对敌人施以打击的进攻方式。兵书中介绍的五种火攻方法，虽然相对具体，但仍属举一反三，绝非火攻全部。孙子以五种战术和方法予以介绍，目的在于提纲挈领。本层次重点讲解的是放火于敌营，用火作为进攻武器，来烧杀敌人的战术和战法。我们试举以放火为主战手段，消灭强横敌人的"博望坡之战"为例。

火烧博望坡

　　博望坡之战是诸葛亮出山后指挥的第一场胜仗，也是奠定他在蜀军中重要地位的标志性战役。但《三国志》与《三国演义》对把控这场战斗的主角，记载的却不尽相同。《三国演义》记述的是诸葛亮"新官上任三把火"的第一把火"火烧博望坡"。而《三国志》记述的则是刘备火烧博望坡。如下文：

　　建安五年（公元 200 年），官渡之战爆发。原先与关羽、张飞失散的刘备借此机会兄弟重逢，并于汝南依附当地诸侯刘辟、龚都等，企图于曹操背后发动奇袭以挫败曹军。然而，翌年（公元 201 年），在官渡和仓亭大获全胜的曹操，决定回师铲除位于背后的威胁。刘备在穰山一役失利后，被迫逃往荆州投靠刘表。获得刘表赏识的刘备，则被委以守卫荆州北方的重任，屯兵于南阳新野。建安七年（公元 202 年），刘表趁曹操北上攻击袁尚的契机，派遣刘备领军出击袭取许都。于是，刘备发兵北伐，一直打到叶县，接近许昌，严重威胁到中原的安全。曹操急调大将夏侯惇、于禁、李典反击刘备，刘备将阵线后撤，选择博望与曹军对峙。某日，刘备派出少数军队与夏侯惇交战，并故意败退，而后又烧毁自军营寨。种种迹象使夏侯惇误判刘备无力再战，决定追击。李典劝谏。夏侯惇认为是李典判断有误，仍与于禁追击。然而，当行进至狭窄的林间山道时，刘备安排的伏兵突然杀出，夏侯惇应对不及，遭伏兵攻击。困难时刻，李典指挥自军人马前往接应，救出了夏侯惇。而刘备由于兵力太少，也选择了退军。

　　罗贯中笔下的《三国演义》，则是以浓墨重彩描述了博望坡之战。战斗场面和过程结局虽大同小异，但主角却不是刘备了。《三国演义》把博望坡之战作为诸葛亮出山开场戏，集中显现了诸葛亮的智慧、果敢和无与伦比的计谋。诸葛亮受刘备三顾茅庐后答应出山，但身无寸功，无以服众，尤其是刘备的两个义弟，更是瞧不起这个初出茅庐的"山人"。当时曹操已平定河北，决心南征，乃派遣夏侯惇为主将，于禁、李典为副将，领军十万直逼南阳新野而来。诸葛亮虽有退敌之策，然而关羽、张飞等傲不听命。无奈，诸葛亮临阵只好借刘备令剑威服二人。诸葛亮令关羽、张飞各领一千兵马，埋伏在豫山、安林之中，待夏侯惇领军通过之时，就以伏兵与火攻击之。另外派遣赵云领老弱残兵担任先锋，与夏侯惇交战，并诈败撤退，引诱夏侯惇进入山林窄路之中。又遣关平、周仓、刘封等人潜入曹军后方，焚烧物资，制造曹军恐慌。交战后，一切正如诸葛亮安排：在夏侯惇与于禁领军追击时，位于后方的李典紧急通报前方的夏侯惇，需防敌军火攻，然而为时已晚。曹军受制于道路狭窄，又处于树木繁杂之处，蜀军一点燃火种，火势便一发不可收拾。曹军死伤十分惨重，夏侯惇等将领大败逃回许都。诸葛亮出山后的第一场战役获得了成功，此后关羽、张飞等人完全信服，对诸葛亮也愈加敬重。

【管窥·释悟】

博望坡之战是刘备亲自指挥也好，是诸葛亮出山的第一把火也好，刘备军采用火攻大败夏侯淳，这是有史记载的共同点。博望坡之战是《三国演义》中大量以火为战的一个普通战例，但其以近乎完美的描写，开作品火攻之先河，为后篇大量的火攻战役拉开了帷幕。火烧博望坡战例说明：攻击灭敌手段不胜枚举。贵在战略战术，贵在机动灵活，贵在手段方法，贵在果敢坚决。

第三节　火攻水佐　因势利导

【兵法·原文】

故以火佐攻者明，以水佐攻者强。水可以绝，不可以夺。

【解字·说文】

明：明显，本文指效果显著。杨炳安《孙子会笺》引王念孙说"明犹强也"，说此处明、强，异文同义，可备一说。

绝：断，隔，断绝敌人粮道、后援等。

夺：失，即剥夺，本文指焚毁敌人的物资器械。按：杨炳安《孙子会笺》以为"不"当作"火"，"古文形近易误"。《孙子集校》改作

"火可以夺"。

用火辅助进攻，效果显著；用水辅助进攻，能使攻势加强。水可以把敌人分割隔绝，但不会像火那样使敌人失去军需物资。

【辩例·直观】

兵家深知水火无情的道理，所以战场上火攻、水淹以及互为攻、佐的战例很多。

赤壁之战

赤壁之战发生在东汉末年。孙权、刘备联军于建安十三年（208年），在长江赤壁（今湖北省赤壁市西北）一带大破曹军，史称赤壁之战。赤壁之战是中国历史上以少胜多、以弱胜强的著名战役之一，是三国时期"三大战役"中最为著名的一场战役，也是中国历史上第一次在长江流域进行的大规模江河作战，更是吴蜀联军利用火攻水佐取得重大胜利的辉煌战例。赤壁之战使曹操元气大伤，吴蜀实力明显增强，三分天下的局面由此奠定。

为抗击曹操的进攻，刘备在诸葛亮的劝说下，同意与孙权联盟，抵抗曹操。但东吴暂未受到曹操的直接攻击，能否同意联盟抗曹尚未可知。于是，刘备委托诸葛亮前往柴桑会见并说服孙权，一同抵抗曹操。果如事前所料，在如何抵御曹操的问题上，东吴文臣武将意见很不统一，孙权也在犹豫之中。《三国演义》专门设立一章讲述诸葛亮舌战群儒，展现了诸葛亮胸怀全局、执重若轻、睿智豁达的论辩智慧和知己知彼、运筹帷幄的谋算能力，得到孙权和鲁肃、周瑜等一大批主战派的赞成。

孙权任命程普与周瑜分别为左右都督，与刘备军结成孙刘联军。据《三国演义》记述：曹操正为北方士卒不习惯船战而无计可施之际，庞统献上"连环计"，即将战船用铁索连接起来，站在船上，如履平地。曹操采纳了这个意见，把战船统统用铁索连接起来。周瑜部将黄盖说："如今敌众我寡，难以长期相持。曹军已把战船连在一起，首尾相接，可以用火攻，击败曹军。"周瑜采纳了黄盖的意见，并实施"苦肉计"，让黄盖诈降曹操，一切如计划进行。

诈降之日，黄盖准备了几十艘船只，满载薪草膏油，外用赤幔伪装，上插牙旗，在船后系上走舸。临近曹军船队，黄盖遂令点燃柴草，同时驱船极速靠近。着火的船队乘风快速向前飞驶，冲向曹军水营。当时东南风正急，火烈风猛，曹军战船顷刻间大火熊熊，时间不长，曹军战船便悉数被烈焰吞没，火势还蔓延到曹军设在陆地上的营寨。刹那间，浓烟烈火，遮天蔽日，曹军人马烧死和淹死的不计其数。周瑜等率领轻装的精锐战士紧随在后，鼓声震天，奋勇向前，曹军大败。曹操率军从华容道步行撤退，遇到泥泞，道路不通，天又刮起大风。曹操让所有老弱残兵背草铺在路上，骑兵才勉强通过。此时，孙刘联军又一路追杀，曹军大败溃输，死伤不计其数。《三国演义》此时又专门设计了一场华容道遭遇战，以关云长义释曹阿瞒，极尽曹操失败的丑态，以渲染赤壁之战的辉煌战果。

朱元璋火烧陈友谅

　　元朝末年，朝政腐败，社会动乱，农民起义如火如荼。平民出身的朱元璋成为起义军的首领。朱元璋掌管起义军后，采纳刘伯温等人的建议，制定了"先夺金陵（今江苏南京），以此为基，平定江南，夺取北方，灭元建明，统一全国"的作战方针。朱元璋要平定江南，实施战略计划，势必同强敌陈友谅进行激烈的争夺。陈友谅地处金陵上游，控制了安庆、九江、武昌三个战略重镇，占地广阔，实力强大，仅水军就 10 倍于朱元璋。出于扩大声势，便于集结和陆军水战的考量，陈友谅将江面战船用铁锁连接，战船行驶江上犹如陆地般平稳。朱元璋探得陈友谅军巨舰首尾连接，好似当年曹操赤壁战船连环重现，决定抓住难得的战机，施以火辎完胜陈友谅。二十日，两军在康郎山（今江西鄱阳湖内）湖面对阵。黄昏时分，湖面上吹起东北风，朱元璋选择勇敢的士兵驾驶 7 艘渔船，船上装满火药柴薪，迫近敌舰，顺风放火，风急火烈，迅速蔓延。一时烈焰飞腾，转瞬之间烧毁陈军数百艘巨舰，陈军死伤过半，陈友谅的两个兄弟及大将陈普略均被烧死。朱元璋指挥军队乘势发起猛攻，毙敌 2 000 余人。此次水战，从七月二十日开始到八月二十六日火辎结束，前后历时 37 天，时间之长，规模之大，投入兵力、舰只之多，战斗之激烈都是空前的。

　　朱元璋之所以能以少胜多，以弱胜强，以小胜大，正是巧妙地利用陈友谅失误的结果。面对舰只庞大、装备精良的陈军，朱元璋冷静、敏捷地捕捉敌方的弱点和失误，化不利为有利。进入江西湖口之初，朱元璋就在武阳水与鄱阳湖、长江与鄱阳湖各隘口，层层派兵扼阻，限制其兵力的展开，阻止其发挥多兵大舰的优势，形成了对陈友谅的战略包围，把握军争，从开始便掌握了战略主动权。然后又集中大部战船和兵力逐次打击陈军，尤其善于利用风向、水流等自然条件，及时抢占有利攻击阵位，不失时机地实施火辎，造成陈军战船焚毁，辎重无济，船毁人亡的惨剧。朱元璋发挥火辎作用，实现以少胜多、以小击大、以弱胜强，创造了中国水战史上'以火佐攻'的著名战例。

【管窥·释悟】

赤壁之战的失利使曹操失去了在短时间内统一全国的可能，而孙刘双方则借此胜利开始发展壮大各自势力。刘备向孙权借荆州后实力迅速壮大，进而谋取益州。孙权屡次亲率大军进攻合肥，数战不利，损兵折将。曹操在退回北方，休养生息五年，平定关中后，才大举南征孙权。此战形成了天下三分的雏形，奠定了三国鼎立的基础。

赤壁之战是毛泽东在《中国革命战争的战略问题》一文中列举的中国历史上"双方强弱不同，弱者先让一步，后发制人，因而战胜"的著名战例之一。战争的胜负取决于双方政治、军事、经济等多方面的条件，但归根结底还是双方军事实力的较量。曹操在官渡之战中，实力明显不如人力物力都占有绝对优势的袁绍，但他却以少击众、以劣势对优势并最终大获全胜。从"官渡之战"到"赤壁之战"，曹操一胜一负，而胜负的关键都没有离开一个"火"字。朱元璋以较为劣势的兵力，一举战胜不可一世的陈友谅，其成功秘诀也缘于"火"。

三国时期的"赤壁之战"和朱元璋的"鄱阳湖水战"跨越上千年，而水佐火攻战法却何其相似，甚至连战败者所犯的错误都相差无几。两个战例都雄辩地证明：火攻水佐在实战中的作用几乎无与伦比；战争双方的取胜、致败之道也都值得后人咀嚼反思。

第四节　合利而动　悖利而止

【兵法·原文】

夫战胜攻取，而不修其功者凶，命曰费留。故曰：明主虑之，良将修之。非利不动，非得不用，非危不战。主不可以怒而兴师，将不可以愠而致战。合于利而动，不合于利而止。怒可以复喜，愠可以复悦，亡国不可以复存，死者不可以复生。故明君慎之，良将警之，此安国全军之道也。

【解字·说文】

不修其功者凶：不能巩固其成果的，是危险的。修，治，修治，引申为巩固；功，功效；凶，危险。按：汉简"修"作"隋"。

命：命名之义。

费留：费，花费，耗损。《商君书·垦令》："商贾少则上不费粟。"又意浪费。《老子·四十四章》："甚爱必大费，多藏必厚亡；"留，停留，留下。《屈原·离骚》："欲少留此灵琐兮，日忽忽其将暮。"费留是指财力耗损、浪费而得不到保留。张预注："财竭师老而不得归，费留之谓也。"另一说：仗打胜了。"赏不以时，但费留也。"按：汉简作"命之曰费留"。本文特指不能珍惜、不能巩固胜利成果的危险行为。

修：治，处理。汉简作"随"。

非得不用：不能取胜，便不用兵。得，得胜；用，用兵。

而：汉简无。

师：汉简作"军"。

愠：恼怒，怨愤。汉简作"温"，即"愠"字。

致战：引起战争。按：以上两句说：作为国家命运决策的君主、将，要以国家为重，切不可以感情用事，因一时恼怒而兴师打仗。

合于利而动，不合于利而止：符合国家利益就行动，不符合国家利益就停止。合，符合。这是孙武的慎战思想，是有积极意义的。按：汉简两句作"合于利而用，不合而止"。

怒可以复喜，愠可以复悦：两句汉简作"怒可复喜也，温可复……"

凡打了胜仗，攻取了城池、土地，却不能巩固其成果的，是很危险的，这就叫做"费留"。所以说：明智的君主要认真考虑这个问题，优秀的将帅要认真处理这个问题。对国家不利就不要采取军事行动，没有取胜把握就不要用兵，不到危急之时不要开战。君主不可因一时恼怒而兴兵打仗，将帅不可凭一时怨愤而引起战争。符合国家利益的就行动，不符合国家的利益就停止。恼怒还可以重新变为欢喜，怨愤也可以重新变为高兴；国亡了就不能复存，人死了也不可能再活。所以明智的君主对待战争一定要慎重对待，优秀的将帅对待战争必须警惕，这是安定国家和保全军队的根本道理。

【辩例·直观】

战争是政治最尖锐、最激烈、最血腥的表现，也是决策人经过反复思考最集中、最无奈、最冷酷的选择。战争又是最残酷、最无情、最冲动的现实，无论对谁都没有一丝一毫的同情、怜悯和偏爱。古往今来，战争以他独特的属性肆无忌惮地、反复无常地折磨着人类。因此，战争又是人类的公敌。行之有效地减少战争、管控战争、消灭战争，是人类义不容辞的义务和责任。然而，人类因隙而生的矛盾、纠葛，欲望与仇恨交织迸发的行动等等，又无时无刻不在人们的心底燃起刀兵相见、驰骋沙场、夺城掠地、置敌于死地的冲动。往往就是这么简单的一个冲动，就会酿成无可挽回的人类灾难。我们研究战争，就是要努力减少或避免战争，就是要从战争给人类带来的一次次劫难中，找出带有规律性的教训和启迪，用以发人深省，警示后人；就是要以战争为戒，告诉人们远离战争、规避战争、制止战争、消灭战争。

夷陵之战

夷陵之战，又称彝陵之战、猇亭之战（猇亭 Xiāotíng），是三国时期蜀汉昭烈帝刘备对东吴发动的一次大规模战役。夷陵之战是中国古代战争史上，一次著名的被劣势兵力采取积极防御，无情战败的战例，也是三国"三大战役"的最后一场战役。

　　章武元年（公元 221 年）7 月，刘备因二弟关云长被东吴杀害，遂不顾大家劝阻和反对，冲天一怒，亲率蜀汉 70 万大军，对吴国发动了全面战争。面临蜀军大举战略进攻，吴国奋起应战。孙权任命右护军、镇西将军陆逊为大都督，统率朱然、潘璋、韩当、徐盛、孙桓等部共五万人开赴前线，抵御蜀军。同时，又遣使向曹丕称臣修好，以避免两线作战。陆逊上任后，通过对双方兵力、士气以及地形诸条件的实地侦察和认真分析，认识到刘备兵势强大，报仇心切，锐气正盛，吴军应暂时避开蜀军锋芒，实施战略退却。陆逊将军队一直后撤到夷道（今湖北宜都）、猇亭（今湖北宜都北古老背）一线。然后在那里停止退却，转入防御，遏制蜀军继续进兵的势头。吴军这样退、守的主要目的，就是要将自己的军队完全撤出高山峻岭险地，既可以减少或避免遭到蜀军偷袭，同时也把兵力无法展开的数百里山地险隘留给了蜀军，为下一步全面反击打下伏笔。

　　从正月到六月，两军一直不能直接决战，刘备极为恼火。为了迅速同吴军进行决战，刘备曾频繁派人到阵前辱骂挑战，但是陆逊均沉住气不予理睬。后来刘备又派遣吴班率数千人在平地立营，在山谷中埋伏人马，企图引诱吴军出战，伺机加以聚歼，但此计依然未能得逞。陆逊坚守不战，破坏了刘备倚恃优势兵力企求速战速决的战略意图。蜀军将士逐渐斗志涣散松懈，失去了主动优势地位。

　　陆逊看到蜀军士气低迷，遂放弃了水陆并进、夹击蜀军的作战方案，认为新的战略反攻时机业已成熟。陆逊在进行大规模反攻前夕，先派遣小部队进行了一次试探性的进攻。这次进攻虽未能奏效，但却使陆逊从中寻找到了破敌之法：火攻蜀军数百里连营。当时江南正是炎夏季节，气候极为闷热，而蜀军的营寨都是由木栅茅草筑成，其周围又全是遮荫密林、茅草，一旦起火，必然连成一片。决战开始后，陆逊即命令吴军士卒各持茅草一把，乘夜突袭蜀军营寨，顺风放火，顿时火势猛烈，蜀军大乱。陆逊乘势发起进攻，迫使蜀军浴火西退，部队陷入混乱状态。陆逊集中兵力，四面围攻，又歼灭蜀军数万之众。至此，数十万蜀军已溃不成军，大部死伤和逃散，车、船和其他军用物资丧失殆尽。刘备逾山越险，才得以摆脱追兵，逃入永安城中（又叫白帝城，今四川奉节东）。次年，刘备带着满腹遗憾，走向白帝城托孤的人生悲剧。

陈圆圆置死地而后生

陈圆圆是大家熟知的一个明末小人物，曾以其美貌的颜值和智慧惹得吴三桂"冲天一怒为红颜"，导致李自成新生政权成为"短期王朝"，被载入悲剧史册。

李自成进入北京后遇到了一个不大不小的麻烦事：北京名妓陈圆圆曾是吴三桂的挚爱，但起义军进京后，核心领导人刘宗敏对陈圆圆竟也颇为痴迷。一时间，吴三桂、刘宗敏争夺陈圆圆的闹剧，搅得京城沸沸扬扬。李自成传唤陈圆圆面审，认定陈圆圆就是"祸水"，下令将其拉出去勒死。

面对李自成下达的处死令，陈圆圆不待卫士动手便自己站起身来，看了李自成一眼后，冷笑一声转身就走。李自成大喝道："回来！你冷笑什么？"陈圆圆复又跪下："小女子早闻大王威名，以为是位纵横天下，叱咤风云的大英雄，想不到……"陈圆圆话音未落，李自成喝到："想不到什么？""想不到大王却畏惧一个弱女子！""孤打遍天下，未遇对手，怎么会畏惧你这么一个小女子？""大王，小女子出身良家，坠入烟花，饱尝风尘之苦，实属身不由己。初被皇帝霸占，后被吴总兵夺走，再后来又被大王手下刘将爷抢来，所有这些，皆非小女子本意。请问大王，小女子自身有什么罪过？大王仗剑起义，不就是为了解民于倒悬，救天下之无辜吗？小女子乃无辜之人，大王却要赐死，不是畏惧小女子又能作何解释呢？"

陈圆圆辞正腔圆的反问还真把李自成问住了。李自成只好抬抬手："你且起来说话。"陈圆圆立刻跪下给李自成磕头："谢谢大王！"然后站起来继续说道："就是为大王计，您赐死小女子也实属不智。""怎么不智？""小女子看宫中情形，大王似有撤出京城的打算。""就算孤王有此打算那又如何？""大王是想平安撤走呢，还是想被追袭而走呢？""若走，当然是平安撤走了。""大王，吴总兵身为先锋官，手握重兵，气势汹汹，正在向京师逼近。小女子蝼蚁之命，大王杀了我无丝毫益处；如果留下不杀，小女子要感谢大王不杀之恩，必在京城留住吴总兵，使其不去追袭大王。趋利避害，大王一定知道怎么做更好！"

陈圆圆的话深深触动了李自成。如何防止吴三桂追袭，正是李自成连日来思虑的事，他掩不住内心的焦急："你果能使吴三桂滞留京师吗？"

"大王想必知道，吴总兵降而复叛，皆由小女子而起。大王杀了小女子，必然激起吴总兵更大的复仇怒火，必然要日夜兼程，追袭不已。大王若留下小女子，我一定会千方百计地劝说吴总兵滞留京城，不再去追袭大王。"

"好！孤王相信你！还你自由！"

陈圆圆置死地而后生，成为后人传说的一段佳话。

【管窥·释悟】

陈圆圆之案例，通篇并无"明火"可燃。将其放在《火攻篇》中，似有牵强附会之嫌。研读《孙子兵法·火攻篇》，的确讲的是"明火之攻"，为什么在本篇中非要加上一段似乎风马牛不相及的案例呢？其实理由也很简单，那就是试图从不同案例中寻觅"古为今用"的切入点。从现实角度出发，我们理解兵书所讲之火，决不能单纯地仅局限于战火、军火和其他自然之火，兵书之火应该有其更广泛的外延。我们认为，客观环境下的"火"是火，主观条件下的"火"也是火，而且是更广义、更深刻的"火"，这应是《孙子兵法·火攻篇》的合理外延，也是本文做出的一次"古为今用"的尝试。李自成要杀陈圆圆是因该女扰乱军心，制造矛盾，故生杀意，是为怒火中烧；吴三桂与刘忠敏争夺陈圆圆而引发的冲天一怒，意在报夺爱之仇，是为妒火中烧；陈圆圆出于保命，冒死向李自成陈述原委，是自觉不自觉地反"火攻之道"其意而行之的"灭火"之法。虽然这几把火都不是客观的自然之火，但其燃烧的强度、烈度，及其杀伤力，均不逊于自然之火。基于上述领悟，因把陈圆圆故事作为案例以为引证。陈圆圆未必懂得《鬼谷子》的捭阖之理，权谋之法，也很难通晓《孙子》的攻守之术和兵法之道，但出于生存本能，陈圆圆审时度势，陈事说理，大胆力争，在"火攻篇"中，以"熄火"免灾，以"灭火"求安，实现了置死地而后生的理想结局，应是审慎对待火攻之术的另一种诠释。

如果把说服李自成，保住身家性命，看成是陈圆圆的主观"灭火"之举，那么，刘备的夷陵之战就是真真的客观之火，自然之火了。相比陈圆圆，刘备的"火"就显得更加悲剧了。夷陵之败让新建的蜀汉政权受到沉重打击，不仅损失大量士兵与物资，还有多名将领阵亡。而隔年君主刘备的死亡更让这个建立在他名望之上的国家雪上加霜，摇摇欲坠。后来，经丞相诸葛亮花了约 5 年时间大加整治，才使军队得以修整，社会叛乱得以平复，国力提升到可以对外出兵的地步。夷陵战役之后近四十年的时间内，三国互相之间的疆域基本保持未变，三国局势出现相对稳定的对峙。因此，夷陵之战也被认定为前后三国的分界点之一。学界将吴蜀"夷陵之战"与曹袁"官渡之战"、魏吴"赤壁之战"并称为三国三大战役。

在夷陵之战中，陆逊善于正确分析军情，大胆后退诱敌，集中兵力后发制人，击其疲惫、巧用火攻，终于以五万吴军一举击败 70 万气势汹汹的蜀军。陆逊率吴军创造了由积极防御转入主动进攻的成功战例，体现了高超的指挥艺术和军事才能。刘备夷陵之战惨败，也绝非事出偶然："以怒兴师"，恃强冒进，犯了兵家大忌；"不修其功""命曰费留"，将军队带入难以展开的数百里崎岖山道之中，置"死地"而不悟；"怒而兴师""愠而致战"，尤其在盛暑酷夏煎熬中，面对吴军的顽强抵御，竟"弃船登陆"，扬短避长，终陷入被动难以自拔。正是：七十万大军，八百里连营，终付之一炬；倾举国之兵，为冲天一怒，饮恨白帝城。

读罢《火攻篇》，深感孙子火攻术的强大魅力。兵书以火攻为中心，从统兵作战联系到利用自然条件，以火佐攻、以水辅攻。兵书由火而风，由风而雨，把大自然的静与军队的动有机衔接，移形换影，把无情、残酷、血腥的战争场景逼真揭示，显示了该书强大的理论功力和实践魅力。本篇讲火攻，是以一个完整的"火攻"体系，系列性地展示于世人。每个层次既相对独立，又紧密联系。浓烈的辩证观念产生的哲学功力，令历代兵家、学界和关注兵书战策研究的人们折服。

第十三篇

用间篇

　　著名道家思想理论家、政治军事理论家李筌说过：“孙子论兵，始于‘计’而终于‘间’者，概不以攻为主，为将者不可不慎之战！”南宋学者张预说：“用师之本，在知敌情，故曰此兵之要也。……然处十三篇之末者，盖用非兵之长也。”古代军事家、理论家学者对孙子将《用间篇》列于最后一篇的用意心领神会。《始计篇》与《用间篇》首尾呼应，战略战术贯穿其中，将“不战而屈人之兵”作为解决战争和各种矛盾纠纷的核心方略，把通篇兵法有机融为一体，形成兵法完整体系，使之成为千古不朽的计谋智库、兵家辞典、战争指南。

第一节　知敌之情　必取于人

【兵法·原文】

孙子曰：凡兴师十万，出征千里，百姓之费，公家之奉，日费千金；内外骚动，怠于道路，不得操事者，七十万家。相守数年，以争一日之胜，而爱爵禄百金，不知敌之情者，不仁之至也，非人之将也，非主之佐也，非胜之主也。故明君贤将，所以动而胜人，成功出于众者，先知也。先知者，不可取于鬼神，不可象于事，不可验于度，必取于人，知敌之情者也。

【解字·说文】

十万、千里：皆举成数以言其多，并非实数。

公家之奉：指国库军费开支。公家，公卿之家。周代公侯有国，卿大夫有家，此指国家。奉，同"俸"。

内外：泛指前方后方。

怠：疲惫，疲劳。

操事：从事耕作。操，操作，从事。

七十万家：曹操注："古者八家为邻，一家从军，七家奉之；言十万之师举，不事耕稼者七十万家。"按：古兵制基于井田，但在孙子之时，井田早已破坏，八家共井田之说，是沿袭旧说，以言其影响之大。

相守：相持。守，待。

爱爵禄：吝啬名位，舍不得给点爵位、花点金钱，本文指不肯重用间谍。爱，吝啬；爵，爵位；禄，俸禄。

非人之将：不配作军队的统帅。人，汉简作"民"。

动而胜人：一出兵即克敌制胜。动，举动，出兵。

先知：预先察知敌情，并非后世"先知先觉"之说。

取于鬼神：指用祈祷、祭祀、占卜等办法取得敌情。

象于事：从其他的事类比推测。象，类比。杜牧注："象者，类也。言不可以他事比类而求。"

验于度：征验于星辰运行之度数。验，应验；度，度数，指日月星辰运行的度数（位置）。古时人以天象变化来验证祸福吉凶。

孙子说：凡是兴兵十万，远征千里的军事行动，百姓的费用，国家的开支，一天要耗费千金；前后方动乱不安，民夫疲劳地在道路上奔波，不能从事正常耕作的，就有七十万家。这样相持数年，是为了夺取最后的胜利。如果吝惜爵禄和金钱，不肯用来重用间谍，就不能掌握敌情，就会导致战争失利，这就不仁到极点了，这种人不配作军队的统帅，不能作国君的好助手，这样的国君也不是取胜的好君主。因此英明的国君、贤能的将帅，之所以一出兵就能战胜敌人，功业超出众人，是因为预先察知敌情。要事先掌握敌情，不可求神问鬼，不可用类似的东西来类比推测，也不可用日月星辰的运行度数去验证，必取之于人，取之于谙悉敌情的人。

【辩例·直观】

孙子在本篇之初，即用战争对政治、经济，尤其对人的生命的摧残与耗费，阐述人类为解决政治矛盾和社会争端，为暴力付出的昂贵战争成本，得不偿失。鉴此，孙子提出用计谋、用间，以不战而屈人之兵谋取胜利的战争逻辑。用"间"是古往今来兵家战者惯常使用的求胜手段之一，也是敌对双方形成军事或其他方面对峙，角逐胜负、追求成功最高值过程中的首选和重要组成部分。孙子在兵法中，依据其所经历及以往历史考证，总结出"五间"，并强调"五间俱起，莫知其道，是谓神纪，人君之宝也"。可见孙子对用间之看重。随着时代的发展进步，仅有"五间"，或将兵法"用间"篇单纯地理解为仅有"五间"，显然已经不能满足现实要求。"用间"作为一种重要的谋攻和取胜手段，也必须在"古为今用"的大前提下不断更新和扩大内涵。因此，用间在原著仅涉"暗间"（五间俱起）的基础上，又有了"明间"。如果说暗间突出强调的是"暗"，不公开、不透明，突出特点是以潜伏、打入、安插或其他形式进入敌方内部，在敌完全无察觉的前提下，获取所需情报，以实现"四两拨千斤"的最大效益的话，那么，"明间"虽与"暗间"有异曲同工之妙，表现形式却大相径庭。简言之，"明间"就是以公开的合理合法形式，从事"间"或情报工作。如明王朝的"锦衣卫""东西厂"，美国的"中情局"，原苏联的"克格勃"，国民党的"中统""军统""保密局"等等。正因如此，"明间"具有使命特殊，职能独立，存在公开的特点，是直接受最高统帅或统帅授权的专职部门领导的专业特工职能部门。从实践看，"明间"中蕴含着形形色色的"暗间"，而"暗间"则永远不能似"明间"那样公开身份。

少康使女艾谍浇

《左传·哀公元年》记载了这样一句话："少康使女艾谍浇"，这是我国有文字记载的最早出现的女间谍。这段故事讲述的是一位叫艾的女性将军，深入敌军内部，用"间"帮助少康中兴复国的故事。过去曾有人说，西施卧底吴国，是最早的女间谍，其实不然。公元前二十世纪前后，夏朝曾有一段"太康失国，少康中兴"的历史，最早的女谍就出现在这一时期。那么，太康是怎样失去国家？少康又是怎样复国中兴？女将军艾又是怎样成为历史上第一个女间谍的？这还要从太康失国讲起。

玩物丧志 太康失国：太康，夏朝君主启的儿子。启死后，太康便继承了王位。但是，太康喜好游乐，不理政事。有一次，他带着夫人、子女等家眷和一些亲信大臣前往洛水北岸游猎，一去就是三个多月不回来，弄得朝政无人问津，百姓怨声载道。当时东夷族有个有穷氏部落（今山东省德州市以北），部落首领叫后羿（即传说中的射日之人），利用这个空隙乘机起兵，一举夺取了夏朝的都城安邑。当太康带着猎物兴高采烈地归来，刚走到洛水岸边，就发现对岸驻有重兵把守，忙派人过河探问，方才知道是后羿起兵造反夺权，他已经回不去自己的都城了。此时各部落首领都惧怕后羿的势力，谁也不愿意出面调停此事。太康恼羞成怒又实在无可奈何，只好在阳夏修筑了一座土城居住下来，这就是史称的"太康失国"。因喜好游乐、不务正业、玩物丧志而失去国家政权的君主，历史上数不胜数，而太康无疑是第一人。

　　那位突然袭击、夺取夏朝都城的后羿，又称夷羿，相传是夏王朝东夷族有穷氏的首领，因善于射箭，无人能敌，故有"后羿射日"的故事流传至今。后羿虽然夺取了太康的政权，自己却并未急于称王。太康死后，后羿立太康之弟仲康为夏王，后羿只是做仲康的助手。直到仲康死后，后羿才把仲康儿子相赶出了京城，夺了夏朝的王位，做起夏朝的国君。后羿坐上王位以后，没过多久就对繁杂琐碎的朝纲政务感到厌倦，反而怀念起过去射箭打猎那些快活有趣的生活。于是，他决定趁现在年轻力壮，多到外面跑一跑，多出去享受一些外边的风流世界。此时的后羿已忘记了太康的前车之鉴，和太康一样，开始四处游猎、享乐。后羿离国前，把国家军政大事交给他的亲信寒浞。寒浞是一个权欲熏心之人，当获得后羿授权后，决心按照后羿发动政变的路线图，重新发动一场新的政变。为实现夺权政变，寒浞趁后羿游猎在外，在都城大肆收买人心，收到明显成效。果然，后羿打猎刚回到都城，便遭到寒浞手下的杀戮。后羿死后，寒浞索性一举夺取了王位。虽然当了王，但寒浞一直担心自己和后羿一样，也是个"山寨"国君，难以服天下，更担心正宗的夏族后人东山再起跟他争夺王位。于是，就派人杀了仲康的儿子相，斩草除根，消除后患。相被杀时，相的妻子后缗氏已怀孕在身，被寒浞逼得没有别的办法，便不顾失去相的悲痛和王后的尊严，随宫女化装从围墙的狗洞爬出，逃到娘家有仍氏部落暂且安身。第二年，后缗氏生下个儿子，取名叫少康。就是这位相的遗腹子，才使得夏朝王室有了延续的继承人，才有了夏朝史上著名的"少康中兴"。

　　少康中兴 初始用间：少康从小聪明过人，初懂人事后，母亲就告诉他祖上失国的惨痛经过，并叮嘱他日后一定要报仇雪耻，复兴夏朝。从此，少康发愤图强，立志要夺回天下。少康先在外祖父手下担任管理畜牧工作的官员，平时一有机会就学习带兵作战的本领，并且时时警惕，处处防备，严防寒浞派人来杀害他们母子。果不其然，太康母子尚在人世的消息不胫而走，寒浞的儿子浇派兵前来搜捕少康。少康只好又逃奔到有虞氏的部落（即今河南省虞城东）。有虞氏首领思是帝舜的后代，见到年轻英俊的少康，很同情少康的遭遇，便把他收留在宫中，让他担任"庖正"，管理膳食工作，学习理财的本领。思后来又把两个女儿——大姚、二姚嫁给他为妻，并给他一块十里方圆的名叫纶的肥沃土地和五百名兵士。少康从此又有了自己能够复国的根据地和军队。少康和两位贤内助齐心协力，抚恤百姓，发展生产，收复夏众，逐步扩大势力，以图恢复夏朝。经过十多年的苦心经营，少康的力量逐渐强大起来，前来勤王复国的各路人马齐聚在少康旗下，对"山寨"国君寒浞阵营的总攻开始了。少康没有冒然地派遣大军去攻打敌营，他先是派出自己的儿子季杼消灭了寒浞的二儿子殪，大大削弱了寒浞的兵力，然后才准备派兵攻打最难打的寒浞大儿子浇的军营。为了获得浇的兵力真实情况资料，少康便派聪明伶俐而又胆识过人的将军女艾乔装打扮前往浇的军营卧底，打探兵力部署，以便知己知彼，争取主动，打浇一个措手不及。

　　女艾谍浇不辱使命：女艾原是一名能征惯战的女将军，接受刺探敌人情报的间谍任务后，便来到篡夺王位的寒浞统治中心旧都，打探消息，了解情报。女艾的间谍活动为少康提供了许多宝贵的情报资料，为后来少康复国提供了有利的情报保证。这是中国历史上最早有文字记载的间谍活动，而女艾则成为华夏历史上第一位间谍。女艾的出现无疑将中国间谍的历史推进到公元前二十一世纪，远远地刷新了世界其他所有国家最早使用间谍的纪录。可以说，年轻的间谍女艾一举创造了四项记录，她不仅是中国历史上第一位间谍和第一位女间谍，而且也是世界上有史以来的第一位间谍和第一位女间谍。

果然，女艾不负众望，乔装打扮，深入敌营，刺探浇的兵力部署，搜集到许多十分有价值的军事情报。少康知道全面进攻的时机已经成熟，便从纶发兵，一路势如破竹，不久就攻克了旧都，诛杀了寒浞，夺回王位，建都阳夏。少康成为了夏朝的第六代君主。

对于这位史上第一位女间谍是如何前往刺探浇的兵力虚实等活动，史料上没有详实记载。作为古代女间谍能够成功，或许采取了诸如"美人计"的方法，即以美色诱惑浇或浇的高级将领，掌握浇的兵力部署；或许采取了"潜伏卧底"的方法，即化装成某种身份或形象，深入敌营，想方设法刺探浇的军事机密；或许采取了"盗窃情报"的方法，即采取较为冒险的手段，潜入敌军重地盗取情报。总之，不管女艾使用什么办法，结果就是成功地搜集了许多浇的军事情报，为太康打败浇，进而消灭寒浞，夺回王位奠定了可靠的基础。女艾成为有史记载的第一位女间谍证明，四千年前的中国政治家，就已经善于运用间来获取谍报以进行军事作战了；这段记载同时还证明，没有女艾的情报搜集工作，少康是很难在信息十分闭塞的情况下做到知己知彼，百战不殆的。实践证明，少康具备了这样的远见卓识，具备了一位出色政治家的杰出素质。少康的优秀、杰出,与其自幼历尽苦难、深知百姓疾苦,复国后讲求信用、勤于政事的经历和历练是分不开的。在少康治理下,部落臣服,天下安定,文化发展,夏朝再度兴盛,这就是史称的"少康中兴"。

【管窥·释悟】

从"太康失国"到"少康中兴",前后近百年。如果说,夏朝的建立算是中国历代王朝最早之"兴",夏启是开国的枭雄,那么太康就应该是最早出现的"昏君"。只有到了少康复国还朝的时期,夏朝才进入由治及盛的局面,出现了中兴的气象。少康的间谍战大获全胜之后,人们逐渐地认识到间谍战的威力,于是,在以后的历朝历代都把间谍战作为自己的秘密武器,从而也把军事战争演绎得更加有声有色。

"动而胜人,必取于人",是孙子饱览由古至今的无数案例总结而成。统兵将帅能够战胜敌人,取得辉煌胜利,知己知彼至关重要。而知己知彼的关键,就是不仅要有自知之明,更要有真实、准确、及时的敌方情报,这些情报的来源,必须依靠熟悉敌情、掌握情报的人。

第二节 五间俱起 莫知其道

【兵法·原文】

故用间有五:有因间,有内间,有反间,有死间,有生间。五间俱起,莫知其道,是谓神纪,人君之宝也。因间者,因其乡人而用之。内间者，因其官人而用之。反间者，因其敌间而用之。死间者，为诳事于外，令吾间知之，而传于敌间也。生间者，反报也。

【解字·说文】

间：夹缝，间隙，空隙。《史记·管晏列传》"晏子为齐相，出，其御（赶车人）之妻从门间而窥（从缝隙中看）其夫。"间隔，间断。《汉书·西域传下》"间以河山"；隔河，疏远。《左传·哀公二十七年》"君臣多间。"引申为离间。《史记·廉颇蔺相如列传》"赵王信秦之间"；秘密地，悄悄地。《战国策·赵策三》"魏王使客将军辛垣衍间入邯郸"；中间，期间。《论语·先进》"千乘之国，摄乎大国之间"；置身期间，参与。《左传·庄公十年》"肉食者谋之，又何间焉？"近来。《汉书·后汉上》"帝间颜色瘦黑"；量词。《世说新语·赏誉》"三间瓦房，土龙（人名）住东头，士衡（人名）住西头"；间（xián）。《后汉书·东平宪王苍传》"忧念遑遑（心神不安），未有间宁。"本文取夹缝，间隙之意，喻秘密地，悄悄地利用。

因间：即乡间，张预注："'因间'当为'乡间'，故下文云'乡间可得而使'。"

俱起：全部使用起来，指上五间同时行动起来并充分发挥作用。

莫知其道：没有哪个敌人摸得清我军的行动规律。道，途径，规律。

神纪：神妙莫测的方法。神，神妙，深奥；纪，道，方法。

宝：汉简作"葆"。

因：根据，引申为利用。

乡人：指敌国的普通人。用之，汉简句未有"者也"两字。

官人：敌国官吏。梅尧臣注："因其官属，结而用之。"

因其敌间而用之：收买、利用敌间，使其为我所用。

为诳事于外：故意向外散布假情况。诳，欺，瞒骗。

令吾间知之，而传于敌间：让我方间谍了解我故意泄露的假情报，并传给敌间，使敌人上当。吾间，指死间。按：在这种情况下，事发之后，我方间谍往往会被处死，所以这种间谍有如"敢死队"式的间谍，故称"死间"。

反报：生还返报，本文指侦察敌情后回来报告敌情。反，同"返"。按：汉简将"反间"列为五间之首，列于"因间"之前。

使用间谍有五种：因间，内间，反间，死间，生间。五种间谍都使用起来，就可以使敌人摸不着头脑，这是使用间谍的神秘莫测的方法，是国君克敌制胜的法宝。所谓因间，就是利用敌国的普通人做间谍。所谓内间，就是收买敌人的官吏做间谍。所谓反间，就是利诱敌人的间谍为我所用。所谓死间，是指故意散布假情报，让我方间谍知道而传给敌人，使敌人上当。所谓生间，是侦察后能生还报告敌情的人。

【辩例·直观】

由古至今发生的所有战争或争端，无论是正义的还是非正义的，只要发生"争"的动作，就会有胜负优劣，就会有投入，就会出现"成本"。孙子就是基于无数历史实例，强调进行战争或解决争端，必须清楚动而胜敌、必取于人的战争原理；必须有准确、详尽、符合实际的战争预算，计算好"争"的成本和"利"的效益。战争实践告诉我们，以最小的战争成本换取最大的战场利益，应是鉴定国君、统帅和实战指挥员成熟与否的重要标准。

明朝设"厂、卫"制以用间

大明王朝立国后，各朝皇帝都从维护自身皇权的角度出发，选用了一大批各类专业人才，组建了专业的间谍特务机构。朱元璋为防止当年共同打天下的老臣故将居功自傲、拥兵自重、山头独立、谋事造反，为维护中央集权和皇帝至高无上的权威，洪武十五年（1382年），在刑部、都察院、大理寺三个司法机关以外，单独设立直接听命于自己的独立特务机构锦衣卫；"东厂"是明永乐十八年（1420年），第三任皇帝明成祖朱棣迁都北京后，在北京东安门北建立的；"西厂"是第八位皇帝朱见深于成化十三年（1477年），在旧灰厂组建的；"大内行厂"是明正德初年，第十位皇帝朱厚照设立的。

将厂卫作为一种常设机构，足见明王朝皇帝对用间的高度重视。这些部门的建立和特别人员、特别职能的存在，同时也标志着明朝的中央集权已达到巅峰程度。明中叶后期，锦衣卫与东西厂并列，活动进一步加强，常合称为"厂卫"。东厂、西厂与锦衣卫的共同作用是监察官员和百姓，监视、侦察、镇压官吏的不法行为，"巡查缉捕"，维护皇权绝对统治。东厂、西厂与锦衣卫都是出于专制政权的内部需要而建立的。道理很简单，皇帝需要一个比组建军队更经济，且能独立于官僚机构之外的特殊势力专供自己使用。在明代，负责侦察、缉捕的锦衣卫官校称为"缇骑"。由于权力缺乏限制，他们为了邀功请赏而罗织罪名，不择手段地扩大牵连范围，制造的冤假错案不胜枚举。发生在唐武曌（武则天）时代的"以其人之道，还治其人之身"的故事，就曾多次、多形式地在明朝朝野内外重现。特权的产生和蔓延，无形中滋生了这些特权人物胡作非为、贪赃枉法的野心和权欲，给朝廷、社稷徒增了很多不安定因素。明朝设锦衣卫、东厂、西厂的另一目的，也是为了减少国家经营的相对成本。皇帝有一笔账，设立厂卫与组建军队或进行相当规模的战争比较起来，显然成本是不成比例的，完全符合小成本投入、大效果收益原则。应该说成本、效益计算是没有问题的。但是必须强调利益制约、要素配置、权力监管和公平正义。明朝的"厂卫"制之所以成也在斯，败也在斯，就是因为该体制从建立起就先天不足。"厂卫"制一出现，就公然昭示其只能直接听命于皇帝本人的专职宗旨。"厂卫"制完全属于为特权而设置，是公开扩大职能的特殊化。究其实质，是潜移默化地离间君臣、君民关系，自觉不自觉地制造国家矛盾和社会分裂。所以学界评论说：明设立厂卫，亡于厂卫，故厂卫也是间接引起明朝灭亡的症结之一。

苏联组建"克格勃"以用间

用"间"绝非中国的专利。俄布尔什维克取得十月革命胜利并在莫斯科成立世界上第一个社会主义国家——苏联之后，为加强国家安全和社会稳定，1954年，苏联在原"契卡"及"内务人民委员部"的基础上，成立了"苏联国家安全委员会"，简称"克格勃"。克格勃与美国中央情报局、英国军情六处和以色列摩萨德，并称为当时"世界四大情报机构"。

二战后，克格勃与美国中央情报局（含国家安全局）之间的谍战，成为华约集团与北约集团争霸的重要战场。克格勃培养和造就了一大批效忠于苏联的优秀情报人员，其中不乏英雄级人物。在苏联国内战争、苏联卫国战争以及"二战"后逐渐发展成为超级大国等方面，都立下了不朽的功勋。但是，克格勃从诞生之日起，就是个"双面兽"，他有积极的有利于国家统一和团结的一面，但又有操控政权、打击异己、维护专制和僵化的一面。因此，后来苏联解体，克格勃的副作用不能说不占有重要比例。

现任俄罗斯总统普京是克格勃新生代的代表。普京执政后，对俄罗斯国家安全委员会（也就是苏联遗留下的、在俄罗斯的克格勃组织），进行了改革重组，并对这支队伍进行了严格整顿。普京吸取了过去苏联的教训，严格规定了克格勃的权利范围和工作职责。普京规定：克格勃不再参与国内政治的讨论和争议，专门任务就是保卫国家安全。所以，在普京执政以来这些年的俄罗斯政治风云中，克格勃的影子已经很少了。近年，普京又决定实行更大规模的政治改革，扩大国家杜马和总理的权利，目的就是要实现权利制衡。国家杜马将对总统的提名具有否决权。也就是说：普京要建立政治争论合法化、人民表达政治诉求常态化、社会生活法定化的政治格局，杜绝国家被一些政治集团利用，杜绝国家再度陷入僵化和政治腐败的泥潭。可以预见，俄罗斯今后的国家安全委员会还会继续存在，并且非常重要。但是，普京已经为其划定了权利边界："忠于国家、保卫人民，不参与政治争论和权利斗争"。在这条轨道上，一贯具有爱国情怀和英雄情结的专职机构，一定会继续诞生很多保卫国家的英雄级人物，一定会使国家付出最小的成本，赢得最大的收益。

国民党推出"中统"、"军统"以用间

用间是国民党政权非常重视的统治手段。国民党中的中统和军统，也是专门设立的用间特务组织。中统全称为中国国民党中央执行委员会调查统计局，是国民党 cc 系领导人陈果夫、陈立夫两兄弟所领导的特务组织。中统的前身是 1928 年国民党中央组织部党务调查科。1938 年 3 月，国民党临时全国代表大会上，蒋介石提议成立中国国民党中央执行委员会调查统计局，中统遂正式成立。中统的主要任务是调查和掌握包括共产党在内的国民党敌对势力，从而稳固国民党的统治。军统全称为国民党军事委员会调查统计局。九一八事变后，蒋介石为了进一步加强集权，同黄埔生贺衷寒、戴笠、郑介民、康泽等人组织了一个以军人为主体的复兴社（又称蓝衣社）。1932 年，在复兴社内，又设了力行社，并设有一个专门进行谍报活动的特务处，戴笠任处长，这就是军统的前身。1937 年，力行社特务处与特工总部合并成立了国民政府军事委员会调查统计局，即军统。

抗战爆发后，尤其是 40 年代之后，由于抗日战争的需要，军统的地位不断上升。除了针对共产党及民主人士刺探情报，军统在抗日战争期间，刺杀汉奸日寇和刺探日军情报，亦发挥了极大的作用。抗日战争期间，在戴笠的领导下，军统达到了极盛，仅特工人员就高

达 5 万余名，甚至还有自己的军队，戴笠也因此被称为国民党"特工之王"。

中统、军统，都是国民党最高统治者本着"小成本，大收益"原则组建发展的。因此，在数十年的特务生涯中，都对最高统治者极尽效忠之能事，做了很多虽忠诚领袖，却疏远了君臣关系、干群关系，甚至于影响到国家安全稳定的事。可以说，国民党统治的土崩瓦解，除却政党昏聩，官员腐败，体制不适应时代发展等等原因外，特务机构的特权妄为、权力失控等等，亦应是透支国民党统治的主要症结之一。

【管窥·释悟】

上述不同朝代、不同国家、不同制度、不同时期的统治集团"用间"形势和专设职能机构，都从不同侧面反映出统治者对"用间"作用的重视和依赖。从这些机构、人员兴衰忙碌的倒影中不难发现，"五间俱起，莫知其道"，应是对"用间"较为准确的高度概括。这些机构和部门的建立，完全是按照最高统治者"最小成本，最大收益"的原则组建的，设计目的和意图应该予以肯定。但是，以"另立山头"、独树一帜的方式形成的"特权"组织，一旦失于监控，惯于放纵，必然会走向期望的反面。实践告诫世人：任何可能疏远、离间甚至背离国家与人民之间血肉联系的行为或规则，都将是亡国之举，都必须规而避之。道理很简单："间"是权力的体现，也是权力的工具；从"间"的特殊性出发，"间"又是精英专业，智慧载体。因此，用"间"是把双刃剑，既能不战屈人，决胜千里，取得事半功倍的奇效；

又可为人利用，惨遭离间，自伤其身，遭遇事与愿违的结局。实践证明：权力释放与制约机制的有机结合，任人唯贤与实事求是的辩证统一，动而胜人与必取于人的逻辑关系，应是发挥用"间"奇效，克服各种用"间"弊端最有效的措施。

孙子说："故用间有五：有因间，有内间，有反间，有死间，有生间。五间俱起，莫知其道，是谓神纪，人君之宝也。"这里讲的是五种间谍如果都使用起来，就能够出现神鬼莫测、克敌制胜、事半功倍的效果。古往今来凡欲成就事业者，无不用"间"。用"间"贵在适时、适事、适人。"间"如杠杆组合中的支点，找准支点位置，将动力臂与阻力臂有机计算，就能撬动数倍于己的重物。

第三节　神秘战线　贵在神秘

【兵法·原文】

故三军之事，莫亲于间，赏莫厚于间，事莫密于间。非圣智不能用间，非仁义不能使间，非微妙不能得间之实。微哉，微哉！无所不用间也！间事未发，而先闻者，间与所告者皆死。

【解字·说文】

事：汉简作"亲"，于义为善。

亲：亲密。

密：秘密。

圣智：智慧超人，本文指具有卓越才智之人。

非仁义不能使间：吝惜爵禄和金钱，不能以诚待间，就不能用好间谍。陈皞注："仁者有恩以及人，义者得宜而制事。主将者既能仁结而义使，则间者尽心而观察，乐为我用也。"按：汉简无"义"字。

非微妙不能得间之实：没有精细深密的谋虑，就不能正确分析判断间谍所获情报的真伪。微妙，精细奥妙。实，本文指实情。

间事：用间的事情。未发：未公开。发，举。

先闻：先为人所知，即暴露，本文指用间之事未行而走漏了风声。汉简作"闻间口……"

所以在军队中，用人没有比间谍更亲信的了，奖赏也没有比间谍更优厚的了，任何工作没有比间谍更秘密的了，不是智谋高超的人不能使用间谍，不是仁义慷慨的人也不能使用间谍，不是精细机敏的人便不能取得间谍的真实情报。微妙啊，微妙啊！真是无处不可以用间谍呀！当用间的计谋尚未公开就被泄露出去时，那么间谍和告诉他的人都要处死。

【辩例·直观】

间谍，顾名思义就带有浓厚的神秘色彩，所以间谍又可称为隐蔽战线工作者。无论是单一为某个国家、集团、或个人，还是"双料"或为多方服务的"多料"，间谍都以其无可替代的作用存在于政治、军事乃至社会生活百科之中。间谍由于信仰和追求的不同，其目的和行为规则存在极大的差异。一般讲，有为金钱而收集和贩卖情报的，这类人古今中外各种社会普遍存在，甚至成了不挂牌的"买卖"，独立形成一个行业；有的是因某种情况或形势所迫，被逼无奈去为某个人、某个集团、某个国家收集某类情报，以违心（随着时间推移和出卖次数的量变，而逐步改变自己的初衷和信仰）出卖情报和某一项机密而成为人们唾弃的叛徒；还有一种间谍，有明确、纯粹的信仰和追求，他们从事间谍工作既是任务所在，更是使命追求，为了理想可以置生死于度外，为了信仰和追求可以把个人的生命、幸福同追求的事业与理想紧紧联系在一起，甚至牺牲一切也在所不惜。这些人往往因承担重要使命而工作在敌人身边或心脏部位，是隐蔽战线上默默无闻的神秘工作者。这些人因职责所在，甚至连牺牲都不为人知晓，有的甚至还遭受无情的误会和迫害。这些人的生命和安全没有任何完全可靠的保障，是一群很难领取到"功勋章"的无名英雄。

红色"特工"阎宝航

　　孙子在《间篇》中强调要敢于用间、善于用间，才能达到事半功倍的奇效。事实也的确如此。在上世纪40年代的陪都重庆，活跃着一位特殊人物，他是张学良的挚友，是蒋介石和宋美龄的座上常客，却又同周恩来保持着单线联系。他的公开身份是国民党高官，实际上是周恩来直接联络的中共地下党员。他就是情报战线传奇人物，红色"特工"阎宝航。

　　1937年秋，周恩来委派阎宝航从事国际战略情报工作。1941年5月初的一天，阎宝航参加国民党高官的一个小型宴会，于右任告诉他，德国马上就要进攻苏联了，大概是在6月20日前后的一个星期。为了证实消息的可靠性，阎宝航又不动声色地向同在宴会上的孙科打听。孙科告诉他，这个消息是蒋介石亲口说的。阎宝航确认后，马上将情报传递给延安。延安在第一时间将这一情报电告苏联。苏方立刻采取紧急措施，短暂的备战使苏联免遭灭顶之灾。不久后，苏联驻华武官罗申见到阎宝航说："你的情报工作第一，斯大林知道你。"6月30日，苏方致电表示感谢："由于你们提供了准确的情报，我们得以在德军进攻前宣布苏军进入紧急状态。"

日本偷袭珍珠港事件可谓震惊寰宇。在日军偷袭珍珠港前夕，时任国民党军政部"军用无线电台总台第四十三台"主任的池步洲，从截获日军频繁往来的电报中，进行了认真分析，破译了日军即将在珍珠港一带采取军事行动的情报。不久，这一情报被阎宝航得知，他通过综合分析，向党中央报告：日本将偷袭珍珠港。中共中央立即电告苏联。在苏联将阎宝航提供的这一情报通知美国之后，美国海军司令部也得到了国民党方面转送的相关情报。但傲慢的美国海军将军们根本不相信这一情报的真实，认为这是中国人在企图破坏美日关系。12月8日，日本成功偷袭珍珠港，印证了这一情报的准确性。美国为此付出了惨重的代价，阎宝航受到共产国际情报局的表彰。

1944年秋，关东军还在东北负隅顽抗，此时，弄清关东军的兵力部署，对中共和苏联都有着重大战略意义。阎宝航了解到国民党情报人员已经掌握了关东军兵力部署的详细资料，现存放在国民党军委的核心机关——军委三厅。正巧，这时候陈诚给了阎宝航一个任务：了解日本是否会进攻苏联。于是，阎宝航名正言顺地做起军委三厅副厅长钮先铭的工作。阎宝航对钮说，陈诚请我研究日本关东军的动向，但手中没有资料，请你帮忙。钮先铭很痛快地告诉他有材料，并说："材料放在我这也没用，你可以拿回去看，但是三天之内必须还给我。"拿到材料后，阎宝航立即向周恩来汇报，党中央迅速电告苏联，使苏联得以对关东军的兵力部署了如指掌。1945 年 8 月 8 日，苏联对日宣战后，只用了几天时间，就全面突破了关东军经营了十几年的防御体系，把日本关东军这个最后的王牌彻底摧毁。1995 年，时任俄罗斯总统的叶利钦签署命令，把三枚卫国战争纪念章授予阎宝航和他领导的情报小组。

"红色间谍"张露萍

"红色间谍"：张露萍，原名余薇娜、余家英，化名余慧琳、黎琳。1937 年秋，她在车耀先和当地党组织的帮助下奔赴延安，先后在陕北公学和抗日军政大学学习。1939 年秋，中央组织部派黎琳利用亲戚关系做川军的统战工作。到重庆后，由南方局军事组叶剑英同志直接领导。叶剑英经过考量，决定改派黎琳打入国民党军统局电讯总台。当时，南方局军事组已在国民党电讯总台发展了张蔚林、冯传庆两名地下党员。为了避免张蔚林和冯传庆出入时被敌人发觉，黎琳改名为张露萍，以张蔚林妹妹的身份打入总台，负责传递情报并在军统局寻机发展党组织。这样，张露萍搬进了牛角沱新居，与张蔚林、冯传庆成立了中共特别支部，并亲任书记。在军统局内部，张露萍又先后发展了赵力耕、杨洸、陈国柱、王席珍为中共秘密党员。1939 年秋至 1940 年春，军统电讯总台的人员名单、电台呼号、波长、密码、通讯网分布情况和各种行动计划等绝密情报，通过张露萍之手源源不断地送到了南方局或直接发往延安。军统几百个电台和上千名电讯人员的秘密任务被我党掌握；根据秘密支部及时提供的情报，重庆地下党机关和工作人员多次临危安全转移；军统妄图潜入延安的国民党特务小组也在入境后即被捕获。张露萍及其领导的特别支部成了我党名副其实的"千里眼""顺风耳"。1940年，张露萍回老家期间，张蔚林不慎将一部收报机的真空管烧坏，被送到稽查处看守所禁闭。特务借机搜查了牛角沱"张氏兄妹"住所，发现了军统局在各地的电台配置和密码以及张露萍的笔记、七人小组名单、报务员陈国柱和王席珍的入党申请书等。张露萍当时尚在成都探亲，军统特务遂以张蔚林之名，给张露萍发了一封电报，称"病重，望妹速返渝"。事发突然，地下党组织尚未来得及通知她，张露萍便回到了重庆。张露萍一到重庆，立即被军统逮捕。军统局先后又逮捕了共产党员赵力耕、杨洸、陈国柱、王席珍。冯传庆经党组织安排准备去延安，结果在途中也不幸被捕。这就是震惊国民党上下的"军统电台案"，亦被称为"戴笠特工生涯的最大败笔"。1941年3月，七人被转押至贵州息烽集中营。

慷慨就义：据有关资料记载和幸存者黄彤光女士介绍，7月14日，天刚亮，"义监"女看守张家启打开牢房门喊道："253！快收拾行李，穿上最好的衣服，今天要送你去重庆开释。"敏感的张露萍已从看守的面色中观察出敌人的动向，她知道，自己生命的最后时刻就要到了，她也知道，在生命的最后时刻，一个共产党员应该用鲜血和生命来捍卫党的尊严，捍卫共产主义的崇高信仰。她开始镇静地、缓慢地精心梳头，梳了又梳，一直梳成她认为最满意、最时髦的发型。张露萍低声地对"小萝卜头"的母亲徐林侠说："后边我够不到，你再给我梳梳。"徐林侠默默地为张露萍梳着头，眼圈已红了。她怕张露萍发现，强忍悲咽。"徐大姐，我们活得亮亮，死也要死得堂堂。你说是吗？"张露萍平静地问徐林侠，更好像是说给自己听。呜咽堵塞了徐林侠的喉咙，一串强忍难抑的滚滚泪水，洒落在张露萍的头发上。到行李房取出皮箱后，张露萍从中取出浅咖啡色薄呢连衣裙和红宝石戒指（这个红宝石戒指成为新中国成立若干年后，有关部门在为"张露萍叛徒案"平反昭雪，并在当年息烽集中营特务误将张露萍与牺牲的另五位战友合葬，而'张露萍墓'并非张露萍墓的另一合葬墓中，找出张露萍遗骸的重要遗物证据），给自己穿戴好。接着，又拿出一支口红，让难友黄彤光为她化妆。在生命的最后一息，她要在敌人的刑场上，再现她当年在南方局从事秘密工作时的战斗英姿。黄彤光接过口红，手在颤抖。镇定自若的张露萍安慰她："彤光姐，你不要难过，我知道我要到什么地方去，我现在心里很坦然！"牢房门打开了。张露萍将自己的一些小东西分送给了难友们，并和徐林侠、黎洁霜、黄彤光等一一握手道别，最后亲了亲"小萝卜头"的额头，大步跨出牢门。

敌人把张露萍和她的战友们押到了快活林仓库的台阶上，张露萍习惯地拢了拢头发，坦然地走在前面，六位战友整齐地跟在她的后面。突然，罪恶的枪声在她们身后响起，张露萍身后的战友都倒在了血泊中，她只是腿上中了一弹。张露萍回过头来，怒目而视丧心病狂的特务们："笨蛋！朝我的胸部开枪吧！"意想不到的一声怒斥，吓得刽子手惊恐万状，从石阶上倒退了下来。那个用枪瞄准张露萍的士兵，手在发抖，朝张露萍连发六枪。血，染红了张露萍的衣襟，她竭尽全力振臂高呼："打倒国民党反动派！中国共产党万岁！"这震撼心魄的喊声震破了刽子手的胆，悲壮的怒吼在特务们耳边经久回荡。息烽集中营的特务们从此食不甘味，睡不安寝，夜怯出户。就在张露萍牺牲的这一晚，难友李任夫用一块小牛角片刻下了"253：1945、7、14"的字样。

"魔窟""闹鬼"：张露萍牺牲后，息烽集中营发生了一件"闹鬼"怪事。由于集中营的特务们对张露萍残害有加，尤其是那个集中营主任更是觉得自己罪恶昭彰，总感觉张露萍不会善罢甘休。因此，他们大力加强警戒，既是出于安全，更是为自己壮胆。集中营从传统的"单岗哨兵"，到"双岗"甚至"多人一岗"。据幸存者黄彤光讲："说也奇怪，偌大的息烽集中营，每逢夜晚，这些特务、警察总能看到张露萍来光顾他们。"夜漫漫，阴森森，集中营上下真个是"风声鹤唳，草木皆兵"，特务们人人自危，惶惶不可终日。无可奈何，这个主任只好厚着脸皮去求被关押在集中营的黄显声将军。黄显声字警钟，名义上是国民党东北军中将，其实早在1936年，就成为周恩来亲自介绍并直接联络的中共特别党员。黄显声将军虽然被囚禁在集中营，但因一直未予定案，加之特务头子戴笠曾关照集中营不可慢待于他（戴笠欲感化拉拢黄显声，为实现自己未来的目标积蓄力量），所以集中营上下都不敢对其如何。黄显声虽然未暴露中共身份，但其共产党员的爱憎分明和利用自己特殊身份所表现出来的原则立场，在集中营深受广大"教养人"的尊重。有一次，一位姓尚的共产党员因身体不适，劳动时被特务毒打。黄显声见状二话没说，一个箭步冲上前去，抓起特务便打。行伍出身的黄显声将军自幼习练武功，特务哪经得起他的怒拳铁掌，顷刻间被打瘫在地。这件事惹恼了集中营主任周养浩，专门召开全体"教养人"与集中营管理人员大会，准备严惩黄显声将军。会议开始后，周养浩大讲了一通规矩和要求，命令黄显声先在大会上作深刻检讨，然后再对其进行严肃处理。黄显声将军以军人的步伐挺胸昂首走到台前，怒目圆睁，与周养浩极目对峙。周养浩被黄显声愤怒的举动和眼神惊呆了，强大的气场逼得他无奈低头旁视。黄显声见状，立即就地来了一个"向后转"，随后便大义凛然地走出了会场。"惩处"大会立刻陷入无声的尴尬之中，周养浩虽气急败坏，但也只能宣布散会，草草收场，灰溜溜地结束了这场兴师动众的"惩处"大会。黄显声将军大无畏的英雄气概折服了周养浩及特务们，也更加赢得在押的共产党员及广大难友的钦佩和敬重。车耀先、韩子栋、张露萍等共产党人虽不知黄显声的真实身份，但一次次得到黄将军的掩护，一次次得到黄将军的帮助，尤其在很多关键时刻，黄将军表现出的举动、精神，使他们自然走得很近。正因如此，周养浩于无可奈何、走投无路之际，才会想到要请黄将军帮忙。黄显声将军对张露萍等同志的牺牲极为愤慨和悲痛，正好可以利用这个机会隆重地祭奠地下英灵。于是，黄将军让周养浩他们专门购买"三牲"为祭品，香烛冥币一应俱全。按"阴阳先生"的要求，唯求平安息事的周养浩等乖乖地跪在"合葬墓"前，又是烧香、又是磕头，还得不停地祷告，告诉张露萍，害死她的人是戴笠，自己只是个执行者，祈求张露萍饶恕他们。经过小半天的折腾，这场"祭奠"才算过去。狱中幸存者黄彤光老人说："黄显声回来以后与大家分享祭奠烈士的场景，既悲壮又滑稽，大家感到了久违的痛快。黄将军说得好，杀害共产党员必须要付出代价！"

英雄正名：新中国成立后，重庆人民举行追悼大会，沉痛悼念在"中美合作所"牺牲的烈士们。令人不解和遗憾的是张露萍等 7 位烈士并未被列入《被害人士登记表》，只在《白公馆被难人员名册》里标注他们是军统电台工作人员，"不提名"（即不列为革命烈士）。为了还原历史真相，曾在国民党军统局工作的沈醉开始为澄清这一疑案积极努力。1962 年他写了《我所知道的戴笠》一书，披露了张露萍等七烈士如何在军统开展秘密工作，结果被军统发现后牺牲在贵州息烽快活岭的事实。"文革"中，沈醉因此还被扣上"美化军统特务，丑化共产党员"的帽子。面对造反派的质问，沈醉淡定地说："这是我受了党的多年教育和周总理的指示，如实报告的历史，不能昧着自己的良心乱说。"随后，沈醉在《我这三十年》《军统内幕》《魔窟生涯》中，继续披露这一军统案的真相。"文革"结束后，当选为政协委员的沈醉，在第一次行使政协委员权利的时候，就提出了张露萍等七人的冤案问题，引起了人们的再次关注。

《红岩》小说中有一位叫华子良的共产党员，他的原型叫韩子栋。当时在息烽集中营，韩子栋与张露萍都是狱中党支部的负责人之一。韩子栋对张露萍等人的英雄行为赞佩有加。每年清明时节，他总要到张露萍等七烈士墓前祭扫。1980 年春，韩子栋获悉中共中央发布了关于查清在敌人监狱中遇难者问题的指示，立即写了《关于张露萍等七位共产党员在息烽集中营被敌人杀害的报告》。他最后写道："我作为狱中中共地下支部负责人之一，完全可以为他们 7 人作证，证明他们确实是我党忠诚的党员，是杰出的爱国志士。"这份报告受到了中央组织部和全国妇联的高度重视。1981 年 12 月，中央组织部向四川省委组织部下达了有关查清中美合作所监狱遇难者问题的重要指示。四川省委组织部复查小组经过十二个省、市、自治区，走访了一百多位有关人员，重阅了大量敌伪档案，历时一年多，终于查清了张露萍从延安被派回重庆和他们七人被捕的原因及七人在狱中的表现，证明了余家英、余硕卿、黎琳和张露萍，原是同一个人。后来，原中共南方局负责人叶剑英同志也证实："我想得起，张露萍同志外号叫'干一场'。""这些人是由我在重庆时单线领导过的。"至此，存疑多年的"军统电台案"终于真相大白，七位烈士的英名载入了共和国最后一批解放前烈士的名册。历史是公正的，共和国不会忘记他们。1983年，张露萍被追认为国家级烈士，并在牺牲地矗立起高高的烈士纪念碑。英雄业绩彪炳史册，为青年一代树立了光辉的榜样。

【管窥·释悟】

如孙子所说：任何工作没有比间谍更秘密的了，不是智谋高超、仁义慷慨、精细机敏的人是不能使用间谍获取真实情报的，阎宝航就是这样的红色特工。孙子又告诫说：当用间的计谋尚未公开就被泄露出去时，间谍和告诉他的人都要被处死。情报工作是个充满危险、充满牺牲的事业。由于当时国共两党情报斗争激烈、复杂，加上共产党打入军统电台地下工作人员身份隐秘，又改了名字，张露萍等英勇就义，至死未暴露党员身份，成功保护了党的机关和战友。直到上世纪80年代，沉睡地下几十年、身背"叛徒"污名的张露萍才得以昭雪，张露萍等人的事迹才逐渐得以公开，张露萍才终于可以以一个革命烈士、共产党员的名义被单独安葬。我们缅怀张露萍等烈士慷慨赴死的壮举！我们感慨烈士长眠地下数十年污名在身的等待和无奈！我们更加深刻地理解"用间"之重要、之危难、之神秘、之艰辛！我们应向为民族解放、人民幸福而奋斗在"隐蔽战线"的"无名英雄"们致敬！

第四节　若管取楗　以变求成

【兵法·原文】

凡军之所欲击，城之所欲攻，人之所欲杀，必先知其守将、左右、谒者、门者、舍人之姓名，令吾间必索知之。

【解字·说文】

守将：主管守备的将领。

左右：本文指守将的亲信。

谒者：古官名，掌管传达通报的官员。

门者：指守门的官吏。

舍人：门客，守将的谋士幕僚。

索知：收索、侦察了解。索，搜术。

凡是要攻打的敌军，要攻占的城池，要击杀的敌人，必须预先了解主管将领、左右亲信、掌管传达的官员、负责守门的官吏和门客幕僚的姓名情况，指令我方间谍一定要侦察清楚。

【辩例·直观】

攻城拔地要做到了然于胸，就必须清楚进攻目的地的基本情况，就要靠侦查、情报人员去探听、去了解，以保证胜利的获得。战火纷飞的军事斗争是这样，充满博弈的社会生活也是这样。实现期望值的行进路线总会有若干条，如何确定前进方向？如何确定最佳路线？若无确切的调查研究，事至近前，决策者往往会犹豫不决。发挥"外脑"作用，为决策者提供必要的情报和决策依据，促使决策者，下定决心，就显得格外重要。《鬼谷子·内楗篇》"以变求内者，若管取楗"，就是强调要善于用变化来求得被接纳，犹如门管接纳门楗一样。著名的古典文学经典集锦《古文观止》，首篇就记载了一段春秋史实《郑伯克段于鄢》。其中有段故事，说的是郑国国君郑庄公思念母亲，在谋士提供的重要依据和循序启发下，"若管取楗，以变求成"，实现了与母亲"黄泉"下重归于好的心愿的故事。

郑庄公"黄泉"见母

春秋时期郑国国君郑武公有两个儿子，一个叫寤生，一个叫共叔段，武公立大儿子寤生为太子。母亲姜氏不喜欢大儿子，偏爱小儿子，所以一直想怂恿武公废掉寤生，立共叔段为太子。郑武公不愿废长立幼，继续让寤生为太子。郑武公去世后，姜氏与共叔段密谋推翻、取代寤生，结果阴谋败露，共叔段在一个叫鄢的地方自杀身亡。共叔段虽死，但寤生仍对母亲参与谋反的行为难以原谅。于是，他将母亲姜氏遣送出京都，并发誓："不到黄泉不相见！"

寤生继位，是为郑庄公。过了一段时间，郑庄公思母之情油然而生。母子之情难以割舍，当上国君的寤生更是日甚一日，寝食不安。朝中大臣们很是着急，积极研讨破解之策。郑国有一位叫颍考叔的，得知庄公因思母而倦怠朝政，便提着一只自己捕获的猫头鹰来到京都，以向国君献山珍野味之名，请求拜见郑庄公。郑庄公见到颍考叔手中捧着一只野鸟，便问道："你晋献的是什么野味？"颍考叔急忙上前回答道："禀国君，这种鸟叫饕，是鸟中最不孝的鸟。小时候，它母亲哺育它，辛辛苦苦，一心一意，长大了却不懂回报母恩，反倒吸食母亲的肉。所以，人们都捕捉它，将它煮着吃。"

郑庄公很喜欢颍考叔讲的这段故事，便留下他一起用餐。郑庄公命人赐羊肉给颍考叔吃。颍考叔接过羊肉，先挑出一块上好的羊肉包起来，恭恭敬敬地放在一边，然后才开始用餐。郑庄公见状，很是奇怪，便问颍考叔，为什么把上好的羊肉包起来，反而去吃那些差的羊肉？颍考叔回答说："我家有80岁的老母，她从来没吃过这么好的羊肉。现在国君把上好的羊肉赐给我，母亲还未吃过，我为人子的怎么能咽得下去呢？"颍考叔看了一眼郑庄公接着又说："我想把这些羊肉带回去孝敬母亲，让她老人家也尝尝这么好的羊肉，大王不会怪罪我吧？"郑庄公很是感动，长叹道："你真是孝子呀！"郑庄公边说边涌出了泪水："你有母亲可以奉养，能够尽儿子的孝道，我今生却是不可能了。为子不能尽孝，为臣不能尽忠，何以立于天地之间！"说完话，他的表情十分痛苦。颍考叔装作不知情地问道："您母亲姜夫人不是还健在吗？大家都知道国君十分贤孝，对姜夫人的话惟命是从，怎么说不能尽孝了呢？"郑庄公长叹一声，便将母亲的事情讲了一遍，后悔道："当时这件事处理得太草率，不该把母亲遣送出京都，尤其不该说出'不到黄泉不见面'那样的绝情话，如今真是追悔莫及呀！"

听到郑庄公的忏悔之辞，颍考叔马上接过话题："国君既然如此想念母亲，就想办法把老人家接回以尽孝心吧！如果觉得曾经发过重誓，一旦违背有失国君威信，我有一个办法可以避免这种情况发生。"郑庄公赶忙问道："你有什么好办法，快快说出来！"颍考叔说："所谓黄泉，不过是地下的泉水罢了。其实黄泉下见，未必非得等到人死了再见。可以让人挖个地道，在地下修一座宫殿，先请老夫人住在里面，国君再去见她，不就是'不到黄泉不相见'吗？见面之后，再把老夫人接上来，不就两全其美了吗！"郑庄公听了非常高兴，马上如是安排，终于把母亲接回了京都荥阳。

鲁哀公救火

战国时期，一到冬天，鲁国都城南门附近的人们就会到芦苇荡里去打猎。由于那里湿度适宜，生长着大片大片茂盛肥美的野草，丰厚充足的食物，让可以"瓢舀"的鱼虾在池塘里尽情嬉戏，让可以"棒打"的飞禽走兽在这里饱腹栖息。人们夸奖这里的猎物肉质鲜嫩，赞美这里的禽羽兽皮物美价廉。所以，来这里打猎的人，一年四季络绎不绝。一天，不知是谁为了一时之利，竟放了一把火来驱赶、捕杀猎物。火借风威，风助火势，不一会儿大火就蔓延开来，甚至马上就要殃及都城了。尽管如此，大家仍旧疯狂地追逐着四处逃窜的猎物，没有一个人顾得上救火。鲁哀公在宫中听到城外荒滩大火燎原的消息，大吃一惊，赶忙派人去救火。但是被派去的人，一批批地也都跟着去追逐火海中逃出的猎物，火场仍旧无人灭火，火场一片混乱。鲁哀公清楚，如果火场不能及时扑灭，任由大火蔓延开来，都城很快就会在大火中化为灰烬。眼看火场失控，鲁哀公不知所措，心急如焚。

这时，宫中一位大臣向哀公建议道："在这样危急的情况下，没有设置任何奖赏和惩罚，火场的人们当然不愿意去冒险救火了。更何况趁机捕捉猎物不仅饶有兴趣，而且还有利可图，他们自然就会趋之若鹜，出现目前这种情况也是在所难免的。"

鲁哀公正处六神无主之际，听到这些话，犹如暗夜中发现了一束光亮，立即传令下去：凡是参加救火的人都属于为挽救都城立下功劳的人，一定会得到重赏。那位大臣赶忙劝阻说："这样也不好。现在情况已经是一片混乱，根本无法弄清楚谁在救火，谁在追逐猎物。至于谁的功劳大，谁的功劳小，更是无法评定。就算这些都解决了，还有一个重要的问题，那就是现在人这么多，花费这么多钱财去赏赐本来就应该救火的人，实在是不划算呀！"鲁哀公觉得大臣言之有理，马上叫停，又陷入无可奈何的愁思之中。

鲁哀公问大臣："那我们到底该怎么办呢？"大臣回答说："既然奖赏不行，那为什么不惩罚呢？我们可以规定：凡今日火场捕杀猎物者，一律按玩忽职守定罪；凡火场上见火不救的人，即按战场上的逃兵论处；灾后立即核查火场灭火情况，凡有上述情况之一者，无论是谁，都要以国法、军纪严惩不贷，情节严重者格杀勿论！"鲁哀公一听连声称好，便果断传令下去。

在火场的人，听到鲁哀公的严令都十分害怕，纷纷放弃捕猎，争先恐后地救火。有的脱下自己的衣服，奋力扑打正在燃烧的火舌；有的拿着工具，冲进火海，切断向四周蔓延的火头；有的用各种工具，千方百计地铲土，掩盖即将复燃的灰烬。在大家齐心合力的努力下，大火终于被扑灭了。

【管窥·释悟】

为子要尽孝，为臣要尽忠，是古时候的人伦常理。郑庄公虽然在盛怒之下，将母亲赶出京都荥阳，但毕竟母子之情仍在，尤其在弟弟共叔段已经自杀，母亲不可能再挑起什么事端的情况下。郑庄公既有思母情结，更不想冒天下之大不韪，背上悖忤人伦的骂名，设法接回母亲便情顺理成了。实现接回母亲这个大目标，虽不需要探子、间谍去收集情报，但解决问题的途径却是相通的，必须找到可行、胜辩的依据和理由。找到解除毁约造成的恶劣影响的依据，拿出实现母子团聚可操作性强的理由，已成郑庄公的当务之急。颖考叔就是在这种背景下脱颖而出的条件人物。颖考叔向郑庄公提供了诸多的实用情报和信息，从"饕鸟欺母食肉"，到"打包羊肉"孝敬母亲；从挖地下通道"开泉见母"，到迎接母亲返回荥阳，实现母子团聚。故事以环环紧扣的情节，社会公德、人伦常理的标尺，"若管取楗，以变求成"的辩证关系，围绕"黄泉见母"这个主题，间间相扣，层层递进，构架出一个完美的"用间"案例。

"鲁哀公救火"更加别具一格。大火无情，利益趋导下的人们仿佛更加无情。正当鲁哀公手足无措之际，智慧大臣向他传递了正反兼具的信息和情报。大臣采用了排他法的推理模式，让鲁哀公在不断被否定的选项中，逐步发现解决问题的最正确方法。与"郑庄公黄泉见母"异曲同工，殊途同归，都从实践的角度印证了"若管取楗，以变求成"的道理所在。

用间是智慧之举，用间的方式千差万别。情报、信息各有特色，各有用途，因势而变，因人而宜。适当的人以适当的理由去办适当的事，揣切实宜，从便而为，是实现预期目标最重要的保证。

第五节　因而利之　导而舍之

【兵法·原文】

必索敌人之间来间我者，因而利之，导而舍之，故反间可得而用也。因是而知之，故乡间、内间可得而使也。因是而知之，故死间为诳事，可使告敌。因是而知之，故生间可使如期。五间之事，主必知之，知之必在于反间，故反间不可不厚也。

【解字·说文】

索：大绳子。《尚书·五子之歌》"若朽之驭六马"；法度。《左传·定公四年》"疆以周（周朝）索"；求取，寻找。《韩非子·孤愤》"求索不得，货赂不至"；尽，完结。《韩非子·初见秦》"市民病，蓄积索"；孤独。《史记·檀弓上》"吾离群而索居，亦已久矣"。本文取搜查之意，指追索、查出。

利之：以重贿收买之。

导而舍之：诱导而放回他，本文指对敌间加以诱导，然后放他回去。导，引导，诱导；舍，同"捨"，释放；一说"舍"作"居、止"解。

因是而知之：通过反间知道敌情。是，此，本文指反间。

如期：指如期返报，即按期报告情况。

主：汉简无此字。

必须查出敌人派来刺探我方军情的间谍，从而收买、利用他，经过诱导，交代任务，然后放他回去，这样，反间就为我所用了。通过反间了解了敌情，这样乡间、内间就可以使用了。通过反间了解了敌情，所以死间就可以将假情报传给敌人了。通过反间了解了敌情，所以生间也就可以按期回报敌情了。五种间谍的使用，君主必须了解掌握，了解情况最主要的在于用反间，所以，对反间不可不给予优厚的待遇。

【辩例·直观】

作为中国古典文学四大名著之一的《三国演义》，其中最精彩、最引人入胜、最令人常萦于耳的应该就是书中使用的计谋。计谋贯穿于作品始终，而各个计谋又都顺情顺理、自然和谐地存在于作品当中。《三国演义》中的计谋可谓种类繁多、包罗万象，大到关涉江山社稷，小到赋闲吃酒品茶。可以说一部《三国演义》充满了智慧，充满了计谋。这些计谋在作品中成为一条无形索引，将历史现实、社会百态有机串联起来，构成形形色色的大千世界，为读者再现三国时期波澜壮阔的历史画卷。"用间"是形成计谋的主要形式和手段，任何计谋的形成都与"间"无法分离。因此，"用间"在《三国演义》中毫无异义地成为演义三国最重要的手段和纽带。下面我们节选《三国演义》第四十五回片段，战国时期冯且巧用离间计除掉叛徒，楚汉战争时期陈平设计除掉范增的故事，演绎利用反间实现军事或其他目标的兵法实践，以飨读者。

群英会蒋干中计

周瑜正在帐中议事，听说蒋干来到，笑着对众将说："说客到了！"立即和众将附耳低语，如此如此安排下去，众将全都领命而去。

到了夜深，蒋干推辞说："我已经不胜酒力了。"周瑜命令撤席，诸将告辞而出。周瑜说："我许久不和子翼同榻了，今夜我俩抵足而眠。"于是装作大醉之状，拉着蒋干的手摇摇晃晃进入大帐中共寝。周瑜和衣而卧，呕吐得一片狼藉，蒋干哪里能够睡得着？蒋干伏枕听时，军中已鼓打二更，看到残灯尚明，看那周瑜早已鼻息如雷。蒋干看到帐内桌上堆着一卷文书，就起床偷偷观看，却都是往来书信。其中有一封书信，上写"蔡瑁张允谨封"。蒋干大惊，暗自借着烛光阅读。信中大意是："我们投降曹操，不是为了图谋富贵，而是迫于曹操大势。现在我们已经把曹军困到寨中，只要有得手的条件，会立即将操贼首级献给麾下，早晚会有人通风报信，千万不要起疑。先此敬覆。"蒋干寻思道："原来那蔡瑁、张允投靠了东吴!"于是将书信偷偷地藏到衣襟里。再想翻看其他书信时,床上周瑜翻了个身,蒋干赶忙灭灯就寝。

蒋干伏到床上,天色将近四更,只听得有人进入帐中唤道："都督醒来!"周瑜好象梦中忽然惊醒的样子,就问那人："床上睡着的是什么人?"那人答道："都督昨晚请子翼同寝,难道您忘了吗?"周瑜懊悔道："我平日里都不曾饮醉。昨天酒醉断片,不知道有没有说些什么话了。"那人说："江北有人到了。"周瑜喝道："低声!"便唤道："子翼!子翼!"蒋干只是装作睡着。周瑜轻轻地出帐,蒋干侧耳仔细偷听,只听到那人在外面说："张、蔡二都督说:急切不得下手,……"后面声音越来越低,听不真切。不一会儿,周瑜入帐后又唤道："子翼。"蒋干只是不应,蒙头假睡,周瑜也解衣就寝。蒋干寻思:"周瑜上学时候就是个精细人,到天明寻不到书信,必然加害于我。"睡到了五更,蒋干起来轻唤周瑜,周瑜却还是睡着。蒋干戴上巾帻,蹑手蹑脚走出大帐,唤醒了小童和水手,飞棹急回面见曹操。

曹操问："子翼这次去了事情办得怎样?"蒋干说："周瑜雅量高致,不是言词所能说动的。"曹操怒道:"事情又没有办成,反倒被周郎耻笑!"蒋干说:"我虽然没有能够说服周瑜来降,却替丞相打听到一件大事,乞丞相先清退左右。"蒋干取出书信,将昨夜所发生的事情逐一说给曹操。操大怒道:"二贼如此无礼!"立即唤来蔡瑁、张允来到帐下。曹操问:"我想要派你们两人立即进兵,现在准备得怎么样了?"蔡瑁说:"军兵还没有训练好,不可以轻易进兵。"曹操怒道:"军兵如果训练好了,那么我的首级就要献到周郎帐下了!"蔡瑁、张允两人也是稀里糊涂，惊慌失措不能回答。曹操喝令武士推出斩杀。不一会儿，两人的人头献到帐下，曹操顿时醒悟道："我中了周郎之计！"后人有诗叹曰："曹操奸雄不可当，一时诡计中周郎。蔡张卖主求生计，谁料今朝剑下亡！"

冯且反间除叛徒

战国时期，"周幽王烽火戏诸侯"之后，周朝被分裂成西周和东周。两个国家虽都属于姬姓，但因东周无奈迁都洛阳，而至东西周间彼此仇恨。一天，东周国君正在朝中处理朝政事务，大臣进来禀报说西周大夫宫他求见，并说宫他此来是要降顺东周。东周国君很是高兴，立即传旨召见。宫他走上大殿，行过大礼，对东周国君说："良禽择木而栖，贤臣择主而事。臣听说主公礼贤下士，勤政爱民，外臣宫他特来投效。"宫他又把所知的西周一切国情全数告知了东周国君。东周国君很高兴，把宫他留下并委以重任。

西周国君知道宫他叛逃到东周，并且出卖了西周的很多机密，大怒，急欲除掉宫他，又苦于无策，十分懊恼。于是，召集群臣商议除奸。大臣冯且自告奋勇，愿接受铲除叛徒的任务。国君问他有什么要求，冯且说只要30镒金即可。国君犹豫了一下，同意了冯且的请求。

冯且回到家中，写了一封书信，命人带着30镒金和这封书信到东周去，并要求送信人一定要将镒金和书信亲自交给宫他。送信人走后，冯且又找来一个家人，然后嘱咐道："你立即动身到东周，赶紧告知东周把守城门的人，就说今晚会有西周的奸细到东周去给人送信。"冯且嘱咐家人路上小心，一定要赶在那个带书信前去的送信人前面。

这天夜里，东周的守城军士果然抓到了一名西周的送信人，并在他的身上搜出来镒金和书信。随即，将送信人连同镒金、书信一起，押送到东周国君面前。东周国君打开书信一看，只见上面写道："宫他卧底东周，切要谨慎小心，如果能够功成返回西周，西周国君一定重赏。如果不能完成任务，也要谨慎小心，及时返回西周，切勿贪功求成，误了性命。所带镒金可供暂用，其他经费将陆续送达。切！切！"

东周国君读罢书信，又看了镒金，勃然大怒。马上命人去抓宫他，第二天就将宫他斩首了。

陈平巧计驱范增

楚汉相争时，楚军统帅项羽麾下虽有文臣武将良多，但真正得力的只有范增、钟离昧等几人。范增足智多谋，屡次识破汉军要臣张良、萧何和大将军韩信的计谋，成为刘邦灭楚兴汉的严重障碍。刘邦很是恼怒，与相国萧何商议，决心要用计除掉范增、钟离昧等人。

萧何向刘邦讨得大量金银珠宝，派专人贿赂楚人，散布谣言。仅仅几天，楚军中谣言四起，说钟离昧等人功高盖主，由于得不到应有的赏赐和分封，准备要联汉反楚。项羽虽然英武盖世，但生性多疑，听到谣传，信以为真，当即把钟离昧当做贰臣，不再信任。范增建议项羽速攻荥阳，以防刘邦逃逸。项羽亲率人马，把荥阳围了个水泄不通。刘邦见荥阳已难固守，便派人去楚营求和，表示愿以荥阳为界，东面归楚，西面归汉，双方平分天下。项羽当然不肯答应，但汉军使者既已到来，出于礼节，也只好派人前去汉营协调有关事宜。萧何抓住楚使到来这个难得的机会，决定设下计谋，骗过楚使，除掉范增。

楚军使者来到汉军大营去见刘邦。刘邦按萧何之计，佯装酒醉，含糊其辞地随便问了几句，便打发使者出去。萧何把使者送到馆驿，也托故告辞。使者坐了片刻，见一帮仆役抬了牛羊鸡猪和美酒佳肴向厨房走去，心中纳闷，暗想汉王为何对我这样优待，竟用如此丰盛的酒席招待我？正思忖间，陈平走了进来，向楚使询问范增的情况，并问可有范增亲笔书信。楚使回答是奉项王使命而来，不是亚父所派。陈平听了，十分惊讶，遂不再多说，起身告辞而去。不一会儿，就见有人跑到厨房，命仆役将所有美味佳肴全部抬走，嘴里还自言自语说道："既然不是亚父派来的，怎么配享受这样丰盛的宴席？"东西抬走后，好长时间不见动静，直到太阳落山，才有人拿来酒饭，放在桌上，请楚使用餐。楚使见菜只是简单蔬菜，全无鱼肉荤食，且饭馊酒酸，不禁大怒，虽早已饥肠辘辘，也不肯再吃，当即不辞而别。

使者跑回楚营，将所见所闻悉数报告了项羽，并断定范增已经私通汉王，应格外小心，加强防范。项羽听后，勃然大怒："我早有耳闻，总是不信，哪知他果然通敌！这个老匹夫想是活得不耐烦了！"左右忙替范增讲情，项羽这才勉强忍住，暂不发作。范增对这些事情一无所知，仍是一门心思帮助项羽灭汉。他见项羽为了议和而放松了攻城，很是着急，便去见项羽，促其迅速攻下荥阳，并且提到勿忘鸿门宴的教训，勿再做遗恨之事。项羽本想再忍耐一下，被范增一顿数落、教训，忍不住怒火中烧："你叫我速攻汉军，拿下荥阳，我并非不想依你，只恐未等攻下荥阳，我的命就被你送掉了！"范增一时摸不着头脑，只是干瞪眼看着项羽。

过了片刻，范增忽然想到项羽从未有过对自己粗声大气，今天如此一定有人暗中挑唆。想到自己数年来倾心辅佐，可谓肝胆涂地，鞠躬尽瘁，项羽即便听到什么谗言，也应心有定数才是。今见项羽竟如此绝情，范增伤透了心，于是，高声对项羽讲："楚军优势日见明显，天下大势今已初定，大王好自为之，休中了敌人奸计。我已老迈年高，本该早就请辞，如今大王不信任老臣，请求赐我残生，归葬乡里吧！"说完话，扭头便走。项羽也不挽留，听任范增离去。自此，范增终于彻底绝望，遂派人将自己的历阳侯印绶送还项羽，草草整装即日东归。范增一路上抑郁交加，未等回到老家，便客死他乡。

【管窥·释悟】

周瑜采纳了诸葛亮的建议，欲使用水战战胜曹操。但曹操手下的水军都督原是荆州水军降将蔡瑁、张允，二人精通水战，是周瑜实施水战取胜的严重障碍。为除掉这两个障碍，周瑜利用"反间"之计，实现了自己的战略意图，给后来发生的赤壁之战铺平了道路。"因其敌间而用之"是这段故事的精华所在，也是表现周瑜睿智，巧使反间计使蒋干中招、曹操中计的神来之笔，堪称古今中外运用反间计达到军事目的的典型案例。《三国演义》中还有如王允利用歌妓貂蝉，巧使美人计、离间计和反间计，挑拨董卓与吕布的义父子关系，造成父子反目成仇，兵戎相见，以借吕布之手除掉董卓的案例。这类计谋环环相扣，计计高超。中计者比比皆是，无处躲闪，防不胜防，从而构成了《三国演义》强烈的智慧特色，成为古代文学作品中不可多得的计谋大全。

冯且一纸一金就使得东周国君改变主意，以东周国君之手，铲除叛徒宫他，堪为经典。陈平施贿赂、散谣言、设虚席、传假话，计驱范增，更具戏剧性。陈平导演的本是一出轻喜剧，然而多疑善变的项羽却当做正剧来读，结果中了陈平的离间、反间之计，断送了贤臣良将，断送了楚家江山。小故事蕴含大道理，离间计使人痛定思痛，反间计发人深省。

无论是战火纷飞的战场，还是无声无息的日常生活，用间实例无处不在，无时不在，警告人们切不可掉以轻心，切不可放松戒备。实践证明：无论多么凶残的敌人都不能算是最可怕的！真正让人防不胜防，望而生畏的是那些貌似自己战友、同志，甚至是亲人的人，他们往往可能成为具体实践中最阴险、最狡猾、最残酷的敌人。对公开的敌人言行保持必要的警惕并不难，但对自己的朋友、同志、亲人尤其是自己亲自派出去执行特殊任务的人反馈回来的信息，再去保持必要的警惕，恐怕就难上加难了。历史告诫今天和未来：学会辩证地对待每个人，学会科学地分析每件事，保持是非面前的清醒头脑是非常必要的。

第六节　上智为间　事半功倍

【兵法·原文】

昔殷之兴也，伊挚在夏；周之兴也，吕牙在殷。故惟明君贤将，能以上智为间者，必成大功。此兵之要，三军之所恃而动也。

【解字·说文】

殷：即商朝。公元 17 世纪，商汤灭夏，建都亳（bó）（今河南商丘县北），称为商。后来商王盘庚迁都至殷（今河南安阳小屯村），故商又称殷。

伊挚：即伊尹，夏桀之臣，商汤用他为相，帮助商灭了夏朝。

夏：夏朝，大禹之子夏启所建，至夏桀而亡。

周：周朝。公元前 11 世纪周武王灭商所建，建都镐京（今西安）。

吕牙：即姜子牙，俗称姜太公，商朝末年人，祖先封于吕，故又称吕牙。周武王用他为"师"，消灭了殷纣王。

君：汉简作"主"。

上智：最有智谋的人。

要：关键。

所恃而动：本文指依据间谍所提供的情报而采取行动。恃，依凭。

从前，商朝的兴起，是因为重用了深知夏朝情况的伊挚为相；周朝的兴起，是由于重用了谙悉殷朝情况的姜子牙为统帅。所以，英明的君主，贤能的将帅，能够用最有谋略的人去做间谍，就一定能够建立大的功业。这是用兵的关键一着，全军都要依据间谍提供的情报而行动。

【辩例·直观】

宋太祖赵匡胤黄袍加身登上帝位的经历颇具传奇色彩，表现在一系列富有戏剧性的情节之中，且最应论道的当是他运用计谋，巧置间局，实现目的的手段。从散布北汉、契丹进犯的谣言，到方士夜观天象制造"两个太阳"的说法，再到唆使将士们拥立赵匡胤为天子，率兵直进大梁，可以说，赵匡胤通过赵普、赵光义、苗训以及罗延环、石守信、王审琦等人，将整个兵变导演得"合情合理"，有条不紊。

"龙潭三杰"钱正飞，身在敌人心脏，以革命的大无畏精神执重若轻。在革命事业受到严重威胁的危急时刻，挺身而出，大智担当，终于化险为夷。谍战大剧《胜算》虽然是一部文学作品，但剧情紧紧依托真实生活，生动地再现了暗流涌动的谍战场面。

当赵匡胤兵变成功，黄袍加身，当钱正飞于无声处化险为夷挽救革命，当谍战大剧《胜算》中的唐飞，为中国人民的解放事业，"明知山有虎，偏向虎山行"，英勇献身的英雄壮举定格在人们心中之际，我们深受感悟。所列诸多，都无可辩驳地证明："上智为间者，必成大功"理论的实践性、科学性和可行性。

陈桥兵变黄袍加身

959 年，周世宗柴荣突发急病身亡，年仅七岁的恭帝继位。殿前都点检、归德军节度使赵匡胤与禁军高级将领石守信、王审琦等结义兄弟掌握了军权。后周显德七（960）年，赵匡胤挚友赵普派人四处散播谣言，并借机上奏朝廷，危言耸听，说北汉和契丹就要挥师南下，派兵进犯大梁（今河南开封）。后周宰相范质、王溥不辨真伪，急命赵匡胤率兵从大梁出发北上御敌。赵匡胤率军行至开封东北 40 里外的陈桥时，便下令大军安营扎寨，暂缓前进。

军中有一个通晓星象的人叫苗训，夜晚指点门官楚昭辅等人观察天象，发现"日下复有一日，黑光摩荡者久之"，似乎有两个太阳正在搏斗。古时候，人们都认为太阳是皇帝的象征，另出现一个太阳，也就预示着要出现一个新皇帝。随着这个说法不胫而走，当晚五更，军中将士便聚集于陈桥驿前，议论纷纷。赵匡胤为了把火烧得更旺，又派亲信去将士中间煽动说："现在皇帝年幼，不能亲政，我们冒死为国家抵御外敌，又有谁知道？倒不如先立赵匡胤将军为天子，然后再北上御敌也不迟。"这时，一直在幕后策动的赵普、赵光义等人走出来，假言规劝将士们不要这样做。如此一来，名为劝阻，实为激将，果然惹得群情激奋。赵普等人一见时机已经成熟，就派人连夜赶回大梁，通知石守信、王审琦等人，让他们在京城做好准备，领兵策应。

黎明时分，北征的将士纷纷披甲持刀，团团围住赵匡胤的军帐。

而此时的赵匡胤却在帐中悠闲地饮酒，佯作不知。赵普、赵光义进来禀报外面的情况，赵匡胤才慢悠悠地站起身来，走了出去。将士们一见赵匡胤，便高呼："诸军无主，愿奉将军为天子！"赵匡胤未及开口，就有人将象征皇权的黄袍披在他的身上，高呼万岁。这些参加兵变的将士不等赵匡胤同意，就簇拥他上马。赵匡胤手揽缰绳对众将士说道："我有号令，你们能听从吗？"众将士齐声高呼愿听从号令。赵匡胤接着说："太后和皇上，我一直对他们称臣，你们不能冒犯；诸位大臣都是与我在一起的同僚，你们不能侵凌；朝廷中的普通家庭，你们不能强行掠夺。听从我命令的重赏，违反命令的一律处斩。"众将士听到这些话，都下马跪拜，高呼万岁。赵匡胤整肃军队后，便率部返回了大梁。

赵匡胤进城后，命令将士各归营帐。片刻，将领们簇拥着宰相范质等群臣前来。赵匡胤一见到他们便痛哭流涕："我违背了上天的旨意，做了叛军首领，这都是将士们硬逼着做的，实属身不由己啊！"没等范质说话，一个叫罗延环的将领冲上前，手按利剑对范质等人厉声喝道："我们诸位将领没有首领，我们愿意奉赵匡胤为天子！"看到赵匡胤手下将领一个个怒目以待，范质等人面面相觑，无可奈何，只好趴伏在地，叩首称臣。赵匡胤终于黄袍加身，登上皇位，成为宋太祖。

"龙潭三杰" 钱壮飞

在推翻旧世界，建立新中国的进程中，涌现出无数仁人志士、英雄豪杰。他（她）们为了一个崇高的目标，舍生忘死地奋斗，终于赢得了建设新中国的伟大胜利。他们是普通的民众，也是伟大的英雄。正是他们这些人凝聚成强劲的力量，推动了时代的发展。秘密战线上的无名英雄钱壮飞，便是这英雄群体中的一位杰出代表。

1931 年 4 月 24 日，中共中央的特科负责人，化名黎明的顾顺章在武汉被捕。按着顾顺章的要求，必须见到蒋介石，才能说出所有中共及共产国际的高层机密。敌特不敢怠慢，立即给南京发报，同时安排顾顺章 25 日秘密搭乘专轮，预计 27 日到达南京。国民党中统调查科，设在南京中央饭店，对外挂牌叫正元实业社。国民党党务负责人陈立夫掌控着这个专职特务组织，日常工作由科长徐恩曾具体负责。钱壮飞公开身份是徐恩曾的机要秘书，但其真实身份却是我党打入中统内部的中共党员。钱壮飞利用这个特殊身份，在中央饭店四楼设立了一个叫长江通讯社的地下秘密联络点受命扩充中统人员。同时又借机把中共党员胡底、李克农分别安排在天津和上海，遥相呼应，秘密完成我党的地下任务。钱壮飞、胡底、李克农三人的卓越努力，为我党安全战线做出了重要贡献。周恩来盛赞他们为"龙潭三杰"。

4 月 25 日是周六，徐恩曾回上海度周末，其他人也都早早下班回家。到了晚上，中央饭店正元实业社大楼里，只有钱壮飞和机要员在岗位值班。正在这时，机要员送来一份密电。紧接着，一个小时内连续送来五份密电。密电都是从武汉发来，均署名徐恩曾亲译。在调查科有一个规矩，就是凡重要密电都是由徐恩曾亲自译处，密码本徐恩曾随身携带，其他人无从得知密电内容。按常规讲，凡涉及绝密电件，钱壮飞虽在徐恩曾身边，但也无可奈何。然而天赐良机，这个良机就是徐恩曾好色。一次徐恩曾去寻花问柳，钱壮飞问他，带着密码本去那种地方，是不是安全？徐恩曾想了一下，便把密码本拿出来交给钱壮飞暂时保管。徐恩曾潇洒了一夜，钱壮飞就是利用这宝贵的一夜，将密码本复制了一份。对照密码本，钱壮飞把五份密电译了出来。看到译出的电文，钱壮飞惊出了一身冷汗。原来是武汉行营侦缉处发给徐恩曾，要求安排27日顾顺章面见蒋介石，然后将中共和共产国际高层一网打尽的密电。时间紧迫，钱壮飞担心自己此时出走，一定会暴露身份。无奈之际，他把自己的女婿刘杞夫紧急派往上海，让刘杞夫到上海找到李克农，火速向中央报告顾顺章叛变投敌及即将发生的国民党抓捕行动。刚打发走刘杞夫，机要员又急匆匆送来一份同样形式的密电，密电内容是："切勿让钧座以外的人知道，否则将上海地下机关一网打尽的计划将落空。"看完这封密电，钱壮飞知道自己已经暴露，必须立即转移。于是，他赶快来到中央饭店四楼的长江通讯社。因时间太早，长江通讯社的同志们还未上班。没办法，钱壮飞只好将一张地图放在桌上，然后用小刀在上面划成个十字，将地图切断，告知同志们暂时切断一切联系。之后又通过秘密手段，通知胡底、李克农迅速转移。

一切均如钱壮飞所料。顾顺章27日到南京刚登上码头，便立即带领特务们赶到了中央饭店的正元实业社。但此时早已人去楼空：钱壮飞安全转移，胡底、李克农安全转移，周恩来及其他在上海的中共领导及共产国际有关人员均已安全转移。由于钱壮飞的特殊位置和身份，尤其是他睿智果敢地破译谍情，及时发出顾顺章叛变的消息并迅速转移情报，避免了一场几乎无可抗拒的重大灾难，为革命做出了无与伦比的重要贡献。

谍战大剧《胜算》

由程琳编剧殷飞执导的谍战大剧《胜算》也是一个很好的用间例证。《胜算》以第二次世界大战时期，苏共与中共联手粉碎日本关东军"北进派"企图对正在与德意志法西斯浴血奋战的苏军远东地区实施背后攻击，迫使苏军两面作战、腹背受敌的阴谋史实为背景，以中、苏、日谍战为线索，生动地再现了二战中谍战的曲折、凶险和残酷。同时也从实战角度演绎、印证了孙子"上智为间者"兵法理论的深刻内涵。

1941年，第二次世界大战正酣，纳粹德国向苏联宣战并以"闪电战术"兵临苏联首都莫斯科城下，苏联在斯大林领导下开始了艰难的反击。为配合纳粹德国的正面战场，日本关东军在司令官成田将军的率领下秘密组成"北进派"，妄图在苏联远东地区发动进攻，使之陷入腹背受敌的境地。面对如此严峻的局面，苏共请求中共协助，联手实施"穆丹乌拉"行动，彻底粉碎"北进派"的阴险计划，剧情就是围绕"穆丹乌拉"行动曲折展开。故事以中共、苏共、日本保安系统以及抗日民主人士的"用间"角逐为主，突出了"用间"对战争成败的攸关作用。

这段故事以当年发生在东北牡丹江附近一个叫林河市的真实故事为原型，以敌中有我，我中有敌的复杂谍战为背景，突出了"穆丹乌拉"行动负责人、代号"瓦吉姆"的中共党员唐飞大智大勇的果敢形象，讴歌了中国共产党员以抗日大业为己任，赴汤蹈火、英勇献身的大无畏革命英雄主义精神。从"用间"角度讲，中共党员唐飞是苏共安插在林河市日本警察厅和保安局的"卧底"；苏联高级军官安德烈是满洲国中央保安局安插在苏联远东情报局的"卧底"。可以说两个"卧底"各履其职，各尽其责，都及时收集并传达了许多重要情报，都在各自"卧底"岗位上做出了重要"贡献"。谍战以唐飞巧施"反间计"推动故事进入高潮：以假瓦吉姆壮烈牺牲，真瓦吉姆不慎被捕，苏共唤醒卧底"叶莲娜"，远东情报局情报被安德烈"窃取"等一系列情节为索引，诱使日本中央保安局卧底安德烈屡屡传递虚假情报，导致林河市保安局局长福原等连续上当受骗，最终借满洲国中央保安局局长川入胜一及其上司涩谷将军之手，一举除掉关东军司令官成田将军及七个"北进派"高级将领，彻底粉碎了关东军的北进计划。

【管窥·释悟】

到了夏朝的末代君主桀，因其荒淫无道，导致民怨沸腾。此时，以汤为首的商部落逐渐强大起来。汤在积蓄力量的同时，派遣间谍伊尹潜入夏都卧底搜集情报。伊尹不仅掌握了夏朝都城的军事布防情况，而且还成功策反了夏朝的重要官员。结果汤起兵讨夏，一击成功。这个间谍战的案例，史称"伊尹间夏"。在商代还有一个"吕尚间商"的案例，说的是商纣王当政时期，朝政腐败，以姬昌为首的西周图谋代商。姬昌的军师吕尚是一位谋略大师，在吕尚的领导下，周广设"耳目"、"游士"和"羽翼",四处搜集商朝的政治和军事情报,最后终于消灭商朝。本篇第一节引述的"女艾谍浇"及介绍的"伊尹间夏"和"吕尚间商",是中国上古典籍中记载最早的三个使用"暗间"谍战成功的案例,开创了军事战争史上谍战的历史先河。孙子以殷商兴起缘于有伊尹这样了解夏朝情况的人,周朝兴起缘于重用了吕尚这样熟悉殷商情况的人为例证,提出主题:谁能信任和重用了解敌情、通晓谋略、知己知彼、运筹帷幄的人才,谁就能建功立业,取得巨大的成就。

孙子在兵法中引用了伊尹、吕尚的典故,并明确阐明了观点,具有相当普遍的历史意义和十分积极的现实意义。当然,也有人认为孙子的说法,有推崇"个人""英雄史观"之嫌,违背了人民创造历史的观点。其实这里面有一个逻辑误区,是需要予以纠正的。人民创造历史与英雄创造历史孰是孰非?关键的问题是要搞清楚人民的概念和内涵。按着最新版《现代汉语词典》解释,人民是以劳动人民为主体的社会基本成员。《礼记·中庸》有段话:"文武之道,布在方策。其人存,则其政举;其人亡,则其政亡,则其政息。"意思是人存政举,人亡政息。这段话原义就是强调好的政令有贤人在就能施行,这里都涉及"人"和"人民"。人民除了其字面意思外,还是一个政治概念。不同时期,人民有不同的内涵和所指,有不同的定义。因此,把一个人的个人作用和代表大多数人民利益而形成的智慧及因此产生的强大力量混为一谈,应该是一种偷换概念的逻辑错误,把人民和英雄对立,混淆视听,不符合辩证唯物主义的历史观。

道理很直白:没有人民群众如火如荼的兴起,就不会涌现出一个又一个、一批又一批的传世英雄。犹如没有大泽乡的农民起义，就不会有陈胜和吴广；没有布尔什维克的十月革命，就不会有列宁和列宁主义。同理，中国革命的胜利，中华人民共和国的建立也是无数先烈前赴后继、不懈奋斗得来的。毛泽东作为人民的代表，既是伟大领袖，也是人民一员。几千年的历史证明，只有代表了最广大人民的利益，才可能成为不朽的英雄，才能推动历史的前进。那么该如何对待和评价历史上起义的领袖？如何评价那些开创基业的君王？这应该是一个复杂的问题，但也是一个必须有答案的问题。如果从哲学、历史和其他人文科学各个角度论证，恐怕远远不是一两篇文章所能明了的。但按着复杂问题简单化的原则，这个问题就不难解答了。人民是推动历史前进的动力，人民也是产生英雄的源泉。那些代表了该时代大多数人民最基本利益和愿望并不断进取的英雄们，点燃了革命的火种，率领人民群众用他们的革命行动，获取了最大的成功。推翻一个旧世界，建立一个新国家，播火、举旗的这些人既是英雄，也是人民中的一员，他们和他们领导的最广泛的人民群众，是推动历史前进的真正动力！

孙子从"用间"角度出发、论证，只有对行将就木的旧世界弊端了如指掌，对一个色厉内荏时代的种种黑暗深恶痛绝，对一个即将要推翻的政权或统治破敌有术、成竹在胸的人，才可能获得最后成功。这个观点符合历史螺旋发展的规律，顺应新旧更迭、大浪淘沙的时代潮流，与人民群众推动历史发展，时代创造英雄的历史观异曲同工。"上智为间者，必成大功。"在漫长、艰苦的革命斗争中，阎宝航、钱壮飞、黄显声、张露萍、李白以及《胜算》中的唐飞，一大批仁人志士，在隐蔽战线上为党和人民做出了巨大贡献，是我党取得中国革命最后成功的重要因素之一。长期以来，关于英雄造时势、时势造英雄的争辩一直持续不休。经过实践反复印证：时势能够创造英雄，英雄也能创造时势。没有英雄人物的启蒙、发动、教育和组织，就没有千千万万被调动起来组成浩浩荡荡革命大军的人民力量；没有最广泛的人民群众支持和拥戴，没有千军万马、众志成城的人民武装，就不可能有脱颖而出的杰出代表和盖世英雄。有位诗人说得好："不是一人能领导，那容百族共向前。"我们是唯物主义者，讲究的是实事求是；我们更是辩证唯物主义者，更追求事物的辩证统一。纵览数千年人类发展的文明史，无论是直线前进，还是螺旋式发展，人民共和产生了英雄，英雄举旗创造了历史。任何孤立地、教条地将"人民史观"和"英雄史观"对立起来的观点都是不值得商榷的。人民中有英雄，英雄产生于人民，英雄和人民群众是不能割舍的一对矛盾统一体，这应该是人类一条颠扑不破的发展逻辑和辩证真理！

　　《孙子兵法》是古代指导军事、战争的一部法典，是中华民族文化宝库的一块瑰宝，是流传数千年仍具有普遍现实意义的"战争全书"。《孙子兵法》诞生于战国时期，有其独特的时代背景。本着"古为今用""推陈出新"的原则和方法，学习时切不可"断章取义""望文生义"，切不可以今天的形势视角和科技水平来苛求古人。不同时代产生不同的作品，不同背景映现不同的现实。学习、研究古代文化遗产，必须放到具体的时代当中去思索、去考量、去展望。正确处理好评价与传承、辩证与发展的关系至关重要。只有这样，才能真正意义上理解"实践是检验真理的唯一标准"，才能真正意义上体会古典文化结晶的味道和价值，才能真正意义上践行和把握实事求是的内涵与灵魂。

附《孙子兵法》原文

始计篇

孙子曰：兵者，国之大事，死生之地，存亡之道，不可不察也。

故经之以五事，校之以计，而索其情：

一曰道，二曰天，三曰地，四曰将，五曰法。道者，令民与上同意也，故可与之死，可与之生，而不畏危也。天者，阴阳、寒暑、时制也。地者，远近、险易、广狭、死生也。将者，智、信、仁、勇、严也。法者，曲制、官道、主用也。凡此五者，将莫不闻，知之者胜，不知之者不胜。

故校之以计，而索其情，曰：主孰有道？将孰有能？天地孰得？法令孰行？兵众孰强？士卒孰练？赏罚孰明？吾以此知胜负矣。

将听吾计，用之必胜，留之；将不听吾计，用之必败，去之。计利以听，乃为之势，以佐其外。势者，因利而制权也。

兵者，诡道也。故能而示之不能，用而示之不用，近而示之远，远而示之近。利而诱之，乱而取之，实而备之，强而避之，怒而挠之，卑而骄之，佚而劳之，亲而离之。攻其无备，出其不意。此兵家之胜，不可先传也。

夫未战而庙算胜者，得算多也；未战而庙算不胜者，得算少也。多算胜，少算不胜，而况于无算乎！吾以此观之，胜负见矣。

作战篇

孙子曰：凡用兵之法，驰车千驷，革车千乘，带甲十万，千里馈粮，则内外之费，宾客之用，胶漆之材，车甲之奉，日费千金，然后十万之师举矣。

其用战也胜，久则钝兵挫锐，攻城则力屈，久暴师则国用不足。夫钝兵挫锐，屈力殚货，则诸侯乘其弊而起，虽有智者，不能善其后矣。故兵闻拙速，未睹巧之久也。夫兵久而国利者，未之有也。故不尽知用兵之害者，则不能尽知用兵之利也。

善用兵者，役不再籍，粮不三载，取用于国，因粮于敌，故军食可足也。国之贫于师者远输，远输则百姓贫；近师者贵卖，贵卖则百姓财竭，财竭则急于丘役。力屈财殚，中原内虚于家，百姓之费，十去其七；公家之费，破车罢马，甲胄矢弩，戟楯蔽橹，丘牛大车，十去其六。

故智将务食于敌，食敌一钟，当吾二十钟；萁秆一石，当吾二十石。

故杀敌者，怒也；取敌之利者，货也。车战得车十乘以上，赏其先得者，而更其旌旗，车杂而乘之，卒善而养之，是谓胜敌而益强。

故兵贵胜，不贵久。故知兵之将，生民之司命，国家安危之主也。

谋攻篇

孙子曰：凡用兵之法，全国为上，破国次之；全军为上，破军次之；全旅为上，破旅次之；全卒为上，破卒次之；全伍为上，破伍次之。

是故百战百胜，非善之善者也；不战而屈人之兵，善之善者也。

故上兵伐谋，其次伐交，其次伐兵，其下攻城。攻城之法，为不得已。修橹轒辒（fén wēn），具器械，三月而后成，距闉，又三月而后已。将不胜其忿而蚁附之，杀士卒三分之一而城不拔者，此攻之灾也。

故善用兵者，屈人之兵而非战也，拔人之城而非攻也，毁人之国而非久也，必以全争于天下，故兵不顿而利可全，此谋攻之法也。

故用兵之法，十则围之，五则攻之，倍则分之，敌则能战之，少则能逃之，不若则能避之。故小敌之坚，大敌之擒也。

夫将者，国之辅也。辅周则国必强，辅隙则国必弱。故君之所以患于军者三：不知军之不可以进而谓之进，不知军之不可以退而谓之退，是谓縻军；不知三军之事而同三军之政者，则军士惑矣；不知三军之权而同三军之任，则军士疑矣。三军既惑且疑，则诸侯之难至矣，是谓乱军引胜。

故知胜有五：知可以战与不可以战者胜，识众寡之用者胜，上下同欲者胜，以虞待不虞者胜，将能而君不御者胜。此五者，知胜之道也。

故曰：知彼知己者，百战不殆；不知彼而知己，一胜一负；不知彼，不知己，每战必殆。

军形篇

孙子曰：昔之善战者，先为不可胜，以待敌之可胜。不可胜在己，可胜在敌。故善战者，能为不可胜，不能使敌之必可胜。故曰：胜可知，而不可为。

不可胜者，守也；可胜者，攻也。守则不足，攻则有余。善守者，藏于九地之下；善攻者，动于九天之上，故能自保而全胜也。

见胜不过众人之所知，非善之善者也；战胜而天下曰善，非善之善者也。故举秋毫不为多力，见日月不为明目，闻雷霆不为聪耳。古之所谓善战者，胜于易胜者也。故善战者之胜也，无智名，无勇功，故其战胜不忒。不忒者，其所措必胜，胜已败者也。故善战者，立于不败之地，而不失敌之败也。是故胜兵先胜而后求战，败兵先战而后求胜。善用兵者，修道而保法，故能为胜败之政。

兵法：一曰度，二曰量，三曰数，四曰称，五曰胜。地生度，度生量，量生数，数生称，称生胜。故胜兵若以镒称铢，败兵若以铢称镒。胜者之战民也，若决积水于千仞之谿者，形也。

兵势篇

孙子曰：凡治众如治寡，分数是也；斗众如斗寡，形名是也；三军之众，可使必受敌而无败者，奇正是也；兵之所加，如以锻投卵者，虚实是也。

凡战者，以正合，以奇胜。故善出奇者，无穷如天地，不竭如江海。终而复始，日月是也。死而复生，四时是也。声不过五，五声之变，不可胜听也；色不过五，五色之变，不可胜观也；味不过五，五味之变，不可胜尝也；战势不过奇正，奇正之变，不可胜穷也。奇正相生，如循环之无端，孰能穷之哉！

激水之疾，至于漂石者，势也；鸷鸟之疾，至于毁折者，节也。故善战者，其势险，其节短。势如彍弩，节如发机。

纷纷纭纭，斗乱而不可乱；浑浑沌沌，形圆而不可败。乱生于治，怯生于勇，弱生于强。治乱，数也；勇怯，势也；强弱，形也。

故善动敌者，形之，敌必从之；予之，敌必取之。以利动之，以卒待之。

故善战者，求之于势，不责于人，故能择人而任势。任势者，其战人也，如转木石。木石之性，安则静，危则动，方则止，圆则行。

故善战人之势，如转圆石于千仞之山者，势也。

虚实篇

孙子曰：凡先处战地而待敌者佚，后处战地而趋战者劳。故善战者，致人而不致于人。能使敌人自至者，利之也；能使敌人不得至者，害之也。故敌佚能劳之，饱能饥之，安能动之。

出其所必趋，趋其所不意。行千里而不劳者，行于无人之地也；攻而必取者，攻其所不守也。守而必固者，守其所不攻也。故善攻者，敌不知其所守；善守者，敌不知其所攻。微乎微乎，至于无形；神乎神乎，至于无声，故能为敌之司命。

进而不可御者，冲其虚也；退而不可追者，速而不可及也。故我欲战，敌虽高垒深沟，不得不与我战者，攻其所必救也；我不欲战，虽画地而守之，敌不得与我战者，乖其所之也。

故形人而我无形，则我专而敌分。我专为一，敌分为十，是以十攻其一也。则我众敌寡。能以众击寡者，则吾之所与战者，约矣。吾所与战之地不可知，不可知则敌所备者多。敌所备者多，则吾所与战者，寡矣。故备前则后寡，备后则前寡，备左则右寡，备右则左寡，无所不备，则无所不寡。寡者，备人者也；众者，使人备己者也。

故知战之地，知战之日，则可千里而会战。不知战地，不知战日，则左不能救右，右不能救左，前不能救后，后不能救前，而况远者数十里，近者数里乎！以吾度之，越人之兵虽多，亦奚益于胜败哉？故曰：胜可为也。敌虽众，可使无斗。

故策之而知得失之计，作之而知动静之理，形之而知死生之地，角之而知有余不足之处。故形兵之极，至于无形；无形，则深间不能窥，智者不能谋。因形而错胜于众，众不能知；人皆知我所以胜之形，而莫知吾所以制胜之形。故其战胜不复，而应形于无穷。

夫兵形象水，水之形，避高而趋下；兵之形，避实而击虚。水因地而制流，兵因敌而制胜。故兵无常势，水无常形；能因敌变化而取胜者，谓之神。故五行无常胜，四时无常位，日有短长，月有死生。

军争篇

孙子曰：凡用兵之法，将受命于君，合军聚众，交和而舍，莫难于军争。军争之难者，以迂为直，以患为利。

故迂其途，而诱之以利，后人发，先人至，此知迂直之计者也。

故军争为利，军争为危。举军而争利，则不及；委军而争利，则辎重捐。是故卷甲而趋，日夜不处，倍道兼行，百里而争利，则擒三将军，劲者先，疲者后，其法十一而至；五十里而争利，则蹶上将军，其法半至；三十里而争利，则三分之二至。是故军无辎重则亡，无粮食则亡，无委积则亡。

故不知诸侯之谋者，不能豫交；不知山林、险阻、沮泽之形者，不能行军；不用乡导者，不能得地利。

故兵以诈立，以利动，以分合为变者也。故其疾如风，其徐如林，侵掠如火，不动如山，难知如阴，动如雷震。掠乡分众，廓地分利，悬权而动。先知迂直之计者胜，此军争之法也。

《军政》曰："言不相闻，故为之金鼓；视不相见，故为之旌旗。"夫金鼓旌旗者，所以一人之耳目也；人既专一，则勇者不得独进，怯者不得独退，此用众之法也。故夜战多金鼓，昼战多旌旗，所以变人之耳目也。

三军可夺气，将军可夺心。是故朝气锐，昼气惰，暮气归。故善用兵者，避其锐气，击其惰归，此治气者也。以治待乱，以静待哗，此治心者也。以近待远，以佚待劳，以饱待饥，此治力者也。无邀正正之旗，无击堂堂之陈，此治变者也。

故用兵之法，高陵勿向，背丘勿逆，佯北勿从，锐卒勿攻，饵兵勿食，归师勿遏，围师必阙，穷寇勿迫。此用兵之法也。

九变篇

孙子曰：凡用兵之法，将受命于君，合军聚众，圮地无舍，衢地交合，绝地无留，围地则谋，死地则战。涂有所不由，军有所不击，城有所不攻，地有所不争，君命有所不受。

故将通于九变之利者，知用兵矣；将不通九变之利者，虽知地形，不能得地之利矣。治兵不知九变之术，虽知五利，不能得人之用矣。

是故智者之虑，必杂于利害。杂于利，而务可信也；杂于害，而患可解也。是故屈诸侯者以害，役诸侯者以业，趋诸侯者以利。

故用兵之法，无恃其不来，恃吾有以待之；无恃其不攻，恃吾有所不可攻也。

故将有五危：必死，可杀也；必生，可虏也；忿速，可侮也；廉洁，可辱也；爱民，可烦也。凡此五者，将之过也，用兵之灾也。覆军杀将，必以五危，不可不察也。

行军篇

孙子曰：凡处军相敌：绝山依谷，视生处高，战隆无登，此处山之军也。绝水必远水；客绝水而来，勿迎之于水内，令半济而击之，利；欲战者，无附于水而迎客；视生处高，无迎水流，此处水上之军也。绝斥泽，唯亟去无留；若交军于斥泽之中，必依水草而背众树，此处斥泽之军也。平陆处易，而右背高，前死后生，此处平陆之军也。凡此四军之利，黄帝之所以胜四帝也。

凡军好高而恶下，贵阳而贱阴，养生而处实，军无百疾，是谓必胜。丘陵堤防，必处其阳，而右背之。此兵之利，地之助也。上雨，水沫至，欲涉者，待其定也。

凡地有绝涧、天井、天牢、天罗、天陷、天隙，必亟去之，勿近也。吾远之，敌近之；吾迎之，敌背之。军行有险阻、潢井、葭苇、山林、翳荟者，必谨复索之，此伏奸之所处也。

敌近而静者，恃其险也；远而挑战者，欲人之进也；其所居易者，利也。众树动者，来也；众草多障者，疑也；鸟起者，伏也；兽骇者，覆也。尘高而锐者，车来也；卑而广者，徒来也；散而条达者，樵采也；少而往来者，营军也。辞卑而益备者，进也；辞强而进驱者，退也；轻车先出居其侧者，陈也；无约而请和者，谋也；奔走而陈兵车者，期也；半进半退者，诱也。杖而立者，饥也；汲而先饮者，渴也；见利而不进者，劳也。鸟集者，虚也；夜呼者，恐也；军扰者，将不重也；旌旗动者，乱也；吏怒者，倦也；粟马肉食，军无悬瓿，不返其舍者，穷寇也；谆谆翕翕，徐与人言者，失众也；数赏者，窘也；数罚者，困也；先暴而后畏其众者，不精之至也；来委谢者，欲休息也。兵怒而相迎，久而不合，又不相去，必谨察之。

兵非益多也，惟无武进，足以并力、料敌、取人而已。夫惟无虑而易敌者，必擒于人。

卒未亲附而罚之，则不服，不服则难用也。卒已亲附而罚不行，则不可用也。故令之以文，齐之以武，是谓必取。令素行以教其民，则民服；令不素行以教其民，则民不服。令素行者，与众相得也。

地形篇

孙子曰：地形有通者，有挂者，有支者，有隘者，有险者，有远者。我可以往，彼可以来，曰通；通形者，先居高阳，利粮道，以战则利。可以往，难以返，曰挂；挂形者，敌无备，出而胜之；敌若有备，出而不胜，难以返，不利。我出而不利，彼出而不利，曰支；支形者，敌虽利我，我无出也；引而去之，令敌半出而击之，利。隘形者，我先居之，必盈之以待敌；若敌先居之，盈而勿从，不盈而从之。险形者，我先居之，必居高阳以待敌；若敌先居之，引而去之，勿从也。远形者，势均难以挑战，战而不利。凡此六者，地之道也；将之至任，不可不察也。

故兵有走者，有弛者，有陷者，有崩者，有乱者，有北者。凡此六者，非天之灾，将之过也。夫势均，以一击十，曰走；卒强吏弱，曰弛；吏强卒弱，曰陷；大吏怒而不服，遇敌怼而自战，将不知其能，曰崩；将弱不严，教道不明，吏卒无常，陈兵纵横，曰乱；将不能料敌，以少合众，以弱击强，兵无选锋，曰北。凡此六者，败之道也；将之至任，不可不察也。

夫地形者，兵之助也。料敌制胜，计险厄远近，上将之道也。知此而用战者必胜，不知此而用战者必败。故战道必胜，主曰无战，必战可也；战道不胜，主曰必战，无战可也。故进不求名，退不避罪，唯人是保，而利合于主，国之宝也。

　　视卒如婴儿，故可与之赴深谿；视卒如爱子，故可与之俱死。厚而不能使，爱而不能令，乱而不能治，譬若骄子，不可用也。

　　知吾卒之可以击，而不知敌之不可击，胜之半也；知敌之可击，而不知吾卒之不可以击，胜之半也；知敌之可击，知吾卒之可以击，而不知地形之不可以战，胜之半也。

　　故知兵者，动而不迷，举而不穷。故曰：知彼知己，胜乃不殆；知天知地，胜乃不穷。

九地篇

孙子曰：用兵之法，有散地，有轻地，有争地，有交地，有衢地，有重地，有圮地，有围地，有死地。诸侯自战其地，为散地。入人之地不深者，为轻地。我得则利，彼得亦利者，为争地。我可以往，彼可以来者，为交地。诸侯之地三属，先至而得天下之众者，为衢地。入人之地深，背城邑多者，为重地。行山林、险阻、沮泽，凡难行之道者，为圮地。所由入者隘，所从归者迂，彼寡可以击吾之众者，为围地。疾战则存，不疾战则亡者，为死地。是故散地则无战，轻地则无止，争地则无攻，交地则无绝，衢地则合交，重地则掠，圮地则行，围地则谋，死地则战。

所谓古之善用兵者，能使敌人前后不相及，众寡不相恃，贵贱不相救，上下不相收，卒离而不集，兵合而不齐。合于利而动，不合于利而止。敢问："敌众整而将来，待之若何？"曰："先夺其所爱，则听矣。"兵之情主速，乘人之不及，由不虞之道，攻其所不戒也。

凡为客之道，深入则专。主人不克；掠于饶野，三军足食；谨养而勿劳，并气积力，运兵计谋，为不可测。投之无所往，死且不北，死焉不得，士人尽力。兵士甚陷则不惧，无所往则固，深入则拘，不得已则斗。是故其兵不修而戒，不求而得，不约而亲，不令而信。禁祥去疑，至死无所之。吾士无余财，非恶货也；无余命，非恶寿也。令发之日，士卒坐者涕沾襟。偃卧者涕交颐。投之无所往者，诸、刿之勇也。

故善用兵者，譬如率然；率然者，常山之蛇也。击其首则尾至，击其尾则首至，击其中则首尾俱至。敢问："兵可使如率然乎？"曰："可。"夫吴人与越人相恶也，当其同舟而济，遇风，其相救也如左右手。是故方马埋轮，未足恃也；齐勇若一，政之道也；刚柔皆得，地之理也。故善用兵者，携手若使一人，不得已也。

将军之事：静以幽，正以治。能愚士卒之耳目，使之无知。易其事，革其谋，使人无识；易其居，迁其途，使人不得虑。帅与之期，如登高而去其梯；帅与之深入诸侯之地，而发其机，焚舟破釜，若驱群羊，驱而往，驱而来，莫知所之。聚三军之众，投之于险，此谓将军之事也。九地之变，屈伸之利，人情之理，不可不察也。

凡为客之道：深则专，浅则散。去国越境而师者，绝地也；四达者，衢地也；入深者，重地也；入浅者，轻地也；背固前隘者，围地也；无所往者，死地也。是故散地，吾将一其志；轻地，吾将使之属；争地，吾将趋其后；交地，吾将谨其守；交地，吾将固其结，衢地，吾将固其结；重地，吾将继其食；圯地，吾将进其涂；围地，吾将塞其阙；死地，吾将示之以不活。故兵之情：围则御，不得已则斗，过则从。

是故不知诸侯之谋者，不能预交；不知山林、险阻、沮泽之形者，不能行军；不用乡导者，不能得地利。四五者，不知一，非霸王之兵也。夫霸王之兵，伐大国，则其众不得聚；威加于敌，则其交不得合。是故不争天下之交，不养天下之权，信己之私，威加于敌，故其城可拔，其国可隳。

施无法之赏，悬无政之令，犯三军之众，若使一人。犯之以事，勿告以言；犯之以利，勿告以害。投之亡地然后存，陷之死地然后生。夫众陷于害，然后能为胜败。故为兵之事，在于顺详敌之意，并敌一向，千里杀将，此谓巧能成事者也。

是故政举之日，夷关折符，无通其使，厉于廊庙之上，以诛其事。敌人开阖，必亟入之。先其所爱，微与之期。践墨随敌，以决战事。是故始如处女，敌人开户，后如脱兔，敌不及拒。

火攻篇

孙子曰：凡火攻有五：一曰火人，二曰火积，三曰火辎，四曰火库，五曰火队。

行火必有因，烟火必素具。发火有时，起火有日。时者，天之燥也；日者，月在箕、壁、翼、轸也。凡此四宿者，风起之日也。

凡火攻，必因五火之变而应之。

火发于内，则早应之于外。火发兵静者，待而勿攻，极其火力，可从而从之，不可从而止。火可发于外，无待于内，以时发之。火发上风，无攻下风。昼风久，夜风止。凡军必知五火之变，以数守之。

故以火佐攻者明，以水佐攻者强。水可以绝，不可以夺。

夫战胜攻取，而不修其功者凶，命曰"费留"。故曰：明主虑之，良将修之。非利不动，非得不用，非危不战。主不可以怒而兴师，将不可以愠而致战。合于利而动，不合于利而止。怒可以复喜，愠可以复悦，亡国不可以复存，死者不可以复生。故明君慎之，良将警之。此安国全军之道也。

用间篇

　　孙子曰：凡兴师十万，出征千里，百姓之费，公家之奉，日费千金；内外骚动，怠于道路，不得操事者，七十万家。相守数年，以争一日之胜，而爱爵禄百金，不知敌之情者，不仁之至也，非人之将也，非主之佐也，非胜之主也。

　　故明君贤将，所以动而胜人，成功出于众者，先知也。先知者，不可取于鬼神，不可象于事，不可验于度，必取于人，知敌之情者也。

　　故用间有五：有因间，有内间，有反间，有死间，有生间。五间俱起，莫知其道，是谓神纪，人君之宝也。乡间者，因其乡人而用之。内间者，因其官人而用之；反间者，因其敌间而用之；死间者，为诳事于外，令吾间知之，而传于敌间也。生间者，反报也。

　　故三军之事，莫亲于间，赏莫厚于间，事莫密于间，非圣智不能用间，非仁义不能使间，非微妙不能得间之实。微哉！微哉！无所不用间也。间事未发而先闻者，间与所告者皆死。

　　凡军之所欲击，城之所欲攻，人之所欲杀，必先知其守将、左右、谒者、门者、舍人之姓名，令吾间必索知之。

　　必索敌人之间来间我者，因而利之，导而舍之，故反间可得而用也。因是而知之，故乡间、内间可得而使也。因是而知之，故死间为诳事，可使告敌。因是而知之，故生间可使如期。五间之事，主必知之，知之必在于反间，故反间不可不厚也。

昔殷之兴也，伊挚在夏；周之兴也，吕牙在殷。故惟明君贤将，能以上智为间者，必成大功。此兵之要，三军之所恃而动也。

后　记

　　《孙子兵法》是余自幼喜爱的一部古代文化精品。忆孩提趣事："大战"前夕，常以奇正"布阵"，"两军"阵前，多用"计谋"迎"敌"；"火攻""水淹"，抢关、夺寨，破敌用间，借力打力的故事历历在目。1977年恢复高考实现大学梦之后，更是将《孙子兵法》作为业余必读书目。由于十年历史的原因，大学图书馆中藏书十分有限，《孙子兵法》及其有关注释、讲解，尤其是专论书籍更是凤毛麟角。物以稀为贵，书以少为珍。庆幸从一位老先生手中借得一部《孙子兵法》，于是奉为至宝，直至将书抄写了一遍，才恋恋不舍地把书还了回去。这部手稿保存了很多年，若不是因数次迁徙终致丢失，余定会将其作为家存"文物"流传下去。

　　对《孙子兵法》的研读，余曾长期停留在死记硬背、专攻十三篇机械计谋上。虽对兵法全文弃之能诵，但遇实践便大相径庭，以至步四十余载工作经历，竟然几经尴尬，跟跟跄跄方才走过那段路程。退休以后，闲暇居家，忍不住又将兵法拿出来打发时光，然而无意读书反倒领悟大多。尤其结合数十余年"尘网"经历，再读《孙子兵法》全然与前判若两书，仿佛"归园田居"之感。最大的不同，便是有感于战争之外，有"悟"于社会之中了。于是便萌生出将切身体会，以辩例释悟，揭秘大智慧形式传于亲人朋友的想法，警戒众人勿蹈昔日谬辙。期间挚友亲人多曾策励，希望能将上述想法编写成记以飨读者。更有甚者，女儿耀南竟然收集众多古今中外战例，并于工作之余草稿成集送我阅改。于是，便被女儿拉上战车，与之共商共研；老伴亦积极帮衬，参与校改，终成如是。然仁者见仁智者见智，一部名著释悟终为我们一管之见，绝难包容伟大作品内涵之十一，挂一漏万之弊在所难免。奈何权当一杯淡茶，供兵家学者和兴趣于此的朋友，饭后暇余品茗消闲吧。

　　《孙子兵法》是中华民族一部伟大的文化遗产，是人类军事学、战争学不可多得的史传瑰宝。研读原著，领会精神、融会贯通、指导实践是读懂弄通《孙子兵法》最重要的读书要旨。本书在编写过程中，参考并吸纳了很多书籍、资料内容，尤其是古今中外的各种战例。成书过程中，老友邹积富先生、刘会芝女士，宗弟黄宏斌等都提出很多有益的意见，并多次参与本书的编审校正；族亲黄举超为令书稿早日与广大读者见面，做了大量扎实具体的工作。值此书稿告罄之际，仅以诚挚谢意致敬各位资料提供者及关心成书的挚友亲朋。书成不周之处，还望包容海涵。

黄 涵

2020 年 7 月 19 日初稿

2022 年 10 月 19 日定稿

参 考 书 目

1. 张宏儒，沈志华. 资治通鉴. 北京：改革出版社，1995.

2. 廖盖隆. 二十四史精华. 吉林：吉林人民出版社，2000.

3. 左丘明. 左传. 上海：上海古籍出版社，2016.

4. 刘向. 战国策. 北京：中华书局出版社，2014.

5. 附校勘记. 十三经注疏. 北京：中华书局出版社，1980.

6. 王弼注. 老子道德经注. 楼宇烈校释. 北京：中华书局出版社，2011.

7. 司马迁. 史记. 李明哲. 刘艺主编. 新疆：新疆青少年出版社，2011.

8. 班固. 汉书. 北京：中华书局出版社，2012.

9. 范晔. 后汉书. 北京：中华书局出版社，2012.

10. 洪迈. 容斋随笔. 王兴亚主编. 河南：中州古籍出版社，2010.

11. 陈寿. 三国志. 湖南：岳麓出版社，1994.

12. 赵尔巽. 清史稿. 北京：中华书局出版社，2020.

13. 罗贯中. 三国演义. 北京：人民文学出版社，2006.

14. 中国军事百科全书编审委员会. 中国军事百科全书. 北京：军事科学出版社，1997.

15. 中国人民解放军军史编写组. 中国人民解放军军史. 北京：军事科学出版社，2011.

16. 平山. 八路军抗战史. 广州：广东人民出版社，2011.

17. 曹里怀. 八路军回忆史料. 北京：解放军出版社，2015.

18. 岳思平. 八路军. 北京：中共党史出版社，2005.

19. 张少宏，李阳，李涛. 中国人民解放军战例. 河南：黄河出版社，2014.

20. 中央文献研究室. 毛泽东传. 北京：中央文献出版社，2011.

21. 中共中央文献研究室. 朱德传. 北京：中央文献出版社，1993.

22.《彭德怀传》编写组. 彭德怀传. 北京：当代中国出版社，2006.

23. 徐向前. 徐向前军事文选. 北京：中国人民解放军出版社，1993.

24. 叶剑英等. 星火燎原. 北京：中国人民解放军出版社，1996.

25.《聂荣臻传》编写组. 聂荣臻传. 北京：当代中国出版社，2015.

26.《叶剑英传》编写组. 叶剑英传. 北京：当代中国出版社，1995.

27.《粟裕传》编写组.粟裕传.北京：当代中国出版社，2007.

28. 洪兵，汪徐和.中国雄狮：第一野战军.北京：中共党史出版社，1996.

29. 张军赋，晋夫.中国雄师：第二野战军.北京：中共党史出版社，2004.

30. 张斌，龚连娣，柳军，宋安明.中国雄师：第三野战军.北京：中共党史出版社，2014.

31. 张洪涛.中国雄师华北野战军.北京：中共党史出版社，1996.

32. 黄涵，黄耀财，黄耀南.血肉长城.北京：中国戏剧出版社，2006.

33. 李开元.楚亡.上海：生活·读书·新知三联书店，2015.

34. 施耐庵.水浒传.北京：人民文学出版社，1997.

35. 曹雪芹.红楼梦.北京：人民文学出版社，2008.

36. 许仲琳.封神演义.上海：上海古籍出版社，2019.

37. 冯梦龙.东周列国志.北京：人民文学出版社，2020.

38. 鬼谷子.鬼谷子.北京：北京燕山出版社，1996.

39. 郭瑞增.读透《孙子兵法》.北京：中国纺织出版社，2013.